# 刑辩律师
# 实战

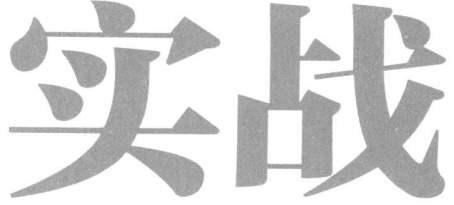
Criminal Defense Lawyers'
PRACTICAL PRIVATE CLASSES

# 私课

邓学平 著

法律出版社
LAW PRESS·CHINA
———— 北京 ————

## 图书在版编目（CIP）数据

刑辩律师实战私课 / 邓学平著. -- 北京：法律出版社，2024. -- ISBN 978-7-5197-9350-0

Ⅰ. D925.210.5

中国国家版本馆 CIP 数据核字第 20249FZ653 号

刑辩律师实战私课
XINGBIAN LÜSHI SHIZHAN SIKE

邓学平 著

策划编辑 蒋　橙
责任编辑 蒋　橙
装帧设计 李　瞻

| | |
|---|---|
| 出版发行 法律出版社 | 开本 710 毫米×1000 毫米 1/16 |
| 编辑统筹 法律应用出版分社 | 印张 29.25　字数 420 千 |
| 责任校对 朱海波 | 版本 2024 年 11 月第 1 版 |
| 责任印制 刘晓伟 | 印次 2024 年 11 月第 1 次印刷 |
| 经　　销 新华书店 | 印刷 三河市兴达印务有限公司 |

地址:北京市丰台区莲花池西里 7 号(100073)　　销售电话:010-83938349
网址：www.lawpress.com.cn　　　　　　　　　　客服电话:010-83938350
投稿邮箱：info@lawpress.com.cn　　　　　　　　咨询电话:010-63939796
举报盗版邮箱：jbwq@lawpress.com.cn
版权所有·侵权必究

书号：ISBN 978-7-5197-9350-0　　　　　　　　　定价:116.00 元
凡购买本社图书，如有印装错误，我社负责退换。电话:010-83938349

## 自序：中国刑辩律师路在何方

近年来越来越多的刑事律师都有一种感觉：刑事辩护越来越不好干了。不少刑事律师开始谋划转型，仍在坚守的同行中间则弥漫着悲观情绪。优秀的法科学子往往把非诉或民商事诉讼业务作为自己的执业首选。刑辩在右，天才向左。种种迹象显示，刑事辩护正面临前所未有的困境。

刑事辩护首先面临的是司法困境。侦查环节的会见难开始回潮。留置期间不能会见，指居期间会见障碍重重，有些地方通过化名羁押让律师会见变得不可能。一些受到特别关注的案件，律师会见有时需要办案机关的审批，获得审批并非易事。律师会见难的背后，是因为律师执业权利缺乏保障，侵犯律师执业权利缺乏必要制裁。深层原因是，侦查的主要手段仍是获取有罪供述，定罪量刑仍高度依赖当事人口供。律师会见变难的负面后果之一是：非法取证行为开始增多，不实口供导致的冤假错案开始增多。

认罪认罚从宽从立法本意上无疑是好的，但这几年的司法实践已经暴露出很多问题。一个根本性的问题是，认罪认罚协商要以控辩平等为前提，要以严格的排非制度和庭审中心主义为基础。如果控方过于强势，如果辩护效果难以预期，那么辩方的选择空间将极为有限。现实情况是，检方单方面给出认罪认罚的刑期和不认罪认罚的刑期，辩护人则因缺乏量刑协商的筹码只能被动接受给定的结论。甚至一些明显有问题的案件，最终也都以认罪认罚的形式消化结案。据我的观察，一个明显无辜的人一旦被逮捕羁押，极大概率都会选择认罪认罚。

90%以上的案件都以认罪认罚的形式结案，深刻改变了刑事辩护的生态。

首先是相当一部分律师把认罪认罚当作刑辩的正宗,专业技能严重退化。没有法庭发问,没有证据质证,法庭辩论只是几句"万金油"式的套话。不关心案件真相究竟为何,不关心法律适用是否正确,只关心庭审程序是否能够早点走完。甚至有个别选择认罪认罚的律师,庭上庭下对真辩敢辩的律师进行贬损和挞伐。不少检法机关习惯了以认罪认罚的形式审理案件,遇到律师进行实质性辩护反而不适应,甚至存在本能的抵触情绪。有人将辩护律师的据理力争斥为"表演",甚至动辄投诉或威胁律师。辩审冲突愈演愈烈,集中表现为法庭驱逐律师。我总结了驱逐律师的四种方式:

第一种是法援占坑。家属委托的律师无法介入,既不能出庭也不能会见,直接被整个诉讼程序驱逐。

第二种是当庭驱逐。律师在法庭上依法依规地进行辩护,但因为合议庭不能容忍,直接将律师逐出法庭。

第三种是变相无视。形式上允许律师介入辩护,但"你辩你的,我判我的",无视律师的存在。律师有理有据的辩护观点得不到重视或采纳。

第四种是层层汇报。法院内部汇报或向上级汇报时,律师不知情、不在场、不参与,律师在案件最终决策阶段集体缺席。律师在法庭上发表的辩护观点有可能无法触及决策层,庭审辩护有被架空的危险。曾经是刑事业务明珠的职务犯罪案件,现如今聘请优秀律师进行实质性辩护的已凤毛麟角。

刑事辩护其次面临的是舆论困境。由于环境的影响,大量法治调查记者转行离职,现在的案件报道偏八卦、猎奇而非监督纠错。传统媒体只愿意锦上添花,很少能够雪中送炭。只有在自媒体引发关注或者无罪判决作出之后,传统媒体才愿意跟进调查。而在辩护最艰困的阶段,律师往往赤手空拳、孤立无援。少部分律师迫不得已,冒着被投诉、被处罚的风险选择在自媒体求助或发声。而在多重监管下,如今的自媒体环境同样堪忧。

现在的舆论场喜欢简单化、脸谱化,容易被情感判断主宰。把事件当事人要么当成是完美无瑕的圣人,要么当成是无恶不作的大恶魔。一旦把某个人认定为"坏人",必须一竿子到底,让他身上再也不可能有任何光环。在刑事司法领域,网络动辄喊杀,重刑、死刑成为主流呼声,甚至要求对未成年人和精神病人判处死刑。相当部分民众不理解、不支持刑事辩护工作,认为律师提供辩护是出于逐利动机,是在金钱的驱使下帮助"坏人"逃避法律处罚,是没有道德的"讼棍"。律师往往谨小慎微,担心被人口诛笔伐甚至网暴。

法治要求的是不徐不疾的常态化治理,舆论的理想状态是不枉不纵、理性平和。而运动式执法追求的则是暴风骤雨、高歌猛进和立竿见影,要求舆论也要做到高度一律。刑辩律师的逆势而为,往往会被视为不识时务的搅局者或捣乱者。无论体制内外,对其容忍度都很低。个别知名的法律学者,对司法领域存在的种种顽疾闭口不言,但却动辄将批评的矛头指向刑辩律师群体,在舆论上恶化了刑辩律师的处境。无视客观环境,简单一律地要求刑辩律师"文质彬彬,然后君子",实际上是要消灭最后残存的刑辩理想。

刑事辩护当然也面临着行业自身的困境。部分律师在理论知识、实务经验、辩护技巧和敬业精神方面还有所欠缺。近年来刑事业务的竞争空前激烈,诱发了少部分律师的短期心理和不端行为,进一步加剧了公众对刑事律师的信任危机。特别是律师行业内部的互贬互损、拆台内耗严重损害了律师群体的整体形象。其实,一个人的格局有多大,他的舞台就有多大。心胸狭隘之人,首先是给自己修筑了一道高墙,囚禁了自己的事业版图,屏蔽了自己的人生风景。我从来没有看到哪位律师是通过贬损他人而获得成功的。律师互贬不只会伤害他人,最终也会伤害到自己。不无端贬损同行,应当成为律师行业自律的一条底线。

刑事辩护针对的是人的生命、自由和尊严,是一个国家法治和人权的底线保障。我始终坚信,政策鼓励不如法律兜底,司法公正才能最大限度地给予公众安全感。对此,我们要有长远的眼光和职业的自信。当下可能不是谋求跨越式发展的良机,但当下一定是积累沉淀、苦练内功、提升自我的良机。寒冬必将过去,春天必将到来,我们要时刻做好准备。

走出刑事辩护的困境,从根本上仰赖于制度的改进。韩旭教授有一篇文章,标题是《律师在法庭上的抗议为何失灵?》,提出了细节堵漏的具体方法。但众所周知,很多问题并非缘于立法疏漏,并不是因为法网不够严密,而是因为缺乏必要的权力伦理。否则很难解释,那些不成文法国家如何建设法治?遵从立法本意,善意的理解和适用法律是理想状态,当前非常急迫的任务是改革司法权力结构,让法律而非权力在刑事诉讼中发挥决定性作用。作为刑事律师,我们需要尽到一个公民的社会责任去努力改变大环境。但与此同时,我们不能好高骛远、空自悲切,而要立足本职、做好自己的工作。无论什么案件,只要接手了就只管凭良心做事,要立志通过个案推动司法进步。法庭前做好该做的准备,法庭上说出该说的话。遇到不公不义,绝不沉瀣一气、委曲求全,路虽难而行不改,力虽微而志不移。大丈夫坚持自己应该坚持的,改变自己能够改变的,其余皆交给历史和时间。

现在刑辩领域门派众多,包括所谓的勾兑派、诓骗派、酱油派、技术派、较真派、死磕派等。勾兑派和诓骗派本质上是司法黄牛而不是真正的律师。酱油派专业不精、不思进取,主攻生活会见和认罪认罚走过场,群体庞大但在刑辩领域作用轻微、缺乏话语权。技术派和较真派比较接近,目前是刑事律师的中坚力量。对于那些存在严重违法且得不到有效救济的案件,死磕派的法条较真和投诉曝光象征着刑事律师的责任精神和道德勇气。循合法途径查找并公开相关人员的违法违规行为是受宪法保护的,且客观上有利于遏制少数人员的司法滥权,有利于案件的公正处理。刑事律师要讲究刚柔相济,不要主动制造辩审冲突,能通过沟通解决的绝不应轻易选择对抗。但一味示弱、不敢抗争绝非刑事律师的本色。我们是法律的维护者而不是卑微的乞食者,我们有权站立着辩护、有尊严地执业。在战场上打过硬仗的才是真战士,在法庭上打过硬仗的才是真律师。

我曾经说过,中国律师包括两种:刑事律师和非刑事律师。还说过,离刑事律师最近的是刑事律师,离刑事律师最远的也是刑事律师。我希望会辩、敢辩、真辩的刑事律师能够抛弃门户之见、停止内部纷争,共同会聚到"维护当事人合法权益、维护法律正确实施、维护社会公平正义"的旗帜之下。我非常同意徐昕教授的判断,中国刑事律师的未来出路不外三句话:极致的专业、适度的勇敢和

高度的智慧。对这三句话,我有自己的理解:

所谓极致的专业,有四个论点:其一,专业是律师唯一的门槛,是律师战胜司法滥权和司法黄牛的唯一武器。其二,律师的价值不在于说了算,而在于说得对。如果说不对,律师将毫无价值。其三,律师必须比公检法更加专业,否则律师何以说服公检法?其四,专业是律师最大的安全盾牌。在一些特殊场合,就事论事、就法说法可以让案件脱敏,可以帮助律师保持职业的独立性。

所谓适度的勇敢,有三个论点:其一,刑事辩护相当于火中取栗,没有容易、好打的仗。畏惧或畏难心理过重,胆小怕事、唯唯诺诺,不适合从事刑辩职业。其二,有理有据地指出司法机关的不法和错误,大声地说"NO"是刑事律师的天职。刑事律师应当善于发现问题并勇于指出问题,一旦坐上辩护席就必须做到守土有责。其三,事实真相和法律规定是刑事律师最大的底气来源,也是刑事律师跟不法和不公进行抗争的最大力量支撑。刑事律师见到不法和不公不能麻木不仁,而应当拍案而起,展现出必要的勇气和担当。所谓适度,主要指的是不能超出法律的界限和职业的要求,不能超出自身的驾驭和承受能力。

所谓高度的智慧,有四个论点:其一,原则性和灵活性相结合。要充分考量司法现实,不要一味蛮干、为反对而反对。既要善于给自己找博弈的筹码,也要善于给对方找转圜的台阶。其二,强力对抗和柔性沟通相结合。打是为了谈,永远为对话沟通、协商谈判打开大门。既要昂着头颅,又能蹲下身子,永远把当事人的利益放在首位。其三,法律辩护和情理辩护相结合。法律植根于生活,律师不应当是法条的机械诵读者,而应当是问题解决方案的提供者。刑事辩护没有万能公式,案情不同则辩护方案就应当不同。优秀的刑事律师不仅要精通法律,更要理解社会、洞察人性,既要立足法律的内在尊严又能跳脱出法律的字面局限。其四,斗争和团结相结合。团结一切可以团结的力量,争取一切可以争取的支持,最大限度地巩固辩护同盟、壮大辩护力量。要孤立极少数,切不要简单地把办案机关或办案人员全部推到我们的对立面,案件最终的妥善处理必定少不了体制内健康力量的支持。

两年前，我在代理全国优秀公诉人为夫喊冤案时，辩护意见中写下了这样一段话："如果律师作用日渐式微，甚至执业安全得不到保障，那么检察官的作用和价值也必然跟着式微。因为检察官需要在与律师的竞争对抗中找到自己存在的价值。如果检察官没有了对手，那么法庭就没必要存在了，法官会跟着失去自身价值。法律共同体并非空洞词汇，他们在底层逻辑上紧密相连。因此，保障律师执业权利就是在捍卫法治自身"。律师循正常途径无法有效辩护的结果，必然是法治式微，司法黄牛和司法掮客盛行。中国法治的未来，应寄望于那些良知未泯、战斗在一线的司法实务人员。真正的刑事律师应当温和而坚定、自由而悲悯、孤独而豁达，心中燃烧着不灭的信念之火，勇毅地穿行在法治的沼泽或森林之中。

有人认为，人和动物的本质区别是，人会制造并使用工具。对此，我不完全认同。在办案过程中，我有时会去一些地方的博物馆参观。令我沉醉和遐想的不是那些远古人类制造的生存工具，而是他们的艺术创作，如饰品、花纹和雕刻等。在衣不遮体、饭不饱食、朝不保夕的时代里，制造工具或许不过是出于生存本能，而艺术审美和艺术创作则完全超越了生存、超越了肉体、超越了当下。一个狩猎的石斧原本平淡无奇，但石斧上的抽象图案可以使其永恒。窃以为，超越生存的现实需要去凝视世界、去端详未来、去刻画思索才是人和动物的本质区别。在历史的长河中，个体生命转瞬即逝，只有超越生存本能和利益算计的事情才能赋予我们生命以意义。在日常执业时坚守职业底线，在代理案件时怀揣悲悯情怀，把自己当作一只啄木鸟，将一生的激情和热爱都奉献在不停的叮啄之中。也许看起来很平淡，但只要持之以恒，就能为我们增添生命的分量和重量。

愿每个刑辩律师都能做一个大写的人，愿每个刑辩律师都能帮助他人做一个大写的人。

是为序。

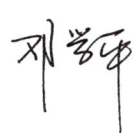

# 目 录

## 第一堂　律师职业如何起步

一、律所平台和律师团队的选择 / 001

二、走好正式执业之路 / 005

三、做一个优秀的律师助理 / 009

四、从优秀助理到独立执业 / 018

## 第二堂　如何走好专业化道路

一、什么是专业化 / 023

二、为什么要专业化 / 028

三、怎样专业化 / 034

四、如何运用自媒体塑造专业形象 / 041

## 第三堂　如何学会法律思维

一、逻辑思维 / 047

二、证据思维 / 052

三、经验思维 / 055

四、精确思维 / 059

五、逆向思维 / 062

六、程序思维 / 065

七、价值思维 / 068

八、其他思维 / 070

## 第四堂　如何研阅案件卷宗

一、阅卷是刑事辩护的基础工程 / 074

二、阅卷前的准备工作 / 076

三、阅卷技巧之第一遍阅卷 / 080

四、阅卷技巧之第二遍阅卷 / 082

五、重点审查主观明知 / 086

六、如何对待无关证据 / 090

七、阅卷技巧之第三遍阅卷 / 093

## 第五堂　如何做好会见工作

一、刑事会见的主要功能 / 099

二、刑事会见的常规要点 / 103

三、第一次会见至关重要 / 108

四、口供辅导：黄金十条 / 112

五、庭审辅导：黄金五条 / 114

六、会见时的常见问题及回答技巧 / 117

## 第六堂　如何审查客观证据

一、客观证据不一定"客观" / 122

二、物证的审查要点 / 125

三、书证的审查要点 / 130

四、辨认笔录的审查要点 / 135

五、鉴定意见的审查要点 / 138

六、其他主要客观证据的审查要点 / 152

## 第七堂　如何审查言词证据

一、言词证据审查的一般原理 / 155

二、单份口供的审查要点 / 160

三、口供印证关系的审查要点 / 166

四、口供矛盾冲突的审查要点 / 170

五、以几个真实案例为例 / 173

## 第八堂　如何进行调查取证

一、书证的收集 / 178

二、物证和电子证据的收集 / 181

三、鉴定审计和模拟实验 / 183

四、提取笔录的制作要点 / 186

五、言词证据的收集 / 190

六、证据清单的制作要点 / 199

七、打官司就是打证据 / 202

## 第九堂　如何制定辩护策略

一、无策略,无辩护 / 205

二、律师怎样进行程序辩护 / 207

三、律师怎样进行法律辩护 / 213

四、认罪认罚背景下的辩护策略 / 221

五、从具体案例看辩护策略的设计和运用 / 225

## 第十堂　庭审如何有效发问

一、发问准备和目标制定 / 233

二、庭审发问的形式技巧 / 240

三、庭审发问的内容技巧 / 251

## 第十一堂　如何排除非法证据

一、非法证据的界定及排除范围 / 264

二、排非申请的提出及证据准备 / 276

三、排非常见问题及其辩护应对 / 282

## 第十二堂　如何做好沟通工作

一、律师沟通的一般要求 / 292

二、律师跟客户的沟通要诀 / 296

三、家属要求承诺结果，律师如何应对 / 303

四、律师跟公安机关的沟通要诀 / 308

五、律师跟检察院的沟通要诀 / 312

六、律师跟法院的沟通要诀 / 316

七、律师跟其他人的沟通要诀 / 320

## 第十三堂　如何进行庭审辩护

一、逻辑在庭审辩护中的运用 / 325

二、修辞在庭审辩护中的运用 / 334

三、值得高度重视的财产刑辩护 / 337

四、二审的发起：提出上诉 / 341

五、二审如何促成开庭审理 / 347

六、二审如何进行有效辩护 / 353

## 第十四堂 如何提高写作能力

一、写作水平决定了律师的职业上限 / 361

二、法律文书的功能价值和形式要求 / 364

三、法律文书的逻辑结构和叙事结构 / 372

四、如何撰写高质量的辩护词 / 375

五、好的辩护词究竟长啥样 / 383

## 第十五堂 如何有效开拓案源

一、案源从哪里来 / 389

二、如何让客户了解你 / 393

三、如何让人信任你并委托你 / 407

四、律师谈案和接案原则 / 414

## 第十六堂 如何不断超越自我

一、优秀首先是指道德品格 / 422

二、优秀主要是指业务能力 / 432

三、优秀依赖于积极而有效的行动 / 437

四、优秀的本质在于超越 / 442

**邓学平:法律人必须要有对法治的敬畏 / 447**

# 第一堂

# 律师职业如何起步

开始这堂课程之前,先厘清两个基本的背景问题。第一,这堂课针对的主体是已经通过司法考试,即将或刚刚迈入律师职场的法律人。第二,律师职业的起步阶段,根据我个人的定义,是指实习期加正式执业前3年。律协的实习期一般是1年到一年半,律师职业的起步阶段可以视作进入律师职场的前5年。职业起步的含义是逐步获得独立执业的实务能力,具体包括两部分,一是独立的办案能力,二是独立的案源开拓能力。刑辩律师的起步尤为艰难,需要提早做好筹划和准备。

## 一、律所平台和律师团队的选择

法律人开启他的律师职业生涯,至关重要的一步就是选择合适的律所平台和律师团队。第一次选择往往是最重要的,但往往也是最盲目的。对于准备踏入律师职场或者刚刚踏入律师职场的人而言,第一次选择会影响甚至塑造自己的整个职业生涯。

### (一)律所平台的选择

对于律师事务所,初入职场者大多会秉持一个简单的判断标准:规模越大、全国的分所越多就一定越好,或者综合排名越靠前,名气越响就一定越好。对于名气不是特别响、规模不是特别大的律所,主要是看办公室的位置和装修,比如认为离陆家嘴越近的律所越好,装修越奢侈高档的律所越好。还有人认为城市越大越好,选律所一定要选北京或上海的。

我认为这些观点是有误区的,跟以貌取人是一个道理。律所的规模、名气、位置和装修都只是外表。我们加入一家律所绝不应该仅是冲着这些外在的表象。一家律所好不好,其实因人而异。每个人的具体情况不同,职业愿景各异,不存在一个放之四海而皆准的判断标准。在职场上切忌盲目跟风,当大家一股脑儿往里面挤的时候,更需要好好听一听自己内心的声音。因为只有适合自己的才是最好的。在我眼中,一家好的律所应该具有以下3个方面的特质。

(1)有鲜明的业务特色。提到一家律所,要能马上想到这家律所在哪些细分领域是行业领先的,在哪些细分领域是富有市场竞争力的。如果找不到这样的标签,找不到这样的细分领域,仅是规模大、分所多、人数多,那么这样的律所恐怕只是"虚胖"。特别是有些律所管理混乱,通过网络广告吸引律师加盟收取座位费,这样的律所大而不特、大而不精、大而不强,在我心中并不是优质的律所,对初入职场者也未必是最佳的选择。

(2)有开放的上升通道。有没有一整套开放、公平的晋升机制,直接决定着一家律所的潜力和未来,也直接决定着年轻人的成长空间和职业归属。如果够优秀、够努力,能不能逐步地从一名实习律师顺利晋升为律所合伙人,能不能以这家律所为依托逐步成长为某个细分领域的头部律师?如果没有这样的上升通道,说明这家律所的成长空间有限,对理想的支持和包容能力有限。对于那些具有长远抱负的人,这样的律所并非好的选择。

(3)有积极的企业文化。企业文化听起来很虚,看不见、摸不着,但当你实际置身在一家律所的时候,它会无处不在地影响着你。我本人先后在4家律师事务所工作过,第一家是大型区域性律师事务所,第二家、第三家都是全国排名前二十的综合性大所。这3家律所的工作经历,让我真切地体会到了企业文化对人的影响,也是促使我决定自己开设一家律师事务所的重要因素。有的律师事务所,合伙人之间忙于明争暗斗,办公室笼罩着派系之争和政治气氛;有的律师事务所,热衷于各种商务应酬,刚入职场的年轻人除了白天工作,晚上还要参加各种酒局饭局;有的律师事务所,大搞个人崇拜,缺乏制度化和规范化管理,只是一家规模很大的个人律师事务所。凡此种种,对青年律师的成长都非常不利,自然不是好的选择。

## (二)律师团队的选择

什么是好的律师团队?有3个误区:认为团队的人数越多、团队的创收越多或者团队所在的律师事务所越大,这个团队就越好。选择律师团队跟选择律所平台一样,关键要看是否适合自己。

在我心目中,好的律师团队有3个特质。第一,有专业特长;第二,有职业操守;第三,肯传帮带教。没有专业特长,未来的专业积累会受到很大限制。没有职业操守,会跟着走入歧途,贻误自己的一生。如果不肯传帮带教,青年律师除了工资什么也拿不到、什么也学不到。

有一个问题:当律所平台和律师团队之间发生冲突时,该怎么选?比如律所平台很好,但是律师团队不够好,或者律师团队很好,但律所平台不够好。应当优先选择律所平台还是应当优先选择律师团队?我觉得这跟高考填报志愿是一回事,究竟是应当优先选择好的大学还是应当优先选择好的专业?如果是图面子、图眼前,那就选择好的大学;如果是图实用、图长远,那就选择好的专业。同样的道理,如果在乎的是自己实实在在的职业成长,我建议还是优先选择好的团队。因为进入一家律所之后,主要是跟团队的负责人和团队成员打交道。如果团队不好,律所再好,跟你关系其实是不大的。你所有的学习、所有的积累和所有的成长都是跟团队息息相关的。离开了团队,作为一个初入职场的法律人,是没有其他依托的。

## （三）顺利度过实习期

我听到过不少人抱怨实习期制度。特别是那些从公检法或者企事业单位转行做律师的人，都急于持证办案，认为一年多的实习期对他们是不必要的浪费。我的观点相反，我一直认为实习期是一种非常必要的过渡和训练。通过司法考试，走出大学校门，都只是掌握了理论知识。司法实务和法学理论是存在巨大差异的，通过司法考试离正式独立执业还有很远的路要走。即便是公检法转岗，司法实务知识固然已经熟练掌握，但是其在如何转变思维方式、如何开拓市场、如何维系客户、如何防控风险方面仍然是一片空白。律师是一生的职业，没必要急于求成。近些年有人呼吁修改《律师法》，将律师实习期从1年延长为2年，从中也可以看出实习期的重要性。

刚毕业的大学生大多以自我为中心，喜欢特立独行，而职场讲究的是纪律、协作和目标导向，很多人都需要转变心态和行为习惯，从而适应全新的工作环境。实习期初期，主要是办理行政手续、熟悉团队的规章制度和团队的人员构成。实习期中后期，一般会逐步承担一些简单的辅助办案工作，如收发快递、接打电话、打印复印材料、文稿校对等。整个实习期都是以学习、适应为主，是吸收大于贡献的阶段。负责任的律所和团队一般会将实习期作为执业培训期，不会安排实习律师独立办理案件。

实习期切忌眼高手低、马虎粗心。有句话说得好：小事常出错，大事没机会。即便是打印目录、装订卷宗这样的工作，也可以从中看出案件的办理程序和团队的办案理念。讲一个我自己的真实故事。我进入检察院的第一年也是实习期，职务是书记员而非检察官，主要从事的也是打印复印、文字记录等辅助工作。检察官去看守所讯问犯罪嫌疑人的时候，一般都会带一个书记员帮助记录。我每次领到任务时，都会提前找来卷宗了解案情，这样在记录的时候我就能抓住重点，遇到人名、地名就不必问询该怎么写。偶尔我还会建议检察官，是否应当核对某个案情细节或者是否应当对某个问题进行解释。很快，我的表现获得了检察官们的普遍肯定。因为绝大部分书记员只满足于临场做事、机械记录,而我不仅可以归纳总结、记录效率高,而且能帮检察官查漏补缺。就因为多了一份事先的准备,哪怕是简单的文字记录工作,也可以跟别人不一样,也可以迅速地脱颖而出。

## 二、走好正式执业之路

我看到有些人实习期满,拿到律师执业证后马上换律所或换团队。我不知道这背后的原因是什么,也许律所平台、律师团队或者律师自身都存在各自的问题。那么实习期满后,是否应当换平台呢?我认为这应当是理性思考的结果,而不应当是头脑发热或感情冲动的结果。

### (一)要不要更换律所或团队

我的观点是:这个社会不是为我存在的,是我需要去适应这个社会。职场上一定要学会坚持和深耕,不能稍有不如意就辞职走人,除非跟自己特别不契合,否则我个人不建议随便更换平台。怎么判断跟自己是否契合?我认为可以考虑3个方面:跟自己的能力是否契合、跟自己的兴趣是否契合、跟自己的职业愿景是否契合。即便这3个方面,也不能要求百分之百完美,天底下本就没有绝对完美的事。如果在某一个方面非常不契合,那么确实可以果断更换跑道,降低试错成本、及时止损。

比如一个团队主要是做涉外投资的,自己的外语能力确实跟不上工作需要并且短期内学好这门语言的希望也不大,这就属于能力不契合。又如知识产权业务需要一定的理工科背景,自己对理工知识没有兴趣甚至非常讨厌,这就属于兴趣不契合。再如,一个团队是主做婚姻家事的,涉及的案情往往细小而烦琐,当事人经常是满满的负能量并且习惯于把律师当作感情倾诉的对象。如果一个人立志从事金融业务或非诉业务,那么婚姻家事就与他的职业愿景完全不契合。

一般而言,换团队就意味着换律所。很少有律师能够在同一家律师事务所之内更换到另一个团队,因为这会带来复杂的人际关系。除非是两个团队负责人之间达成了共识,否则就必须要到其他的律所去重新寻找更加契合的团队。

### (二)频繁跳槽的坏处

有些人认为跳槽是有个性、有能力的表现,但其实很多时候恰恰相反。频繁跳槽可能并不是厉害,而是任性。频繁跳槽的坏处很多,可能会让自己的职业之路越走越窄。

#### 1. 站在律所和团队角度,不会欢迎一个频繁跳槽的人

(1)会怀疑你的忠诚度。为什么在一家律所干不到1年,或者刚干了1年就要走?没有忠诚度,一切都无从谈起。

(2)会怀疑你的专业能力。客观上,频繁跳槽的人很难获得职业积累。一件事,做久了才有专业可言。频繁跳槽意味着每件事都停留在很肤浅、很表面的层次。主观上,频繁跳槽很容易被认为是因不能胜任工作而被老板辞退。

(3)会怀疑你的人际关系。是不是因为跟老板处不好关系,或者跟律所其他同事甚至跟客户处不好关系,才被迫离职呢?

(4)会怀疑你的适应能力。任何一名律师加入一家律所或团队,都要有一段时间去适应团队的节奏和融入团队的氛围。在适应过程中,每个人都会感到不适或冲突,所谓适应,就是做好调整,降低他人和自己的不适程度,减少他人和自己的冲突次数。适应成功就不会产生离职的想法,适应不成功才会选择离开。

(5)会怀疑你的方向感。人生没有方向,很容易迷失或迷茫。一个人如果不知道自己想要什么,别人也帮不了他。

(6)会怀疑你的责任感。放弃是很轻松的,坚持才真正需要毅力。在任何一个团队工作,都必然会接触案件和客户,都必然会有自己的职责分工。频繁跳槽

必然会影响律所和团队的工作,甚至影响客户的黏性,动辄撂挑子,说到底是责任感不强。

2. 站在律师自己的角度,频繁跳槽也是坏处多多

每家律所、每个团队的专业方向和办案风格都不尽相同,如果在每家律所都是"浅尝辄止",那么在任何一家律所都难以窥其堂奥,根本无法实现专业进步和经验积累。总是在原地兜圈子,总是处在刚刚开始的起点位置,总是需要从头开始迈步,就会总也迈不过职业起步期。就好比一架飞机,总是在更换跑道,根本没办法滑翔起飞。据我观察,频繁跳槽的律师很少有特别成功的。

讲一个真实的故事。两名上海律师是实习培训时的同班同学,同一年拿到律师执业证。5年过去了,一名律师转换了三四家律所,差不多每年更换一家律所。到现在为止,他还是一名普普通通的提成律师,并且正在准备跳槽到新的律所。而跟他同班实习培训的另外一名律师,从实习期到现在一直待在一家律师事务所,现在已经是该所的高级合伙人并且在其执业领域已经成长为业务骨干。当然,这两名律师可能在专业度、进取度上有所区别。但是从外观上看,为什么一直没有更换律所的已经成为高级合伙人,而不停更换律所的却至今仍只是提成律师?这背后的深层次原因是什么?

现在的就业压力很大,求职者可选择的余地不大。初入职场,存在信息不对称和一定的就业导向,中间存在选择错误的可能。因此,跳过槽也是正常的。但如果一名律师频繁跳槽,就不能简单地认为他的选择一直都是错的或者他遇到的律所和团队始终都有问题。这种情况恐怕应该多多进行自我反思,多多查找自己身上存在的问题。

## (三)需要完成的转变

实习律师和执业律师不仅是一张证书的差别,而是思维方式和工作方式的根本转变。简单来说,就是要从机械的模仿者、单纯的学习者逐步转型为独立的思考者和积极的问题解决者。

实习律师按部就班,一切行动听指挥就足够了。实习律师一定要学会多观察、多请示、多汇报,不懂就问,没把握就要请教,不要自作主张。实习律师工作中压倒一切的任务是:准确理解团队的工作意图,高效率地去执行好、落实好团队的工作要求。遇到文书类工作,一定要套用或参照团队既有模板,写出来的每一句话都要有证据和法律上的依据。没有人期望实习律师能独立自主地解决问题,能创新性地破解法律难题。所以,实习律师要明白自己的角色定位,不要好高骛远、急于求成。实习律师的首要目标是展示自己的理解力和执行力,防止出错。在创新和不出错之间,宁愿选择不出错。简单来说,在实习期不出大错即属合格。

经过实习期一年多的磨砺和训练,特别是拿到执业证以后,对自己的角色定位和工作要求一定要有所转变。这个时候尽管仍然是助理身份,但要开始逐步学会观察思考、查漏补缺和随案应变。天底下没有两个完全相同的案件,也没有两个完全相同的当事人。诉讼业务,特别是刑事业务是典型的非标业务,机械模仿和机械照搬是肯定不行的。前期的模仿是为了学习和掌握思维方法,而不是为了固化自己的工作模式。律师说到底是要解决实际问题的,因此律师工作必然是始于模仿,终于变化。拿到执业证书后,要把自己设想为独立执业的律师,不能有依靠心理。要时刻思考:如果自己独立办理这起案件,那么该如何处理案件中的法律问题,该如何跟客户进行良性沟通。给到团队的文书不能是半成品,而应当是让自己满意的成品;遇到法律上的问题,要学会通过自己检索资料的方式尝试着给出自己的答案。

成功完成这样的转变,少则 3 年多则 5 年。任何一个行业,任何一个细分领域,没有 3~5 年的学习和沉淀,都很难得其门而入。我始终认为,3 年助理期是律师执业必须要有的最短积累期。我的团队招聘执业律师,合同期限一般不会低于 3 年。以我本人为例,7 年检察官生涯和 10 年刑事律师生涯的积累和历练,才让我在这个行业站稳脚跟、进退自如。

以刑事案件为例,一个重大复杂案件的完整程序周期可能需要数年之久。

哪怕是全程跟踪一个普通的刑事案件,至少也需要半年到1年。一名律师实习期结束马上独立执业,坦率来说我是为他捏一把汗的。因为刑事辩护看似乎门槛很低,其实隐形的门槛很高。特别是执业过程中无处不在的法律风险,没有数年的积累很难做到从容应对。怎么在保护好自己的前提下,为当事人争取到切切实实的利益?这些问题绝非纸上谈兵、一蹴而就可以回答。刑事业务如此,其他的业务领域同样如此。法律的生命在于经验。律师的职业成长有其客观规律,是急不得、赶不得的。

## 三、做一个优秀的律师助理

大部分求职者最看重的是薪资待遇。这无疑是正常的。但实习期和助理期最主要的目标不只是赚钱,还包括学习办案本领。经济学上有两个概念,一个叫外部性,另一个叫内部性。所谓外部性,简单来说就是不用付费就能享受额外的好处;所谓内部性,简单来说就是把享受到的各种好处全部折算进费用里面。站在内部性的视角,在衡量律师助理的收益的时候,不能仅看其拿到了多少工资奖金,还要把知识和经验折算进经济收益之中。是故,业务能力的提高、办案经验的积累、职业阅历的增加,都是律师助理的收益甚至是更加重要的收益。评价律师的助理生涯是否优秀,主要不是看其拿到的工资奖金数额,而是看其在助理阶段的职业成长。工资奖金是鱼,能力经验是渔。

### (一)师傅不愿带教,助理如何破解

一个残酷的现实是很多律师不愿意带教助理,并不是每个律师都愿意敞开心扉、手把手地带教助理。我的助理从加入团队开始,就可以全程跟着我学习办案。跟客户谈案的时候,我会让助理一起参与。阅卷、会见,我都尽量带着助理并给予指导。简单的文书,我会先把思路确定好,把提纲列好,然后让助理草拟

初稿,之后我会帮助他修改定稿。我在修改的时候,有时还会把助理叫到身边告诉他为什么要如此修改。开庭的时候,我会带上助理辅助庭审,让他有全程观摩学习的机会。但是据我所知,有些律师是不愿意这么做的。我了解到的一个例子是,一名助理跟着师傅工作了2年,还没有去过看守所,更没有开过庭。为什么会这样?总结起来,大概有3个原因。

(1)**担心浪费时间**。如果助理的法律功底不够、文字功底不够,那么让助理草拟初稿然后由师傅修改的结果是,师傅花去的时间甚至比自己直接起草还要多。我的个人经验也是如此。我事先给助理交代、讲解思路的时间和事后修改、润色文本的时间加起来,经常比我自己直接操刀撰写要长得多。效率低下且浪费自己的时间,导致师傅带教助理的积极性自然不高。

这个世界上有两类助理。一类是不可替代性的,助理的工作老板干不了。比如马云的法务助理的工作,马云自己是干不了的。因为马云不懂法律,相关工作必须要由助理来做。另一类是可替代性的,助理的工作老板也能干。老板自己能干的工作之所以愿意花钱请助理干,是因为老板的时间更稀缺、更值钱,根本来不及干或者根本没时间干。律师助理就是典型的第二类,做助理的一定要明白这个道理。律师助理存在的最重要的价值,便是为师傅节省时间。如果助理的工作没能帮助师傅省时间,那么无论助理加了多少班、流了多少汗,对师傅而言都是没有意义的。如果助理的一份文稿,师傅要从头改到尾;如果助理的一份证据清单,师傅完全没法使用;如果助理去法院立案,却因为材料准备不齐全而空跑,那么师傅就很难建立对助理的信任。如果带教助理在时间和经济上都不划算,师傅自然会意兴阑珊、兴趣渐无。

(2)**担心培养对手**。很多律师担心把助理培养好了,会给自己增加一个潜在的竞争对手。特别是做诉讼业务的,靠的都是一本律师证。担心律师助理独立执业以后会抢走自己的案源。这种担心,跟部分律师助理缺乏忠诚度和职业操守不无关系。我曾经就遇到一名助理,自计划独立执业开始,便处心积虑地跟客户套近乎,想尽各种办法试图挖走我的案源。有些律师遇到这样的助理后,不仅不再愿意带教助理,而且严防助理接触客户。正所谓部分助理的不端行为,严重影响了其他助理的职业发展。

就我个人而言,我始终主张师傅要有开放的胸襟和自信的勇气,要从提高整个律师群体执业技能的高度看待问题,要善于带领团队从广阔的外部市场中开拓业务,不要把眼界局限在跟身边人、周围人的竞争之上。中国的律师群体有数十万之众,防范身边的个别助理实无必要。何况律师之间应该良性、公平竞争,靠防范和围堵是无济于事的。就其本质而言,担心助理成长是一种狭隘的观念,也是师傅不自信的表现。

(3)少数助理不懂感恩。很多助理把带教律师称为老板,这固然没有贬义,但我总觉得不够贴切。因为老板更多的是指行政上下级的关系和雇佣与被雇佣的关系,又或者主要指向的是经济关系。在我看来,带教律师和助理之间更多的是一种师徒关系,这是一种带着浓烈个人风格的传承关系。如果助理不求上进或不懂感恩,把带教律师的工作要求视为一种桎梏或枷锁,那么带教律师自然也不愿意花费时间和精力进行传授和培养。

分析这些理由,目的是想帮助助理找到破解之道。第一,跟对一个有格局、有眼界的师傅。如果师傅自己不自信,总是害怕徒弟超越自己,总是提防着助理,那么我会建议助理果断更换跑道。第二,努力成长,尽可能地帮助师傅节省时间。工作可以不优秀,但只要不出错或许都会有些价值。遇到一起案件,至少把法律检索完整;起草一份简单的文书至少得把法条写对;制作一份证据清单,起码得把证据名称、证据来源、证据内容写对;把法律文书交给师傅之前,起码自己得先检查一遍,去掉错别字和病句。助理是指工作能力不独立,而不是工作态度不独立。有些助理将助理身份当作可以不认真、可以不严谨、可以出错的理由,这是不正确的。只要能为师傅节省时间,师傅就会有带教意愿。第三,遵守基本的职业操守,恪守一定的品格底线。保持对团队的忠诚,不要吃里爬外,损害团队和师傅的利益。自己品格不端,就怨不得别人不愿悉心带教。

## （二）律师助理需要掌握的办案技能

律师助理有两大核心技能：第一是辅助办案，第二是辅助沟通。很显然，广义的办案当然包括沟通。本书里的办案采取的是狭义理解，仅指法律层面的工作。在我的团队，我把这两项工作分别称为后台工作和前台工作。这两项工作对人的能力要求是不一样的，后台工作更看重法律功底和文字写作，前台工作更看重社会交际和口头表达。比如刚从公检法辞职的助理，我一般会安排从事后台工作，而性格外向、活泼的助理，我一般会安排从事前台工作。每起案件，我至少会安排 1 名前台助理和 1 名后台助理共同为我提供协助。其实，办案和沟通不仅是律师助理的两大核心技能，也是整个律师群体的两大核心技能。只不过作为律师助理，要有意识地把自己的工作划分成这两大部分，有意识地培养这两个方面的能力。

我把律师助理在案件办理中的辅助工作又细分为以下 5 部分。

（1）**法律检索**。具体又分为法条检索、案例检索、理论检索等。我的团队承接案件后的第一项工作便是检索。所谓法条检索，就是把跟这个案件相关的法条，包括司法解释、行政法规、部门规章等都集中检索整理出来，作为办案的基本参考资料。不仅要检索刑法，有时还要检索行政法或民商法。当法条存在不同位阶的时候，一定要注明制定主体。还有一些法条需要注明生效时间，因为这涉及适用时效的问题。案例检索也是很有技巧的。一般应当优先检索最高人民法院的公报案例、指导案例和生效案例，然后检索案件管辖地所属高级人民法院的案例，然后依次是案件管辖地所属中级人民法院和基层法院的案例。最高人民法院现在新建了一个案例库，这个案例库里的案例都是律师办案应当参考的。如果案例不足或缺乏可类比性，此时应优先检索其他省份高级人民法院及发达地区法院的案例。理论检索，一般要优先检索立法机关和最高司法机关的官方解答，其次是检索立法参与者和最高司法机关司法人员的论文，最后是检索权威学者的论文或权威期刊的论文。

（2）**辅助阅卷**。案件复杂，最明显的表现就是卷宗数量很多。我曾办理过一起走私普通货物案，卷宗达 3000 余册，我和两名助理集中拍摄了三天半。前些年的非法集资类案件，卷宗也是动辄数百册。虽然部分卷宗是财务账册和银行流水，不需要逐页仔细研阅，但是因为存在许多投资户的口述金额跟银行流水无法印证的情况，所以这些卷宗也不能完全无视。这些年扫黑除恶，一起案件动辄几十个被告人，动辄上百本卷宗。面对这样的案件，我的团队一般都会采取团队作战、分工阅卷的方式。助理的辅助阅卷工作如果卓有成效，能帮师傅节省不少时间。我们团队办理的每起案件，都要制作诉讼时间轴、案情经过时间轴、人物关系图等，有的案件还要制作交易流程图和法律关系图。这一般都是助理的工作。一笔交易，起点是什么？终点是什么？中间经过了哪些步骤？货物的来源和去向是什么？经过了哪些人的手？资金的流转路径是什么？从证据中抽丝剥茧，搞清楚这些问题，对于研判案情至关重要。我的团队还会要求助理把一些关键的证据摘抄出来，把口供的差异和变化趋势用图表呈现出来，方便我随时查阅。

（3）**证据整理**。辅助核对证据是助理的一项重要工作。当证据以复印件形式存在的时候，应当核对其和原件是否一致。多份证据之间如果存在差异和矛盾，要找出它的差异点和矛盾点。几十页的银行流水，要找到跟案情相关的交易记录。当案情扑朔迷离的时候，要查找重要书证和案件时间线之间的关联关系。

助理陪同师傅外出调查取证，一定要提前准备好电脑、录音笔、打印机、印泥、律师证、介绍信、笔录纸等，一定要提前跟被取证对象联系好时间、地点和取证方式。如果是制作调查笔录，一定要事先熟悉和了解案情，掌握可能涉及的地名、人名。记笔录并不是要把说的每一句话、每一个字都记下来，而是要重点记录那些跟法律有关的、跟案件有关的关键内容。要学会在忠实于原意的基础上进行总结、归纳和概括，以及在忠实于原意的基础上把方言和口语转化为书面用语和法律用语。

对于一些简单的案件，助理要学会制作证据清单。证据清单的常规组成，包括编号、证据名称、证据来源、证据形式、证据内容和证明目的。证据来源涉及证据的合法性和可信度,证据形式需要说明是原件还是复印件、是实物还是照片。比如律师收集了物证水果刀,是刀的实物还是刀的照片?如果是刀的照片,这个照片的拍摄者是谁?拍摄时间是什么时候?照片的存储介质是什么?这样一些基础工作需要师傅慢慢带教,更需要助理自己多加思考。证明目的是证据清单的灵魂,必须要条分缕析地写清楚、写准确、写完整。

**(4)法律文书**。很多律师团队都有自己较为固定的文书模板,这有3个好处:一是可以节省文书的撰写时间,二是可以保证文书的质量,三是有利于新人学习和模仿。比如证人出庭作证申请书,几乎只需要修改模板中的人名、罪名和联系方式即可。又如辩护词,字体、段落、格式和结构都可以直接套用。

复杂的文书,一般先由师傅确定好提纲或框架,再由助理起草初稿。助理起草文书不要有依赖心理。不要认为反正师傅会修改审核,就可以草率马虎一点。助理提供给师傅的文稿,一定要是自认为可以直接提交给办案机关的定稿。我遇到一些助理,给师傅提交的文书打着很多空格和问号。问其缘由,答曰需要师傅定夺。即便需要师傅定夺的内容,也不意味着助理不可以提出自己的意见。助理从一开始就要养成修改、打磨文书的习惯,这会让其受益终身。

助理经常需要帮助校对法律文书。我团队的法律文书在定稿之前都必须要有一个审核校对的程序。助理主要检查文书中有没有错别字、标点符号是否正确、有没有病句、法条的引用有没有错漏,法律概念或专业术语有没有出错等。曾经有一名实习律师,就是因为在文稿校对过程中出现了几个致命错误,导致其直接被拒绝录用。有一次,我应邀在北京某知名大学法学院举行演讲。内容涉及组织、领导传销活动罪,里边有个概念叫团队计酬。有个实习生帮我做PPT的时候,把"团队计酬"写成"团体计酬"。一字之差,谬以千里。法律概念、法律术语都是法定的,是不允许随便修改的,一旦出错就不是不小心,而是跟不专业画等号了。

**(5)辅助庭审**。现在"两高三部"已经发文明确,律师可以带助理辅助庭审。

这里的助理既包括实习律师,又包括执业律师。助理辅助庭审主要包括庭前准备、庭审辅助、庭后辅助3个方面。庭前准备主要是确定庭审时间和地点,提前帮助师傅安排好行程,帮师傅整理好开庭要用的卷宗材料,携带好律师袍等。庭审辅助主要是庭审记录和准备证据。当公诉人和师傅讲到某个证据时,助理要能够立即找到这份证据并呈递给师傅。有时遇到一些特殊情况需要临时查阅法条,助理也要立即行动。无论是公诉人还是师傅的庭审发言,都要做好要点记录。良好的庭审记录对于庭后完善辩护词是至关重要的。庭后辅助主要是帮助核对庭审笔录,帮助处理一些当庭悬而未决的事项。比如补充提交证据、补充提交质证意见、提交辩护词或者联系商定下一次的庭审安排等。

## (三)律师助理需要掌握的沟通技能

助理要进行的多数是辅助沟通。所谓辅助沟通,是指沟通的内容并不直接决定案件的罪与非罪、罪重与罪轻的事务性、程序性沟通,具体可以分为以下四部分。

(1) **程序跟进**。程序跟进的主要工作是了解程序节点、寄送办案材料。比如刑事案件。什么时候刑事拘留的?什么时候移送检察院审查逮捕的?检察院什么时候批准逮捕的?什么时候移送检察院审查起诉的?检察院什么时候提起公诉的?法院什么时候一审判决的?这些关键程序节点,除了要根据《刑事诉讼法》的规定进行大致预测,律师助理也要及时跟办案单位进行核实跟踪。案件到了重要的诉讼节点,如果办案律师不掌握、不知道,相应的工作肯定跟不上。刑事案件每到一个重要节点,都要寄送委托手续和相应的法律文书。邮寄文书之后,还要跟办案人员确认文书是否收到。

我遇到过一位律师同行,因为当事人是取保候审的,所以一直比较大意。突然有一天,当事人告诉她案件第二天开庭,她才知道法院已经安排第二天上午开庭审理此案。因为没有及时跟进案件程序,她甚至都不知道案件已经起诉至法院,也根本没有向法院寄送委托手续,法院安排庭审自然也不会通知她。这种情况实则属于重大责任事故。家属投诉不敬业或者要求退费,律师是没有任何抗辩理由的。我的团队有专门的案件进度管理系统,会定期跟踪程序和进度,确保不会发生类似前述这样的事故。

大家都知道法官工作很忙,要开庭、提审、调查取证,还要经常参加各种会议,因此经常不在办公室。诉讼律师的一个常见麻烦是联系不到法官。承办律师时间有限,不可能守在电话旁,所以很多沟通电话都需要律师助理去拨打。跟法官联系要抓住几个关键时间节点,如早上刚上班、临近吃午饭、临近下午上班或者临近下班。这几个时间节点,法官出现在办公室的概率要高一些。有时候长时间联系不到法官,可以试着找他们的内勤、庭长或者同一个庭的同事。有时候还可以借助家属或其他方法,找到法官的手机号码。总之,即便是拨打电话这类小事,也是需要动脑筋想办法的。

(2)**行程预约**。刑事律师经常要到全国各地去会见。每个地方的会见要求不一样,看守所上下班时间也不一样。有的地方周末能会见,有的地方周末不能会见,有的地方工作日都能会见,有的地方每周有一天或半天不接受律师会见。不同的看守所,会见需要提供的材料是不一样的。我遇到过一家看守所,会见时不仅需要提供委托书、律师证和会见介绍信,而且要提供委托合同。还有一家看守所,解除之前的委托律师不仅需要出具解除委托通知书,还需要被解除的律师出具同意解除的证明。针对这些情形,比较可行的办法是,律师助理提前问清楚各地的要求。

调查取证的时候,助理要提前跟证人沟通好取证的时间、地点、方式等。去外地办案,助理还需要跟家属沟通好行程、住宿等事宜。跟法官、检察官当面沟通,助理也需要提前做好预约。助理在从事这类沟通工作的时候,最重要的是准确传递信息,不要出现差错。这些工作不做细,导致远程跑空趟,非但会耽误差旅和时间成本,而且容易给客户留下不靠谱、不专业的印象。

(3)**答疑解惑**。每起案件都需要经历一个漫长的过程,家属在此过程中会有很多的情绪焦虑和法律疑问。以我的团队为例,重大的法律问题和关键的诉讼策略,都由我直接跟当事人和家属沟通。但是诸如简单的程序性、事务性、知识性问题,很多都是由助理跟家属进行解答。我的经验告诉我,有些问题由助理冲在第一线,我负责兜底和善后,效果反而更好。有很多律师不允许助理接触客户,因为担心客户会被助理挖走,这是狭隘、不自信的表现。比如在我的团队,从辅助办案到辅助沟通,助理都是可以全程参与的。

助理帮助答疑解惑也是有很多技巧的。普通知识性问题,自然可以直接作答。但有些问题,牵涉法律知识,更牵涉辩护策略和工作思路,此时助理不要自作主张进行回答。此时可以先私下请示师傅如何作答,然后反馈给客户。必要的时候,助理可以先把拟回答的内容编成文字发给师傅确认。答疑解惑可以采取书面和口头两种形式。法律答疑优先用文字的形式,防止客户出现理解偏差。安抚情绪最好用电话或当面的方式,因为可以进行情感的陪伴,文字会过于抽象和无感。

(4)公共沟通。信息化时代,许多律师都在运营自媒体。特别是刑事律师,在公共舆论场上相对比较活跃。助理如果掌握了运营自媒体的基本技能,可以为师傅提供很大助力。我本人运营自媒体已经很多年了。我的微信公众号有6万多粉丝,微博有70多万粉丝,知乎和今日头条各有5万左右的粉丝。这些自媒体文章,内容当然是我自己负责生产和输出的,但是后期编辑和发布都是由助理来完成的。在格式编辑和软件运用方面,年轻人具有天然的优势。

助理在运营自媒体方面,主要提供的是技术支持和文稿校对。具体而言,包括以下5个方面的内容。

①拍图。无图无真相,我们很多事件都需要有照片进行证明和记录。关于拍图,我们不是像摄影师那样去追求单纯的艺术效果。我们法律人追求的是,照片要能够完整地记录事件,作为一个记录历史的证据。比如举办一次讲座,照片要把这个活动背景和讲座的主题反映出来,让大家了解这是一个什么样的讲座。主讲嘉宾、主持人要给一些特写镜头,现场的听众和互动的场面也需要有些抓拍镜头,以此显示这个活动的整体场景。所以助理的拍照应是有目的、有意识地抓

取和记录。这个过程中当然是需要掌握必要的摄影技术的。

②P图。具体包括修图、P图和制作电子海报等。现在线上会议和线上讲座很多,电子海报非常常见。律师发布判决书时往往需要隐去当事人的身份信息,发布活动照片时也要体现一定的审美和质量。

③制作短视频。录制短视频、剪辑短视频都有成熟的软件,也有成熟的发布平台。

④编辑微信公众号。微博的受众太散,聚焦度不够。就法律圈而言,微信公众号及其视频号是最为重要的社媒工具。内容为王,不应太过花哨,但并不意味着对公众号的格式编辑没有任何要求。

⑤制作PPT。我个人经常需要在各种场合发表演讲或者做交流发言,PPT自然是必不可少的。一般都是我负责内容输出,助理负责PPT的制作。

运营自媒体是很有技巧的。比如微博,话题词的选择和语气措辞很重要。又如微信公众号,格式排版和文章标题的选择非常关键。至于配图,既要跟文章内容吻合,又要富有一定的美感。自媒体的格式,一定要适合现代人的阅读体验,切忌长篇大论。电子海报和PPT的设计可以显示出一家律所或者一个团队的品位,设计太过粗糙、太过简陋都是不利于律所或团队形象的。

## 四、从优秀助理到独立执业

助理所有的工作表面看是为了师傅,其实都是为了自己。只有投入其中,才能有所收获。优秀不是突然从天而降的,一名优秀的律师一定是从一名优秀的律师助理蜕变过来的。

### (一)优秀助理的标准

优秀助理的标准是什么?我用2个词、8个字概括,一个是诚实靠谱,一个是积极主动。

### 1. 诚实靠谱

诚实靠谱不仅是优秀助理的标准,也是优秀律师的标准。对于助理,诚实靠谱尤为重要。在职业起步阶段,如果连诚实靠谱都做不到,那么后面的发展机会就可想而知了。

(1)**要守时**。我曾经遇到过一名助理,给他一个星期撰写一份简单的开庭申请书。结果时间到了,在我主动催问下才告诉我还没有动笔。这样的故事,只有一个确定的结局。

(2)**要细心**。起草文书,不能有明显的错别字或病句,不能有低级的法律概念错误。这些最基本的要求,要像口诀一样常记在心。

(3)**要负责**。提交证据,不能错漏。不能遗忘或错过重要的诉讼节点。案件到了审查起诉阶段却不提醒师傅前去复制卷宗,或者案件上诉期快到了却忘了提交上诉状,都是无法挽回的错误。

(4)**要坦荡**。不能欺骗师傅和当事人。工作上犯了错,勇敢承认并及时整改,不要推诿塞责,更不要试图用谎言去掩盖。工作已经出错甚至已经给师傅造成损失,再去做无谓的辩解毫无意义。工作没能帮助师傅节省时间,还要再额外浪费师傅的时间去倾听助理所谓的辩解,试问哪个师傅会感兴趣呢?师傅要看到的是正视问题的态度以及修补和改进的措施。所以,聪明的助理从不做无谓的辩解。

(5)**要忠诚**。不是忠诚于师傅个人,而是忠诚于自己的职业操守。人无信不立。律师行业非常讲究个人信誉,对律所或团队不忠诚首先会给自己留下终身的信誉瑕疵。律师圈子很小,不好的口碑会自己流传,这个代价可能很多年都无法偿还。

### 2. 积极主动

推一下才动一下,跟好助理无缘。我有一名助理,工作非常主动,几乎不需要我专门安排。一个案件进来,在哪个阶段该做哪些事,自己都会主动自觉地去做。有这样的助理,师傅会非常安心和轻松。

(1)**眼中有活**。常规工作不需要特别布置。比如跟进诉讼程序,到哪个节点邮寄哪些手续,都需要自己主动完成。

(2)**主动思考**。遇到问题,首先要自己想办法解决,而不是把问题抛给师傅。这是实习律师和律师助理的重要区别。实习律师这样做事可能是要闯祸的,但执业以后的律师助理则要时刻想着自己去独立解决问题。当然,遇到拿不定主意或者超出自己权限的问题,还是要跟师傅汇报。不过在给师傅汇报的时候,仍然要给出自己的初步思考和处理意见。

(3)**勇挑重担**。我们的办案经验是靠实战来实现的。只有在一个个真实的案件中,通过深度参与办理案件,并在其中付出工作、付出努力、付出思考,才能够不断提升办案能力。换句话说,只有在做事的过程中,自己才会成长。只有在应对挑战的过程中,才能更快、更好地成长。所以真正聪明的助理,永远是那些勇挑重担的人而不是投机取巧、耍滑偷懒的人。

我在检察院工作的时候,年终考核主要以案件数量为依据。一起简单的盗窃案和一起复杂的受贿案,在年终成绩考核上是同等分值。于是,有些人便总是抢着办理简单的盗窃案和危驾案。我当时不这么想,遇到疑难复杂的案件,我总是主动要求办理。没多久,领导遇到疑难复杂的案件自然总会想到我。事实证明,正是在办理这些疑难复杂案件的过程中,我的业务水平才得到了真正的锻炼和提高。可以想象,如果我当初主要办理那些机械重复的简单案件,那么后来辞职做律师可能就不会像现在这么顺利。能力是自己的,工作永远都是给自己干的。

## (二)助理什么时候可以独立

一个很现实的问题:助理什么时候可以出师并开始独立执业?这个问题没有统一的标准答案。因为每个人的天赋悟性不同、努力程度不同、社会资源也不同。在这堂课中,我设定的职业起步阶段是进入律所后的5年,其中包括一年半的实习期和大约3年的助理期。根据我的个人经验,这已经是一个比较短的时间了。如果天赋比较好并且比较努力,经过这段时间的学习和锻炼,确实可以考虑迈出独立执业那一步。但如果天赋没那么好,或者没那么努力,或者团队情况不是那么理想,那么把职业起步阶段再延长2~3年也是非常必要的。

那么,有没有一个办法去判断助理是否适合独立执业呢?我提出了一个简单的标准:当你的师傅离不开你的时候就是你出师的时候。这话也许听起来很残酷,也许很多律师同行会反对,但这就是现实。你的师傅离不开你,就意味着你能做很多事情,你可以为他节省很多时间,你对他的作用和价值很大。这件事情的另一面,其实就意味着你已经可以独当一面,已经可以独立执业了。反之,虽然你已经在团队干了三五年,但是你对团队仍然是可有可无,师傅对你的能力和品格还是不放心,一些复杂的工作还是不敢让你独立去做,那么你恐怕还没熬到独立执业的火候。让师傅和团队成员信任跟让客户信任,背后的原理其实是一样的。条件不具备的时候贸然独立,你会发现你的业务能力和发展后劲都未必跟得上。举两个真实的例子。

例子一:一个青年检察官从入职那一天起,就天天喊着要辞职。工作上受到批评,他总是以自己很快就会辞职来自我安慰。十几年过去了,他竟然还在检察院工作,从来没正式提过辞职申请。我在检察院工作了7年,其间从来没公开说过自己要辞职。但是有一天我想好了,决定了,很果断地就提出了辞职申请。我申请辞职的时候,单位领导多方挽留,甚至还派专人给我做思想工作,询问我有什么要求和困难。所以,辞职不应该是逃避眼前困难的借口,而应该是不满足于眼下、超越眼下现状的动力。

例子二:也是关于我自己。2007年我研究生毕业,那年我在上海已经签约了一家律师事务所。工作了两个月,因为考上了公务员就决定把律所工作辞掉。我提出辞职申请后,律所主任专门找到我跟我谈话,主动帮我分析两种选择的利弊得失,并且主动提出给我加薪。如果是因为在一家单位待不下去才被迫辞职,那没什么好夸耀的。相反,如果单位认为你对律所很重要,认为你很出色,多番诚心挽留,舍不得你离开,这时候的辞职才是成功的。当然这种情况下的辞职不是为了炫耀,也不能抱着享受被人重视的快感去任性辞职。辞职一定是为了更好地出发。

律师助理也一样。决定离开团队自我独立很简单,但是让师傅觉得可惜、不忍才艰难。如果师傅说我还想跟你共事,我真的离不开你,那么这时候意味着你的职业来到了一个新的拐点。我经常告诉合伙人朋友一定要明白一个道理:没有人会终其一生都甘愿做别人的助理。帮助助理成长,帮助助理收获成功,其实也能为自己带来成就感。不阻碍别人的成长,不在别人的发展道路上设阻,也是律师职业道德的一条底线。

### (三)独立执业的最后一步:案源开拓

独立执业是每个律师都要迈出的一步。除了业务能力,独立执业还需要案源支撑。开拓案源要以业务能力为前提和基础,但是不等于业务能力足够就一定能获得稳定的案源。律师职业的艰难和挑战就在于,不仅要善于办理案件,还要善于承接案件。对于打算独立执业的律师而言,案源开拓是一场严峻的考验。关于案源开拓的问题,已经超出了职业起步阶段的课程范围,我会在后面的课程中另开专题讲述。

## 第二堂
# 如何走好专业化道路

近年来,关于律师专业化的探讨不绝于耳。在我看来,这些探讨不仅不算多,相反,讨论得还不够深入。律师从其职业属性来看,其价值不在于说了算而在于说得对。脱离了专业,律师职业将无从谈起,更无从发展。根据司法行政部门发布的数据,全国执业律师人数已经突破70万,上海市执业律师人数已经突破4万。这个数据在未来数年,还会有大幅度的增长。未来律师职业将不再是一个精英化的职业,激烈竞争将成为法律服务市场的常态,专业化将成为律师突出重围的必备杀招。从近几年国家法治大环境和法律服务业的监管趋势观察,专业化道路将是未来律师业发展唯一可行的道路。这堂课,我将从实操层面系统探讨律师在专业化道路上面临的各种问题和各种可能的破解策略。

## 一、什么是专业化

专业化具有丰富的内涵。虽然大家都在谈论专业化,但每个人对专业化的定义其实是不一样的。在我看来,专业化绝对不等同于只做某一个专业领域的业务。律师界给我贴上了鲜明的刑事律师的标签,但我每年仍会代理一定数量的民商事案件和行政诉讼案件。这些民商事案件和行政诉讼案件非但没有冲击我的专业化标签和专业化认同,相反,对于完善我的执业履历、提高我的专业化能力都有积极的促进作用。

## （一）专业化的 5 个维度

**1. 从案件数量看，某个专业领域的案件数量占比过半。** 案件数量指的是某个律师或者某个律师团队或者某个律师事务所在一定期限内承接的案件数量总和。专业领域的案件数量占比是否过半，是衡量其是否专业化的一个最简单、最直接的标准。比如一家律师事务所对外宣称是刑事专业所，但如果该所每年承接的大部分案件不是刑事案件，那就会显得名不符实。

**2. 从创收份额看，某个专业领域的案件收费占比过半。** 如果说案件数量占比还显得有些表面化，那么案件创收占比就很能说明问题。大部分从事民商事诉讼的律师，可能单个案件收费并不高，总体创收往往靠数量取胜。刑事律师特别是头部刑事律师，案件数量一般不会太多，但单案收费往往较高。这是因为刑事案件具有高度的人身依附性，很多办案环节需要承办律师亲力亲为。由于时间和精力限制，每个刑事律师所能实际承办的案件数量是非常有限的。在高峰时，我的团队有 5 名授薪助理和 2 名长年实习生。即便这些助理和实习生能分担大量的工作，但是我自己仍然十分忙碌。最密集的一次出差持续了 4 周，跨越 5 省 12 市连续办理 8 起案件。这不仅是巨大的脑力挑战，也是巨大的体力挑战。这样高负荷的工作对身体是极大的消耗，注定是无法持续的。

因此，头部刑事律师接案的机会成本非常高。在案源相对充裕的情况下，往往需要通过提高单个案件的收费来提升接案的门槛，平衡接案、办案带来的机会成本。也因此，刑事律师的创收占比往往要高于其案件数量占比。即便在一些以非诉业务为主的头部综合性律师事务所，刑事团队的人均创收也总是名列前茅。在某种程度上，专业领域的创收份额更能体现专业化的程度和专业化的影响力。以我本人为例，刑事案件数量占比大约是 80%，但刑事案件的创收占比却超过 90%。以上海权典律师事务所为例，虽然刑事案件数量占比只有大约 30%，但是刑事案件的创收占比却超过 80%。站在这个角度，无论是我个人还是上海权典律师事务所,被外界贴上刑事标签大约都是准确的。

3. **从代表案例看,成功性、代表性案例集中在某个专业领域。**何谓成功性、代表性案例?我认为主要包括胜诉案例、前沿案例、影响性案例、标志性案例、重大疑难复杂案例、无罪案例和重大改判案例7大类。其中胜诉案例、无罪案例和重大改判案例3类属于成功性案例,其余4类属于代表性案例。代表性案例往往具有重大的社会影响或重要的法治意义。成功性案例和代表性案例最容易给一个律师贴上专业标签。

比如某律师本来是做知识产权业务的,后来他的代表性案例都集中在刑事领域,慢慢地他就被贴上了刑事律师的标签。我认识一个青年律师,她原本是一个"万金油"律师,但因为代理的一起公司股权纠纷登上了最高人民法院的指导案例,从此她便逐步转型成为专业的公司法律师。我还认识北京一位主要从事非诉业务的律师,因为一个偶然的机会代理了一起具有重大影响的刑事案件,此后她的刑事业务开始占据较大比重。

每个诉讼律师的一生中,可能都做过跨专业领域的案件,但那些代表性特别是有重大影响力的案件,会塑造他的专业形象和社会的专业认知。我本人以做刑事案件为主,虽然在行政诉讼和民商事诉讼领域也有过不少成功案例,但我最为同行和社会所熟知的代表性案例主要集中在刑事领域。因此,我被贴上刑事专业标签不仅是因为我曾经的检察官身份,而且是因为我的代表性案例和成功性案例。如果一名律师主做知识产权,但他的成功性、代表性案例却在别的专业领域,那只能说明他在知识产权领域仍有待深耕和提高。

4. **从行业认知看,多数业内人士能将其划入某个专业领域。**一名律师是不是某个领域的专业律师,不完全取决于他自己怎么说,更大程度上取决于同行对他的认知。换言之,一名律师的专业标签很大程度上是由同行帮他贴上去的。比如一名律师自认为是专业刑事律师,但多数同行却认为他是一个"万金油"律师,很显然他的刑事专业化道路还算不上成功。

这么说,并不是说指律师本人就无所作为。相反,律师同行的专业标签恰恰是基于律师本人的作为。比如这个律师日常的自我宣传、日常办理的案件类型、在各类媒体上发表的专业文章等，都有助于塑造一名律师的专业标签。当一名律师的专业形象获得一定区域内大部分律师认可时，他的专业标签就成功贴上了。这样的专业标签不是一名或几名律师可以撕掉的，甚至也不是律师自己可以轻易撕掉的。

**5. 从公众认知看，普通公众能将其划入某个专业领域。** 在过去，绝大部分律师都谈不上社会影响力或公众知名度，只有少数头部律师、代表性律师由于各种特殊原因才存在普通公众的认知和辨识问题。但是在社交媒体时代，事情发生了很大变化。网络上活跃的律师大V，可能并不是这个行业的头部律师或代表律师，更可能是出道没多久的青年律师。一些在行业内名不见经传的律师却在抖音、快手、微博、知乎等媒体平台玩得风生水起，有的动辄数十万、数百万粉丝，俨然是专业领域的意见领袖和律师代表。那些行业内公认的头部律师或者代表性律师则基于各种原因，在社交媒体领域反而显得有些沉寂。

可以想象，未来律师的知名度很可能存在线上和线下的巨大差异。行内公认的大牌律师在线上可能寂寂无名，线上红得发紫的律师在行内可能无人问津。很显然，未来律师的专业标签有可能逐渐脱离同行的评价体系，进入公众直接评价的时代。这些网络律师大V的公众认知对于塑造其专业形象有着重大的助推作用和舆论影响。

这5个标准各有侧重，分别描述了专业化的部分属性特征。我认为，凡是达到其中任意2个以上标准的，都应当被视作一个成熟的或者成功的专业化律师。

## （二）专业化的3种类型

根据划分标准的不同，专业化呈现出3种类型。从目前来看，这3种专业化类型都有其生命力。

**（1）按照法律门类进行划分。** 这是最简单，也是最原始的专业化类型。比如，法律包括《刑法》《知识产权法》《劳动法》《公司法》等，那么律师的专业类型就相应地包括刑事律师、知识产权律师、劳动争议律师、公司法律师等。这种划分的好处是容易跟大学阶段的教育挂钩,容易跟律所的业务结构挂钩,也容易获得律师同行的理解和认可。目前,这种专业划分仍然是最普遍、最主流的。

(2)**按照经济门类进行划分**。这不是一个法律的划分标准,而是一个经济的划分标准。比如医药行业存在医药领域的专业律师,房地产行业存在房地产领域的专业律师,创业投资行业存在创投领域的专业律师。很显然,任何一个经济门类都会涉及不同的法律部门。因此,按照经济门类划分的专业律师就其法律门类而言,必然是跨法律部门的。

以医药行业为例。医药行业实行特殊的行政许可,要获得相关的生产、销售牌照,必然涉及行政法和经济法。医药企业具有技术密集型的特点,必然会涉及公司治理、知识产权、商业秘密等,因此又会涉及《公司法》和《知识产权法》。医药行业也涉及劳动人事争议、合同纠纷等,也因此会涉及大量的民商事法律。此外不要忘了,医药行业从研发、生产、制造到销售,都有大量的刑事风险,还会涉及刑法。理论上讲,从医药公司的设立、运营到终结,整个过程中涉及方方面面的法律问题,该领域的专业律师对此都要有所掌握。

按照经济门类划分的专业化是一种纵向的、纵深的专业化,它不仅要求掌握跨部门的法律知识,而且要求对这个经济领域的经济规律和行业规律有着深刻的认知和洞察。以房地产行业为例,该领域的专业律师不仅要熟悉土地、税务、建筑工程等相关的法律知识,还要对房地产企业的运营模式和房地产行业的现状及发展趋势都有所掌握。一旦具备了前述综合知识,这种专业化模式的客户黏性往往是最高的,也是最难以替代的。

(3)**按照客户门类进行划分**。客户门类有点类似于经济门类,但跟经济门类也有区别。经济门类主要是企业客户,客户门类既有企业客户又有自然人客户。比如现在市场上就有专做未成年人维权的律师、专做文体明星维权的律师、专做网络名誉侵权维权的律师、专做企业家财富传承的律师等。这种专业化是按照客户属性进行区分的,好处在于针对性强,不足在于市场发育还不够成熟,市场规模总体偏小。

我们日常所说的专业化大部分是指第一种专业化,本书中的专业化也主要是指第一种专业化。不管专业化划分的标准是什么,也不管专业化的具体模式是什么,所有的专业化都有一个共同的底层逻辑:有一个明确的主轴,能够把看似不相关的业务合并归类在一起;有一个明确的范围,能够把主攻业务囊括在一个相对清晰的边界之内。

## 二、为什么要专业化

### (一)专业化是通往成功最近的路

律师界不需要成功学,但需要方法论。为什么说专业化是通往成功最近的路?我给了5个理由。

第一,专业化是门槛最低的起步通道。当你一无所有、举目无亲,没有任何社会资源可以依靠的时候,律师职业靠什么起步呢?只能是你的专业本领。

第二,专业化能迎来同行的合作机会。我现在的案件超过一半都是律师同行介绍的,很大程度上是因为我已经有了一个刑事律师的标签。有的律师同行不做刑事案件,他遇到刑事案件自然会介绍给别的刑事律师。还有一些刑事律师觉得这个案件比较重大、复杂,他自己不一定能谈得下来或者即便谈下来了,做起来会非常吃力,这个时候也会邀请比较专业、资深的刑事律师加入。我也经常会给别人介绍案件。当我有一个案件想要介绍给别人的时候,我首要的考虑是什么?一定是考虑他的专业能力。中国的律师太多了,如果没有专业标签,客户和律师同行怎么会想到你?有人说,我跟你那么熟悉,你不介绍给我还能介绍给谁?这还真不一定。律师同行之间介绍案件,实际上是在拿自己的信用和声誉做担保。如果对方的专业度和敬业度不达标,把案件介绍出去则会透支自己的信用、损害自己的声誉。有专业标签会很容易被别人记住,进而很容易让别人想到自己,同行的合作机会自然而然就会增多。如果是一个"万金油"律师,要靠平时吃吃喝喝把同行笼络在身边,社交成本实在太高了,而且不一定有效。

第三,专业化能提高案源的转化比率。一个案件介绍过来,如果专业度不够,是很难谈下来的。我给大家举个真实的例子。曾经有一名律师,入行前在政府机关从事行政执法工作。他入行做律师没多久,遇到一起刑事案件。因为没有刑事案件的办理经验,他便事先查阅了一些资料,把这个罪名的构成要件、入罪门槛都做了详细了解。他接待客户的时候,把法律规定这些基本面也都谈到了。结果在谈论委托合同的时候,客户问了一个问题,说咱们委托合同是按照一个阶段签,还是按照三个阶段签,这位律师一下子愣住了,脸涨得通红。因为他根本不知道什么是按照一个阶段签、什么是按照三个阶段签。他的窘迫一下子暴露在客户面前,这个案件自然就没有谈下来。我们专业刑事律师都知道,一个阶段签就是只签公安、检察院、法院中的某一个阶段,三个阶段签就是指公检法三个阶段,一般是做到一审判决止。刑法罪名的构成要件是可以从书本和网络上查到的,但是这些办理案件中的俗语,如果没有实际办案经验,是很难知晓的。专业度不够,案源上门也谈不下来,案源转化比率肯定高不了。

第四,专业化能提升案件业务层次。业务层次越高,收费自然也会越高。大家可以想象,那些高端的、疑难的、复杂的案件,家属会找什么样的律师,那些有支付能力、有市场理性的高端客户,又会找什么样的律师。他们是会找一个"万金油"律师,还是会找一个领域对口的专业律师?答案无须赘言。一个典型的"万金油"律师拿出一张名片,擅长的领域会包括刑事辩护、婚姻纠纷、交通事故、遗嘱继承、合同纠纷……恨不得把所有可能遇到的法律纠纷都写上。在我看来,凡是自称擅长的业务领域超过 3 个的律师,基本都可以被定义为"万金油"律师。

律师界有一个公认的说法叫"二八定律"。二八定律的含义有两个:一个是指 20% 的律师赚了 80% 的钱,另外 80% 的律师赚了 20% 的钱;另一个是指 20% 的案件占据了 80% 的创收,而另外 80% 的案件占据了 20% 的创收。那么,哪些人会成为 20% 的那群律师,哪些人会成为 80% 的那群律师呢?通过观察比较可以发现,除非是在四五线的小城市,否则能够进入20%的基本都是专业化律师。而在那个庞大的80%的群体中,主流是那些"万金油"律师或者正处在专业化初期的律师。随着人工智能的发展,那些能够批量化处理的诉讼业务(如银行、小贷公司的债权债务纠纷、保险公司的理赔纠纷)和能够标准化处理的非诉讼业务(合同文本、非诉法律文本),不仅面临着律师同行的竞争,而且面临着法律科技公司的竞争。最后可能只留下那些疑难复杂、无法标准化、批量化处理,并且需要大量创造性和协调沟通成本的案件,才是律师竞逐的真正舞台。可想而知,人工智能时代对律师专业化的要求不是降低了,而是提升了。

大家都知道律师的时间是有限的,创收低的律师不代表他不够努力、不够勤劳。相反,我看到很多创收不是太高的律师,每天都很疲惫。几年前,我在某地看守所会见的时候,看到有个同行穿了一件T恤衫,T恤衫上印着"专业会见"的字样和手机号码。这位律师穿着这样的衣服,顶着烈日,不停地在看守所门口走动。如果看着某人像家属,他就会主动上前自我介绍。我当时把这个场景拍了照片发了微博,结果这条微博引来数百万阅读。这位律师,能说他不努力吗?我觉得他是非常努力的。但是如果他只做刑事会见这一块业务,他的创收无论如何是不会特别高的。上海许多看守所门口都活跃着这样的会见律师,基本不提供法律分析和辩护思路,仅是帮助了解情况和传递信息。单纯会见的门槛很低,唯一的竞争筹码就是价格,打价格战在所难免。

律师要想提高创收,就必须提高自己的专业实力,让自己变得难以替代。只有稀缺的,才是有价值的。专业化实际上是在设置专业壁垒,通过提升准入门槛来减少竞争、提高业务层次。专业化已经成为律师未来的黄金生存法则。

第五,专业化能提升行业和社会地位。各行各业都是一个金字塔结构,位于塔尖的律师占据整个行业的制高点,是谓头部律师。他们不仅是行业的风向标,而且是行业的带路人。每个执业律师,除非天生含着金钥匙,否则刚开始执业的时候,都会被自动归类到金字塔塔底。律师职业发展的所有问题,都可以归结为一句话:怎么样从塔底向塔尖跃升。

有人说我很努力，还有人说我很优秀。但如果以金字塔理论来审视，这两种说法都没有意义。为什么？因为你跟自己比努力，跟自己比优秀，并不能让你从第一层跳到第二层。每个阶层的席位都非常拥挤，并且阶层越高席位越少，怎么样才能从第一层跳到第二层呢？只有比同在第一层的人更优秀，只有跟同在第一层的人拉开距离，才有可能进入第二层。以此类推，只有不断超越身处同层的人，才能逐层跃升并最终到达金字塔塔尖。不可能要求每个律师都达到金字塔塔尖，但是每个律师都可以朝塔尖努力和靠近。事实证明，专业化是阶层跃升最大的推动力，也是最坚固的阶梯。我们的社会当然还可能会有其他的助推力和阶梯，但大部分律师可能无法拥有这样的资源或条件。对于出身普通的律师，只有专业化才能不断实现这样的阶层跃升，才能不断向金字塔塔尖靠近。

### （二）反思专业化的思维误区

不可否认，网络上也有一些反思专业化的声音。比如一位律师对律师专业化提出了7点反思意见，如下所述。

（1）大部分业务都是基础法律业务，对特定专业知识要求不高，如果仅执着于某一专业类型案件，则将白白放弃机会。大部分律师的业务并不饱和，放着能够上手的业务不做，并不明智。

（2）客户更青睐能提供一站式服务的律师朋友。律师只会单一专业领域的法律知识将无法有效帮助客户解决问题。特别是会经常遇到法律问题，需要律师提供多元化长期法律服务的客户，倾向于选择能够提供综合法律服务的律师。相对于只有偶发法律需求的客户，这部分客户恰恰是优质客户。

（3）即使只做特定专业类型的业务，也需要其他专业领域的知识辅助。在解决很多具体案件时，往往需要交叉学科的知识共同运用。即便是专业化律师，也需要掌握专业周边的知识，也需要接一些其他类型的案件作为实操练手。

（4）从商业角度来看，客户更在乎服务结果。专业化需要体现出综合解决问题的能力。只要"人情世故"能解决问题且不违反法律规定，律师就应该开拓思路,不要拘泥于所谓的法律途径。

（5）从客户体验角度来看,专业化需体现出上乘的服务方式。最近几年流行的图文结合式表达、可视化报告、案例调研报告、诉讼进度报告等,不仅可以让客户看到律师的办案能力,而且可以让客户看到律师的服务方式。

（6）真正的专业律师必定是学习能力强的高手,专业律师精通某个特定领域与同时精通其他相关领域之间并不矛盾。反之,当一名律师只精钻某个特定领域,恰恰说明这名律师学习能力不足,其并非客户心目中的专业律师。

（7）律师盈利的本质还是与客户建立深厚的感情,靠感情与信任赚钱,专业化的作用没有想象中的重要。在遇到诉讼等紧急法律事务的时候,客户往往无法完全保持理性,很多时候是在感性和冲动的情况下决定聘请律师。

独立思考能力和反思怀疑精神是一个人成功的必备素质。在多数人强调专业化的时候,有人站出来提出反思意见,这本身是非常有价值的。但是综观这七点意见,我认为非但没有否定专业化的价值,反而进一步重申了专业化的价值。比如第四点中的"人情世故",实际上是办案过程中的各种沟通小窍门,只有专业律师在足够多的案例实操过程中才可能琢磨到或发现到。比如第五点提到的可视化服务方式,恰恰是专业律师首先提出并将其演绎到极致的。至于其他几点,我也可以逐条做一些商榷和反驳。

（1）**关于放弃其他专业领域的业务**。我向来主张,追求专业化并非专业化以外的案件一律不接。比如我主要从事刑事辩护,但我每年仍会承接一些行政诉讼和经济纠纷类案件。行政诉讼和刑事辩护有很多共同点,比如对手都是公权力机关,比如胜诉都很艰难,比如很多客户都更信赖外地律师等。经济案件中的公司股东纠纷和合同纠纷最为常见,刑事律师在具备专业能力的情况下也可以尝试承接。但对于自己不熟悉、不精通的领域,切莫只顾自己的眼前经济利益,而不顾自己的长远职业声誉和客户利益。法律的分工日益精细,任何人都不可能掌握所有的法律门类。有些案件,自认为简单,那恰恰是因为不专业而认识不到其中的复杂和问题。这名律师只看到放弃部分案件是在做"减法",却看不到

"减法"背后孕育着"加法"。一名刑事律师将一单商标侵权业务介绍给一名知识产权律师，未来这名知识产权律师也有可能将他碰到的刑事案件反介绍给这名刑事律师。我们一定要把视域拉长而非局限于眼前。

**（2）关于客户更青睐一站式法律服务**。的确，客户更喜欢综合型、一站式的法律服务。特别是现在的一些大案要案，掺杂了很多法律门类的知识，单一领域的专业律师未必能妥善解决。特别是刑民交叉、刑行交叉类案件，一定要学会从整体的角度去思考"一揽子"的综合解决方案。客户需要的是解决问题和解决方案，而不是特定的法律途径。律师和教授的区别之一，便是律师不能是书呆子，不能过于理想化。律师必须要综合、灵活地运用法律手段，必须要学会综合权衡各种手段的利弊得失，进而站在全局的高度去谋求客户利益的最大化。

这就要求律师不仅要熟悉法律，还要能洞悉社会。恰恰只有专业化律师才能做到这一点。有几位综合性大所的负责人都曾经告诉我：对于一家头部的综合性大所，劳动案件和刑事案件都不大可能是业务的主流，但劳动争议律师和刑事律师都是不可或缺的。原因正是要为客户提供一站式服务，防止因为某个专业领域的空缺而导致客户流失。因此，一站式服务的提法是正确的，但一站式服务的主体不必局限于某一位律师。更有竞争力和说服力的做法是，一家综合性律所不同专业背景的律师或者不同的专业化律所派出不同专业背景的律师，组建一个综合律师团队或综合律师联盟去解决顶级客户的疑难问题。

**（3）关于精专某一专业领域意味着学习能力不强**。这种说法本质上是违背常识的。比如法学本科差不多是通识教育，法学硕士研究生往往要区分法学门类和专业，法学博士则更加要集中于某个法学门类中的某一个问题。张明楷毫无疑问是国内顶级的刑法学教授，但他对于婚姻家事类案件、对于民事诉讼程序的掌握肯定不如一般的民法学和民诉法学教授。何家弘是国内顶级的刑事诉讼法专家和刑诉证据法专家，但他对于刑事实体法却未必精通。专业化不是因为学习能力不强，而是因为各个学科领域都在专业化的道路上前进，任何一个专业领域都需要穷尽一生去学习和研究。古希腊哲人苏格拉底有一句名言：我唯一知道的,就是我一无所知。在专业领域越是精进,越能感觉到专业领域的博大精深,越能感觉到自己的无知和渺小。反之,对各个领域都未能窥其堂奥的人,反而觉得自己懂得很多。

总之,我们国家幅员辽阔,法律服务市场具有多样性和多层次化的特点。毋庸置疑,"万金油"式的律师在很长一段时间内仍有其生存的空间。但对于青年律师而言,对于志向远大的律师而言,专业化是其无法回避的课题。律师专业化趋势在北京、上海等一线城市已经非常明显,未来会逐步向二线城市、三线城市扩张。

## 三、怎样专业化

前面铺垫了什么是专业化、专业化的界定标准和专业化对于每个律师的意义。接下来我们重点讲述律师的专业化之路到底应该怎么走。

### (一)专业化的生存条件

要具备哪些条件,专业化之路才能走得通、走得好呢?对此,我总结出以下五个方面。

第一,法律服务市场足够庞大,每个细分专业领域都有足够的市场规模。因为每个专业领域都是从整体法律服务市场中切出来的一小块,只有蛋糕足够大,切出来的这一小块才能够支撑起律师在这个领域的深耕。

有些大学毕业生选择回家乡做律师,而其家乡很可能是一个县城或四五线城市。在类似县城这样的四五线城市,法律服务市场是有高度地域限制的。一个县城的律师很难承接这个县城之外的案件,除非案件跟这个县城有着别样的紧密联系。比如在江苏省昆山市做律师,承接的案件可能大多是昆山本市的,偶尔也能接到跟昆山临近的苏州市、常熟、太仓、上海等地的案件。在这种地域限制下,专业化的第一个条件恐怕就很难满足。

第二,法律服务市场竞争足够激烈,客观上存在许多专业化的成功律师。同样以县城为例,一个县城大多有几百万人,执业律师可能有几十个或几百个。整个县城只有一套司法系统,只有固定的几百个司法人员,因此县城是一个高度的熟人社会。每个律师通过各种社会关系掌握一部分客户,各自服务好这一群客户就够了。这种生态环境下,当然仍然会有市场竞争,但总体上市场竞争并不激烈。这种情况下,专业化分工不需要很细。不走专业化道路,同样可以生存得很好。走了专业化道路,反而不一定养得活自己。

第三,法律服务的复杂性上升,专业化律师更容易脱颖而出。现在的律师事务所在向综合化和专业化两个方向加速发展。在这些综合化、规模化律所的内部,越来越强调专业分工。比如在全国排名前十位的合伙制综合所,往往都要求律师执业领域不超过两个,否则将会在立案登案环节受到限制。另外一批律师事务所放弃综合化、规模化的方向,转而改走特色鲜明的小型精品化专业律所的发展路线。在北上广深这样的一线城市,青年律师如果不走专业化的道路,几乎可以说永远没有出头之日。若其不够专业,那么其未来的生存空间会越来越逼仄。

第四,市场主体具有越来越强的专业理性,能够识别何为专业律师。这一点是很好理解的。律师最终的生存基础是市场和客户,如果客户没有这样的专业理性,不能识别什么是专业律师,那么律师再怎么讲专业都没有用。所谓的专业标签、专业形象、专业知识,只有被客户理解和认可方才有效。那么客户的理性从何而来?简单来说,来自两个方面:一是法律知识的普及,二是不同律师之间的对比。现在的法律资讯越来越发达,律所和律师自我推广的意识越来越强,市场主体的专业理性也跟着越来越强。

第五,行业内部分工越来越细,律师专业化获得普遍认可。律师这个群体有个无形的江湖,我们可以用律师共同体或者法律共同体去进行描述。律师的专业化,必须要获得律师同行甚至法律同行的普遍认可才能最终成功。律师同行认可专业化的概念,认可一名律师的专业化标签,这名律师的专业化之路才算真正成功。

我讲的这5个生存条件,目前在北上广深、一线省会城市和一线沿海发达城市大致都已经具备。所以立志走专业化发展道路的律师,可以考虑优先到这些城市执业。

## (二)怎样选择专业方向

专业化首先得选好专业。怎么选?我的观点是:兴趣第一,前景第二。兴趣是最好的老师,一件事情没有兴趣很难做好。根据自己的兴趣做的选择,一般不必担心今后的生存问题。以当今中国的法律服务规模,在大部分新一线城市,只要这个专业划分不是太窄,前景都应该不会太差,都足够容纳一批优秀律师。比如选保险法,中国专门从事保险法的律师不少,我就认识好几个,他们每个人都发展得很好。因为中国的保险市场规模够大,保险纠纷够多,支撑一批专业的保险法律师是没有任何问题的。又如刑事律师,中国不仅有专做刑事案件的律所,而且有一大批只做刑事案件的律师。刑辩领域"门派"众多,像我这样走专业技术路线不勾兑不诓骗的刑事律师也能够拥有自己的舞台。据我了解,专业刑事律师在整个律师群体中都属于比较活跃的。

当然,专业口径的选择不能过分狭窄。比如刑事案件是一个比较合适的专业口径,但如果把专业化限定为专门做刑事案件中的走私案件,这个口径可能就会有点小。除非能把走私案件的知名度打得足够响,否则,仅办理走私类刑事案件在案源支撑方面恐怕还是会面临一些挑战。又如行政诉讼是一个比较合适的专业口径,但如果把专业化限定为专门做行政拘留类的诉讼案件,口径就会太小。

专业选择,其实大学阶段就可以有意识地进行实验和规划。除了日常要对不同的专业领域多加关注,还要趁寒暑假多到对应的律所或团队实习。不要小看了实习,实习经验丰富的毕业生和从未实习过的毕业生,进入职场的表现相差很大。大学实习除了可以初尝职场的滋味,还可以检验自己的兴趣和职业方向。

在职场上，如果发现确实选择错误，一定要及时更换跑道。职场上切忌干了很多年，才发现这项工作、这个专业不适合自己。这个时候再去更换，那么很多年的积累很可能就白费了。而且随着年龄的增长，家庭的牵绊会越来越多，人的学习能力、记忆能力、应变能力和工作闯劲都会下降。我曾经遇到一名律师做非诉业务做了 10 年，最后发现自己对非诉不感兴趣，决定从零开始转型做诉讼。可以想象，这样的转型并非理想的职业发展路径。

## （三）如何提高专业能力

一旦选定了自己想要从事的专业方向，接下来就需要有针对性地去提高自己的专业能力。对此，我有以下六点意见。

(1) 进入公检法或者相应的企事业单位。我在做刑事律师之前，先在检察院工作了 7 年，做了 7 年的国家公诉人。检察官属于原告，现在做辩护人，相当于把位置挪到之前的对立面。我做检察官积累的办案经验，可以直接转嫁到律师身上。如果想做保险法，可以先到保险公司做法务。如果想做银行法律业务，可以先到银行里面干几年。越来越多的大学毕业生，选择先进入公检法或者相应的企事业单位进行历练和铺垫。这种前期的铺垫不仅是专业技能方面的，还包括社会资源方面的。铺垫好了以后再转行做律师，会比大学毕业直接做律师更有优势。

(2) 加入专业化的律师事务所或者专业化的律师团队。假设没有刚才说的第一条经历，那么第二条经历是必须要有的。专业化不是靠自己拍脑袋拍出来的，也不是靠在办公室里冥思苦想就能实现的。专业化必须要靠实操，必须要有师傅带教。比如要做劳动争议，上海就有专门做劳动争议的律师事务所，就得进入相关律师事务所或者进入一个大型综合律师事务所里面专做劳动争议的律师团队。比如要做商标业务，上海也有专门做商标业务的律师事务所，就得进入该类律师事务所或者进入一个大型综合律师事务所里面专做商标业务的律师团队。在北上广深这样的一线城市，选择专业化的律所和专业化的团队还是比较容易的。

(3) **大量积累细分专业领域的业务和案例**。律师都是经由案例才达成专业化的。如果一开始加入了一个专业化程度不高,什么领域都做的团队,那么案件种类就会非常分散,就很难在短时间内积累大量的专业案例。我一直强调,如果早期案源实在不足,一定要想一些变通的办法。比如别人的案件,可以主动申请一起去办。一起接待客户,一起参与案件讨论,甚至开庭的时候可以去旁听观摩庭审。几乎每年,我都会遇到年轻的律师同行,主动过来找我希望跟着我一起办案件,想跟着我学知识、学经验。每每遇到这种年轻人,我都会投以赞赏的目光,因为他们知道自己真正需要的是什么。

(4) **跟踪专业领域的法律法规和热点事件**。比如要做刑事律师,那么对于国内的热点刑事案件、热点刑事话题和与刑事相关的立法动态,必须予以高度关注甚至积极参与讨论。要成为某个专业的律师,却对这个领域的热点事件和热点议题毫不关心,是让人难以想象的。对这些问题不关心、不掌握,不仅在跟客户谈案的时候会受到质疑,跟同行的交流也会产生隔阂。我刚从检察院辞职做律师的时候,给《新京报》、澎湃新闻等媒体写了三四年的法律时评专栏。这些年每有法律热点事件,我都会撰文写下自己的思考。每有刑事方面的立法和司法解释出台,我都会第一时间组织团队进行学习。这样持续地跟踪学习,既能保持知识的更新换代,又能确保自己对专业领域的洞察。这些经历让我能够跟上国家的刑事脉动。把自己的时间、精力投入到某个专业领域的时间越久,在这个专业领域越会游刃有余。

(5) **撰写专业领域的理论文章**。头脑里随便想想或者口头上随便说说,跟动笔把相关想法写出来是完全不同的两回事。只有落诸笔端,才会对自己的想法进行体系和逻辑上的深入论证。写作能帮助促进思考。我在做检察官的时候,每年都会在法学理论刊物上发表一些专业论文。现在自媒体很发达,青年律师最不缺的就是时间和精力,完全可以多动笔,把自己对于行业的洞察和分析都写出来。不要害怕自己写不好,即便是碎片化的思维也可以进行碎片化的写作。

微信公众号、知乎、微博等社交媒体的传播范围很广，可以大胆地把专业领域内的所思、所想、所悟写出来。假以时日，必有所成。后面，我还会专门讲述自媒体创作问题。

(6)加入专业组织进行横向交流互动。律师行业最大的专业组织就是律师协会。虽然我本人基于保持人格独立很少参加律协活动，但是我始终鼓励年青律师多多加入类似的组织。加入律师协会某个专业委员会，就能获得跟专业同行交流互动的机会。除此之外，一些大型综合律师事务所还有全国范围内的专业委员会。这可以把全国各个分所中从事某个专业领域的律师都集中起来，有利于专业同行的跨地域交流。现在还有很多线下的律师联盟，把不同地域不同律所中从事某个专业的律师同行集中起来，进行业务上的交流合作。此外，现在的微信群也是一个很便捷的同行交流场所。只有跟专业领域内的律师同行多互动、多交流，自己的专业标签才有可能获得同行的认可，而且很多业务机会可能就蕴藏在这些交流互动当中。

### (四)起步阶段的律师如何坚持专业化

专业化不仅是宽度上的自我限缩、深度上的自我挖掘，还是时间上的自我坚持。没有数年如一日的坚持，专业化就达不到火候。那么，起步阶段的律师该如何坚持专业化？

谈论专业化的时候，经常会有人问3个问题：第一，生存危机面前要不要坚持专业化？当生存都是问题的时候，究竟是应该案件来了都接都做，还是坚持固守只做某一类型的案件？第二，在没有足够案源支撑的情况下，还要不要坚持专业化？专业领域的案件有，但不是那么多，此时要不要承接其他领域的案件？第三，在没有可预见的前景的情况下，还要不要坚持专业化？如果三五年都看不到前景或三五年都没有取得突破，还要不要坚持？我的观点是，毫无疑问应当先解决生存问题，理念不能代替生存。如果案源短缺，甚至都养活不了自己，这时候来了一个专业领域外的案件却拒绝承接，那显然是不理智的。在起步阶段,只要这个案件在法律上可以做,我认为都应该接下来。这和专业化并不矛盾,专业化有一个逐步发展的过程,而且专业化律师也并非专业外的案件一概不做。

如果没有足够的案源支撑,这时候怎么办?曾经有一个流行很广的说法,没有案源支撑的专业化都是耍流氓。确实,没有案源的专业化只能沦为空谈。对此,我给出4点建议:第一,换城市。如果执业地点是县城等四五线城市,那么可以考虑换到附近的省会城市或一线城市。第二,换律所。律师事务所的专业度是否足够?专业领域是否充分?对新人的培养和扶持是否重视?如果律所有局限,可以考虑换一家更理想的律所。第三,换团队。有的团队也存在前面说的这些问题。第四,换专业。需要评估一下,目前选定的专业是否不太切合实际?比如我遇到一名律师,潜心研究碳排放权交易中的法律问题。倘若只进行理论研究,毫无疑问是很有价值的。但作为律师的执业领域,显然这个方向有点过于超前了,需要经历漫长的市场培育期。

专业化道路不能过窄、不能过分前沿、不能自我封闭。即便选了刑事辩护作为专业,也不代表非刑事案件就一律不接。我觉得无论从诉讼经验,还是从知识结构的角度,完全不做民商事诉讼都是有缺憾的。在经济犯罪和刑民交叉类案件中,如果对民商法和民商事事诉讼一无所知,那么刑事案件是根本做不好的。什么是经济纠纷,什么是经济犯罪,有时候根本区分不了。什么是合同欺诈,什么是合同诈骗,也经常区分不清楚。专业化不能从一个极端走向另一个极端,不能变成无意义的自我封闭。

我一直强调,专业化是指精力投注,是指努力方向,是指专业标签。精力投注就是把我的时间精力集中投注到某个专业领域。努力方向是指心中怀着目标,有意识地往某个专业领域努力,立志在某个专业领域寻求突破。我前面讲过界定专业化的5个条件,如果当下还达不到,那么就朝那个方向努力。专业标签是指,现阶段接的案件可能各个专业领域都有,但是我知道自己的重心和重点所在,在对外推广时有意识地着重强调其中的某一个领域。总之,专业化不是指只做某一个类型的案件,而是指自己要有专业方向和专业标签,要有特殊竞争力的专业领域。专业化是一个从宽到窄、从浅到深的漫长过程,不是一蹴而就的;专业化的程度是相对的而不是绝对的,是因人而异的而不是简单划一的。在迈向专业化的过程中,必然会承接专业领域以外的案件,让自己首先生存下来。

这几年受新冠疫情影响,很多专业领域生存维艰,专业化受到了前所未有的质疑和挑战。以刑事业务和涉外业务为例,其在疫情期间的创收几乎呈断崖式下滑,有的专业刑事律所因营收下滑被迫更换办公场地,有的刑事团队因无案可做被迫解散。在这样的背景下,如何看待专业化的前景和挑战呢?我的观点仍然没有变化。疫情及其后遗症一定是短期的,终究会成为过去,长远趋势仍然是专业为王。当然,面对眼下甚至未来几年的困局,我们可以做更多尝试和更多探索。但这只是选择 A 专业还是选择 B 专业的问题,而不是要不要专业化的问题。

## 四、如何运用自媒体塑造专业形象

### (一)自媒体是律师不能回避与忽视的时代挑战

自媒体是时代赋予青年律师"弯道超车"的强大工具,也是青年律师不能回避的重大挑战。我主要从以下 3 个方面来论述这个问题。

(1)**客户的年龄结构**。我们可以想象一下 10 年后的情景。10 年后的"七零后"基本上都是 60 岁左右,基本上都到了退休年龄,开始慢慢退出社会舞台中心。而 10 年后"八零后"是 50 岁左右,"九零后"是 40 岁左右,"零零后"是 30 岁左右。10 年后,社交网络上最活跃的群体已经步入社会舞台中心,已经成为家庭里面承上启下的顶梁柱。一般来说请律师打官司,都是这个群体在做决策付费用。不言而喻,如果想要抓住未来的客户,必然要去抓住自媒体的浪潮。所以从客户的年龄结构和消费习惯的角度看,自媒体是律师必须要抓住的时代挑战。

(2)**知识和信息的获取方式**。我们每个人都在不断地向社会获取信息和知识。我总结了我们这个时代信息或知识获取方式的3个特点。第一个特点是扁平化。扁平化又称去层级化、去中心化。举个简单的例子。在没有微博或自媒体之前，我们从哪里获取信息？是从书本、报纸、杂志、广播与电视台，而这些媒介或平台都是被少数人垄断或控制的，这就是中心化，即信息和知识由固定的中心来发布。自媒体的成就是使信息获取渠道扁平化了。以我代理的"张扣扣案"为例。"张扣扣案"辩护词并不是借助央视、《人民日报》或者其他的官方媒体传播开的。它的传播方式很简单，是通过微博、微信公众号等社交媒体。它的传播是基于每个人的自愿分享，而不是来自一个中央指令，这就是扁平化的传播。第二个特点是电子化，第三个特点是网络化。现在很少有人去图书馆查阅资料，因为纸质的信息越来越少，电子化的信息越来越多，人们习惯于通过互联网来获取信息。

（3）公众对律师的认知。在没有自媒体之前，律师的专业度、影响力等主要是靠行业认知来确立的。普通老百姓不打官司，是不需要认识律师的。如果老百姓哪天需要一名律师，他会通过同行来进行了解和识别。比如想知道某位律师怎么样，他就会去询问其他律师。如果其他律师都说这位律师厉害，是刑辩领域的大咖，当事人自然就会认可。也就是说，客户需要通过律师同行这个中介来认识和评价律师。现在不一样了。如果老百姓需要了解一名律师，他不必去问其他的律师，他可以直接求助网络或自媒体。公众对律师的认知方式从行业认知逐渐转变成网络认知。在一个公众可以直接对律师建立评价并进行筛选的时代，律师当然要通过网络或自媒体塑造自己的专业形象。

公众在网络或自媒体上对律师的认知，集中体现为专业领域、行业成就和公众形象3个方面。现在网上活跃的律师群体，除了刑事律师，还有婚姻家事律师、民事侵权律师、行政诉讼律师等。我经常在微博上看到这些领域的律师发布自己的成功案例，分享自己的专业见解。为了提高自己的辨识度，我建议在使用这些自媒体账户时进行实名认证和身份认证，标明自己的律师身份。必要时，甚至可以标明自己所在的城市、律所或执业领域。这样的自媒体账号显然比使用普通的网络昵称更有价值。

## (二)自媒体创作的价值取向

我自己在自媒体创作时的价值取向可以概括为3句话:律师的视角、专业的立场和人文的精神。

(1) **律师的视角**。什么是律师的视角？举个例子。刑事律师不能搞有罪推定,不能动辄重刑主义,更不能把死刑挂在嘴边。如果连律师都贯彻不了无罪推定,又怎么指望公检法能够贯彻？所以律师的视角要求我们从无罪推定的角度去看待案件。另外一个是程序正义。普通老百姓可能不太会关注程序正义,但律师一定要坚持程序正义。比如最近微博上讨论很热的"劳荣枝案",没想到法律界特别是刑事律师圈对律师的辩护行为还有指责。如果认为律师的辩护观点不对,这是可以争论的,但如果认为给劳荣枝辩护本身有原罪,这是非常不可思议的。再如前段时间在某地发生了一名女子因穿和服被民警以寻衅滋事带走并被罚没衣物的事件,坦率来说,不同的人对此事件可以有不同的看法。但什么是律师的视角？那就是法律。一个行政行为或者一个执法行为,它的法律依据是否充分？律师是"吃法律饭"的,看待万事万物、看待任何社会现象都不能背离法治这样一个根本的出发点。

(2) **专业的立场**。我们的舆论场有时候很喧闹、很嘈杂。作为律师要么不发声,要么发表符合专业立场的声音,千万不要无原则地去迎合舆论。极端的言论或者煽动性的言论可能在短时间里因能带动一部分人的情绪而更具传播力,但只有理性、专业的声音才能够历经时间而沉淀下来。中国最不缺的是极端的力量,缺的是温和而坚定、自由而悲悯的力量。律师应当主动承担起这样的角色。

(3) **人文的精神**。人文精神其实就3句话:第一,我们关心的是个体,是孤立的个人。第二,我们关心的是弱势群体,立场和弱势群体站在一起。第三,我们对他人的苦难保持同情和怜悯。一个人如果自称是人文主义者,但是他嘴里讲出来的话和独立的个体是没有关系的,跟弱势群体的利益和尊严是格格不入的,且对他人的苦难是视而不见的,我认为这种所谓的人文主义者不过是欺世盗名的骗子。

### (三)自媒体创作的内容领域

自媒体顾名思义,讲究创作自由。但是我这里讲述的自媒体是要为塑造律师的专业形象服务的,因此创作内容上必须有所侧重。我建议大家集中创作以下两类作品。

(1)专业法律知识分析。通过专业法律知识分析既起到了普法的作用,又向公众推介了自己。比如婚姻法中的离婚冷静期,完全可以从专业的角度去进行剖析。比如这几年比较热议的刑事责任年龄问题,到底是14周岁比较合理还是12周岁比较合理,完全可以用比较分析的方法或者社会分析的方法得出结论。再如寻衅滋事的法律边界究竟在哪里?在网络上发表言论,如何认定破坏了公共秩序?这些都是可以进行专业分析的,应当成为我们自媒体创作的主要领域。

(2)社会事件的法律分析。一个社会事件上了热搜以后,它的观察点会有很多。我们法律人应该尽量采取法律的视角对社会事件进行法律分析。社会学、政治学、经济学的分析当然也很必要,但术业有专攻,法律才是我们的专长。之前有一个专家说我们国家不能取消商品房预售,理由是取消商品房预售会导致房屋价格上涨。点进去一看,发现这个专家是位律师。我不排除有些律师也有比较好的经济学知识,对房地产行业有很深的洞察,但总体而言,取消商品房预售会不会导致商品房涨价主要还是落在经济学的领域,对这样一个话题进行分析可能并不是律师最擅长的领域。因此,法律人可以站在完善立法、利益平衡、消费者权益保护等角度讨论这个话题。

### (四)自媒体创作的基本要求

(1)准确。准确主要是指法律规定或法律关系不要弄错。比如寻衅滋事罪,不能把法定刑期搞错。像正当防卫这样的专业法律术语不能写成正当自卫,一字之差就会显得很不专业。我们写文章,要确保的是观点可以争论,但知识点不要出错。

(2)活泼。有的人把自媒体当成论文、公文来写,要么过于严谨、晦涩和枯燥,要么"假大空"的说教太多。自媒体用语要尽量活泼、有趣,多使用网络语言或者接地气的生活语言。

(3)通俗。我在执业初期,和一些媒体有过长期合作。我给《新京报》写过三四年的专栏,高峰时1年要给其写几十篇的法律评论。《新京报》的编辑和我约稿时,告诉我他们的稿件要能让高中文化的北京大爷看懂,能够让大爷们坐在藤椅上,摇着蒲扇,听着收音机,喝着二锅头,手上再拿份报纸看得津津乐道。编辑的这句话令我印象非常深刻。法律人要善于把一些看似晦涩、专业的东西用通俗易懂、幽默风趣的语言表达出来。有些人写的东西让你看不懂,不是因为他水平高,恰恰是因为他水平还不够高,没办法把道理表达得通透。只有思想通透了,语言才会通俗。自媒体面向普通公众,如果过于孤芳自赏就失去了意义。

(4)敏锐。自媒体创作要有新闻记者一样的敏锐度。有些人把"蹭热点"当成是贬义的,我不那么认为。我认为一个事件之所以成为热点,是因为有很多人关注。所以不是你"蹭热点",而是无数个你共同参与讨论才成就了热点。自媒体肯定要关注热点,否则根本融入不了。热点来了,一定要及时动笔,不能总是姗姗来迟。一方面,一个热点很快会被新的热点覆盖,热点过了再"炒冷饭"就没人关心了;另一方面,姗姗来迟很难写出新意,很难想到别人没有说过的观点。所以自媒体创作一定要保持勤快和效率,当然发布之前要仔细核稿,避免发表一些不成熟或不恰当的观点。

## (五)自媒体创作的风险防范

自媒体是一把"双刃剑"。使用得当能大有裨益,使用不当会伤及自身。因此,自媒体创作一定要有风险防范意识。

(1)政治风险。简单来说,政治风险就是政治不正确,触及了敏感的政治禁忌。政治风险是排在第一位的,因为一旦触及政治风险,就可能不再是一个一般的法律问题。

(2)法律风险。比如侵权的风险、泄密的风险和违规的风险等。泄密既包括泄露国家秘密、商业秘密、个人隐私,还包括违规泄露不应公开的案情。违规的风险主要是指律师在网络上公开谈论或披露案情细节,可能会被他人投诉"恶意炒作案件"。

(3)公序良俗的风险。我给大家举个例子,几年前曾有律师录制短视频,声称出轨不违法。当我们把"违法"的"法"定义成公法,比如《刑法》《行政法》的时候,这句话在法律上不能说是错误的。但当一个律师录制短视频专门讲述这个观点的时候,显然挑战了大部分公众的道德认知。触犯众怒的后果是可能会遭受网暴、投诉,严重影响律师的专业形象,甚至可能会影响律师的职业生涯。

## 第三堂

# 如何学会法律思维

看一个人的法律业务水平,主要不是看他对法条是否熟悉,而是看他的法律思维水平如何。因为法条虽然是法律业务的基础,但毕竟属于知识层面,获取相对容易,而法律思维才是法律人业务水平真正的刻度尺。养不成法律思维,永远只能是法律职业的门外汉。结合 6 年的法学理论学习和 18 年的法律实务经验,我总结了法律人应当具备的十大法律思维方法。这个主题,我在上海政法学院、华东师范大学和上海财经大学等高校都做过讲座。这里,我会结合具体案例把十大法律思维简要讲述一遍。

## 一、逻辑思维

法学毫无疑问属于社会科学,修读的大多是文科生。但其实理工科学生修读法律优势更大,因为逻辑思维才是法律人最重要的基本功。逻辑思维混乱的人,找不到自然事实中的法律要素,无法正确把握案件的法律关系,在把握案情时容易被叙述人"牵着鼻子走";面对具体案件时,往往一筹莫展。逻辑思维不好的人,从事律师工作是很困难的。

## （一）四大逻辑规律

早在公元前 300 多年,古希腊的亚里士多德就提出了系统的逻辑学理论。逻辑是万事万物普遍遵循的客观规律,法律和司法也不例外。一般认为存在以下四大逻辑规律。

(1)同一律:事物只能是其本身。在同一个论证和推理过程中,每一个概念或者判断在内涵和外延方面都是稳定、一致和不变的。简单地说,A 是 A。两个人虽然在使用着同一个概念,但如果两个人对概念的定义不同,那么这两个人并不是在讨论同一件事。当同一个人在使用同一个概念的时候,必须保持概念定义的同一性,不能前后文概念指向不同。

(2)排中律:对于任何事物,在一定条件下的判断都要有明确的是或非,不存在中间状态。如果两个判断是相互否定的,那么必须肯定其中一个是真的,不允许对两个判断都加以肯定或否定,也不允许存在既不肯定又不否定的第三种可能。比如 A 说桌子上有一部苹果手机,那么 A 的说法要么是真的要么是假的,不可能存在非真非假的中间状态。

(3)矛盾律:在同一时刻,某个事物不可能在同一方面既是这样又是那样。比如地球是圆的,那么地球就不可能是方的;又如人是死的,那么人就不可能是活的。在法律上,事实真相只有一个,因此当证据呈现出两种以上的事实版本时,这些证据不可能都是真的,不可能同时成立。

(4)因果律:又被称为充足理由律,即任何事物的存在都具备充足理由。没有事物可以自我解释,没有事物是其自身存在的理由。这就规定了循环论证的不合理。任何判断被确定为真时,必须以充足的理由为根据。这个判断具体可以分为 3 条:其一,理由必须真实;其二,理由与推断之间要有必然的联系;其三,理由必须充足。对于法律人而言,因果律是任何法律判断都必须要遵循的黄金定律。

## （二）从逻辑到逻辑思维

逻辑、逻辑规律、逻辑学和逻辑思维是 4 个不同的概念。逻辑思维能力主要靠天生，后天训练也可以增强。如果想通过学习逻辑学或阅读逻辑学著作去提高逻辑思维能力，几乎是达不到目的的。从大的方面看，逻辑包括形式逻辑和数理逻辑，而形式逻辑又包括归纳逻辑与演绎逻辑。所谓归纳，就是从多个个别事物中获得普遍的规则，比如黑马和白马，都可以归纳为马。所谓演绎，就是与归纳相反，从普遍规则中推导出个别规则，比如马可以演绎为黑马和白马等。

常用的逻辑思维方法有分析、综合、抽象、概括、推理、论证等。所谓分析，就是把事物分解为各个部分、侧面和属性，分别加以研究。所谓综合，就是把事物各个部分、侧面和属性按内在联系有机地统一为整体。分析与综合是互相渗透和转化的，在分析基础上综合，在综合指导下分析。分析与综合，不断地循环往复，共同推动认识的深化和发展。

如前所述，逻辑思维有很多种。对于成文法国家，法律适用过程中运用的最多的是演绎逻辑中的三段论，即大前提、小前提和结论。大前提是一般性陈述，小前提是特殊性陈述，结论就是两者关系的判断。在我们成文法国家，大前提是法律规定，小前提是具体案情，结论就是法律定性。

### （三）逻辑思维的运用

过去，我常常以"昆山反杀案"为例，运用三段论来判断何谓正当防卫。此处，我结合自己办理过的两起真实案件，来说明逻辑思维在律师办理案件中的具体运用。有一次，我在法庭上运用逻辑思维对口供内容进行反驳时，公诉人没办法在逻辑上给出回应，只好质问："你是用逻辑来办案的吗？"我当即回答："逻辑是宇宙万物的通用规律，法律适用也要符合逻辑。如果过不了逻辑关，就说明指控有问题、证据有问题。"

（1）案例一：在某起强迫交易案件中，检察机关指控当事人垄断当地的水产品交易后，低价从当地虾农处收购龙虾，加价后转卖给他人。经查明，当事人收购散装龙虾后，要进行筛选和加工，剔除死虾和毛虾后再到水产品市场中销售给消费者。又经查明，这些虾农自己不会去水产品市场直接销售，过往也都是直接卖给中间商。为了证明指控，公安机关对当地的数位虾农制作了询问笔录。从笔录看，这几名证人个个都言之凿凿：因为垄断市场、强迫交易，致使他们的龙虾不能卖给别的中间商，只能卖给当事人。当事人刻意压低收购价格，给他们的利益造成了损失。对于这样的证人证言，若依常规方法是很难去证伪或推翻的。众口铄金，根据这些口供，似乎当事人罪行确凿、辩无可辩。

  这时候，逻辑思维就起作用了。我当时质证的方法是找到检方指控逻辑中的漏洞，然后以其之矛攻其之盾。既然检方指控当事人已经垄断了当地水产品交易市场，那么就意味着客观上没有其他中间商。既然没有其他中间商，那么就没有第二个报价者。既然没有参照价格，那么如何证明当事人是在刻意压低收购价格呢？推理至此，检方在逻辑上要完成他的指控，必须要证明两件事：其一，当地市场之前存在其他中间商，而这些中间商是被当事人以强迫等非法手段挤出了当地市场；其二，存在一个没有被刻意压低过的正常收购价格，当事人通过强迫等非法手段以低于正常收购价格的价格进行了收购。

  关于第一点，所有虾农的口供都没有提到其他中间商的信息。公安机关也没有找到任何一家曾经的中间商，向其核实他们是如何退出当地市场的。考虑到案发当地只是一个几万人口的小集镇，属于市场规模狭小的熟人社会，理论上查清这个问题并不是什么难事。但因为没有相关的证据，因此当事人垄断市场的说法就值得仔细考究。这究竟是一种自然而然的垄断，还是依靠非法手段形成的非法垄断？这个集镇离县城只有不到30公里，当地虾农为何不去找县城或者其他临近集镇的水产品销售商，而要甘愿遭受垄断低价的压榨？难道当事人真能控制这些虾农的人身自由？

  关于第二点，控方并没有给出正常的市场价应该是多少，经当庭问询也避而不答。控方只是照搬了数名虾农的口供，因为虾农说当事人是低价收购，所以就直接认定当事人是低价收购。任何交易都存在两方，当事人作为收购方始终坚称自己是按照正常市场价收购的，但是检方只采信了虾农一方的说辞。我为了反驳虾农的说法，除强调这些虾农之前从未向公安机关或者其他政府机关反应过相关情况外，还运用归纳的方法对虾农的说法进行了分类和总结。

第一类，时间维度的价格差。比如有虾农表示 2017 年可以卖 8 元，但是 2020 年只能卖 6 元，以此证明当事人通过垄断的方式强制低价收购。逻辑漏洞之一是，这位虾农并没有说明 2017 年卖给了谁，是否仍然是卖给了当事人；逻辑漏洞之二是，这位虾农并没有说明 2017 年的龙虾和 2020 年的龙虾在品质上是否相同；逻辑漏洞之三是，这位虾农并没有说明 2017 年龙虾的市场行情跟 2020 年龙虾的市场行情是否一致。因为水产品的价格每年都会波动，所以不同年份、不同时间的水产品价格并没有可比性。不能因为 2017 年卖了 8 元，2020 年卖 6 元就变成当事人刻意压价。运用归谬法，如果以虾农历年中卖过的最高价格为基准，那么凡是低于最高价格的都属于刻意压价，这显然不合常理。

第二类，空间维度的价格差。比如有虾农证明，2018 年当事人收购价格是 7 元，但是当年县城有中间商给出的价格是 7.5 元，以此证明当事人强制以低价收购。这位虾农并没有具体说明所谓县城中间商的真实姓名，公安机关也未找到这位中间商进行核实。即便这位虾农说的都是真实的，也存在诸多逻辑漏洞。逻辑漏洞之一是，简单咨询时的报价和真实成交的报价很可能并不是同一个报价；逻辑漏洞之二是，在没有比较龙虾质量的情况下，单纯比较报价并没有意义；逻辑漏洞之三是，水产品价格在不同地域本来就是有价格差的。地域不同，水产品价格也没有可比性。因为存在运输、储存成本的问题，存在市场规模大小等问题。如果这位虾农认为县城的中间商更划算，为何不去直接找这位中间商交易？运用归谬法，跟其他地区的价格有差异，就认定存在人为的价格操纵，是不可取的。

第三类，交易维度的价格差。比如有虾农表示，当事人的收购价是 7 元，但水产品交易市场的零售价格是 8.5 元，以此证明当事人刻意压低价格。这种说法的逻辑漏洞是最明显的。因为任何市场主体都是低买高卖。更何况，当事人在水产品市场出售之前先要剔除不合格的龙虾，龙虾存储也会有成本，龙虾还会有死亡等损失，水产品交易市场需要缴纳摊位费甚至税费。当事人收购农虾的价格必然低于其在水产品交易市场零售的价格，否则当事人根本不会从事这一行业。所以,不能因为当事人零售价格高于收购价格,就认定当事人收购时有刻意压价的行为。

对这些虾农的口供,如果能够充分运用逻辑规则去进行反驳,很容易有奇效。但如果没有这样的逻辑思维能力,那么从其他角度去质疑这些口供的真实性,恐怕很难达到理想的效果。

（2）案例二:在一起曾经的基层派出所副所长被控强迫交易的案件中,检方指控的一个重要事实是,当事人向报案人提前告知公安机关的取保决定,从而帮助报案人在与纠纷相对方(嫌疑人)谈判时争取主动。这里就涉及"提前告知"的界定。检方起诉书并未表明认定"提前告知"的根据,我当庭运用分析这样一种逻辑思维作了这样的辩护和反驳。

提前是相对于什么提前？检方给出了结论,但没有给出依据。辩护人自己总结了两种可能:一是在公安机关作出正式决定之前。但在案证据不支持这种可能,因为当事人的告知发生在公安机关作出正式决定之后;二是在公安机关正式告知嫌疑人家属之前。也即当事人先于公安机关告知举报人,举报人先于公安机关告知嫌疑人家属。在案证据同样不支持这种可能。报案人的相对方即嫌疑人已经取保并已经回到家中后,当事人才告知报案人案件的嫌疑人已经取保。通过归纳总结,可以发现嫌疑人家属口供中所谓的当事人"提前告知"根本不能成立。

逻辑是宇宙万物的普遍规律,也是刑辩律师重要的辩护手段。逻辑思维强的律师,往往能穿透现象直击本质,在法庭辩护中往往能有釜底抽薪、摧枯拉朽的气势。"无逻辑,不法律,无辩护。"

## 二、证据思维

证据思维是法律人最显著的思维特征。客观事实和客观真相很多时候不为人知,法律人只能讲法律事实,而法律事实就是指能被证据证明的事实。普通人听一个人讲了一句话,立马就信以为真。学过法律、受过专业法律训练的人,听完总要问一句:有没有证据证明?因为法律人不能只有主张而没有证据。

### (一)证据思维的内涵及价值

证据思维最核心的内容,就是审查证据是否确实充分。确实指的是质量上真实可靠,充分指的是数量上互相印证。简单来说,就是4句话:第一,事实有无证据证明,是否是孤证。第二,证据有无收集、固定。证据不会自动到案,没有收集就相当于没有。能收集而未收集,可申请办案机关收集也可以自行收集。第三,证据是否合法真实。证据不等于材料,不是任意一份材料都就可以变成证据。也并非到案的材料都是可以采信的证据,收集程序必须符合法律规定。第四,证据彼此能否相互印证。

证据如此重要,决定了律师要敢于并善于收集证据。企业法务更要明白防控企业风险最好的方式是固定证据。比如有些合同涉及解除权、选择权、变更权、撤销权,企业法务或者顾问律师就应当通过发函或者其他书面通知的方式把证据保留好。比如主张债权,可以发送催款函;比如要求停止网络侵权,可以给平台发送律师函等。律师要避免证据收集中的法律陷阱,比如虚假诉讼、妨害作证、辩护人伪造证据等。不管有多少技术,都需要牢记一条:律师取证一定要实事求是。律师要敢于收集证据,是指敢于收集真实的、合法的证据,而不是无所畏惧、弄虚作假。在绝大多数国家,律师故意提供虚假证据,是要承担法律责任的。我们国家很多律师不敢收集证据,是因为不知道风险点在哪里,也不知道如何规避这些风险。衡量一名刑辩律师是否合格的标准之一,就在于是否会调查取证。

### (二)证据思维的运用

有些当事人满足于口若悬河、自顾自地陈述案情经过。此时,律师应当做适当询问和引导。还有些当事人认为自己能批量生产、制造证据。你让他提供证据，他就在电脑上撰写事情经过，然后打印出来交给你，并且告诉你这都是事实。我曾经遇到过一起案件，当事人是一家大型国企的领导。当事人因为贪污罪被判刑，其夫人（是一位法官）找到我，希望我帮助代理申诉。判决认定当事人在担任某国企领导的时候，擅自将数千万元的企业利润私分给自己所在的部门。当事人夫人告诉我，这份判决非常不公，完全背离客观事实。因为她丈夫跟所在企业之间有一个共识，哪个部门争取来的订单，在向企业缴纳一定的管理费用后，利润就归属于哪个部门。涉案的订单都是她丈夫拉到的，也都是她丈夫负责消化完成的，因此按照双方之间的共识，利润本来就应该归属于她丈夫。她丈夫因为人好，关心下属，所以还分配了一部分利润给部门员工。她强调她老公的行为是一种正常的利润分配，不涉及贪污犯罪问题。

　　针对她讲述的案情，我当场表示，假设陈述的事实都是客观的，单位内部确实有这么一套分配机制，并且分配经过了必要的法律程序，那么这个案件在法理上确实可以争取无罪的结果。说完这些以后，我立刻追问：刚才陈述的案情是否有足够的证据证明？当事人夫人告诉我，都有证据证明，因为单位的人都知道这个情况。我当场纠正她，我说的证据是指已经在卷宗中体现的证据和虽然未在卷宗中体现但通过合法手段可以收集到的证据。这时她告诉我，本来单位的人都知道这件事，但现在害怕受牵连、害怕担责任，所以都矢口否认，不愿意出具证明了。我追问：办案单位是否对单位相关人员做过调查笔录？单位相关人员在笔录中是如何陈述的？她回答我，单位相关人员现在都害怕担责，笔录中都不愿意承认有这样的奖励和分配制度。

　　我继续追问：单位是否对此事有过红头文件？回答没有。单位是否对此事有过内部会议纪要？回答没有。你老公在分配利润时有无书面请示过单位领导？回答没有。你老公在分配利润时跟单位领导有无书面沟通记录，包括微信、短信、邮件等？回答没有。你能否提供一些证据证明单位存在这样的利润分配制度？回答不能，但强调这在单位是公开的、人人皆知的事实。你能否提供一些证人,可以为你证明存在这样的利润分配制度？回答不能,强调现在人人风声鹤唳,多一事不如少一事。案件洽谈至此,我委婉地告诉她：这种情况下申诉是没有希望的,除非能提交相应的证据。她反问我：难道就因为这是单位领导在大会上口头说的,没有书面记录并且现在单位的同事都不肯说真话,我老公就要被冤判吗？

谈论至此,也许大家都看出来了,这位当事人家属,几乎没有体现出法官最起码的证据思维。我进一步了解到,这个案件的一审和二审都没有委托律师,都是这位当事人家属亲自出庭辩护的。难以想象,在没有任何证据的情况下,这位家属在法庭上是如何跟办案法官进行交流的。当然,我不是刻意贬低这位法官,更大的可能是关心则乱,代入了家属身份之后变得不那么理性。

## 三、经验思维

美国大法官霍姆斯说过一句话："法律的生命不在于逻辑,而在于经验。"这句话很出名,很多人都会背诵,但是要真正理解这句话并不容易。真正理解一句话是什么意思？认识一句话中的汉字并且知道汉字的字面意思,不叫真正的理解。真正理解是一种理性上的认同和一种情感上的共鸣。当我真正理解一句话的时候,理性上我会觉得这句话说的真有道理,契合了我很多的工作经历和人生思考,解决了很多长期困扰我的困惑,说出了自己想说而没能说出来的话。坦率来说,霍姆斯的这句话我在大学阶段就读到了,但是一直到我做律师很多年以后,才敢说对这句话有了一定程度的理解。霍姆斯绝对不是说逻辑不重要,而是说对于法律和法律人而言,经验的一面和实务的一面更加重要。

### （一）经验思维的重要性

经验思维是一种思维方法,用经验思维去进行推理就叫经验推理。经验推理是一种非常重要的法律推理方法。民事案件中的证明标准是高度盖然性。什么是高度盖然性？高度盖然性本质上就是一种经验判断，是根据事物发展的高度概率进行的经验判断。除了经验判断，还有什么别的方法来判断是否达到高度盖然性标准吗？答案是没有。我国《刑事诉讼法》在2012年修改时，对刑事案件的证明标准增加了一条排除合理怀疑。怎么判断是否排除了合理怀疑？这很大程度上同样是一种经验判断。合理，首先指的是经验上合理；怀疑，首先是基于经验的怀疑。所以，我们法律人无时无刻不在进行经验推理。离开了经验推理，司法就只剩下形式逻辑的躯壳，那是远远不够的。

正确的运用经验推理，非但有助于避免冤假错案，而且有助于避免离谱的奇葩判决。我们不仅需要在证据审查和事实认定方面运用经验推理，而且需要在法律适用和价值判断方面运用经验推理。司法实践中，为什么会经常遇到一些不合理的判决？为什么普通老百姓觉得不合理的判决，受过专业法律教育并且长期从事司法工作的法官反而感觉不到？很大一部分原因就在于，有些法官习惯于只做逻辑推理而不做经验推理。只做逻辑推理，能确保判决在形式上是符合法条字面规定的，但只有做了经验推理，才能确保这个判决是合乎常情常理的。什么叫常情常理？如何把常情常理、天理人情纳入司法判决之中？常情常理、天理国法、天理人情，这些概念都非常正确，但在司法判决中也不能乱用和错用，否则法律条文就有被架空的危险。要学会正确使用这些概念，就必须学会正确地运用经验推理。法律说到底是一种社会现象，有其复杂性和非理性的一面，不是非此即彼的简单线性关系。我们不妨把司法过程比喻成一辆前行的列车，如果说逻辑思维决定了列车的行进方向，那么经验思维就决定了列车行进的速度和舒适度。

## （二）经验思维的运用

司法实践中有太多的案例告诉我们，司法只有经由经验之桥才能抵达正义之门。我可以举几个实例说明这一点。

（1）实例一：众多冤假错案中，证明不了的刑讯逼供。近年来平反了许多冤假错案，但是几乎没有一份判决书直接认定侦查过程存在刑讯逼供。判决书不认定刑讯逼供的一个常见理由是证明刑讯逼供的证据不充分。这可能就是不运用经验思维所导致的推理错误。根据经验常识，如果没有刑讯逼供，一个无辜的人怎么会在口供中承认自己杀人？如果没有刑讯逼供，一个无辜的人怎么会在明显虚假的笔录上签字捺手印？如果没有刑讯逼供，那么被冤判的人为何会描述出刑讯逼供的具体细节？

以"湖北佘祥林案"为例。法院判决佘祥林杀害了自己的妻子，结果过了10多年，佘祥林的妻子活着回来了。那么佘祥林为什么会在公安机关的口供中言之凿凿地承认自己杀了人，还带领侦查人员去辨认了抛尸地点呢？佘祥林释放后，告诉媒体他在侦查阶段遭受了刑讯逼供，并且向媒体出示了他身上的伤痕。只要运用经验推理，在佘祥林是否遭受刑讯逼供这个情节上，结论是一目了然的。但如果拒绝运用经验推理，机械套用证据印证规则，认为只有佘祥林供称自己遭受刑讯逼供，办案人员已经否认，没有充分的证据证明存在刑讯逼供也就不足为奇了。

司法实践中，每当律师或当事人申请排除非法证据时，有些法官总会让当事人提交证据。有时候当事人能提交证据，但更多的时候当事人没办法提交证据。根据《刑事诉讼法》的规定，当事人只需要提供一些线索或材料就够了。这里需要区分两种举证责任：一种是提出责任，只需要提出异议并附有一定的材料线索，足以引起法官的内心怀疑即可；另一种是说服责任，需要提供确实充分的证据让法官信服并支持一方的观点。刑事案件实行无罪推定和彻底的控方举证，因此当法庭把被告人或辩方的举证责任搞得过重时，我一般都会这样回应：当一个人失去人身自由的时候，当一个人被羁押、被控制的时候，他唯一能够收集证据的方式就是用眼睛看、用耳朵听、用脑子记。除此之外，他几乎没有任何能力去把非法取证的过程给固定下来。所以当他在法庭上把他所见、所闻、所记的东西讲出来，讲得足够明确、具体就已经够了。要求再多就是强人所难、背离常识了。

(2) **实例二：最高人民检察院官网曾刊载过一起贩卖毒品案**。当时我在检察机关工作，是这起案件的承办检察官。我在审查一起贩卖毒品案时，主动将辨认笔录作为非法证据进行了排除，并将公安机关认定的3次贩毒行为变更为2次。当时最高人民法院、最高人民检察院关于排非的规定刚出台不久，我办理的这起案例被最高人民检察院当作了典型案例。具体案情是这样的：公安机关认定嫌疑人贩毒3次，其中第三次发生在我任职检察院所在的辖区。关于第三次贩毒，有一份对交易地点的辨认笔录。我在审查这份辨认笔录的时候，看到嫌疑人站在马路一侧指向马路对面的一个方向。看完这份辨认笔录以后，我立即就产生了怀疑：辨认交易地点一般要讲究精确，甚至是越精确越好，嫌疑人为什么要隔着马路进行辨认？他完全可以穿过人行横道，走到马路对面，没必要隔着宽阔的马路指向马路对面的一个大概方向。

带着这种疑问，我去看守所讯问了犯罪嫌疑人。犯罪嫌疑人告诉我，他只来过本市一次，有无贩卖过毒品早已经忘记。当时侦查人员带着他去辨认作案地点，到了这个地方后警车就停下来了，侦查人员让其下车并让其指认是在哪里交易的。于是他就随便朝前一指，侦查人员随即拍了照片。很显然，根据嫌疑人的供述，这份辨认不属于自主辨认。自主辨认需要先讲出一个大概的方位，到了大概方位后再具体指明是在哪个方向、哪个位置。侦查人员直接将警车开到某个地方停下，这本身就是一个极大的暗示。停下来后隔着马路随便一指，这并不是一个准确的地点辨认。于是，我就把这份辨认笔录作为一个非法证据进行了排除，没有认可这份辨认笔录的证据效力。最后再结合其他的证据，第三次贩卖毒品的事实我没有进行起诉或指控。这起案件也是运用经验推理的结果，如果不掌握经验思维，有可能就看不出来辨认笔录中隐藏的问题。

(3) **实例三：一起敲诈勒索案中"一眼八年"的辨认笔录**。被害人指控当事人带领社会人员到他家里面进行语言骚扰、跟踪威胁。案件中有一名证人是房产中介，证明他当天刚好路过被害人家门口，看到有人在被害人家里。这名证人有一份辨认笔录，辨认出8年前在被害人家里闹事的人之中有我的当事人。我看到这份辨认笔录时,本能觉得非常不符合常理。因为按照证人自己的证词,他只是在门口看了一眼,发现家里有社会上的人,觉得情况不妙就走了。这名房产中介跟当事人根本不认识,仅是站在门口匆匆一瞥,怎么就能看清家里几个人的样貌并且在8年之后还能记得住他们的样貌呢?当事人在外貌上并没有突出特征,没有文身,没有奇装异服。因此,运用经验思维,可以强调这份辨认笔录不符合正常人的记忆规律。后来,我申请法院重新组织辨认,法院采纳了我的辩护意见。

## 四、精确思维

### (一)精确思维的价值

法律特别讲究精确。矛盾、争议多起源于模糊和弹性。如果每一部法条、每一个合同条款都是精确无异议的,司法过程就变得简单多了。只要识字,就能解决争议。设计一些智能机器,把案件事实和法律规定输入进去,裁判结果就可以自动生成。如此一来,正义伸张,世界太平,既没有司法腐败也没有司法不公。可惜,这样的愿景很难实现。原因之一便是无论法律规定还是法律事实都无法做到精确、唯一。正是因为模糊性和弹性,法律和司法才会变得异常复杂。作为法律人,我们终其一生都在追求精确性,减少模糊性,但我们终其一生都注定只能在通往目标的途中。

法律是语言的艺术,精确是法律的生命。法律人要善于通过语言去探寻真相。美国法学家富勒在《法律的道德性》一书中提出法治的8项原则,其中之一就是法律的明确性。模糊立法、"口袋条款"是法治的天敌。我经常说,衡量一个国家法治水平高低不是看立法的数量有多少,而是看立法的精确化程度和司法的审慎化程度。只是法律数量多、法律条款多但全是"口袋条款"或弹性条款是没有用的,这时法条越多,我们将越背离法治。

## （二）精确思维的运用

给大家举个真实的案例，以此说明精确思维在律师辩护中的重要意义。我曾办理过一起非法拘禁案，主要情节是贴身要债。债务人欠当事人几百万元不还并且跑路，当事人穷尽司法救济措施仍然解决不了问题。法院官司打赢了，执行局却执行不了，因为债务人躲起来了，把联系方式全部都换掉了。当事人通过一些私人渠道，打听到了债务人的行踪，并且把消息告诉了执行局，但是执行局表示他们没人手去外地抓人。无奈之下，当事人便带了几个人找到了债务人，并且派人全程跟踪，债务人走到哪里就跟到哪里。如果仅是派人跟踪，可能问题还不是特别大。这里边的转折点是，有一天晚上当事人带着债务人住酒店，晚上有用床堵住酒店房门的行为。

根据案件证据，在酒店开房是债务人自己的意思。按照债务人的说法，他还欠别人的钱，不想回家被其他人看到。住宿的酒店是债务人选择的，住宿的费用是我的当事人支付的。住完酒店后，当事人还带着债务人一起去吃火锅。这些事实都证明，在进入酒店房间前和离开酒店房间后，债务人是有充分的人身自由的。前述期间，债务人不仅自由出入公共场合，其携带的手机还有频繁的对外通话记录。现在可以把注意力集中在酒店住宿当晚究竟发生了什么。当事人在酒店登记了一个房间，当事人、当事人员工和债务人3人同住一个房间。进入房间后，3个人先打了一会儿扑克牌，感到困乏后才开始睡觉。看到债务人睡熟以后，当事人一方把自己的床挪到酒店房间的门口，把房间门口给堵住了。直到第二天中午睡醒起床，当事人和债务人才一起离开酒店。

这个案件，我是二审介入的。一审法院判决的核心关键，是堵门的行为剥夺了债务人的人身自由，并且堵门的时间超过了12小时。如果不运用精确思维，我们可能认为一审判决有理有据。二审庭审时，我通过当庭发问打破了这个逻辑（法庭发问是去伪存真、去粗取精的有效手段）。我直截了当地问当事人："你们为什么要堵门？"当事人很坦诚地回答："我们好不容易才找到他，肯定不能让他溜了。所以晚上睡觉的时候,我就把床挪到门口了。"我问:"债务人在当晚是否提出过要离开?"当事人回答:"没有。看到他睡着了,我们才堵的。第二天中午醒来后,大家简单洗漱了一下就一起出去吃火锅了。"我接着问:"如果债务人要离开房间,你们会不会同意?"当事人回答:"他如果要离开,我们肯定会同意的。这么多天他要到哪里,我们从来都没有阻止过。当晚我们堵在门口,主要是防止他偷偷溜走,然后又躲起来。"我立即追问:"你刚才说,如果债务人要离开,你还是会同意。那么你们堵门的目的究竟是什么?"当事人终于回答到了要害和关键:"堵门是为了防止他偷溜,而不是阻止他离开。他离开得让我知道,然后我会继续跟着他。"一句话,堵门的目的不是剥夺债务人的人身自由,而只是为了起到一个提示的作用,即如果债务人要离开,得让当事人知道,方便当事人后续继续跟踪。

当庭锁定当事人的供述还不够,还需要进一步向债务人进行核实。我们庭前申请债务人出庭作证获得了法院准许,这位债务人摇身一变成了被害人。我也是直截了当地发问:"那天晚上,你是什么时候睡的?"债务人回答:"晚上十点左右,打完牌我觉得困了就先睡了。"我问:"打牌过程中,你有人身自由吗?比如说要去哪里,能不能去?"债务人回答:"有人身自由。打牌期间,我还去外面抽过烟。"接下来我又问:"堵门发生在什么时候?"债务人回答:"什么时候开始堵门的,我不清楚。打牌的时候没有堵。因为白天一直在外面走路,我有些累,打完牌我就关灯睡觉了。第二天上午十二点左右,我醒了,他俩还在睡,我看到他们把床挪到门口把门堵住了。"我接着问:"你看到门被堵住的时候,你做了什么?"债务人回答:"我就去卫生间洗脸刷牙了。没多久,他俩也醒了,就把床挪回到正常位置。然后,我们就一起出去吃火锅了。"我追问:"你半夜有没有醒来过?或者其间有没有提出来,说你要离开?"债务人回答:"没有,晚上一直睡到第二天上午,中间没有醒过,也没有提出要离开。"

通过前述发问,当庭查明:当事人确有用床堵门的行为,但这种行为根本没有剥夺债务人的自由。剥夺自由是指违背行为人的意志,强迫其为或不为。比如债务人要做什么不让他做,债务人不愿意做什么强迫他做。但如果债务人在整个过程中都处于熟睡状态,那么在关着的房间大门之上堵一张床又有什么意义呢?堵门跟不堵门,对于债务人根本没区别,他甚至都感知不到。债务人熟睡以后是没有自主意识的,债务人起床以后很快就恢复常态,当事人主动把床挪开并且带着债务人出去吃火锅。在这种情况下,即便堵门超过了12小时,跟非法拘禁也没有丝毫的关系。一个事件,我们如果能打破模棱两可、似是而非的说法,取得一个更加精确化的结果,就会发现这其中的法律关系、行为性质有着天壤之别。

## 五、逆向思维

### (一)逆向思维的内涵

逆向思维是法律人的重要思维技巧,逆向思维是通过证伪去求真。逆向思维简单来说,就是朝着相反的方向去思考。当给出一个命题的时候,逆向思维要求我们找例外、找漏洞、找矛盾、找问题,试着从各个层面去否定它。离开了逆向思维,很难想象一个刑事律师怎么去为当事人辩护。不仅辩护律师和代理律师需要逆向思维,法官、检察官也需要逆向思维。逆向思维对应的是正向思维。如果说正向思维是证明,那么逆向思维就是证伪;如果说正向思维在于找符合性、一致性,那么逆向思维就在于找冲突点、矛盾点。

无罪推定是刑事司法的一个重要原则,但这个原则落实得并不理想。定罪靠证据,而证据永远具有事后性、碎片性、人为性和稀缺性的特点。透过有罪推定的眼睛去审查案件,可能案件都是证据确凿;而透过无罪推定的眼睛去审查案件,则可能会发现到处都是问题和漏洞。无罪推定和有罪推定不仅是立场的差异问题。古今中外的无数案例都证明,有罪推定有时候会妨碍人们接近和发现真相。不了解真相,却自以为正义在握,是导致冤假错案的重要根源。超过18

年的一线刑事诉讼经历,让我深刻认识到,没有逆向思维,就不可能有真正的无罪推定。只有通过逆向思维这座桥梁,才能够抵达无罪推定这个目的地。

## (二)逆向思维的运用

我举两个典型案例来具体说明逆向思维和正向思维的不同。理解了正向思维和逆向思维的差异,就可以理解为什么刑事律师对于司法公正是不可或缺的。因为公检法多倾向于正向思维,而刑事律师更多倾向于逆向思维。很多时候通过逆向思维可以发现案件中存在的问题,进而揭开案件真相。

以"浙江张氏叔侄案"为例进行说明。这起案件在几年前轰动一时。当时全国检察系统召开电视电话会议,聘请知名专家专题讲解这起案件。该案判决书最开始认定两名货车司机张某、张某平把一名半路搭顺风车的陌生女子强奸杀害,抛尸在一个水塘。其实这起案件在当初审理的时候,张氏叔侄的辩护律师就发现了一个非常重要的无罪证据:警方从死者指甲缝里提取到了一枚异性DNA,但这枚异性DNA和张氏叔侄的DNA都不符合。当时张氏叔侄的律师提出了辩护观点,认为既然死者指甲缝里有其他异性的DNA,就证明该案存在其他人作案的重大可能。这就是典型的逆向思维。检方指控张氏叔侄杀害了死者,但是辩护律师找出了一个重要疑点。

遗憾的是,法院没有采纳辩护意见。对此,法院采用的是典型的正向思维,其在判决书上如此解释这个问题:指甲是开放性部位,未知的异性DNA不是本案的否定性证据。死者指甲缝里面有其他异性的DNA,不代表死者就是被其他异性杀害的。逆向思维认为,因为死者指甲缝里有其他异性的DNA,所以有可能是被其他人杀害的。辩护律师提出了合理怀疑,找出了另外的可能性。法院的判决逻辑是:张氏叔侄的口供已经承认其是杀人凶手,其称遭遇刑讯逼供但未能提供证据证明;而死者指甲缝里有其他异性的DNA,不能据此否定张氏叔侄是杀人凶手。其实,法院的判决在严格逻辑意义上并没有错。法院的错误不在逻辑思维上,而在于正向思维及其导致的有罪推定上。

正向思维和有罪推定相互依存,运用正向思维很容易陷入有罪推定。有罪推定最突出的表现是轻信当事人的有罪供述。司法实践中存在一种现象:只要当事人承认自己实施过相关行为,就会被紧紧抓住不放。该观点的逻辑是,任何人都有趋利避害的本能,一般不会轻易承认对自己不利的事实,因此,一旦承认就意味着他极有可能实施过相关行为,而当事人的否认,只不过是凸显了其趋利避害、逃避法律制裁的本能。只要笔录签名是真实的且当事人拿不出相反的证据,司法机关一般都会采信当事人庭前的有罪供述。一次承认加翻供无效,使得当事人的辩解在大多数情况下都成了司法人员眼中的狡辩。侦查环节一旦获得有罪供述,后续程序要想成功翻供往往需要付出极为艰辛的努力。

有罪推定可能导致司法人员不断加重被告人和辩护人的举证责任,不断压缩合理怀疑的外延,不断掏空合理怀疑的内涵。在很多案件中,只要辩方不能拿出证据推翻控方指控,就会判定控方指控成立。按照无罪推定原则,辩护律师本来只需要提出合理怀疑,由控方举证证明怀疑不成立。但实际情况是,不少法官都会要求律师对其怀疑的内容进行举证,要求辩方承担自证无罪的举证义务。曾经有一位检察官,当庭表示只有可证明、可查实的怀疑才是合理怀疑。可问题是,都已经证明、查实了,还用得着怀疑吗?合理怀疑是《刑事诉讼法》赋予当事人和辩护律师的一项特权,其本意就是为了解决辩方举证不能。因为辩方收集证据的能力本来就和控方不对等,况且一个人很难去证明自己没有做过的事。我始终认为,合理怀疑中的合理与否,跟是否能够提供证据无关。"浙江张氏叔侄案"的有罪判决书以直观的形式呈现了正向思维直达有罪推定的过程。

"浙江张氏叔侄案"的最终结果也证明逆向思维是对的。后来经过比对,死者指甲缝里发现的那枚 DNA 是一个叫勾某峰的人留下的。而勾某峰之前因为其他的强奸杀人行为已被执行死刑,他在其他案件中的作案手法跟"张氏叔侄案"中的作案手法几乎一模一样,都是先奸后杀,之后抛尸水塘。当事人经过持续不懈地申诉,终于沉冤得雪,最终被法院再审改判无罪。

其实运用逆向思维分析,指甲缝根本不是开放型部位,而是高度隐私性部位。双方如果没有极度亲密的接触，是不可能把 DNA 留到对方的指甲缝里面的。一个比较合理的解释是，死者生前与凶手进行过激烈的搏斗，有过深度的肢体接触。此外，运用逆向思维分析张氏叔侄的行踪，也可以得出两人没有作案时间的结论。

## 六、程序思维

### （一）程序思维的价值

有一句法谚：正义不仅要实现，而且要以看得见的方式实现。这里强调的就是程序正义的问题。程序正义是最基本的正义，也是辩护权之所以必要最根本的原因。程序正义不仅能保障实体正义，有时候还能弥补实体正义。虽然实体结果可能未必那么正义，但是因为程序上足够正义，有时仍然能够给到当事人一定的抚慰。程序思维是法律人最独特的思维。谈论程序正义和程序思维，必然会谈到诸如管辖、回避、证人出庭、公开开庭审理、非法证据排除、有效辩护等问题。因为课程内容的安排，这些具体的程序问题我会在其他课程中进行讲解，此处主要结合两个案例谈论一下管辖问题和律师辩护权问题。

### （二）程序思维的运用

（1）案例一：陕西渭南继母虐童案，该案中的受害人名为鹏鹏。本案中的犯罪嫌疑人为鹏鹏的继母孙某，孙某残忍虐待鹏鹏，导致鹏鹏瘦骨嶙峋、遍体鳞伤、颅骨大部粉碎、双目失明、膝盖无法站立，不能自主进食，以植物人状态顽强生存数年后不幸离世。我成为被害人鹏鹏的代理律师以后，先通过努力把其继母孙某的罪名从虐待罪一个罪名变更为虐待罪、故意伤害罪两个罪名。然后我又对法院管辖权提出了异议，申请提级管辖。该案由某区检察院向某区法院提起公诉，我申请把该案的层级管辖由基层法院提升成中级法院是有非常充分的理由的。

第一个理由,故意伤害致人重伤且手段特别残忍,法定刑期是10年以上有期徒刑、无期徒刑甚至死刑。注意,有可能判处无期徒刑以上刑罚的,就应当由中级法院一审。这里面的"可能判处",首先是指法定刑期当中包含这一选项,包含这一量刑幅度;其次是指实际判处无期徒刑的可能未被直接、完全排除。很显然,该案完全满足前述两个条件,应当由中级法院一审。

第二个理由,这起案件在全国范围内有重大影响。当时有数百家媒体跟踪报道,网络上有几个亿的阅读量,上了很多次微博热搜。央视多个频道如《东方时空》《共同关注》《午间新闻》《道德观察》等栏目都进行了滚动轮回报道。这样具有全国重大影响力的案件,一审依法也可由中级法院进行管辖。

有人认为,基层法院具有管辖权。判断法院管辖权应当分两步:第一步,正向判断法院是否具备管辖权;第二步,反向判断法院是否具有不适宜管辖的情形。因此,仅做第一步判断并不够,还需要做第二步判断。该案的问题是,如果一审由基层法院管辖会导致未审先判。因为单个罪名,基层法院最高只能判处15年有期徒刑,这就排除了孙某被以故意伤害罪被判处无期徒刑的可能性。由中级法院一审不代表一定会判处无期徒刑,但由基层法院一审代表着一定不会判处无期徒刑。在这起案件中,管辖层级直接决定了最终刑期。这起案例说明,管辖不仅关系到程序正义,而且关系到实体正义。

(2)案例二:某派出所副所长强迫交易案。A向B放贷,B提供虚假担保。后B无力偿还,经过多次协商,B答应用自己的房屋抵偿借款,双方签署了抵偿协议,约定了交房时间。然而约定的时间截止,B却没有交房的意思。在催促腾房的过程中,A多次向B表示如果不尽快交房,将向公安机关报警,追究B合同诈骗的刑事责任。后来A确实向公安机关报案,B被刑事拘留,其间A、B完成了交房。最终,B因为合同诈骗被判刑,而A也被指控涉嫌强迫交易罪。

指控A构成强迫交易罪,是因为认定A通过报警强制B进行腾房交房。之所以指控当事人犯强迫交易罪,是因为检方认定当事人在A报警的过程中,私下向 A 透露了一些办案程序信息,如立案时间、刑拘时间、取保决定等,从而帮助 A 向 B 及其家属施加精神强制。从法理上看,A 报警是法律赋予其的权利,B 害怕的是法律的制裁而非 A 的暴力或威胁,且腾房交房是履行合同,不属于"交易",而仅是对"交易"的履行,因此对 A 的指控在法理上很难成立。但鉴于该案的特殊情况,特别是 A 牵涉一宗涉黑案件,因此当事人要想获得公正判决,有必要考虑改变管辖。当事人一审被判处有期徒刑且系实刑,二审上诉后委托我予以代理。经过跟法院反复沟通,二审法院最终将本案发回重审。发回重审后,我们提交了充分的证据证明该案在当地存在法外干预,申请移交其他法院管辖。出乎意料的是,我们的申请获得了法院同意,案件被成功移交到其他法院管辖。经过开庭审理,法院最终判决当事人免予刑事处罚。现实中,有些案件的处理结果跟管辖密不可分,辩护律师要善于运用相关的管辖异议规则。

(3) **案例三:连云港女辅警案**。该案中,法院一审判决认定,女辅警跟当地 9 名公职人员发生性关系后,以到单位告发等胁迫手段索要钱财共计人民币 300 万余元。法院一审以敲诈勒索罪判处女辅警 13 年有期徒刑,并处罚金人民币 500 万元。这起案件的裁判文书曝光后,引起社会的广泛讨论。

在女辅警上诉期间,家属主动找到我,表示想委托我为女辅警辩护。初步了解案情后经过慎重考虑,我决定接受委托。为了办案方便,我又向家属引荐了家乡在连云港的另一名律师。当我们第一时间赶去看守所会见的时候,被告知有关部门已经指派了两名法律援助律师。据事后了解,这起案件引起社会关注后,二审法院紧急指派了两名法律援助律师。此后,我们跟相关部门进行了耐心、细致的沟通,充分表达了独立辩护和程序正义对这起案件的重要性。我们先后跟有关部门当面沟通 10 余次,向有关领导寄出了书面陈情信,向上级部门邮寄了律师维权材料,书面请求法援中心终止法律援助。我们要求亲自进看守所跟女辅警当面核实,或者由办案人员带着家属的委托材料和家属信件跟女辅警核实,均未能如愿。

女辅警案一审是家属自己付费聘请的律师。因为对一审判决结果不服而提起上诉,到了二审却不同意家属委托律师为自己辩护,这种说法,很难令人信服。法律援助制度原本是一项兜底制度,目的是防止有人因经济贫困而得不到法律帮助。法律援助是使用公共财政资金帮助贫困人士购买法律服务,因此对于家属已经自行聘请律师或者家属明确表示自己有经济支付能力聘请律师的,法律援助中心不应该再利用公共资源去指派法律援助律师。

类似连云港女辅警案这样的案件,虽然引起了较多的公众讨论,但归根结底仍是一起偶发的、普通的刑事案件。只要回归证据、事实和法律,法治社会原本就不应该有所谓的"敏感案件"。只要律师依法依规代理,就案论案就事说事,秉持专业和技术立场,就不应该有所谓的"执业风险"或"安全疑虑"。应对舆情关注的最好方式是以看得见的方式实现公平正义。女辅警案二审被改判有期徒刑7年并处罚金人民币30万元,证明二审法院在实体层面纠正了一审的错误并且回应了公众关切。如果在程序上能充分保障律师的辩护权,那么这起案件将具有很好的示范意义和指导意义。

## 七、价值思维

### (一)价值思维的意义

司法是一种公共产品,其价值在于回应社会需求,推动社会进步。只讲形式逻辑,不讲社会效果,司法会沦为"流水线作业"。我在很多场合都提到过一个观点:司法要输出的不是判决而是正义。最高人民法院相关领导也多次公开强调,当事人到法院是要解决问题的,而不是陪法院走程序的。那么到底什么是正义?正义是一种理性的判断,也是一种朴素的情感。在很多案件当中,仅对法条进行文义解释,或者仅运用经验思维对证据进行辩护,是不够的。美国法学家卡多佐有一句话,我觉得讲得特别好:"规则所给予的启示只是一种正义的情感。这种情感无法禁止我们带着遵从先例的神圣光圈围绕着它前进。"我在《法影下的中国》自序中写过这样一句话："的确在很多场合,法律只是利益的争夺。但同样在许多场合,法律需要做清晰的价值判断,需要去勾勒正义的边界。"做价值判断就要运用价值思维。

价值思维需要更先进的法律解释技术,比如历史解释、体系解释、目的解释等。用某位知名法律学者的话说,法律人要心怀正义,目光不断在事实和规范之间往返。司法是善良和公正的艺术,没有价值思维,司法就没有灵魂。

### (二)价值思维的运用

我举一个行政诉讼案例,以此证明行政执法应当遵循合目的原则。一家房地产开发公司L,两个股东A、B各持股50%。因为经营理念、资金实力等原因陷入公司僵局,无法形成任何决策。凡是A同意的,B都反对;凡是B同意的,A都反对。该公司的主要资产是在某市核心地段拥有的一块土地,因为公司陷入僵局,业务完全停滞,所以长期未能开发,导致该地块荒草丛生。股东A找到我,想要寻求一个可行的法律解决方案。我当时提出了公司分立的意见,把公司一分为二,各自开发各自的那一半土地。这个方案得到了股东双方的同意,这几乎是双方唯一能够达成共识的方案。

双方达成分立方案,去工商局做变更登记的时候,遭到了工商局的拒绝。理由是股东B在L的50%股权被其债权人查封。注意,查封的不是房地产开发公司L的股权,而是股东B持有的房地产开发公司L的股权。这种情况下,为了避免B的债权人查封顺位发生改变,我又提出了派生分离的解决方案。L的主体仍然保留,股东B的股权由50%变为100%,股东A以其分得资产重新设立一家公司。通过这样一种派生分离方案,股东B的债权人利益不受任何影响。L的僵局可望得到化解,股东A、B的纠纷可望得到化解,城市闲置土地可望得到开发,这个处理方案于公于私都是极为有利的。但是工商局仍然以一份部门规章的规定为由,认为股权被查封的企业不能做分立变更登记。沟通无果,我代理股东A将工商局起诉到法院,最后这起案件获得了胜诉,法院几乎全部支持了我方

的诉讼请求

在这起行政诉讼案件中,我最核心的代理意见就包含了价值判断,运用了价值思维。我的理由有以下 4 点。

其一,公司分立是股东权利,工商部门只能形式审查,不能越俎代庖做实质决定。否则工商部门权力将过分扩张,损害企业自治和经营自由。

其二,公司分离是股东的权利,而不是股东债权人的权利。在公司派生分立不影响 B 的债权人利益的情况下,不能以 B 的债权人的意见决定 L 是否可以分立。工商局征询了股东 B 部分债权人的意见,但其意见既无法律基础又无经济合理性。如果 L 僵局继续,公司经营继续停滞,股权不能变现,B 的债权人的债权也只能落空。

其三,股权查封禁止变更是为了保护债权人利益,并非禁止有利于债权人的变更。B 的股权被查封,L 仍可以引进 C 间接降低 A 的持股比例。派生分立提升了 B 的股比,对其债权人有利无害。

其四,行政行为应当遵循合目的原则,应当促进社会财富和社会公共利益发展。让一块市中心的土地闲置,无疑是巨大的资源浪费,无论是对 L、A、B 的私益,还是对公共利益都是一种损害。

很显然,行政行为的价值导向,行政执法的合目的性原则本质上就是一种价值思维。

## 八、其他思维

除了前面讲的七大法律思维,还有理性思维、底线思维和结构思维三大法律思维。因为篇幅的关系,将后面三大法律思维合并在一起,分别作简要阐述。

### (一)理性思维

法律是理性的,法律人也必须理性。理性思维是法律人在任何时候都不能失去的思维方法。行政是民主政治,司法是精英政治。行政讲究少数服从多数,司法恰恰是讲究多数服从少数。不管多少人支持判死刑,也不管多少人支持判无罪,最后行使决定权的都是承办案件的法官。所以法律人一方面要能够识别民意,另一方面不能人云亦云。不是多数意见怎么走,法律人就一定要跟着怎么走。司法要尊重民意,要有效回应民意,但司法不能被民意不当裹挟。我提出过一个观点:当多数人支持判决无罪或轻判的时候,司法应当从善如流;但当多数人支持判决死刑或者重判的时候,司法应当保持冷静和审慎。有人说这是"双标",我不能认同。

遇到刑事案件,家属往往非常焦虑。但是律师不能被家属的情绪裹挟,完全按照家属的意思进行辩护。律师应当按照有利于当事人的原则,进行独立的、理性的判断,给当事人充分阐明利弊得失。有一起案件,罪名是贪污案,指控的涉案金额接近2亿元。我接受委托后,进行了仔细阅卷,认为在案证据不支持无罪,建议按照私分国有资产罪进行变更罪名的罪轻辩护。当事人和家属完全不能接受,要求律师给其做无罪辩护。最后我退出了辩护,家属另行委托律师做无罪辩护。新委托的律师放弃自己的专业立场,处处迎合家属,最终无罪辩护失败,当事人被判处死缓。这起案件的教训极其深刻。

有些案件经过网络发酵,容易形成一种压倒性的意见。这时候,律师不要轻易地盲从多数意见,而应秉持自己的专业理性作出独立判断。法律人运用理性思维就能知道,事实判断优于价值判断。抛开真相去讨论价值,那不是有意义的讨论。不能越过事实判断去做价值判断,更不能盲目地用价值判断去代替事实判断。辩护逆着网络舆论去寻找真相绝对不是所谓的吃"人血馒头"。现实生活非常复杂,用立场代替真相是一种非理性的表现。

## (二)底线思维

法律人的底线思维,包括风险底线、法律底线、职业底线等。法律本身就是一种行为底线,如果法律人没有底线思维,很难想象他将如何开展工作。一般人也有底线思维,但法律人的底线思维更加明显、更加强烈。法律是防范风险解决纷争的。法律人永远要有风险意识,永远要做最坏的打算。一个没有底线思维、总是抱着侥幸心理的法律人,工作中必然错漏百出,必然会造成想象不到的恶果。

底线思维不是抽象的,其体现在接案办案的过程之中。比如在刑事辩护的时候,不能只告诉当事人最好的结果,还要告诉当事人最坏的结果。在制定辩护策略的时候,永远要考虑如果这个策略没有奏效,还有没有替代方案。我经常跟客户讲,我们要做最坏打算,尽最大努力,争取最好结果。律师在审核合同的时候,不能假设大家都会严格按照合同履行;而应考虑到最坏的结果,比如对方一门心思想要钻合同的漏洞。坚持底线思维才会有真正的风险意识,才能发现合同条款中有没有漏洞可钻。如果合同中约定了很多权利义务,但却没有办法让其落地,没有有效的违约惩治手段,那么律师工作肯定存在疏漏。

律师处在利益纠纷的最前线,面临的诱惑很多。但并不是所有人都适合当客户,并不是所有案件都适合承接、代理。律师要有自己的职业底线,绝不能人云亦云地去诓骗、勾兑,绝不能去制造伪证、销毁证据。底线不牢,地动山摇。律师是一生的职业,只有坚持长期主义才能行稳致远。

### (三)结构思维

西方哲学中存在一个流派,叫结构主义。在研究美学、历史、哲学时,结构主义意在揭示现象背后的深层结构。刑辩律师实行拿来主义,用结构化的思维看待问题和思考问题,也能让自己受益。

(1)**结构思维是方法论,会给我们的日常工作赋能,体现的是力量**。法律人要善于从自己的办案工作中总结出带有普遍性、指导性的规律性认识或规律性方法。比如我结合办案经历,总结出了认定主从犯的3个考虑标准:其一,在决策、实施、受益3个环节中的角色大小;其二,各自行为对危害结果的原因力大小;其三,各自行为与核心犯罪事实的距离远近等。比如我结合办案,总结出了受贿案的 5 个审查重点：行为动机、钱款来源、交付经过、钱款去向、谋利事项。新加入团队的助理，按照这 5 个方面进行逐项核对，就能基本把握案情重点。

(2) 结构思维是刻度尺，体现为工作水平。无论是法庭辩论还是法律文书写作，擅长概括归纳总能带来说服的力量。比如我在法庭辩论时，总是先概括公诉人的指控逻辑，然后有针对性地指出其逻辑漏洞。我在反驳公诉人的观点时，总是先把其观点分门别类，然后深入地分析每个观点背后的深层逻辑，最后再釜底抽薪式地予以驳斥。我在撰写辩护词时，总是先破后立，第一部分大多为一审判决中的几大错误或公诉逻辑中的几大谬误等，第二部分再阐明自己的观点和本案应当怎么处理。

(3) 结构思维是生产力，体现为工作效率。比如，我在执业之初就开始设计刑事辩护法律产品，每个诉讼阶段要完成哪些工作都通过图表的形式进行列明。这样既能保证案件质量，又能让客户了解律师工作，增进彼此信任。又如，我的团队文书都制作了模板。调查笔录、取保候审申请书、证人出庭作证申请书、开庭审理申请书等，都有固定好的格式和模板。还如，我的客户管理都有一套固定的流程。如建立微信群，把密切相关的人员集中拉到一起，不涉密信息集中进行发布和沟通。正常情况下，两周至少得跟办案单位或家属沟通一次等。

总之，法律思维是一个人法律业务水平的刻度尺。学习法律绝对不是背诵法条那么简单。无论是做法官、做检察官还是做律师，对待一个案件甚至看待万事万物的时候，如果能熟练运用前面所讲的十大思维，那么他的办案水平和社会认识水平可能都会得到提高。反之，不论他具体从事的是什么职业，也不论他在法律岗位上工作了多久，实际上都还没有真正成长为一个优秀的法律人。因为他还不具备一个法律人的真正内核。思维方法是潜移默化的，看不见、摸不着，但其无处不在，并直接决定和影响着行为模式。在每一个具体个案中，运用哪一种思维方式，运用的方式是否正确，都直接决定着这个案件的不同结果。所以，十大法律思维绝非虚幻缥缈、可有可无的空谈。

## 第四堂

# 如何研阅案件卷宗

阅卷是刑事辩护的基础工程。离开阅卷,刑事辩护根本无从谈起。律师阅卷是带着目的、带着立场,以为挖掘辩点服务的。因此,阅卷是一项高度技巧性的工作。关于阅卷,很多人使用的词汇叫阅读卷宗,我更习惯使用的词汇叫研阅卷宗。所谓研阅者,阅读加研究之意也。这堂课,将为大家讲述研阅卷宗中的一些实务技巧。

## 一、阅卷是刑事辩护的基础工程

很多时候,客户会问:这个案件会怎么判?对这个案件有几成把握?作为律师,你怎么回答?一个负责任的专业律师,一定会说一切要等我阅卷之后。这是因为案件判决最终依据的是卷宗材料。当事人的说法如果跟卷宗中的证据不符,最终还是要以查实的证据为准。我经常把律师办理刑事案件跟医生给患者看病做类比。去医院看病,一般有面询、检查、诊断和治疗4个步骤,律师代理案件也是如此。

所谓面询,就是患者亲自来到医生面前,描述自己的病情和症状,目的是给医生留下第一印象,为后续步骤提供初步指引。这一步很关键,不可或缺。在代理案件的时候,律师也需要面询,需要当面会见当事人,亲自听取当事人自己的陈述。先不管公安机关、检察机关怎么认定,也不管法院之前怎么判决,律师介入一个案件后首先要做的事情就是尽快会见当事人,听取当事人的陈述和辩解。当事人往往是事件亲历者,他的陈述和辩解是律师辩护工作的第一道指引。

所谓检查,就是给患者抽血、验血、做 B 超、做 CT。这么做的目的是,根据患者的陈述通过科学的手段去进行检查和验证。谨慎负责的医生,不会简单地根据患者的描述下药给药,一般都会在做完必要的检查并拿到检查报告后再下结论。律师代理案件也需要检查。这个检查的过程就是阅读、研究卷宗材料的过程。专业的律师在没有看到卷宗材料之前,一般不会把话说满,更不会给出绝对性的结论。当然,资深的律师跟资深的医生一样,都可以凭借过往经验,根据当事人的陈述作出一定程度的预测。但这种预测都是初步的,无法精确的。

所谓诊断,就是根据患者的陈述和各种检查结果给出一个患者有病无病、何种疾病、疾病严重程度或所处阶段的结论。律师的诊断同样建立在会见和阅卷之后。我经常遇到一些家属,当我问及之前的委托律师对案件的性质作何判断时,往往含糊其词、给不出一个明确的说法。一个专业的刑事律师经过会见和阅卷,应当根据自己的理解对案件性质作出独立的判断。这个判断不应当受到公安机关、检察机关或法院意见的左右。刑事律师应当根据自己的判断去检视公检法的结论,而非简单地呼应公检法的结论。观点独立是有效辩护的前提。即便律师的观点不一定完全正确,但如果连独立的意见都给不出,形同律师对案件性质无力把握。无法诊断病情,如何治疗?对案件定性没有见地,法庭上如何辩护?

所谓治疗,就是在诊断的基础上,给出病情的治疗方案。同样的疾病,不同风格的医生治疗方案不尽相同。有的采取手术治疗,有的采取药物治疗;有的采取激进疗法,有的采取保守疗法。这跟每个患者的身体状况、家庭经济情况以及家属对愈后的期望值有关。律师代理案件也是一样。给出了判断结论和倾向性意见,但是如何辩护仍然需要结合具体案情再费一番思量。我在很多场合都讲述过刑事辩护思路和刑事辩护策略的话题。刑事律师一定要智勇双全、策略得当。策略选错了,用力越深,可能背离目标越远。

没有阅卷,就没有辩护。但阅卷结束之后,是能够立即找到辩点还是觉得案件事实清楚、证据确凿、罪行确定、辩无可辩?如果每个案件的卷宗材料看完以后,都觉得案件事实清楚,证据确实充分,那么接下来的工作该如何完成?公检法办案人员也都是专业人士,任何一起案件的卷宗材料看上去都有一系列有罪证据。甚至每起案件被批准逮捕并被移送检察机关审查起诉后,几乎都有完整的证据链条。如果总是被侦查人员的思路带着走,无法跳出侦查人员设定好的思维逻辑,那么阅卷就很难发现问题。刑事律师的工作就是从看似铜墙铁壁、戒备森严的证据堡垒中"杀出一条路",从而实现绝处逢生。一名优秀的刑辩律师和一名普通刑辩律师的分野,很大程度上就是从阅卷技能开始的。阅卷技能不掌握,后面很多的辩护技巧都无从谈起。

## 二、阅卷前的准备工作

为了实现更好的阅卷效果,在正式阅卷前要做好 3 项准备工作。

### (一)在阅卷之前应当先会见当事人

通常情况下这都是可以做到的。因为只有在案件移送检察院审查起诉后,律师才可以复制卷宗。如果在此之前已经介入辩护,大概率已经会见过当事人。如果律师介入的时间比较晚,比如在审查起诉环节或者法院审理环节方才介入,那么即便先复制好了卷宗,也最好等会见完当事人再去阅卷。在阅卷之前先会见当事人,听取当事人本人的意见,有以下 3 点好处。

(1)阅卷之前能先对案情脉络有大致的掌握。特别是如果存在刑讯逼供、骗供诱供指供等非法取证情形或者其他口供不实情形,会见当事人之后再阅卷就能做到心中有数、有的放矢,思维不会被相关侦查口供带着走。

(2)建立审视侦查卷宗材料的刻度和标尺。刑事律师天生要有怀疑精神,不能想当然地认为卷宗材料中的内容一定是合法、真实的。当事人对律师所作的陈述当然也未必全部真实,但至少为律师审查判断卷宗材料是否真实提供了重要的参照和线索。我曾经代理过一起案件,第一次会见时当事人花了很长时间数落前任律师的不是。其中非常重要的一点,便是抱怨前任律师不信任当事人所作的辩解,一味地要求当事人尽快认罪。当事人的话当然不可尽信,但也绝不能完全不信。如果律师跟侦查人员一样,带着有罪推定和有罪思维,那么是很难在辩护中帮到当事人的,也是很难取得当事人信任的。信任,是良好委托关系的起点。

(3)**有助于逃离侦查陷阱**。刚毕业的大学生,如果直接做刑事律师,且阅看卷宗没有技巧,从第一页看到最后一页,往往会认为案件辩无可辩。这既是因为其没有掌握逆向思维,又是因为其没有掌握阅卷技巧,导致不知道怎么发现问题。如果律师在阅卷之前先会见当事人,先听取当事人陈述案情经过,就为发现问题、摆脱侦查陷阱提供了可能。如果当事人描述和卷宗材料完全一致,那就说明至少在事实层面律师并没有多少辩护空间。如果卷宗中显示的案情事实和当事人描述的案情事实不一致,律师就应当着手寻找这种不一致的原因。这种不一致为律师开展工作提供了契机。

当前,有些侦查活动中可能存在"套路审"。所谓"套路审",是指故意设置陷阱式发问,故意在发问中预设或埋伏既定结论,故意使用模棱两可的模糊措辞,故意混淆猜测和确认的区别,故意掐头去尾地裁剪拼凑事实,通过强势地位制作不实笔录。比如:

①故意不告知当事人主观确认和主观猜测之间的区别;

②故意不告知当事人对于自己不知道、不清楚、记不清、想不起的问题可以直接回答不知道、不清楚、记不清、想不起,而是必须要求当事人给出一个具体的答案;

③只记录结论或泛泛之论,不记录得出结论的根据;

④故意隐去"我觉得""我认为""我估计""我猜测"等表述主观认知状态的

词汇,只记录后面的结论;

⑤故意模糊法律术语和生活用语的区别,把生活中的概念不加区分地套用到法律语境中;

⑥不如实记录,故意错记、漏记或者自问自答。遇到"套路审",律师必须要善于倾听当事人的辩解,必须要善于借助庭审还原事实真相,否则当事人一定会被纸质笔录"套牢"。阅卷之前先会见当事人,有助于更好地应对"套路审"。

## (二)在阅卷之前应当先弄清楚涉嫌罪名的构成要件和量刑要素

我手头有一起案件,根据前期会见当事人和跟公安机关的沟通,了解到当事人被认定涉嫌套路贷。前不久,我们刚刚从检察机关复制到全案的卷宗。在正式阅卷之前,我们首先检索了全国层面和该案所在省份关于套路贷的司法解释和规范性文件。在此基础上,我们又把套路贷可能涉嫌的诸如诈骗罪、虚假诉讼罪、敲诈勒索罪、非法拘禁罪等罪名的刑法规定和司法解释全部检索整理出来。把这些规定都消化透彻,再去阅卷就能知道哪些内容会是重点,不会"眉毛胡子一把抓"。可以想象,如果连套路贷是什么都不知道,或者对可能涉嫌的罪名一无所知,那么阅卷就毫无方向,根本不知道从何入手。在阅卷之前先把相关的法律规定搞清楚,有以下两点好处。

第一,能够更有效地识别、抓取案件的关键信息。案件的卷宗材料很多,但对于刑辩律师而言,真正有价值的材料并不多。刑辩律师跟检察官不一样,不需要面面俱到,我们只需要抓准对我们辩护有用的关键点。因此,跟定罪量刑有关且容易出问题的内容,才是我们阅卷的重点。只有把相关罪名的构成要件、量刑要素搞清楚,才能识别哪些是对辩护有用的信息。

第二,能够预判证据体系和证据特点。比如受贿罪的证据特点是基本靠口供定案,而且受贿人和行贿人的口供要基本一致。我曾经办理过一起受贿案,部分事实仅有受贿人的口供和银行交易流水,没有行贿人的口供。我们认为,银行流水只能证明双方存在资金转账,并不能证明资金转账的性质。只有受贿人的口供，没有行贿人的口供，不足以界定资金转账的性质。最终，司法机关采纳了我们的观点，成功扣减了数百万元的指控金额。又如销售伪劣产品案，一般都要对产品是否系伪劣产品进行鉴定或者检测。如果没有这样的鉴定意见或检测报告，证据体系就缺了重要的一环。还如侵犯注册商标类案件，商标专用权是否被侵犯一定要有商标专用权人的书面证明。没有这样的证明，案件也是很难定罪的。再如内幕交易罪、操纵证券期货市场罪等，必须要有证券监督部门的认定函。带着这些认识，我们在审查案件证据时就能做到有的放矢，就能有针对性地去寻找和审查证据缺漏。

### （三）在阅卷之前应当系统梳理、总结前期的律师工作

（1）**列明前期工作中累积的主要问题**。比如生产销售伪劣产品案，产品质量鉴定适用的是哪个标准。又如受贿案，是否存在非法取证的问题。再如涉黑案，是否存在讯问同步录音录像、指定居所监视居住期间的口供是否属实、哪些资产是家属的合法财产等。

（2）**明晰当事人和家属的诉求**。当事人和家属是要求做无罪辩护还是要求做罪轻辩护？当事人和家属是选择认罪认罚还是选择强硬的庭审辩护？当事人和家属的这些意见对于我们开展阅卷工作具有重要的指导意义。当然，优秀的刑事律师应当在研阅卷宗之后，根据在案证据和事实独立自主的提出罪与非罪、此罪与彼罪的专业意见，并就后续的辩护策略向当事人和家属提供专业的分析意见。

总而言之，阅卷前的准备工作是要让律师能够带着辩护意识和问题意识进行阅卷。心中带着疑问和问题，带着明确的任务导向去阅看卷宗和脑海中一片空白、漫无目的地去阅看卷宗，效果是截然不同的。

接下来，我会详细讲述我个人创立的阅卷方法：三遍阅卷法。我的团队办理刑事案件，对卷宗材料的研阅至少要达到3遍以上。在我的团队，如果研阅卷宗的次数少于3遍，直接视为不合格的阅卷，接下来的工作是不允许开展的。这是因为阅卷少于3遍，根本无法保证能够识别到所有的有效信息，也无法保证有效

信息能被准确理解、记忆和利用。3遍阅卷，不是机械重复3遍，其每一遍阅卷的目的和方法都不一样。

## 三、阅卷技巧之第一遍阅卷

### （一）第一遍阅卷：把卷宗"变薄"

第一遍阅卷要把卷宗"变薄"，目的在于宏观地把握案情。我遇到卷宗最多的案件是在云南办理的一起走私案，有3000多本卷宗。因为在法院环节介入，我们用手机拍摄卷宗，3个人共历时两天半才拍摄完毕。这些年办理的涉黑案件和一些规模庞大的非法集资、组织传销案件，卷宗也是动辄几百上千本。看到这样堆积如山的卷宗，有的律师甚至有些不知所措，因为不知道从何开始。在这种情况下，第一遍阅卷不要求完全吃透案情细节，但需要找到案件的脉络，弄清案件的梗概。通过给卷宗"瘦身减重"，做到对案情的宏观、整体把握。

第一遍阅卷需要弄清的内容包括案件共有多少本卷宗、共有多少名犯罪嫌疑人、自己的当事人涉嫌哪几个罪名、是否所有的犯罪嫌疑人都已经到案、是否所有的同案犯都已经并案、指控了哪些事实、指控金额总计是多少、定罪主要依据的是哪些证据、在每一笔指控事实中当事人发挥了什么作用、当事人具有哪些法定或酌定量刑情节、是否缺少必要的定罪证据、是否随案移送了重要物证或讯问录音录像以及当地司法机关有没有管辖权等。第一遍阅卷，除了要认真研读起诉意见书和起诉书，还要把每本卷宗的卷宗目录都看一遍，然后根据卷宗目录去阅看对应的证据。仔细核对提押证中的每次讯问是否有对应的笔录，核对扣押清单中的物证书证是否为原物原件。

### （二）第一遍阅卷：阅卷顺序很重要

侦查一般是带着有罪推定的思路来进行的，卷宗材料也一定是按照有罪指控的逻辑来组合排列的。如果从第一卷看到最后一卷，从第一页看到最后一页，律师的思维容易被指控的逻辑牵引，并在定罪的逻辑里面运行，很难跳出已然设定好的指控逻辑。除非律师有极强的逻辑反思能力，否则很难发现指控哪里可能出错。所以，正确的阅卷顺序非常重要。

比较好的阅卷顺序是先阅看起诉意见书。哪怕是第一遍阅卷，起诉意见书也至少要阅看2遍以上。如果是已经拿到了起诉书，那么第一遍阅卷至少要把起诉书认真阅看2遍以上，而且要把起诉书和起诉意见书对照着阅看，找到两者的差异之处。把起诉意见书或起诉书看完后，接下来看当事人的口供。看当事人口供的时候，要注意留意当事人的口供和起诉意见书、起诉书的认定是否一致，要注意留意当事人的口供跟律师会见时的陈述是否一致。在此之后再看被害人口供。犯罪嫌疑人的口供可能存在避重就轻的情况，被害人的口供则可能存在虚构、嫁接、夸大的情况，所以双方口供需要重点对比着看。双方口供看完，接下来看客观证据，包括物证、书证、鉴定意见、检测报告、辨认笔录等。客观证据看完，再看证人证言和其他证据。

有的人主张，第一遍阅卷先看客观证据后看主观证据。我不建议这么做。在对案情缺乏基本了解的情况下，直接看审计报告、鉴定报告，很可能摸不着头脑，不一定能够准确获取有效信息。以故意伤害案为例，伤情鉴定必须结合各方当事人口供才能作出。按照我推荐的阅卷顺序，先看双方当事人的口供，既可以初步搭建关于整个案情的场景印象，又可以带着双方口供的差异去阅看鉴定意见，进而通过鉴定意见反过来审查双方口供的差异。

第一遍阅卷虽然不要求深入，但却要求完整，务必要把全案证据全部看完。如果第一遍就开始筛选着阅看，很可能会遗漏重要信息。事实上，没有经过第一遍全景式的阅看，根本就没有后面筛选阅看的标准。所以，第一遍一定要完整地阅卷，要掌握案件的全貌。如果发现了差异和矛盾，一定要随时标记下来，供第二遍阅卷的时候仔细比对和查找原因。

# 四、阅卷技巧之第二遍阅卷

## （一）第二遍阅卷：把卷宗"变厚"

第二遍阅卷的目的在于充分掌握案情细节。一些卷宗本来就已经够厚了，为什么还要把它变得更厚？我这里所说的"厚"不是简单地堆积，而是运用法律思维对卷宗中的证据材料进行比对、分类和加工。把原本单纯存在的证据材料立体化，找到它们的内部联系和冲突，找到它们与待证事实之间的关联和矛盾。第二遍阅卷的重点是对案情细节进行思维加工和总结提炼。

第二遍阅卷一定要做笔记、划重点、贴便利贴。发现的问题，产生的疑惑，一定要及时记录下来。发现的重点细节，一定要及时进行标注。发现口供之间存在变化或矛盾，口供和客观证据之间存在不吻合，都要及时进行标注和比对。人的记忆并不可靠，很多想法转念就记不住了。一定要养成习惯，把头脑中闪现的观点或灵感及时记录下来。如果第二遍阅卷完成以后，卷宗还是整整齐齐、干干净净，阅卷效果不可能很好。我阅卷的时候，养成了随时标注的习惯。有些重点页面，我会折叠起来；有些重点内容，我会单独摘抄出来；有些重点书证，我会单独打印装订。我的卷宗总是画得密密麻麻，对证据的理解、疑问和比对全部都写在对应的证据边上。通过这些工作，经过第二遍的阅卷，卷宗肯定要比开始的时候厚重很多。

## （二）第二遍阅卷需要重点把握的 6 个方面

（1）**案件起因**。事件因何而起，对于案件定性和量刑往往至关重要。在"于欢案"中，一审判决之所以引发全社会质疑，就是因为司法机关忽略了于欢持刀捅人的原因，忽略掉了被害人在先的辱母情节。二审因为考虑到了这些情节，所以才将于欢的行为定性为防卫过当。几乎所有的正当防卫案件，第一个要审查的就是案件起因。在故意杀人案中,案件起因是必须审查的重要内容。如果被害人存在过错,那将是非常重要的量刑情节,有时凭借这一点就可以帮当事人保住性命。在"张扣扣案"中,张扣扣杀人的原因是什么?这是控辩双方在法庭上激辩的焦点问题。最高人民法院《关于适用〈中华人民共和国刑事诉讼法〉的解释》,明确要求法院在审理案件时应当查明案件起因。

(2)案发时间。有人说时间好像不是那么重要,但其实时间很重要。很多时候,真相就隐藏在时间线中。在故意杀人案中,死者确切的死亡时间往往对于破案至关重要。有时候案发时间,涉及案件的追诉时效和刑法的适用效力。近几年,公安机关侦破了一些陈年积案,很多都涉及追诉时效问题。我曾经办理过一起虚假诉讼案,后来发现案发的时候这个罪名还未生效,指控自然不能成立。在有些案件中,当事人没有作案时间会成为非常有力的辩护理由。我曾经办理过一起案件,起诉书指控我的当事人在某年某月某日实施了犯罪行为。我们通过调查取证,找到了当事人的登机牌和医院住院发票,证明当事人案发当天在外地住院,根本不可能出现在案发现场。在"山西紫藤巷杀人案"中,凶手杀人的时间和我方当事人当晚的活动轨迹,是认定案件事实最为关键的案情细节。在"浙江张氏叔侄案"中,如果把被害人死亡时间和张氏叔侄的活动轨迹调查清楚,很容易就能得出张氏叔侄没有作案时间的结论。

(3)案发地点。案发地点对于案件事实的认定是非常重要的。比如在美国发生的刘强东被控性侵案,案发地点就帮了刘强东的大忙。案发酒店房间是该女子以自己的身份证件开的,并且电梯监控显示是该女子搀扶着刘强东进入她的房间的。这些案情信息对于刘强东成功脱罪至为关键。在性侵类案件中,案发地点往往是审查判断是否涉及性侵的关键。一般而言,在男女一方的私人住宅或酒店,双方自愿的概率要高于其他场所。凡是重大的刑事案件,办案机关都会组织犯罪嫌疑人对作案地点进行辨认。凡是成功辨认了作案地点的,往往都会极大地强化办案人员的内心确信。比如在故意杀人案中,杀人地点、抛尸地点、作案工具丢弃地点、嫌疑人随身衣物丢弃地点等,都是应当查明的案情事实。

在一些受贿案中,案发地点可以成为当事人洗清冤屈的重要原因。比如嫌疑人供述自己某年某月某日在某个饭店收了某人的贿赂,律师通过调取工商资料,发现那个时候饭店还没开业。通过案发地点这个辩护抓手,可以直接推翻控方事实。

(4)**案件人物**。在一起案件中,要搞清哪些是加害人,哪些是被害人,哪些是证人。在犯罪嫌疑人中,各自的作用是什么。在证人中,哪些是目击证人,哪些是传闻证人。在我的团队,这些都要制作成人物关系图。

需要注意的一类人物是被害人。特别是在无罪辩护的案件中,律师不要轻易认可被害人的标签。我在一些庭审中就曾直言不讳,这些人的被害人身份是侦查机关和检察机关确定的,辩护律师并不认可。在辩护律师这里,他们只是证人。

(5)**案情经过**。梳理案情经过,不是讲故事,不是记流水账。跟定罪量刑无关的细节,不应当被纳入案情经过。跟定罪量刑有关的细节,不仅不能马虎对待,有时还需要拿着放大镜仔细分辨、字斟句酌,因为案件逆转的机会往往也隐藏在细节里。抓住了案件的关键,就一定要深入解剖关键中的细节,因为很多时候细节决定胜负。

把案情经过纳入辩护的轨道,才能帮助我们找到有效的辩点。我个人的做法是,把案情经过划分为谋划、决策、实施、受益4个阶段。

①谋划:是激情犯罪还是蓄谋犯罪?如果是蓄谋犯罪,哪些人参与了谋划?谋划的内容是什么?在实施犯罪过程中,有没有人突破谋划的内容实施共同犯罪以外的行为?

②决策:如果是多人共同谋划,有没有直接决策的人?在共同犯罪特别是集团犯罪和涉黑涉恶犯罪中,决策者往往是主犯、首要分子或组织者、领导者。

③实施:实施环节,要弄清哪些人具体实施了哪些行为,必要时可以把当事人实施的所有行为进行逐一列举。在共同犯罪的传统理论和司法实践中,一般将帮助行为定性为从犯。比如两人共同盗窃,一个在门外望风,一个入室盗窃,那么望风的人有可能被认定为从犯。我代理过一起销售伪劣产品案,当事人实

施的是帮助行为中的帮助行为;在销售伪劣产品罪中,销售行为无疑是主行为,而为销售提供换包装服务的无疑是从行为;直接换包装的无疑是帮助行为中的主行为,而为换包装提供银行账户和资金结算的则是帮助行为中的从行为。我国刑法体系中的主从犯是个相对简单的概念,其实主犯之间、从犯之间的作用有时也相差很大。

④受益:受益环节,通常又称分赃环节。犯罪行为完成以后,要搞清楚哪些人参与分赃以及分赃的金额大小。如果事先不明知、事中未参与,事后才知情并参与分赃,一般不以共犯论处,而是另行认定掩饰、隐瞒犯罪所得罪。如果事先参与谋划,事后参与分赃,即便中间未参与实施,也会被认定为共同犯罪。一旦成立共同犯罪,那么犯罪金额就应当以共同犯罪的整体金额进行认定,具体每个人分到多少并不影响对其犯罪金额的认定,但是对其量刑、追缴违法所得等仍有一定的意义。

在谋划、决策、实施、受益4个环节中,当事人参与了哪些?参与程度是什么?主观心态是什么?第二遍阅卷对此要做详细的梳理。我曾经代理过一起涉黑案件。儿子是第一被告人,父亲是第二被告人。该案中的儿子被指控实施了多起寻衅滋事、聚众斗殴等行为,父亲事先不知情、事中不参与,但仅因为事后帮助儿子进行了调解、道歉、赔偿等行为也被指控为共同犯罪,并且一开始被指控为组织者、领导者。这在法理上是错误的,在伦理上也是站不住的。此类案件,厘清犯罪既遂的时间点至关重要。在犯罪行为已经实施终了之后再实施的善后帮助行为不应当认定为共同犯罪。这起案件的辩护要点有两个:事实层面,父亲事先不知情、事中未参与,不属于共犯结构的一员;伦理层面,父亲帮助儿子善后符合天理人伦,且父亲善后的方式均为合法、和平的方式,非但没有社会危害性,相反,是在帮助减轻儿子犯罪的危害后果,不具有违法性或可罚性。

(6)案情结果。我国的刑法体系,包括行为犯、结果犯、情节犯和危险犯四大类型。其中,结果犯和情节犯都跟案件结果息息相关。比如交通肇事罪,事故结果是认定罪与非罪的关键。比如故意伤害罪,轻伤、重伤还是死亡,不同的结果对应着不同的刑期。案情结果大部分是以客观证据呈现的,律师在阅看案情结果证据时要重点阅看结果与行为之间是否存在因果关系。有一些案件,案情结果并没有客观证据证明。我办理过一起案件,该案检察机关指控当事人强奸、杀害了一名少女,但是并没有对尸体做 DNA 鉴定。又因为案发时尸体已经高度腐烂,家属也没有对尸体进行辨认。公安机关仅做了一个简单的血型比对,就认定了死者的身份。众所周知,血型并不具有排他性。类似这样的案情结果,实际上并没有锁定死者的身份。故意杀人案,第一步便是要确认死者的身份。"湖北佘祥林案",就是因为没有对尸体的身份进行确认,才会出现"亡者归来"的离奇情节。在一些经济犯罪案件特别是职务侵占类案件中,被害单位有没有遭受实际经济损失往往是律师辩护的重点。

## 五、重点审查主观明知

主观明知是把一个人纳入共同犯罪体系的核心关键要素之一。在很多案件中,主观是否明知直接决定了案件的罪与非罪。因此,对主观明知的审查应当是阅卷的重中之重。

### (一)3 个关于主观明知的典型案例

**1. 售卖菜刀案**。这是法学理论界经常举的例子。一个人开杂货店卖菜刀,有营业执照,公开向不特定人群售卖。只要是正常的经营,就不存在法律责任追究的问题。但是如果有一天,一个人明确表示要买一把菜刀杀人,这时店家如果明知其要买菜刀杀人,还像往常一样把菜刀售卖给他,理论上店家可能会成为故意杀人罪的帮助犯。

**2. 运载毒贩案**。这是我担任检察官的时候办过的一起真实案件。一名出租车司机正常运营搭载乘客,碰巧这名乘客是位"瘾君子",要从 A 地去 B 地贩毒。

如果司机不知道乘客搭车是要去贩毒,那么司机的正常运营行为就跟犯罪无涉。但如果司机明知乘客要从 A 地到 B 地贩毒,仍然为其提供运载服务,那么司机的行为就有可能涉嫌帮助犯罪了。

在我办理的那起运载毒贩案中,贩毒人员口供稳定地声称其曾经在车上跟司机攀谈过此事,司机明确知道其是要去贩卖冰毒的。公安机关传唤了这名司机,制作了 3 份笔录。第一份,这名司机承认其和乘客攀谈过贩毒的事情,并供述了许多攀谈的细节。司机的口供和贩毒人员的口供基本能够相互印证。但是在公安机关对司机采取刑事强制措施后,司机开始翻供,否认其明知乘客贩毒,改口称他只是从乘客的衣着和谈吐猜测乘客是在贩卖毒品。

最终经过审查,我认定该名司机主观是明知的。理由主要有以下几点:其一,司机的第一份笔录仅是询问笔录,其第一时间陈述的内容跟贩毒人员的口供基本吻合,且比较符合常理。其二,贩毒人员跟这名司机此前并不认识,没有陷害这名司机的动机和理由。其三,该名司机收取的费用高于正常市场价。一般而言,正常搭车正常打表付费即可,但该贩毒人员支付的费用接近正常市场价的 2 倍。其四,经我本人亲自核实,该名司机否认公安机关有非法取证行为,且无法对其翻供给出合理的解释。其五,即便按照司机改口后的说法,该名司机明知乘客有可能是搭车贩毒,并未制止,相反,仍为其提供帮助和便利,仍然涉嫌犯罪。最终,我将该名司机起诉到法院,法院最终也判决其有罪。

**3. 给从事卖淫服务者看病打针案**。法院判决认为,陆某明知女子是从事卖淫服务且明知控制人让其给女子看病打针是为了方便控制,陆某仍接受指使为患病的女子看病打针,为女子继续从事卖淫提供了协助。这个案件经过媒体报道,冲上了微博热搜。针对此案,存在两种截然不同的观点。一种观点认为,陆某看病打针的行为客观上有利于控制人对该女子的控制,认定其构成协助组织卖淫罪并无不当;另一种观点认为,医生看病不论患者身份,也不论患者是好人坏人,救死扶伤是医生的天职;陆某提供的是中立的帮助行为,其行为不具有加害性,不构成协助组织卖淫罪。不论持何种观点,陆某主观上是否明知都是一切讨论的前提。

### （二）关于主观明知，应当重点审查 5 个方面

有些罪名，没有主观明知根本不可能成立。比如掩饰、隐瞒犯罪所得罪，主观上必须要明知是违法所得或明知是赃物。又如帮助信息网络犯罪活动罪，必须明知他人利用信息网络实施犯罪才可能构成。比如洗钱罪，必须明知他人的资金系特定情况下的违法犯罪所得。关于主观明知，应当重点审查以下 5 个方面。

（1）主观上是否明知。当事人一旦供述自己主观明知，除非能将这份供述作为非法证据予以排除，否则在主观明知这一点上几乎是无可挽回的。因为当事人自己承认自己主观明知，律师或者其他任何人，在没有特别充分的理由的情况下，很难去辩解当事人主观上不明知。主观明知本来就是自己才知道的事情，自己一旦承认，后续就很难再做辩护。当然，当事人否认自己主观明知，不代表司法机关一定会认定当事人不明知。因为在法律上，还允许司法机关进行合理推定，即结合证据和经验常识，从当事人实施的行为和客观表现，有时可以直接推定当事人应当明知。在完成此种推定的情况下，即便当事人否认自己明知，司法机关同样可以定罪追责。

（2）什么时候开始明知。《刑法》上的主观明知要求的是行为前或行为时明知，不能是行为实施终了之后的事后明知。侦查机关做笔录的时候，有时候会忽略或混淆这一点，把事后明知简单地记录成明知。在有些案件中，当事人是在侦查讯问过程中或者开庭审理过程中才首次明知。对于明知的确切时间，律师在会见的时候必须仔细核实。如果存在记录错误或记忆错误，务必要叮嘱当事人在之后的笔录中如实供述，同时在法庭发问的时候帮助当事人进行澄清和还原。

（3）为何认定主观明知。我几年前曾经办理过一起组织卖淫案，主观明知是法庭争议的焦点。我方当事人是一家足浴店的小股东，持股不到 1%。刚开始，股东的一致决策是开一家正规的足浴店，提供正常的足浴服务。因为生意不好，大股东就动起了歪脑筋，去外地招聘了一个新的业务经理，在原来的足浴业务基

础上增加了一项按摩业务。后来,公安机关经过侦查发现,部分服务人员在提供按摩服务时有手淫、口淫等卖淫行为。由于我方当事人根本不参与日常经营,平时也没有去过门店,所以其口供始终辩称自己不知道存在卖淫行为。公安机关在对其他股东和门店工作人员的笔录中,都重点问到了我方当事人是否知晓存在卖淫行为。几乎所有的门店工作人员都表示,根本不认识我方当事人,但几乎所有的其他股东都表示我方当事人应该知情。公安机关的笔录只有问题和结论,没有回答的理由和细节,因此律师必须要在法庭上对此进行调查。

在开庭的时候,我针对主观明知问题,逐一向所有的股东发问,问其根据什么认定我方当事人知情,在侦查笔录中称我方当事人知情的依据是什么?这起案件中,不可能仅因为一个或几个股东说我方当事人知情,就能认定我方当事人知情。因此,一定要追问其他股东论断我方当事人知情的依据是什么。在此基础上,律师要判断相关股东的口供是有充分的证据支持还是仅系个人的主观推测。最高人民法院《关于适用中华人民共和国刑事诉讼法的解释》明确规定,评论性、推断性言论原则上是不能作为证据使用的。关于主观认知,单纯推测是不能代替证据证明的。很多时候,对于辩护律师而言,只有知情、不知情的结论还远远不够,我们要锲而不舍地去追问判断知情的依据和理由是什么。

(4)主观明知的内容究竟是什么。继续拿上方的组织卖淫案举例。经过当庭发问,小部分股东说他是推测我的当事人知情。大部分股东则说,后期股东曾经开过一次非正式的碰头会,在碰头会上大股东讲过门店准备引入一些"擦边球"的服务项目。但当我进一步追问,何谓"擦边球"项目的时候,没有人回答我,虽然当时没有明确说明,但大家都心知肚明肯定是违法的项目。

很显然,仅凭这样的回答并不能给我的当事人定罪。因为法律上,打"擦边球"不等于卖淫。以这家门店为例,店里打"擦边球"的行为其实有两种,一种是手淫,另一种是口淫。手淫在刑法里面并不算作卖淫行为,口淫在刑法当中才算作卖淫行为。那么问题来了,即便我的当事人知道门店存在打"擦边球"的行为,也不代表他明知足浴店内存在口淫服务。考虑到我的当事人持股不足1%,对门店经营无任何决策权,日常根本不参与门店经营,甚至连门店工作人员都不认识,从门店处未拿到过一分钱的好处和分红,那么控方必须证明我的当事人明知门店存在口淫服务,才能认定我的当事人构成组织卖淫罪。所以主观明知的内容究竟是什么,不能简单笼统地给出结论,在有些案件中必须要达到非常精确的程度。去粗取精,有时是辩护律师发挥作用的有力武器。

(5)**能否推定主观明知**。证明主观明知最简单的方法当然是口供。但在缺乏相关口供的时候,不代表一定不能认定主观明知。以洗钱罪为例,2009年最高人民法院《关于审理洗钱等刑事案件具体应用法律若干问题的解释》就规定了推定主观明知的几种情形:

①没有正当理由,通过非法途径协助转换或者转移财物的;

②没有正当理由,以明显低于市场的价格收购财物的;

③没有正当理由,协助转换或者转移财物,收取明显高于市场的"手续费"的;

④没有正当理由,协助他人将巨额现金散存于多个银行账户或者在不同银行账户之间频繁划转的;

协助近亲属或者其他关系密切的人转换或者转移与其职业或者财产状况明显不符的财物的。

通常而言,推定主观明知的理由都是经验性的。比如购货是否经由正常、公开的渠道,价格是否合理,当事人有没有实施故意隐蔽、遮掩或销毁证据等反常行为等。辩护律师在遇到推定主观明知的情况时,应当善于找到反证或合理化解释,以此证明当事人客观上确实不明知。

## 六、如何对待无关证据

### (一)无关证据存在的两种可能

在第二遍阅卷的时候,经常会遇到的一个问题是:如何对待与指控无关的证据。所谓无关的证据,是指跟起诉意见书或者是起诉书所认定事实没有直接关联的证据。面对无关的证据,有两种错误倾向或态度:第一种,既然公安机关没有认定,起诉意见书也没有指控,所以便认为该部分证据跟案件没有关系,直接弃之不理;第二种,跟全案的其他证据不加区别,只要是在案证据就同等对待、同等研究。那么正确的应对方法是怎样的呢?

我认为,关键是要找到侦查机关或检察机关没有对相关证据进行采信、没有对相关事实进行认定、指控的原因。比如在一起诈骗案中,报案人报了5笔,嫌疑人全都承认,最后公安机关只认定了其中的3笔。那么另外2笔,公安机关没有认定的原因是什么?作为辩护律师,以我自己的执业经历为例,如果我自己没有找到背后的原因,我会觉得自己对案件的理解和把握还没到位,对案件未来可能的变化和走向还缺乏足够的准备和认知。

根据我的总结,出现类似现象大体有两个方面的原因:其一,事实是否存在或者准确的事实经过得不到充分的证据证明;其二,事实经过已经查清,但行为性质不属于犯罪或行为性质是否属于犯罪严重存疑。也就是说一个是证据和事实问题,一个是法律适用问题。如果是法律适用问题,那么起诉意见书仅是侦查机关的意见,不代表检察机关也会如此认定。简单而言,虽然公安机关没有认定为犯罪,但是检察机关仍有可能起诉指控。此外,还要考虑不同的事实认定可能会导致不同的罪名,检方甚至法院都有可能会变更罪名。即便检察院没有起诉指控,法院在审理环节也可以建议检察院追加起诉或变更起诉。所以有经验的辩护律师,对在案证据要作出自己的独立判断,而不是仅根据公安机关的起诉意见书来进行证据取舍。

## (二)证据不充分的4类原因

如果是证据和事实方面的问题,简言之就是存在部分指向犯罪的证据,但这些证据在法律上尚达不到确实充分、排除合理怀疑的程度,也达不到起诉和定罪的标准。这又包括如下几种情形。

(1)**证据灭失,客观上无法调取**。比如一起非国家工作人员受贿案,仅有受贿人的口供,行贿人已经去世,那么该事实在证据链条上根本无法闭合,在法律上很难进行认定。类似这种情况,受贿人的口供在第一遍阅卷之后,第二遍阅卷基本就可以不用理会。

(2)**证据收集成本过高**。侦查办案是有成本的,除了人力成本,还有财政成本。若成本太高,有些办案机关就不太愿意收集。我曾经办过一起案件,涉及本市管辖范围的有两项事实,嫌疑人还另外供述了一项外省的事实。公安机关把属地的事情查实以后,出具了一份情况说明,表示外省的那项事实暂未查实。这种情况,如果嫌疑人供述的事实不是那么明确具体或不那么有指向性,当地公安机关往往不一定会远赴他乡重点侦查,比较可能的做法是将线索移送外省公安机关。有些跨境网络电信诈骗案件或跨境开设赌场案件,由于跨国取证需要政府间的协调配合,成本极高,因此公安机关第一次未能收集到的证据后续一般不会再去收集。类似证据收集成本太高这种情况,必要时可以跟办案机关进行适当沟通,方便自己后续准确预判。

(3)**侦查机关怠于侦查取证**。有一部分证据存在,但是还不够周全,侦查机关出于种种原因没有继续侦查,这种情况是需要律师高度警惕的。这些年我曾代理过数起指控侦查人员玩忽职守、徇私枉法的案件。大体内容就是在侦查案件时,侦查人员发现涉罪线索却没有深入侦查,导致涉案人员逃脱法律制裁。数年后,不仅将原来未深入侦查的案件重新启动侦查,而且将原来消极办案的侦查人员一并定罪判刑。

此外,侦查卷宗移送到检察院以后,检察院也有权进行侦查监督。检察院不仅可以退回补充侦查,而且可以自行启动补充侦查。比如我曾经碰到过一起非国家工作人员受贿的案件,公安机关并没有认定受贿人的妻子构成犯罪,但检察机关将案件退回补充侦查后,要求公安机关将受贿人的妻子也一并移送审查起诉。因为在案证据显示,部分贿赂款直接打入了受贿人妻子的账户,并且被受贿人妻子使用。公安机关经过补充侦查,受贿人妻子承认其知道钱款的性质和来源。

对于这种因为侦查机关消极侦查所导致的虽有部分有罪证据或线索但并没有被认定为犯罪的情况,辩护律师要高度关注、高度警惕,因为极有可能在后续的诉讼程序中被追加指控为犯罪。有经验的律师看到这种情况,应当对家属进行必要的风险提示。

(4)**证据间的矛盾无法排除**。证据认定问题是一个非常复杂的问题,证据间的矛盾有些属于无法克服的对抗性矛盾,有些并非无法克服的对抗性矛盾。因为证据矛盾导致的证据采信和事实认定问题,不能一概而论。有经验的律师,会比较熟悉公检法的证据采信标准和司法办案尺度,往往能作出更加准确的预判。关于这一点,我会在后面的证据审查课程中进行详细阐述。

## 七、阅卷技巧之第三遍阅卷

### (一)第三遍阅卷:把卷宗由厚再"变薄"

第三遍阅卷的目的在于提炼和确定有效辩点。卷宗"变厚"只是手段,不是目的,最终回到辩护策略,卷宗是一定要重新"变薄"的。怎么由厚再"变薄"?其实就是提炼、确定对辩护有用的信息,剔除对辩护无用的信息。

我在前面强调过,辩护人不是公诉人,不需要建构一整套证据体系,辩护人只需要找到案件中的漏洞和缺口就足够了。漏洞和缺口如果有效,一个就已经足够。第三遍阅卷就是要把卷宗中的漏洞和缺口找到并锁定,转化为辩护人的核心辩点。

证据层面的审查,主要是两个维度:一个是证据是否确实,另一个是证据是否充分。确实讲的是证据的质,充分讲的是证据的量,两者各有侧重,不能简单地互相替代。

证据是否确实,要重点审查以下六点:第一,口供的合法性和真实性。第二,物证的同一性。第三，书证的合法性、原始性、完整性、同一性。第四，鉴定的主体、依据、检材、程序、方法、结论。第五，电子证据的提取和保管。最高人民法院、最高人民检察院、公安部都有电子证据提取、保管和审查的规定，必要时可以逐条对照规定进行审查。第六，辨认是否自主、合理。我在做检察官和做律师的时候，都办理过因为推翻辨认笔录从而改变案件定性的案例。

证据是否充分，也要重点审查6点：第一，有没有直接证据？第二，有没有客观证据？第三，是否缺少必要的证据？第四，证据之间能否相互印证？第五，证据之间的矛盾是否能够得到合理解释或排除？第六，现有证据能否排除合理怀疑？通过这6点，来确定案件的证据是否充分。律师刚开始接触刑事案件的时候，可以制作一个图表，把上述6点全部列上。若有，直接打钩；若没有，直接打叉。通过这样的图表，能够清晰明了地把案件证据概貌呈现出来。

法律事实是由证据建构的，辩护律师证据审查的目的是改变事实认定。因此，律师第三遍阅卷完毕以后，要能根据证据审查的结论独立归纳案件的法律事实，在此基础上核对律师归纳的法律事实跟起诉意见书、起诉书和判决书认定的事实有无差异。在第二遍阅卷的基础上，如果第三遍阅卷能把下述问题都分析清楚，那么案件就会化繁为简，辩护观点就会自动跃然纸上：指控的事实是否有足够的证据支持、能够被证据证实的事实是否构成犯罪以及构成何种犯罪、有无法定酌定量刑情节等。

## （二）阅卷笔录的制作要点

把案件由厚"变薄"，要有载体的体现。比如几十本、上百本甚至上千本的卷宗，开庭的时候把卷宗全部带上是不可能的。法庭上，临时从这几十本卷宗中寻找证据细节也是不可能的。如果缺乏有效的准备，开庭时肯定手忙脚乱，抓不住重点。所以对一些大案要案，特别是存在很多卷宗的案件，必须要事先制作阅卷笔录，这是抽丝剥茧、化繁为简的重要方式。把卷宗由厚"变薄"，很大程度上就是通过阅卷笔录来实现的。

(1) **卷宗目录表格化**。大案要案,卷宗往往很多。为了方便开庭时快速、准确地调阅,有必要把卷宗中的目录制作成 Excel 表格。这个表格不是简单地把公安机关的卷宗目录照抄一遍,而是要结合阅卷情况,为全案的卷宗材料制作一个方便检索、调阅的办案工具。这个表格一定要包含如下元素:证据名称、对应的卷宗册数和卷宗页码、主要涉及哪些当事人、主要涉及哪几笔指控事实、主要证明目的。公安机关卷宗目录未标、漏标或错标的,律师要自行纠正或补标,公安机关未标注页码的,律师也要自行标注。有了这样一个表格,公诉机关出示证据的时候,律师通过检索关键词就可以快速准确地调阅到相关证据。这样的表格在涉黑涉恶、非法集资、跨境开设赌场、网络电信诈骗、组织领导传销活动或者其他重大复杂案件的庭审时特别管用。

(2) **关键案情图表化**。我在后面的辩护词写作课程中会专门讲解图表化表达的问题。一般而言,在第三遍阅卷的时候,就要完成这些图表的制作。比如诉讼经过时间轴。从立案到传唤,从刑拘到逮捕,从移送审查起诉到提起公诉,"一表在手,节点我有",其对于宏观把握案件脉络至关重要。

(3) **主要口供摘录化**。除了银行流水或财务资料,绝大部分案件中,口供证据都是最多的。这就要求第三遍阅卷时对口供进行摘录。特别是团队作战的案件,制作口供摘录是分享阅卷成果最便捷的方式。口供摘录有以下几个技巧和要点。

①只摘录重点:既然是口供摘录,当然不能是照搬照抄,只需摘录跟定罪量刑有关的重点。这就是为什么口供摘录要在第三遍阅卷时完成,因为只有这时才知道口供中的哪些部分是重点。简言之,跟起诉指控的内容直接相关的内容肯定是重点,跟主观明知相关的内容肯定是重点,跟认知状态(推测、听闻、目击等)相关的内容肯定是重点,独一无二或者具备高度隐蔽性特征的内容肯定是重点。对于非重点内容,一般不需要摘录。

②摘录要原汁原味:既然是摘录,就必须是原汁原味的原话,不能改变笔录中的措辞、顺序。如果笔录中有错别字,那么摘录也摘录错别字;如果笔录中是

病句,那么摘录也要照抄照搬。一份笔录或一段笔录,可以只摘录其中的几段或几句,但不得改变原意,不能让人产生歧义。中间省略掉的内容,可以用省略号进行间隔。

③注明笔录要素:口供摘抄时要注明笔录的制作起止时间、制作地点、讯问或询问人物、对应的卷宗册数和卷宗页码。必要的时候,还要注明有无对应的同步录音录像。

④合并同类项:内容相同的口供可以只摘录一次。同一个人如果有几次口供相同,或者不同的人如果口供内容相同,内容相同的部分只摘录一次,但需要注明口供提供者的姓名,第几次笔录,制作时间、地点等。

⑤突出差异点:一个人如果制作了多份口供且这些口供内容不一致,那么不一致的地方都要进行摘录,并且要通过加粗加色的方式将其突出出来。多个人的口供之间存在矛盾,也要如此进行突出,方便他人一看便知其中的差异。

⑥备注质证要点:口供摘录的最右侧要有一栏专门的备注。这个备注是对口供的审查和质证意见。对口供的合法性、真实性、关联性、跟其他证据之间的印证点或矛盾点、跟待证事实之间的印证点或矛盾点等,都在备注栏备注清楚

(4)关键证据直观化。有些关键证据不方便摘录,那么干脆直接打印出来,单独装订成册。比如鉴定意见、公文书证、辨认笔录、伤情照片、物证照片、现场照片或者关键的合同等,可以直接打印。重点段落、重点语句或重点场景,甚至可以直接粘贴到辩护词中。

### (三)质证提纲的制作要点

阅卷笔录有3个层次:摘录、比对和质证。在我的团队,阅卷笔录的终极形态是质证提纲。质证提纲是第三遍阅卷的最大成果。

(1)对证据进行重装重组。前文详述了口供摘录的方法和技巧。但无论是口供摘录还是关键证据,律师都要按照自己的规则进行重装重组。最简单的重组方式是按照起诉书的指控,把每一项指控的相关证据单独归集到一起,

单独进行装订。比如一份口供同时讲述了几项事实，那么就要把这份口供的摘录分成几部分，分别归集到不同的指控事实里面。此外还有一种常用的重组方式是把证据体系分为定罪证据、量刑证据或者有利证据、不利证据，分别进行归集。

（2）平面化的质证提纲。所谓平面化的质证，就是围绕证据三性和证明目的所提出的质证意见。我曾经代理过一起涉黑案件，有律师同行在法庭上仅表达他对证据三性的不认可，但并没有进一步说明他不认可的原因。类似这种只有结论或意见，却没有分析或说理的质证是无效的质证。刑事辩护中的证据质证跟民事诉讼中的证据质证有很大的不同。刑事诉讼中的证据都是公安机关或者监察机关收集调取的，很多时候，除非辩护律师能充分证明这些证据不合法、不真实，否则法官会推定这些证据合法、真实。因此，辩护律师在对案件的每份证据逐一发表三性意见时，一定要进行充分的说理，且说理要简明扼要、切中要害。我常用的方式就是直接列明有几点质证意见，用阿拉伯数字编号，然后直接表达出来，不要有多余的话。

（3）立体化的质证提纲。平面化质证针对的是单一或单组证据，这当然是基础，但还不是高质量的质证方式。真正有质量的质证不仅要针对单份或单组证据发表意见，还要针对全案的证据发表综合性质证意见，归纳出全案的证据特点或证据体系中存在的问题。好的质证提纲是立体化的，要立足整个证据体系，围绕自己的辩护观点和辩护策略去审视案件中的每份证据。不能只说某份证据不能采信，还要说清楚某份证据不能采信会对全案的证据体系造成什么样的后果，会对自己的辩护观点起到怎么样的促进或加强作用。立体化的质证提纲，要围绕证明目的和辩护策略对证据进行打包质证和综合分析。这非常考验一个人的逻辑思维和综合归纳能力。

总而言之，阅卷就像是一场没有硝烟的战争，你要站在对手的队伍中跟着对手前进，同时要从中找到摧毁对手的方法，让对手无法到达终点。所以阅卷必须通篇贯彻辩护意识和任务意识，不要失去自我，不要盲目或无意识地跟着对手的队伍前进。如何保持自我？说到底就是明确自己的立场、站稳自己的立场，保持必要的独立和自信，充分运用法律思维特别是逆向思维和经验思维，不断地找矛盾、找漏洞、找错误，从逆境中找希望，从绝境中找生路，从不可能中找可能。

## 第五堂
# 如何做好会见工作

会见是刑事律师的基本工作,也是刑事辩护的基础工作。在有些场合,刑事律师甚至不需要去法庭辩护,但是接受委托后却不能不去会见。有些律师,会见几次就被当事人或家属解除了;有些律师,通过会见跟当事人建立起良好的信任和合作关系。所以,会见的程序可能很简单,但是真正做好会见工作并不简单。这堂课围绕"有效会见"的话题,来讨论实务中有哪些经验技巧。

## 一、刑事会见的主要功能

### (一)了解和研判案情

在案件进入审查起诉阶段之前,特别是刚刚案发的时候,家属大多都非常焦虑。有些家属仅了解一些碎片化的案情,有些家属甚至对案情一无所知。这时,律师及时会见当事人可以了解第一手的案情资料,特别是通过了解警方的讯问内容和当事人的回答内容,可以初步判断涉嫌的罪名、可能的侦查方向和后续可能的案件走向。这样的初步判断,无论是对羁押在看守所里的当事人还是在外焦急等待的家属,都具有非常重要的意义。尤其是当事人,通过律师的专业分析,可以对自己的案情有所理解,对诉讼程序有所了解,有助于缓解其对案情未知走向的恐惧和焦虑。

## (二)心理建设和情绪辅导

刑事律师的特别之处在于,除了日常的法律咨询,还要对当事人和家属进行必要的心理建设和情绪辅导。刑事案发后,当事人和家属普遍持负面情绪,用3个词概括就是:无助、恐惧和焦虑。特别是在当事人被剥夺自由、身处陌生的环境时,不安全感会非常强烈。律师及时会见,可以传递家属的关心和支持,可以有效缓解其精神上的孤立和不安。此外,或者是出于他人的威胁恐吓,或者是出于自己的日常见闻,很多当事人往往对法治缺乏信心。此时,律师需要客观分析当前的司法环境,给予当事人必要的信心和支持。律师见到当事人,了解了当事人的身体状况和精神状况后,也可以把里面的情况传递出来,这对于家属是极大的安慰。心理建设和情绪辅导是刑事律师在会见中经常要做的事情,一句不经意的鼓励都会带来莫大的力量。

## (三)获取排除非法证据线索

司法实践中,排除非法证据主要是针对嫌疑人或被告人的有罪供述。如果需要启动排除非法证据程序,那么会见当事人是不可或缺的前提。因为几乎所有的排除非法证据线索都直接来源于当事人的陈述。我在会见当事人的时候,都会注意核实是否存在非法取证的情形。律师需要具体告诉当事人,哪些讯问行为是被法律禁止的,然后向当事人核实是否存在相应的情形。如果有,需要进一步核实什么时间什么地点被什么人以什么样的手段非法取证,指导当事人回忆、提供更多的细节,询问当事人可以从哪些方面去寻找证据或提供佐证,会见完毕后再仔细核对分别对应着哪几份口供。如果会见内容包含着排除非法证据线索,律师可以制作专门的会见笔录,让当事人签字捺印确认后提交办案单位。律师也可以指导当事人就非法取证问题撰写书面反映材料,向办案单位或检察机关反应。如果在侦查阶段和审查起诉阶段从来不提非法取证的问题,等到法庭上再首次提出可能效果会大打折扣。

### (四)获取调查取证线索

当事人是事件的亲历者,他知道最真实的案情,也知道哪里能找到无罪的证据,哪里能找到罪轻的证据,能找到什么人为他作证,通过什么途径可以查找到案件真相。律师需要开展哪些调查取证工作,固然需要结合卷宗材料,但从当事人这里也可以获取很多线索。需要注意的是,所有的调查取证都要围绕自己的诉讼策略和证明目的,既要注意听取当事人意见,又要防止完全被当事人"牵着鼻子走"。我代理过一些案件,当事人很有主见,喜欢指挥律师如何开展工作。这时候,律师必须要有自己的专业自信和专业坚持,从专业角度去判断哪些调查取证是必要的、可行的,不能盲目听从当事人的安排,去做一些无用功。

### (五)核实证据案情

案件进入审查起诉阶段,律师复制完卷宗材料以后,应当及时与当事人核实。第一遍核实,主要是核实起诉意见书认定的事实。等研阅完卷宗材料以后,需要跟当事人核实具体的案情细节。案件起诉到法院并且拿到起诉书以后,需要跟当事人进行第三遍核实,主要是核实起诉书指控的内容。如果是二审案件,还需要跟当事人核实一审判决书认定的内容。必要时,律师可以将阅卷笔录或法律意见交给当事人阅看。

### (六)指导撰写材料

当事人永远是自己的第一辩护人,律师辩护永远不能取代当事人的自我辩护。但当好自己的第一辩护人,必须要有专业律师的指导和培训。如果存在冤屈,当事人自己一定要说出来,一定要向有关部门递交反映材料。比如非法取证,如果当事人自己从来不提,自己从不向办案部门反映,只是律师去提各种申请,那么证据力度和可信度就会小很多。当事人在撰写控告材料时,律师可给予必要的指导,比如重点从哪些方面入手、材料撰写的常见技巧、应当重点反映的事项、材料寄送给哪些单位和个人等。

### (七)讯问口供辅导

口供是证据之王,很多当事人的命运其实就掌握在自己的嘴巴之中。有些律师对口供辅导讳莫如深,认为这超出了律师的执业范围,其实这是很大的误解。口供辅导是整个诉讼过程中,刑事律师最重要的工作任务之一。口供辅导并不是明示或暗示当事人作伪证或翻供,而是通过专业的分析和讲解,让当事人正确理解自己的案件,从而帮助当事人避免因为无知而作出不利于自己的不实供述。律师如果能第一时间介入,并进行有效的口供辅导,起到的辩护作用可能比在法庭上更大。

### (八)商讨辩护策略

律师在辩护方面,显然更有经验,知识储备也更多。因此律师应当在制定辩护策略方面发挥主导作用,这才是真正地对当事人负责。但是律师在制定辩护策略的时候,一定要听当事人意见,争取获取当事人本人的认同、理解和支持。只有如此,律师的辩护工作才能得到当事人的配合,才能形成辩护合力。无罪辩护的案件或者重大罪轻辩护的案件,如果没有当事人和律师的协力配合,是很难取得理想效果的。

### (九)庭审技巧辅导

我的团队办理刑事案件,在开庭之前是一定要对当事人进行庭审辅导的。庭审辅导主要是讲解辩护策略和庭审流程,包括当事人在每个流程中的作用和注意要点等。法庭如同战场,辩护如同打仗,没有当事人和律师之间的密切配合很难成功。比如有没有被害人或者证人出庭作证,如果有,如何向他们发问。比如法庭发问环节,律师会问哪些问题可以提前告知,检方和法庭会问哪些问题可以提前研判。针对这些问题,当事人在回答时应当注意哪些要点可以提前讲解。又如法庭辩论环节,律师和当事人如何分工,哪些问题由当事人讲,哪些问题由律师讲等。还如最后陈述环节,律师可以指导当事人提前形成文字材料。

### (十)传递其他信息

当事人突然被羁押后,会有很多工作突然中断。特别是企业负责人被羁押后,企业经营管理方面有很多工作需要交代或交接。此外,当事人还有很多的个人事务或个人信息需要对外传递。比如,我遇到当事人在看守所里面办理离婚公证、委托公证等。此外,家属或朋友的关心慰问等,也应及时传递进去。

会见是容易违法违规的环节。律师传递信息一般是通过口头的方式。绝对不要直接给当事人传递香烟、食物、药品、纸条或信件。遇到合同或法律文书需要签署的,可以直接交给当事人签署,必要时可在报告管教后由当事人签署。律师可以帮助传递当事人同监室室友的信息,但要注意不能是违法信息或有可能从事违法行为的信息。会见过程不要拍照、录音或录像。要等待管教将当事人带走以后,律师才能离开会见室。

总之,只要不是违法违规的信息,无论跟案情是否相关,律师都应当尽力帮助传递。反之,涉及串供、伪证、销毁或隐匿证据、行贿等违法信息或者有可能被用于违法用途的信息,律师绝对不能传递。

这10项功能是刑事会见的主要功能。在不同的案件中,可能侧重点会有所不同。有些律师会见时不分析案情,几乎只是传递信息,把会见功能集中在了第十项,完全没有发挥出刑事会见应该发挥的主要作用。辩护不是由律师独立完成的,没有有效的会见,很难有有效的辩护。

## 二、刑事会见的常规要点

### (一)会见前做好预约沟通,了解会见要求

我办理的案件遍布全国各地,因此几乎每次出行的时间成本和经济成本都

很高。这种情况下到外地会见，必须要事先做好预约和沟通。未经沟通直接前往却会见不成功，非但浪费了时间，而且影响家属对律师的信任。"专业"这个词，不仅是指法律功底，还包括工作态度和工作方式。预约沟通主要包括以下3个方面。

（1）会见手续。《刑事诉讼法》规定，会见只需要提交委托书、律师事务所会见介绍信和律师证3项手续，但是我在执业过程中遇到有些地方有不一样的要求。比如我在湖北某地会见的时候，看守所除要求提供上述材料外，还要求提交律师委托合同。我在江苏某地会见的时候，看守所除了要求提供家属签字的解除委托前任律师的通知书，还要求提供被解除律师所在律师事务所加盖公章的同意解除证明。类似这些要求，如果不提前沟通，绝大多数律师不太可能会携带这些材料。律师当然可以投诉维权，但时间成本太高，将极大影响后续工作安排。

（2）会见时间。会见时间要看看守所的上班时间和下班时间，包括周末是否能够安排会见等。有的看守所规定下午五点下班，但下午四点以后就不再安排新的会见。有的看守所周末可以安排会见，有的看守所非上班时间也能会见。我遇到过一家看守所，规定周五下午不安排律师会见。我还遇到过一家看守所，一审法院作出判决后就不再允许一审律师继续会见。特别是前往监狱会见已决犯，时间往往都有明确的规定或限制，比如每周只有某一天才安排律师或家属会见，有的还需要提前预约。关于这些会见时间方面的规定，都要提前沟通好。

（3）会见形式。在新冠疫情期间，有的看守所可以现场会见，有的看守所必须要视频会见。现场会见、视频会见，地点和防疫要求都是不一样的。涉及疫情防控，有的看守所仅允许某些地方的律师会见，有的看守所不允许任何外地的律师会见；有的看守所要求提交核酸检测报告，有的看守所还要求提供健康证明。现在疫情已经结束，但是有些地方的看守所对预约、视频会见等仍存在特殊安排。

## （二）制作会见笔录并由当事人签字确认

我的团队每次会见，都会制作非常严谨、规范的会见笔录。我的团队有固定的会见笔录模板,模板抬头上包括时间、地点、会见人、记录人、会见对象、涉及的案由等,笔录会如实记录会见的起止时间和双方的问答内容。会见笔录制作完毕以后,一定要让当事人签字确认。签字确认有以下3个要点。

(1)**逐页签字摁手印**。比如笔录做了3页,当事人只在最后一页签字摁手印是不够的,因为无法证明前两页的笔录内容也获得了当事人确认。比较完整的做法是,在每页的页末签上姓名、年月日,然后在姓名上摁上手印。

(2)**涂改处要签字摁手印**。如果当事人认为记录不准确,存在少记、漏记或错记,需要修改,最好让当事人自己修改。如果由律师修改,需要让当事人在修改的地方摁手印。在看守所制作的笔录往往都是手写的,修改在所难免。如果修改的地方没有当事人摁印确认,那么事后将很难证明修改的主体和修改的时间。

(3)**最后一页要确认笔录内容**。侦查笔录的最后一页,当事人都会签署"以上几页笔录看过,确认无误"或者"以上几页笔录看过,跟我说的一样"。律师制作会见笔录,同样应当如此。这样的签名,清晰无误地确认了整个会见笔录的内容。无论律师是否将这样的笔录作为证据提交给司法机关,养成这样的习惯都只有好处没有坏处。

## (三)客观分析案情,同时做好风险控制

刑事律师从接案到最终把案件顺利办结,要时刻保持风控意识。风控说简单也很简单,就是把律师能做的和不能做的都明明白白告诉当事人。这既是一种风控,又是一种服务。律师提供正规服务,让当事人进行明明白白的消费,争议矛盾就会减少很多。律师在会见过程中的风险控制,主要包括以下6个方面。

(1)**明确告知律师不能承诺结果**。律师会见时,当事人往往会问:我会被判几年、辩护成功的概率有多大、我什么时候可以出去等。这时有经验的律师,往往都不会直接予以正面回答,而是明确告诉当事人律师不能承诺案件结果。这句话不仅要说给家属,而且要说给当事人,并且要记到会见笔录里面去。至于这句话究竟怎样表达更容易被客户接受,我在后面的课程还会具体再讲。

（2）**明确告知可能的最坏结果**。不承诺结果是一方面，还得告诉当事人最坏的情形会是怎样，让其有足够的心理预期。

（3）**明确告知律师不能教当事人怎么做口供**。会见的时候，绝大多数当事人都会问：我该怎么回答？我该怎么说？对此，我们一方面要告诉当事人实事求是陈述，另一方面要提示当事人律师不能教他怎么陈述事实。这个提示一定要记在笔录里边，这是律师非常重要的自我保护措施。律师会见最大的风险，莫过于被司法机关认定存在教唆伪证等妨害司法行为。我在会见笔录中一般都会记录，律师不是当事人，不是亲身经历者，不知道事实真相为何，事实部分只能由当事人自己负责，律师不能告诉当事人怎么陈述案情事实。

（4）**明确告知律师不能帮助销毁、隐匿证据，不能串供、制造伪证**。有些当事人或者是出于对法律的无知，或者是出于脱罪心切的焦虑，有时候会对律师提出这些请求。辩护律师对此必须明确而坚定地拒绝，不能心存任何侥幸。

（5）**明确告知律师不能传递违法信息**。这方面有真实案例：一起贩毒案当事人告诉律师家里还有存货，律师把这个信息告诉了当事人妻子，妻子因贩卖家中的毒品被捕，律师因为传递违法信息、提供帮助也一同被捕。

（6）**明确告知律师必须在法律框架内依法依规提供辩护服务**。这就包括律师不代理信访、刑事辩护以外的工作。

如果刚开始从事刑事辩护，可以制作一个会见笔录模板，把这6个要点全部体现到模板里面去。

## （四）切忌违法违规传递私人信件或私人物品

私下传递私人信件或私人物品，这是年轻律师很容易犯的错。律师可以对外传递信息，也可以把外面的信息传递给当事人，但绝对不是通过直接递交私人信件的方式。大家注意，传递私人信件属于行为犯，跟信件内容是否违法没有关系。那么，当事人要对外传递信息怎么办呢？可以通过律师笔录的形式：律师可以把嫌疑人要传递的信息记入笔录，会见完毕以后可以将相关信息转述给家属。

甚至必要的时候,也可以把会见笔录给家属看。因为会见笔录都经过了当事人本人签字确认,可以确保信息是他本人的意思表示。但是注意,会见笔录不能给家属拍照或复印,除非里面的内容完全不涉及案情。要传递外面的信息,可以让家属给当事人写家信,这样有亲切感和信任感。律师可以将信件读给当事人听,也可以拿着信件靠近看守所的铁栅栏,让当事人自己直接看。只要是不伸进铁栅栏或者递给当事人,都不算是违规。当然,传递信息也可以由当事人直接给家属写信或寄明信片,只不过这种方式通常会很慢,没有律师会见那么快捷。

传递私人物品,最好的方式是让家属直接通过窗口寄送。实在不得已,也最好通过看守所管教代为转达。曾经有一名律师,直接将家属带的药品传递给当事人。这是万万不可的。因为从安全的角度,万一药品有问题,会带来不可测的风险。

可以将客观证据、辩护词交给当事人查阅,但口供最好由律师进行口头核对。核实证据的过程中,能否把卷宗材料交给当事人阅看,理论上不存在争议,但实践中存在一定的争议。有律师认为辩护律师不能把证据交给当事人阅看,这种观点是不正确的。因为当事人永远是自己的第一辩护人,他有权利为自己辩护,并且他的辩护地位是不可或缺、无法取代的。不给当事人阅看证据,他怎么为自己辩护?很多证据如果不交给当事人本人辨别,律师根本无从判断证据的真伪或问题。所以,当事人本人享有阅卷权是毋庸置疑的。

但是司法实践中,确实存在一些模糊地带。我的处理方式是客观证据包括书证、物证、辨认笔录、鉴定意见等,都可以直接交给当事人查阅核对。但谨慎起见,也可以通过管教将案件证据材料转交给当事人。口供证据是否可以交给当事人阅看存在一定争议,有一部分律师认为这样做存在一定风险。我个人的理解,口供证据也是可以交给当事人阅看的,理由同我前面所说。但是在司法实践存在不同看法的情况下,也可以采取折中的方式。比如将其本人口供、被害人陈述和证人证言读给他听,问其内容是否属实,由律师当面进行口头核实。

如果会见不核实证据,那么会见的功能就大打折扣;若当事人不了解证据,那么他的辩护权实际上是被变相剥夺了。所以核实证据是必须的,只是在方法和技巧上需要有所注意。

会见结束要第一时间跟家属反馈。会见之前要通知家属,会见之后也要通知家属。不仅要把当事人的信息及时转达或传递给家属,而且要根据会见情况向家属更新可能的案件进展。律师反馈案情的时候要有一个度的衡量和控制,既不能什么案情都不敢反馈,也不能过分透露案情细节。

## 三、第一次会见至关重要

刑事案件的第一次会见是至关重要的。如果第一次会见的工作没做好,后续很多事情都会遇到麻烦。第一次会见有四大任务或者四大步骤,我将在下文按照先后顺序来说明。

### (一)自我介绍、建立信任

千万不要认为家属委托了律师,委托关系就可以牢固确立。根据《刑事诉讼法》的相关规定,家属确实有委托律师的权利,但最终的委托权是要征得当事人本人的同意。正式开庭的时候,法官往往会当庭询问当事人是否同意某某律师为其辩护。如果当事人在开庭的时候不同意律师为其辩护,会非常尴尬和麻烦。此外,如果第一次会见给当事人留下的印象不好,那么当事人可能会寻其他渠道要求家属更换律师。律师第一次会见的首要任务,就是要建立起双方之间的信任关系。如何快速建立信任关系呢?我总结了5个要点。

(1)适度介绍自己过往的学术和职场履历。学术履历可以包括学历背景、专业方向、学术成果等。如果有专业著作,可以略微提一下。职场履历可以讲从事律师的时间、主要待过哪几家律所、主要擅长的执业领域等。以我自己为例,我可以讲我担任过7年检察官,辞职以后主要从事刑事辩护工作,一线刑事实务经历超过 18 年。这样的履历,有助于当事人迅速了解律师的专业背景。

(2)适度介绍自己办理过的代表案例和类似案例。无罪案例、重大改判案例和重大影响力案例都可以归入代表案例之列。类似案例是指罪名或者案情类似的案例。比如我办理过一起诈骗案,一审判处 10 年,二审维持,再审改判无罪。如果当下刚好也是诈骗案,也是跟政府拆迁款有关,过往办理的这个案例就很有说服力,就能够引起当事人的兴趣并赢得其信任。

(3)着重介绍家属为何会委托自己。家属为何会找到自己,系何人从中介绍,这些都是需要讲清楚的。因为律师跟当事人之间是陌生人,双方之间的委托关系、信任关系有时候需要借助第三人背书来实现。比如是当事人妻子委托的,当事人虽然不了解律师,但一般都相信自己的妻子。比如律师是当事人的某个朋友介绍的,当事人基于对该位朋友的信任,就会自然而然地信任律师。

(4)可以带上家属或者介绍人的信函。为了更好地建立信任,第一次会见的时候可以让家属或者介绍人写一封简短的信函,家属可以借助信函对律师进行简单的推介,并且说明聘请这位律师的理由,叮嘱当事人充分地信任律师、全心全意地依靠律师。有了这种亲笔信函,律师可以当面出示给当事人。

(5)简要介绍律师可以提供哪些帮助。律师可以提供哪些帮助,不是指在眼下这个案子中能发挥什么作用,而是指在整个刑事诉讼过程中律师能做哪些方面的工作,比如阅卷、调查取证、出庭辩护、跟办案单位沟通等。律师角色和职能的介绍,有助于建立当事人对律师的期待感。

我相信,花费大约 5 分钟的时间,按照这 5 个步骤实事求是、条理清晰地介绍自己,一般都能够在自己和当事人之间建立起初步的信任关系。信任关系是有效辩护的基础。没有信任关系,后续辩护必然处处掣肘。

## (二)取得同意,建立委托

前面铺垫好了以后,马上要问一句:同意我为你辩护吗?如果当事人心有疑虑,说明之前的工作没做好,需要继续回头修补。如果当事人回答同意,可以在笔录中注明,并且提示后面要在委托书上签字、捺手印。第一次会见的时候,可以多带一些空白委托书,供当事人本人签字。

### (三)告知程序,纾解恐惧

会见之要是先程序后实体,先梗概后细节。在了解案情之前,先做好铺垫是非常必要的。这个阶段主要有 3 项任务。

(1)**帮其树立法治信心**。一般来说,当事人没有专门的法律知识,没有过类似的遭遇或经历,加之对司法的敬畏,往往会不知所措。这时,律师要以专业人士的身份把罪刑法定、无罪推定和证据裁判等最基本的法律知识告诉当事人,让当事人对法律有最起码的了解和信任。如果当事人对法律缺乏最基本的信任,那么律师辩护是很难进行的。

(2)**帮其打消安全顾虑**。这些年,关于刑讯逼供等非法取证的报道不时见诸媒体,当事人和家属往往都会有所顾忌和担忧。曾经有个当事人告诉我,有人威胁他如果不认罪可能会被直接枪毙。还有个当事人告诉我,同监室的室友经常警告他,不配合、不听话会挨揍。因此,应当及时告知当事人:看守所存在完整的监控和安保系统,没有人能随意伤害他;法律有严格的诉讼程序,任何人都无权随意处置其人身安全;如果遇到不公正对待,一定要及时报告管教或告知律师;家属和律师都在努力为其争取人身自由。告知当事人其人身安全能够得到保障,消解当事人的恐惧和焦虑,不仅可以建立信任,而且可以动员当事人振作精神,为自己的案件做出努力。

(3)**助其了解自己的案件节点**。把刑拘、批捕、移送审查起诉、补充侦查、提起公诉,一审、二审等流程和对应的办案期限等简单地告知当事人,让当事人知道自己案子现在在哪个阶段,下一步会到哪个阶段,未来还可能会走到哪个阶段。我第一次会见,基本都会给当事人讲解刑事诉讼的大致流程以及在每个流程中律师可以做哪些工作。

第一次会见,一定要假定当事人是一个对法律一无所知的人,不要想当然地认为当事人对法律程序很了解。第一次会见要善于用通俗易懂的语言去做一些基本的法律普及工作。这一环节，可能花费 5～10 分钟。

### （四）了解案情、研判走势

这个环节的主要任务是初步了解案情并初步研判案情可能的走势。这个环节，需要依次了解 10 个方面的内容。

(1) 涉嫌罪名。了解案情，应当首先了解涉嫌的罪名。罪名一讲，律师就能有一个大概的轮廓，切忌一上来就陈述案情。

(2) 到案情况。当事人是主动到案的，还是警方电话通知到案的，又或者是被警方抓捕到案的？有没有留在现场等待抓捕的情形？这些都涉及成立自首与否的问题。

(3) 强制措施。什么时间采取了什么强制措施？包括传唤时间、刑拘时间、监视居住时间、逮捕时间、取保候审时间等。把这些时间节点搞清楚，一是可以判断有没有超期羁押，二是可以判断强制措施有没有违法，三是可以计算整个案件的诉讼时间节点。例如，我就曾以传唤超过 24 小时为由申请排除超期期间形成的口供，该抗辩成功被法院采纳。

(4) 审讯经过。刑事律师初次会见要核实当事人在什么时间什么地点由什么人制作了多少份笔录。我在办案中遇到过这种情况，调查人员给当事人做了 10 份笔录，但只有 5 份被装入卷宗。第一次会见如果问清楚了这些问题，阅卷的时候就会注意比对，就会知道口供有没有完整地归卷。

(5) 笔录内容。先不要让当事人陈述客观案情，先让当事人陈述笔录内容，即侦查人员问了哪些问题、当事人自己是怎么回答的、笔录是怎么记录的。也就是说，律师需要先了解侦查笔录反应的事实。

(6) 笔录真伪。该环节可以直接询问当事人：侦查笔录内容是否属实？如果不属实，有无进行核对？如果进行了核对，签字的理由是什么？

(7) 错记漏记。之前说的是否属实是指已经记录的内容是否属实，但现实中还可能存在的情况是,当事人陈述的很多内容并没有被完整记录或者当事人陈述的内容被记录人员编辑、修改甚至偷换概念。因此,是否存在错记漏记的问题同样需要核实。

(8)陈述案情。前面的问题都问完以后,把侦查笔录的内容和可能存在的问题都搞清楚以后,律师再要求当事人陈述完整的案情经过。

(9)案情分析。听完案情简介以后,先分析可能涉嫌的罪名、罪名的构成要件和可能的刑期。在此基础上,要分析涉嫌罪名的证据特点,客观上需要哪些证据才能形成证据锁链。最后具体到这个案件,分析口供存在哪些不足、证据可能存在哪些问题、法律适用可能出现哪些争议、类似案件司法实践中如何判决等。

(10)工作思路。在大致了解案情以后,要告知律师接下来的大致工作思路,这样才能让当事人安心。如果只是问,只是听当事人讲,接下来却没有任何思路,那么当事人难免会感到失望。可能的思路包括程序上的申请、调查取证、挖掘辩点、制定辩护策略等。这个思路只能是初步的,因为随着诉讼程序的推进,思路和策略可能会进行调整。

## 四、口供辅导:黄金十条

律师会见必须要对当事人进行口供辅导。口供辅导并不是告诉当事人怎么具体陈述案情事实,而是告诉当事人怎么在坚持实事求是的前提下让笔录对自己更有利。侦查阶段,律师会见最重要的工作之一就是进行口供辅导。律师怎样合法合规地进行口供辅导呢?我总结了黄金十条,这些内容都可以在会见时直接告诉当事人。

(1)根据当事人供述制作的笔录是定罪量刑最重要的证据之一,思想上要高度重视笔录。

(2)当事人唯一能对自己和家人负责的事情,就是做好自己的口供。

（3）对事实和真相负责,任何情况下都不要讲违心的话。是就是,不是就是不是,记不清就是记不清,不知道就是不知道,坚持按照自己的想法供述。

（4）确保自己供述的内容记入笔录。讲了但是没有记入笔录等于没讲,因此要保证自己的供述被如实、清晰、明确地记入了笔录。

（5）不要把录制口供视作一个被动回答的过程,而要变成一个双方对话、自我表达的机会。不能只是对提问作出回答,对自己有利的内容要主动讲。有时候当事人给我讲了一个重要情节,我就问当事人跟侦查人员讲了吗？当事人说没讲。我说为什么？当事人说侦查人员没问。我会跟当事人说,跟侦查人员不讲,只跟律师讲是没有用的。不能侦查人员不问就不讲,对自己有利的情节得主动讲。

（6）抓住一切机会讲出事实真相,讲出自己的遭遇和辩解,不要嫌多,更不要嫌重复。有的当事人说这件事情已经讲过一遍了,所以后边就不讲了。讲过一遍后,如果有机会还得讲,因为只讲一遍和讲三遍,在笔录中反映出来的情况是不一样的。一个犯罪嫌疑人在整个刑事诉讼中不可能只做一份笔录,如果数份或者数十份笔录中只辩解过一次,会让人质疑辩解内容的重要性和真实性。

（7）不仅要讲出哪些供述不实,还要讲出不实口供的形成原因。翻供一定是需要理由的。没有充分的理由,翻供很难获得认可。这些理由必须是具体的、合乎逻辑和经验的,有时候还需要是可证实的或至少是有证据或线索可以佐证的。

（8）如果有非法取证,要利用一切机会讲明,要利用一切机会反映。不仅要在此后的每份口供中讲明非法取证的时间、地点、人物和经过,而且要持续不断地向看守所、检察院和法院写信反映,实名投诉相关办案人员。必要时,应当及时书面申请验伤或者书面申请医疗救治,留下就医或用药记录。如果在整个侦查或调查阶段都没有提到非法取证,到看守所以后还不提或者仅偶尔提一两次,到了法庭上再提可能力度会不够。离开留置地点、指居地点或传唤地点后的第一份口供一定要把非法取证的事实如实陈述出来。即便第一份口供没有陈述,也要尽可能早地陈述相关事实。这也是刑事案件一定要第一时间聘请专业律师介入的原因之一。

（9）仔细核对笔录，确保记录和供述一致。会见的时候要叮嘱当事人，未经本人仔细核对和确认，不要在任何材料上签字。我总结了核对笔录的"三部曲"：发现笔录中存在错记漏记，一定要及时申请办案人员更正。办案人员拒绝更正的，当事人可以自己手动更正。不允许手动更正的，签署"记录不实，拒绝本人修改"。不要消极地不签字，不签字的效果其实不如签署"记录不实，拒绝本人修改"。

（10）记住讯问人员的单位和姓名，记住每次做笔录的时间。每次做完笔录回到监室以后，马上记录一下，防止时间长了遗忘。不仅要记录讯问人员，还要记录讯问经过，特别是涉及非法取证的细节。必要的时候，还可以将自己的遭遇陈述给同监室的人员，如果有伤情要展示给同监室的人或管教，留下必要的人证。将来如果要申请排除非法证据，或者申请侦查人员出庭作证，这些记录都能派上用场。

除了上述内容，口供辅导还包括罪名分析、证据分析和程序分析。这部分内容需要结合具体案件一案一议，此处不再论述。

## 五、庭审辅导：黄金五条

跟口供辅导一样，庭审辅导也很关键。我经常看到，有些当事人庭审时明显缺乏对自己案件的理解，有些辩护律师跟当事人在法庭上不同调甚至起冲突，原因之一便是未能做好庭审辅导。庭审辅导要注意以下 5 个要点。

（1）庭审辅导的最佳时间是临近开庭。我一般会在临近开庭的前一天，去进行庭审辅导。比如第二天上午九点开庭，我一般会在前一天下午去会见当事人。为什么要选择这个时间？一是临近开庭，各种庭审准备已经就绪，各种庭审策略已经定案，能够给到当事人最终定型的指导意见。二是临近开庭，可以让当事人充分地记忆。有的当事人年龄偏大，有的当事人记忆力减退，过早地进行庭审辅导效果并不好。比如若开庭前一个月辅导，到真正开庭时当事人不一定记得住辅导内容。

（2）明确辩护策略和辩护要点，让当事人理解自己的案件。我代理案件有一个原则，就是尽力让当事人理解自己的案件。如果当事人对自己的案件理解不到位，那么根本谈不上任何协作配合。反之，如果当事人对自己的案件有正确理解，对证据规则、诉讼程序和法律适用也有清楚理解，当事人就能整理出自己在法庭上的发言逻辑。当事人理解了案情，对律师的工作便会多一分理解和支持，因为他知道律师为什么这么做。

每个当事人都希望自己无罪，为什么有的当事人最后被判处10年？不理解的人觉得判重了，找律师没用。理解的人知道可能原本要判处无期徒刑，最终判10年说明辩护已经取得巨大成功。到底是做无罪辩护还是罪轻辩护，如果做罪轻辩护，究竟是证据辩、事实辩还是法律辩，这些问题在开庭前都要与当事人沟通好。核心的辩点和理由也需要跟当事人讲清楚，律师的辩点可能有很多，但是给到当事人的辩点一定要概括、浓缩为几句话。否则当事人未必能理解得了，也未必能记忆清楚。

（3）详细讲解庭审程序和每道程序的发言要点。当事人大多没有经历过庭审，不知道庭审的程序，往往对庭审充满了恐惧。律师在辅导时，一定要把庭审程序完整地给当事人讲清楚。

法庭发问阶段，律师要明确告知自己会问的问题，并且要模拟检察官、法官甚至其他当事人律师可能会问的问题，指导当事人简明扼要、条理清晰地回答问题。律师需要明确告诉当事人，己方辩护律师的提问哪怕看起来不甚友好，最终都是为了维护当事人的利益；检察官、被害人代理人的提问哪怕看起来很友好，最终都是为了定罪量刑。因此，回答问题不必急迫，可以略加考虑。

当事人不愿认罪但又想获得一个好态度，特别是那种有可能判缓刑而律师又觉得需要认认真真辩护的案件，该怎么办？当公诉人问对起诉书指控的事实是否有异议时怎么回答？当法官问是否自愿认罪时怎么回答？这些问题在庭前辅导的时候都应当跟当事人沟通好。必要时，甚至可以由律师帮当事人进行总结和设计。只要律师的总结和设计是基于客观事实和当事人自己的陈述，都不会有违规问题。关于是否自愿认罪，有时可以给出一个模糊、模棱两可的回答。

在举证质证环节，当事人要重点结合自身经历和一般生活经验，对证据的合法性和真实性发表意见。当事人一般直接说证据真实或不真实，尽量少说真实性存疑。至于关联性和证明目的，一般留给律师质证会比较好。如果辩方举证，一般交由律师出示证据并阐明证明目的。

法庭辩论环节，当事人对案件理解比较透彻并且语言表达能力较好的，可以先发表辩论意见，否则可以让律师先发表辩论意见，然后由当事人进行补充和完善。关于事实部分，当事人一般直接说事实存在或不存在，以及直接说事实真相是什么。关于法律适用，原则上留给律师发表意见。当然，涉及常情常理、公序良俗或者特殊案情背景的，当事人也可以重点发表意见。

最后陈述环节，可提前写好书面材料，在法庭上简明扼要地表达自己的态度即可。最后陈述态度务必要谦卑、诚恳，内容尽量简洁明了、逻辑清晰，无须长篇大论。

(4) 对如何发问进行模拟演练。前面讲的是，面对控辩审的发问应当如何回答。但其实，当事人有时候在法庭上不仅需要回答问题，还需要对别人发问。如何发问，同样需要辅导。如果被害人出庭、证人出庭、鉴定人出庭，就需要提前设计好发问的内容，让发问更有针对性。很多当事人并不熟悉法庭发问的技巧，喜欢长篇大论地陈述和铺垫，或者看似一个问题其实包括好几个问题，不知道如何进行简明扼要的发问。这时进行必要的模拟演练能提高庭审效率，避免经常被法官打断。

(5) 对庭审风格进行指导。法庭辩护一般应当以律师为主导，当事人辩护的重点是证据真伪和事实真伪，对法律适用问题一般不要过多发言。除非是明显无罪的案件或者明显存在重大问题的案件，否则当事人在法庭上的表现不要攻击性太强。对于有确凿的证据证明的事实，不要在法庭上做无谓的辩解或否认。在法庭上不要抱侥幸心理，不要刻意撒谎，否则会让法官质疑当事人的诚信。一个小谎，可能让一个冤案的辩解变得无效，这是得不偿失的。我在庭审辅导时，一般会劝告当事人在法庭上不卑不亢，就事论事。有错就大大方方地承认，有冤就态度坚决地否认，切忌答非所问、文过饰非、无理诡辩。

## 六、会见时的常见问题及回答技巧

刑事会见过程中，当事人往往会提出很多问题。对这些问题的回答，往往关系到信任关系的确立和辩护工作的顺利推进。我总结了以下几项刑事会见中的常见问题和回答技巧。

（1）律师费多少钱？无论是出于好奇还是担心给家人造成负担，抑或担心家人上当受骗，当事人在会见时都可能会问这个问题。对于这个问题，律师不能隐瞒或欺骗，但是也不要让这个问题成为一个意外或者一个牵绊。比如律师费是10万元，当事人在监室里一讲，马上就会有人说自己请律师只花了2万元。这种情形怎么办？当事人肯定会觉得10万元太多了，甚至会对律师产生疑心。其实每个律师的专业水平不一样，影响力不一样，敬业程度不一样，时间成本更不一样，存在一定的价格差才是正常的。为了避免无谓的麻烦，我一般会如此回应当事人：现在不是关心这类问题的时候、你的家属会处理好这些问题，你现在应当把心思放在案件上面，生命和自由远比金钱重要等。如果当事人仍继续追问，那么不妨照实回答并解释如此收费的理由。

（2）如果警察问我问题，我该怎么答？这时，我一般会告诉当事人实事求是地回答即可，律师只能帮助分析罪名构成和证据规则，但不能告诉当事人应该怎么回答侦查人员的问题。在这个问题上，律师是没有回旋余地的。律师为别人辩护的时候，得先守住自己的风险底线。

**（3）这个案子会判多久？** 有的律师可能直接回答：判决是法院的事，律师不知道会判多久。这句话一讲，基本上这个会见就是失败的。判多久自然是由法院来决定，但不代表法院判决没有规则可循。有经验的律师可以给当事人讲解涉嫌罪名的法定刑期，可以给当事人讲解案件存在的法定和酌定量刑情节，可以讲解类似案例过往是怎么判决的。在此基础上，律师还可以告知当事人一个可能的量刑区间，末尾时再强调最终量刑由法院决定，律师和当事人可以一起努力，共同争取最好的结果。这就是一个相对完美的回答。

**（4）我什么时候能出去？** 当事人在里面肯定很难受，不仅失去了人身自由，饮食、住宿条件也不好。遇到这样的问题，除非有确切的消息或者确凿的根据，否则律师一般不要直接告诉当事人具体哪一天可以出去。律师可以委婉地回答："我和家属跟您一样着急，我们都在努力，都希望您能早日出去。但是在此之前，您要把心思和精力放在自己的案件身上。如果实在无聊，可以趁机好好看看书、反思一下自己的人生经历。千万不要天天等着出去，否则在里面的日子会太过难熬。"

**（5）我的家人会受牵连吗？** 我们办理涉黑涉恶的案件、贪污受贿的案件以及牵涉面较广的重大案件时，当事人往往都会担心自己的家人会不会被牵连进去。第一次会见时，许多当事人都会不安地问这个问题。这时候，律师最好的回答还是要结合具体情况进行分析研判，告知法律上的规定和实际操作中的可能。分析完毕后，律师一定要安抚当事人，让当事人把精力和焦点先放在自己的案件上面，家属并非眼下最急迫的事。

**（6）你在公检法有没有关系？** 对于此问题，律师要坚定立场，明确表示自己是法律服务工作者，只能在法律框架内提供服务。况且我国是法治社会，法律一定会起作用，而且起的是刚性作用。同时劝导当事人把心思和精力全部放在法律攻防上面。当然，我们律师也将与公检法保持密切的沟通，紧跟案情发展，尽全力维护当事人的合法权益。

**（7）找律师有什么用？** 可以这样回答：案件结果是由过程决定的，在没有作出任何努力之前是没资格谈论结果的。律师在每个环节的作用是不一样的。在侦查环节，律师主要是初步分析研判案情，沟通内外信息，帮助当事人更清晰地认识案件、了解进展；在审查起诉环节，律师主要是研阅卷宗，与当事人核对证据和案情，制定初步的调查取证思路和辩护策略；在审判环节，律师主要是做好庭审准备，出庭为当事人辩护，并且在庭后提交书面辩护意见。即便是法官，没有经历阅卷和庭审，也不能给出确切的结论。所以，律师的作用不是直接决定结果，而是通过做好过程去影响最终的结果。

法律是社会科学，很多问题，站在不同的角度可能会得出不同的结论。实践中，公检法可能更倾向有罪推定，而律师更倾向无罪推定。大多数案件都证明，有律师和没有律师，有专业律师和没有专业律师，案件的结果和走向是不同的。

（8）司法人员和监室人员都告诉我找律师没有用，我该信谁的？可以这样回答：从客观结果看，每年都有一定数量的无罪案例和大量的改判案例。专业律师的尽职辩护，对于这些案例都起到了或大或小的作用。看守所羁押的同监室人员可能不是法律专业人员，他们自己都涉罪了，这大概率可以说明他们对法律或自己的行为缺乏正确的认识。因此，你应当指导和开导他们，而不是反过来受他们的影响。至于司法人员，某些司法人员告诉当事人请律师没有用是不负责的，不排除他们担心律师给他们的工作带来麻烦。天底下没有两个相同的案件，有的案件证据确凿，律师辩护没有起到显著作用；有的案件证据存疑或定性错误，律师辩护能帮助维护当事人的权利。努力过，才可能有机会，没有努力过根本没资格讨论律师是否有用。

（9）法官会听律师的吗？可以这样回答：法官听不听律师的，最关键的还是要看律师说的是否在理，是否符合法律规定。如果律师巧舌如簧，但却没有法律和事实依据，法官自然不会采信。反之，如果律师直击案件关键，把自己的观点建立在法条、判例和证据基础上，一般而言法官不会无视律师的辩护观点。因此，律师的价值不在于说了算，而在于说得对。律师和法官、检察官看问题的视角本就不同,加之律师在当事人这一起案件上花费的时间和精力可能远超法官和检察官。智者千虑必有一失,所以律师完全有可能发现或提出法官、检察官没有发现或想到的问题。律师的作用就是站在有利于当事人的角度,找出一切对当事人有利的观点。准确地说,不是法官听律师的,而是法官采纳律师的观点。"听"有听从的意思,"采信"或"采纳"则取决于合理与否、法律上正确与否。律师没有权力指挥或要求法官怎么判决,但可以说服法官如果不这么判决会导致什么后果。实践经验证明只要律师的观点有理有据,法官是有可能采信的。

我曾经在某市代理过一起关注度很高的涉外案件,该案件在国内和海外媒体都经过了大篇幅的报道,并且引起了两国领导层的关注。这起案件是一个民商事律师介绍给我的,他表示该市是中国司法环境最好的地方之一,而且这起案件在海内外有这么大的影响力,相关部门一定会非常仔细非常慎重。但是旁听完庭审,他很诧异,表示没想到竟然被我们找出那么多问题、漏洞和瑕疵。我说这并不奇怪,办案单位案多人少,辩护律师只要认真审查,就一定能发现很多问题。

**(10)你下次什么时候再来见我?** 当事人总是希望律师多多会见,但律师出于时间、精力等考虑,一方面要维持会见的频度,另一方面不能频繁会见。办理一起案件,会见多少次合适是没有标准的,但是下限一定是有的。我认为,会见最低不能少于3次。我在执业早期,曾经有一起案件会见了50多次,往返两地的火车票堆成厚厚的一摞,家属看了也觉得感动。当然现在我可能没有这样的时间和精力,有些会见工作可能会安排助理代劳,但是我接手的案件仍然会确保至少亲自会见3次。

第一次会见是在接受家属委托之后,关键词是"及时",目标是建立信任关系和委托关系。第二次会见是在研阅卷宗之后,关键词是"细致",目标是核实证据和案情。第三次会见是在开庭之前,关键词是"配合",目标是进行庭审辅导,明晰辩护策略。这3次会见是办理一个刑事案件的及格线。如果这3次会见都没有做到,那么案件的辩护质量很可能会受到影响。在满足这3次的基础上,可以根据案情需要和当事人要求适当增加安排会见。

每次会见开始的时候,最好先询问上次会见至今,案情有何进展变化。包括有无办案人员讯问、有无送达法律文书、有无签署纸质文件、有无进行实地辨认等。这样就能把每次会见间隙的情况都了解到位,使自己能够完整掌握案情动态。我在会见时都会制作会见笔录,只要把这些笔录结合起来,就可以把整个案件的发展脉络都连接起来,不用担心会有遗漏。跟案情无关的纯生活意见,可以安排助理代劳或者建议家属在当地委托一名生活律师代劳,而辩护律师的会见要服务于办案。

总之,会见是刑事律师的基本功,是建立信任关系的关键和开展有效辩护的前提。做好刑事案件,需要当事人和律师一起配合、共同努力,而会见是其中至关重要的一环。

## 第六堂
# 如何审查客观证据

  本堂课所说的客观证据是从司法实践和律师办案的角度所下的定义，不是严谨意义上的学科或学术定义。严格来说，除了物证、鉴定意见、辨认笔录等证据都具有一定的主观色彩，不能算作客观证据。但是在司法实践中，普遍都把这些证据和言词证据区别对待，赋予其一定的客观刚性。因为这个系列课程全部都是实务课程，目的是方便律师在办案一线实操，所以整个逻辑体系和课程概念都偏向司法实务，采取的都是实务上约定俗成的说法。

## 一、客观证据不一定"客观"

  客观证据的客观，是就证据的表现形态而言的，其主要区别于口供等主观证据，并非指其内容一定客观。假设客观证据的内容全部都客观真实，那也就不需要法官进行审查了，律师在客观证据面前就只能望物兴叹、无所作为了。事实情况并非如此。客观证据的内容不一定客观，有以下4点理由。

### （一）客观证据具有人为伪造的可能

  有些客观证据是自发形成的，有些客观证据是人为形成的。结合司法实践，在此列举4种常见的伪造客观证据的情形和例子。

(1)**伪造的案发现场**。伪造案发现场,可能会导致勘验、检查笔录、现场照片、现场视频都跟着不实。反侦查能力强的犯罪嫌疑人、故意栽赃陷害他人的犯罪嫌疑人,都可能会人为伪造现场。如果侦查人员或辩护律师认为看到的就是真实的,那么就会被伪造的案发现场欺骗。

(2)**合成剪辑的证据**。比如合成、剪辑的视频、音频资料,又如合成的图片。微信或短信聊天记录,通过删除其中的部分内容,可以完全改变对话语境或真实意思。把微信昵称和微信图像改变,可以达到模拟对话、以假乱真的效果。特别是现在的人工智能技术,可以自主深度合成,这些都加大了证据审查的难度。从完整的银行流水或者资金转账链条中截取某些片段,呈现局部的真实,往往是虚假诉讼案件的常见特征。

(3)**事后形成的证据**。比如事后摄制的视频、事后增加的签名、事后增加的手印、事后补盖的公章。又如事后补打的借条、事后伪造的遗嘱、事后伪造的签名、事后草拟的合同或文件等。现有技术对笔迹形成时间和印章形成时间的鉴别能力都比较弱,事后形成的证据有时很难识别。

(4)**事后修改的证据**。比如事后处理过的图片,事后处理过的尸体,事后修改过的电子数据,事后破坏过的现场,事后修复、使用或毁损过的物证、书证等。

## (二)客观证据的形成有可能渗入人为因素

鉴定意见、价格认定、评估报告、审计报告等,这些证据在司法实践中经常被当成客观证据对待。但实际上这些证据会受到制作人立场偏见、认识局限、工作态度、专业素养等的极大影响。很多人认为出具鉴定意见的人员都很专业、负责,但在工作实践中并非如此。我曾经遇到过一起案件,检测报告错漏百出,后来历经千辛万苦进行调查取证,才最终证实相关检测完全是由一个暑期兼职实习生所做。另外一起案件,通过申请鉴定人出庭并当场发问,发现鉴定人员根本没有到过案发现场,也根本没有看到过或接触过鉴定标的。我还代理过一起案件,被害人是左耳受伤,但鉴定意见却是右耳轻微伤。指出谬误后,鉴定机构出具补正意见,称是笔误。但其实,结合鉴定意见中披露的鉴定过程和伤情照片可知,根本不是笔误。此外,有些鉴定或检测,由于测量工具或鉴定方法的局限,客观上根本无法做到精确、排他,即存在无法避免的系统性误差。

### (三)客观证据的收集有可能渗入人为因素

客观证据归根结底仍要靠人去发现和收集,这其中必然掺杂人为因素。证据的收集过程有时会影响证据本身的真实性。

(1)**检材污染**。提取检材时不符合规范,导致检材失真。比如在勘查现场时,混入了无关第三人的足印或指纹。著名的"辛普森案",那双白手套就是因为提取过程不规范导致手套上的血迹被污染。

(2)**保管不善**。在危险驾驶案件中,血液样本必须低温、密封保存,并且有保存时效;不按照要求保存,血液样本就会失效。比如在"山西紫藤巷凶杀案"中,从案发现场提取的发毛,后因保管不善遗失。

(3)**人为错误**。比如在提取血液时,针管和试管贴错了标签;又如在收集卫星图片的时候,搞错了时间和年份等。

(4)**选择性收集**。比如案发现场有10枚足印,相关人员只提取了其中的3枚,还有7枚遗漏;现场勘验时,没有全面提取现场留下的指纹;一些涉及暴力犯罪的案件中,作案工具没有被提取到案;双方互有经济往来,但是只收集对一方不利的经济往来,而没有对双方之间的经济往来进行完整收集或审计。

### (四)客观证据的解读有可能渗入人为因素

有时候,客观证据不会自己说话,对客观证据的解读依然依赖人的主观性。"汤兰兰案"中的敲诈录音带、"浙江张氏叔侄案"中被害人指缝中的异性DNA,都是客观证据。但对这些证据的不同解读,可能导致出现完全相反的案件结论。

## 二、物证的审查要点

在特定的案件中,物证不可或缺,是定罪的关键。比如非法持有枪支、弹药罪,枪支和弹药是对象犯。以枪支为例,必须对枪支进行鉴定,相关人员口供中的枪支,不等于法律意义上的枪支,因为法律定义中的枪支不能光看外形,不能说管状物、外形像枪就是枪支。枪支的法律特征,除了形状更重要的是工作原理、动力机制和击发、杀伤性能。通过什么样的方式去击发,是压缩气体动力还是火药动力,杀伤性能有多强等,这些特征才决定了一个管状枪形物是否属于法律意义上的枪支。

我曾代理过一起非法持有枪支、弹药案,公安机关和检察机关的定性都是非法买卖枪支、弹药罪,后来经过辩护,最终在法院阶段将罪名变更为非法持有弹药罪,使原本法定刑 10 年以上有期徒刑的案件最终被判处 3 年有期徒刑并且被宣告了缓刑。这起案件最重要的辩护抓手就是,涉案枪支没有找到实物,也没有进行鉴定,只有当事人双方的口供。我方当事人虽然承认购买过枪支,但是实际并未使用过,对于枪支的真伪和击发性能一无所知。也就是说,在案没有任何证据可以证明这是一把符合法律定义的枪支。这起案件经历 2 次退查、3 次延期,其后又 2 次改变管辖,当事人被羁押 2 年多才最终缓刑释放。

在故意杀人案中,一般而言,作案工具和尸体都必须到案。作案工具如果没有找到,往往会成为律师辩护的焦点。如果没有发现尸体,即便长时间失踪,在民法上可以宣告死亡,但在刑法上却不能简单地认定人被杀害。"杭州许国利杀妻案"中,其实警方早就锁定了凶手。只是因为前期没有找到被害人尸体,所以案件才迟迟没有告破。后来警方从下水道中找到了被害人的人体组织并进行 DNA 鉴定后,才正式宣告案件告破。有一些陈年杀人案件,因为没有找到尸体,必须根据严苛的间接证据证明人被杀害,才能最终定案。

关于物证,根据我国的非法证据排除规则,即便物证的取证手段不合法,也允许侦查机关进行补正或说明,一般不会轻易被排除。因此,审查物证最主要的是审查真实性、关联性和同一性3个方面。

### (一)审查真实性

真实性是物证的生命。刑辩律师应当主要从4个角度去审查物证是否真实。

(1)**审查是否为原物、原件**。如果不是原物、原件,那么是复制品、仿制品、复印件还是物证照片?物证照片是否是原物、原件的照片?物证的照片和物证在性质上不一样。司法实践中,有些办案机关采取在复印件上加盖公章的做法去替代原件,这是值得商榷的。因为复印件上即便加盖了公章,它也仍然是复印件。还有一些办案机关,用情况说明的形式去证明复印件的真实性,这同样值得商榷。因为必须要有原件,必须要将复印件跟原件进行比较核对,才能确认复印件跟原件是否一致。舍此,用其他方法去证明复印件的真实性差不多都是循环论证。

(2)**审查有无突出的、可以识别的特征**。一具高度腐烂的尸体,从外形、外貌特征很难认定其身份,必须借助DNA技术。一部手机,只知道品牌不知道型号,如果没有原物、票据、照片,那么很难仅凭借口供鉴定其价值。一个人,如果没有令人印象深刻的容貌特征,那么匆匆一瞥后很难对照片进行辨认。

(3)**审查有无被使用、涂污或毁损**。比如一把匕首,长期在水下或特殊的地理环境中,很可能会严重锈蚀变形,导致上面的指纹、DNA都无法提取。如果已经严重锈蚀变形,那么将其锁定为作案工具就会比较困难。很多易耗品,长时间使用也会导致其外形特征或物理性能发生改变。

(4)**审查有无进行真伪鉴定**。物证的真实性很多时候需要靠专业人士帮助判断。比如,一幅画作、一件文物,没有权威部门的鉴定,法律人是很难判断真伪的。又如出售假币罪中的假币,只有中国人民银行可进行认证。伪造公司印章罪中的公司印章,伪造居民身份证中的身份证等,都需要依靠有关部门进行认定或鉴定机构进行鉴定。

## (二)审查关联性

物证有时候会自己"说话",有时候则不会。因此有时候,物证跟案件的关联性需要靠其他证据去证明。刑辩律师可以从 10 个方面去审查物证与案件的关联性。

(1)**是否有指纹**。比如指控嫌疑人入室盗窃,那么在房屋门窗或赃物上是否提取到嫌疑人的指纹,应当是刑辩律师审查的关键。

(2)**是否有 DNA**。在世界范围内,DNA 都已经成为刑事司法最硬核、最王牌的证据。要证明匕首是作案工具,一般情况下要能从匕首上提取到犯罪嫌疑人的指纹和被害人的 DNA。我代理过一起强奸、杀人的申诉案件,原审法院判决的重要根据之一,是认定在当事人衣服上提取到了被害人的血迹。这个判决距今已经 20 余年,根据现在的证据标准,这份判决是很值得商榷和重新审视的。首先,当事人的这件衣服长期放置在田间的一间草棚里,而不是自己家里,有证据证实这个草棚的钥匙早已经遗失,其他人同样可以进入草棚、接触衣服;其次,对衣服上的血迹仅做了血型鉴定,而未做 DNA 鉴定。血型鉴定是类别鉴定,而非同一性鉴定,更非排他性鉴定,血型一致,不代表就是某个人的血迹。从严格证据的角度,该案尚不能证明衣服上的血迹一定是被害人留下的。

(3)**是否有足印**。在一些特殊的案发现场提取到犯罪嫌疑人、被害人足印,可以很大程度上证明两人都曾到达过案发现场。我代理的"山西紫藤巷凶杀案",在现场血迹中提取到了数枚足印。有些足印跟当事人吻合,有些足印跟当事人不吻合。我在甘肃白银市代理的故意杀人案,同样存在一部分足印能够印证而另一部分足印不能够印证的问题。这些问题可以成为律师辩护的焦点。但是足印鉴定,现在争议比较大,多数理论认为足印鉴定只是一种相对的概率鉴定,其精确性无法与指纹和 DNA 相提并论。

（4）**是否有包装**。在一些现金交易中,特别是行贿受贿的案件中,调查人员往往会追问现金是用什么包装的?用塑料袋、茶叶盒、档案袋还是其他包装?举一个例子进行说明。一起案件有行贿人的取现记录,行贿人供述把现金装在一个水果盒中送给了某官员。结果调查人员从该官员床底下找到了现金,从该官员阳台上找到了水果盒。虽然现金和水果盒已经分离,但结合两人的口供,现金的关联性还是被锁定了。

（5）**是否有附随物**。一具高度腐烂的尸体,从尸体本身已经无法辨认其身份,但是从尸体边上发现的衣服、书包、发夹或其他个人物品同样可以识别尸体的身份。可以通过对附随物的辨认或对附随物进行生物鉴定,在尸体跟案件之间建立关联性。在"聂树斌案"中,尸体旁边的那串钥匙就是典型的附随物。

（6）**是否有高度隐蔽性特征**。高度隐蔽性特征,特别是那些独一无二的隐蔽性特征可以直接锁定物证的关联性。比如款式相同的包,但案件中的包有被抓扯打斗留下的痕迹。比如款式相同的手机,但案件中的手机有被摔落后的外表破损。比如,凭借婴儿隐私部位的胎记,有时可以初步确定其关联身份。比如交通肇事案中,车辆上的擦痕和碰撞破损,有时也可以建立跟案件之间的关联性。这样的隐蔽特征,需要结合案情进行分析或者需要经过相关当事人进行辨认。

（7）**是否有独特内容**。比如一台电脑,往往能根据电脑中储存的内容建立其跟案件的联系。又如一件衣服或一个公文包,根据衣服口袋或公文包里面的物品,有时可以判断衣服或公文包的主人。

（8）**是否有书面凭证**。比如一部苹果手机,购买发票或者维修记录,有时候能建立手机跟案件之间的关联性。我代理过一起假冒注册商标案,公安机关从一名销售人员处查获了一批假冒的某品牌洗发水。如何确认该批产品是谁生产的呢?公安机关根据物流单据,层层反推。这批产品虽然已经转卖多手,但是销售链上的每个人都会因为物流单据被锁定。

（9）**是否有辨认笔录**。关联性很多时候是靠当事人辨认进行确认的。比如从一个小偷处搜查到了一幅画作,那么这幅画作很大程度上要靠主人的辨认去建立跟案件的关联性。但是如果物品只是种类物,缺乏可辨识的特征,那么辨认的有效性就值得怀疑了。此时即便相关人员进行了辨认,也不能锁定物证的唯一来源。

(10)是否有关联鉴定。唐代上官婉儿的墓室,在初次向社会公开之际,考古学家认定该墓室遭遇过严重破坏。假设有人曾盗取过上官婉儿的墓葬并盗获了一些文物,那么要在法律上给盗墓贼定罪,必须要对相关文物进行专业鉴定,证明其是从上官婉儿墓葬处盗取的。

### (三)审查同一性

同一性是证据法上一个非常重要的概念。同一性和真实性有很大的重叠,但不完全相同。真实性指的是证据不是伪造的,同一性指的是证据就是案件指控的那个证据。在多数场合,证明了真实性也就证明了同一性,但在有些场合,证明了真实性不等于证明了同一性。关于同一性,除了前面关于审查真实性的要点,还有两个理解和审查上的要点。

(1)同一性不能是同类物或者类似物,而必须是同一物。比如硬币,找一堆币值相同的硬币是没有意义的,其必须是涉案的那枚硬币。比如匕首,提供同一家公司同一个批次同一种型号的匕首没有意义,其必须是犯罪嫌疑人作案时使用的那把匕首。同一性要求锁定到同一个物品,而不能是同一类物品。在"湖南冷水江强奸杀人案"中,检方指控被告人拿一根木棒把被害人打昏在地,但是那根木棒原物并没有找到。最后,侦查机关找了一根类似的木棒,让当事人辨认是不是类似的。天底下没有两根相同的木棒,这种辨认只能确认相似性而不能确认同一性。在这起案件中,作为作案工具的木棒,其同一性不能仅靠辨认去确认,而要靠 DNA 鉴定、指纹鉴定提取、地点辨认、木棒来源等综合要素去综合确认。

(2)审查同一性需要重点审查扣押、移送和保管的过程。现场勘验检查笔录中有没有提到相关物证,如果有提到,是否有相应的提取笔录和扣押笔录。扣押要有扣押证、扣押清单;移送要有相应的移送手续,特别是各方的交接手续;保管要有相应的保管说明和保管人签字。如果一个环节出现差错,那么物证的同一性就可能会被破坏。

我在某地办理一起销售伪劣产品案件时,法警当庭从一个闲置的办公室拿来一个敞开的白色大塑料袋,然后从中拿出了几个没有任何包装和标识的白色散装口罩,让当事人通过远程视频进行辨认。这个辨认行为,被我当场制止。因为从一个没有任何封存措施的、开放的塑料袋里面拿出几只没有任何特征、没有任何标识的口罩进行辨认,根本无法确认物证的同一性。同一性无法辨认也不能确认,无法证明当庭出示的口罩就是当事人所销售的口罩。我当庭要求说明这些口罩的来源、交接手续和保管手续。类似的情况在司法实践中并不少见,原因之一是有些办案人员还未形成严谨的物证保管意识。

## 三、书证的审查要点

### (一)两个层次的真实

对于书证,不能简单地给出真实或不真实的意见。审查书证真实性时,一定要区分两种性质、两个层次的真实性。

(1)**形式真实性**。简单来说,形式真实性主要包括4个方面:书证本身并非伪造、签名和印章是真实的、确系相关人员出具、确系相关人员的真实意思。只要符合这4点,我们就可以说这份书证具有形式真实性。比如检察官当庭拿出一份公安机关出具的情况说明,初步审查发现:情况说明有加盖办案单位的公章,有承办民警签字,属于原件,那么基本可以确认该份书证在形式上是真实的。

(2)**实质真实性**。实质真实性要在形式真实性基础上更进一步,其指向书证内容是客观真实的。比如前面所述的那份情况说明表述了一个事实,但如果这个事实跟在案其他证据存在矛盾,那么其内容就未必是真实的,也即形式真实不代表内容真实。律师在审查和质证的时候，要注意把这两种形式的真实区分开。

## （二）公文书证的审查要点

有一种特殊类型的书证叫公文书证。公文书证是由公权机关出具的，在法律属性上争议比较大，但是在司法实践中效力较高。因此，审查公文书证比审查其他书证要更为复杂。在此，我总结了6个方面的审查要点。

（1）**是否为原件**。公文书证是否为原件至关重要。如果是复印件，必须要仔细核对跟原件是否一致。

（2）**是否加盖公章及经办人员是否签字**。比如有关部门出具的履职证明、离婚证明、出生证明、死亡证明等，一定要有出具机关加盖的单位公章，有时还需要经办人员本人签字。这里的单位公章不是指单位内设部门的印章，比如我在代理一起贪污、职务侵占案中，单位出具了好几份情况说明，但加盖的分别是党支部、办公室和业务一部的印章。严格来说，这样的印章不能代表单位，不具有法定证明效力。

（3）**是否超越法定职权**。对公文书证要结合行政法律法规进行实质性审查。比如我代理的一起组织、领导传销案中，当地市场监督管理局出具了一份书面证明，直接认定该企业经营行为属于违法传销，并且直接认定我的当事人涉嫌组织、领导传销活动罪。市场监督管理局出具的证明毫无疑问是一份公文书证，但其证明效力需要看市场监督管理局是否有相应的法定职权。如果市场监督管理局对涉案企业作出行政处罚，处罚根据是国务院发布的《禁止传销条例》或者市场监管总局的一系列部门规章，此时认定市场监督管理局出具的公文书证是行政处罚决定书，当然是没有超越其法定职权的。但行政法意义上的传销和刑法意义上的传销，在外延和内涵上并不相同，后者的范围要远小于前者。构成行政法意义上的传销，是构成组织、领导传销活动罪的必要条件而非充分条件。因此，市场监督管理局出具证明直接认定当事人涉嫌犯罪显然超越了法定职权。超越法定职权的公文书证是没有证明效力的。

(4)是否超出专业能力范畴。公文书证虽然由公权机关出具,但不代表公文书证无所不能,超出相应专业技术范畴的证明不具有证明效力。我曾代理的一起非法收购珍贵濒危野生动物制品案,侦查机关以情况说明的形式证明当事人口供中提到的熊掌是真熊掌并且是棕熊。在这起案件中,并没有查获到实物熊掌,第一个购买熊掌的人已经去世,后面经手的人对熊掌的描述非常模糊和概略,从口供中根本无法确定所谓熊掌的生物学特征。没有实物,没有鉴定,讲不清来源,案涉人员口供中提到的熊掌的真伪和种属,不应当由侦查机关以情况说明的形式直接认定。从专业的角度来讲,普通老百姓口供中提到的熊掌不等于生物学意义上的熊掌,更不等于法律意义上的珍贵濒危野生动物。类似这类专业问题,应当由专业人员进行认定,因为这类问题超出了侦查机关的专业知识范畴。

(5)出具机关跟案件是否存在利益冲突。司法实践中,经常碰到的一种情况是,侦查机关出具情况说明,证明办案单位和办案人员在侦查办案过程中严格依法依规,不存在刑讯逼供,不存在非法取证。侦查机关证明自己没有刑讯逼供、非法取证,这样的公文书证明显涉嫌利益冲突。有时候,某公权机关本身就是案件的一方当事人或者跟案件处理结果存在重大利害关系,此时由其出具的公文书证在可信度和公信力上就会大打折扣。比如我代理过一起非法占用农用地案,当地国土部门出具情况说明用以证明其下属人员出具的测绘报告是准确的,站在法理的角度,因为涉嫌利益冲突,法院对这种证据应该慎重对待、慎重采信。

(6)是否包含行政确认。比如道路交通事故责任认定是一种典型的行政确认;又如药监局出具证明,认定涉案药物是假药;还如烟草主管部门出具证明,认定查获的香烟是假烟;再如证监会出具认定函,证明某项信息属于内幕交易犯罪中的内幕信息。这些例子中,公文书证都包含行政确认的性质。要推翻这些公文书证的效力,仅在法庭上提出质证和反对意见是不够的,有时还需要另行启动行政复议、行政诉讼等行政程序。有的律师在代理危险驾驶案时,对抽血等行政强制措施提起了行政诉讼,主张强制抽血行为存在程序和实体违法。我在代理一起诈骗案时,也曾对其中的一项公文书证出具主体提起行政诉讼。最终,检方主动撤回该份证据,不将其作为指控的根据。

### (三)公证书的审查要点

公证书是一种特殊的公文书证。在刑事案件中,公证书的运用没有民商事案件那么广泛,但是在涉及刑民交叉类案件中仍然十分常见。对公证书的审查要注意以下3点。

(1)审查公证书是结果公证还是过程公证。有一种观点认为,经过公证的都是客观的;除非能拿出反证,否则公证书的证明力不容置疑。这其实是一种误解。即便是公证书,也要研究公证的方法和内容。如果仅是结果公正,而不是过程公正,那么不代表公证内容一定是真实的。因为结果公证的含义是,公证员当时确实看到了或者听到了相关内容,但这些内容是如何形成的,公证员并不知情,公证书也不能给予任何解释。

举个例子,微博中有人发表涉及侮辱罪、诽谤罪的网帖,被他人公证保全并被刑事自诉。假设A写了一条微博,被B转发和评论,公证的是B转发和评论的内容。但大多数用过微博的人都知道,B在转发和评论A的微博时,是可以对A的微博内容进行编辑、修改的。如果A的原微博已经删除,那么显示在B的微博下面的A的言论很可能并非A自己的言论。如果没有事先公证A的微博,而只是公证B微博中的转发、评论,那么拿这份公证书去对A进行刑事自诉是不可能胜诉的。因为公证书只公证了结果,但不能证明过程,不能证明B转发的A的微博究竟是A的创作还是B自己修改创作的。

结果公证,不能解决证据的同一性问题。假设证据已经被调包,或者呈现在公证员面前的只是一个赝品,假设眼前证据的同一性已经被破坏,那么公证也是于事无补的。

(2)审查公证书是事实公证还是法律公证。这两种公证在证据效力上是完全不一样的。事实公证的证据效力较高,法律关系公证在证据层面的效力几乎为零。我办理过一起非国家工作人员受贿案,一位银行高管辗转十几手,最终将受贿款转到了前妻的银行账户上。该银行高管以双方已经离婚、婚前做了财产公证且约定双方财产各自独立为由,试图主张该笔资金跟自己没有关系。我告诉他,这种观点是不能成立的。刑法上要看的是,行贿人行贿的对象究竟是谁。这笔钱最终打到哪个账户不是重点,婚前财产公证约定双方婚后财产各自独立也不是重点,重点是打款到哪个账户是由谁的意志决定的。如果该笔钱款最终转到前妻银行账户是出自该银行高管的意志,那么转账只是该银行高管自己的处分行为。

(3) 公证书不能阻却犯罪。一般而言,公证书是当事人行为合法、真实、自愿的证明。但是刑事案件讲究穿透审查,注重实质、内在。所以有些法律行为,虽然存在公证书,在民事案件中可以胜诉,但当遇到刑事指控却未必能起到阻却犯罪的作用。我代理过一起涉黑案件,该案中当事人涉嫌以套路贷的形式实施犯罪。在该案中,当事人签的每一份借款合同和每一份抵押担保合同,都是跟相对方一起去公证处做过公证的。但刑事立案后,相关人员纷纷在公安机关的笔录中声称,签署相关合同时不是自愿的。公安机关的询问笔录可以推翻公证书的效力,也可以推翻当事人此前在民事案件庭审中的陈述。刑事口供的这样一种效力碾压,在法律上是否合理当然值得探讨,但也证明了公证书不能阻却犯罪。

## (四) 私证文书的审查要点

所谓私证文书,顾名思义,是非公权机关的私营单位出具的书面证明材料。比较典型的有以下 4 种。

(1) 单位出具的刑事报案书。比如企业举报员工涉嫌职务侵占或者单位举报员工涉嫌非国家工作人员受贿,往往会出具加盖单位公章的刑事报案书。

(2) 情况说明或证明。单位应侦查机关的要求,出具书面证明。比如证明某人在公司的任职期间、公司职务、岗位责任等,证明单位的财务情况、单位的内部规章制度、单位对商业秘密采取了哪些保密措施等。

（3）**单位决定或决议**。比如单位的股东会决议、开除通知、解除合同函等。

（4）**案件意见函**。单位给办案单位发函，要求对当事人从严从重处罚或者从宽从轻处罚。我曾经办理的一起案件，单位就给司法机关出具了意见函，要求从严惩处。还有一起虚假诉讼案件，我通过积极和被害单位沟通，取得了被害单位出具的谅解书。

私证文书本质上是单位单方面的自书证明材料，本质上是一种经办人出具并经单位认可的证人证言。由于没有公权力加持，其证明效力低于公证文书和侦查笔录。

## 四、辨认笔录的审查要点

我做检察官的时候，看过美国俄亥俄州前检察总长吉姆·佩特罗的著作《冤案何以发生：导致冤假错案的八大司法迷信》。我后来专门写了一篇书评，发表在一本法学杂志上。根据这本书的描述，美国很多冤案之所以发生，就是因为辨认错误。通过从诸多的冤假错案中吸取经验教训，美国的许多州确立了辨认制度的两大核心原则：第一个是现场辨认原则。证人、被告人和被害人，由法庭组织进行当场辨认。第二个是逐一辨认原则。跟逐一辨认相对应的是集体辨认。比如在一起贩卖毒品案件中，一次性出现10个人，让贩卖毒品的人从这10个人中辨认出有没有交易下家以及哪个是交易下家。这就是集体辨认，让辨认对象集体出现。所谓逐一辨认，就是让这10个人逐一单独出现，每出现一个人都要求辨认者直接作出判断，这个人是不是交易下家。集体辨认需要从10个人选出1个人，可以对这10个人进行反复的比较和辨认，并且存在一种心理暗示，即肯定属于10个中的某一个。逐一辨认必须对每次出现的那个人作出独立的判断，没办法比较，且没有任何心理暗示。由此可见，逐一辨认的难度更大，准确度更高。

我们国家目前的辨认主要是由侦查机关组织的。除了对作案地点的辨认可能要去现场，对人的辨认大多是辨认照片。而且辨认照片不是逐一进行的，而是一次性拿出 10 张照片，让辨认人从 10 张照片中间选择。一次性出示 10 张照片会造成一种暗示，10 个人当中肯定有 1 个是正确选项。加之年龄、体貌特征等区分因素，实际选择范围可能更小。比如实际上，辨认人可能根据一些特征进行排除，然后仅需要从 5 张照片中选择 1 张。如果是逐一辨认，那么出现在面前的只有 1 个人的照片，面对每张照片辨认人都需要作出是或不是的判断。

对辨认笔录的审查，目前在我国司法实践中还是一个弱项。多数辩护律师关心的可能只是有没有辨认笔录，对于辨认笔录的合法性和真实性的审查，投入的注意力并不是太多。我总结了以下 6 个关于辨认笔录的审查要点。

（1）是否自主辨认。很多辨认实际上是在暗示、诱导之下进行的。比如面对 10 张照片，假设辨认人指认错误，侦查人员可能会在身边暗示：再想想、再看看。侦查人员这样一暗示，辨认人可能很快就会换人。总共就 10 张照片，通过这样的剔除和筛选，很容易就能辨认成功。这实际上并不是自主辨认。

（2）是真人辨认、实物辨认还是照片辨认。一般来说，真人辨认和实物辨认的效力更高。照片辨认中的照片不仅要符合真人和实物的特征，而且要尽量和案发时的情况相符。比如让犯罪嫌疑人辨认 10 年前的 1 名被害人，那么照片应当尽量选择 10 年前的照片。

（3）辨认对象的数量是否合乎规定。根据公安部发布的《公安机关办理刑事案件程序规定》：辨认犯罪嫌疑人时，被辨认的人数不得少于 7 人；对犯罪嫌疑人照片进行辨认的，不得少于 10 人的照片。辨认物品时，混杂的同类物品不得少于 5 件；对物品的照片进行辨认的，不得少于 10 个物品的照片。当然，如果辨认人能够准确描述物品独有特征的，陪衬物不受数量的限制。

（4）辨认对象是否有足够的区分度。如果没有区分度，辨认就没有意义。比如 10 张照片中，仅有 1 人是黑人，其余要么是白种人要么是黄种人。如果案件凶手是一个黑人，那么这样的照片辨认就毫无意义。又如 10 张照片中，仅有 1 人是卷发,其他人虽然要么短发要么长发但都是直发,而被害人恰恰是卷发,那么这样的辨认也是没有意义的。关于辨认对象的区分度问题,公安部发布的《公安机关办理刑事案件程序规定》的规定很笼统,仅要求"应当将辨认对象混杂在特征相类似的其他对象中",至于何谓"特征相类似"并没有具体规定。律师在审查辨认笔录的时候,一定要审查辨认对象是否具有足够的区分度。我代理过的一起案件中,嫌疑人是学校老师,组织学生进行辨认时,辨认照片中仅有1人是该校老师,其余照片均跟学校无关。这种辨认对象的区分度明显不够。

(5) **辨认是否符合记忆规律和认知规律**。我担任检察官期间,在审查一笔贩卖毒品交易中,发现该次辨认违背记忆规律,最终没有将该份辨认笔录作为指控的证据使用。我担任律师办理案件过程中,对一起敲诈勒索案中的辨认笔录提出质疑,申请法院重新组织辨认,最终法院否决了该份辨认笔录的效力并且直接判决敲诈勒索罪的指控不能成立。

要区分两个概念:重复辨认和重新辨认。在前文所述案件中,我申请法院重新组织辨认,但后来组织的辨认我认为不属于重新辨认,而属于重复辨认。有3点原因:其一,组织辨认的主体没有改变。原来是由公安机关组织的,后来还是由公安机关组织的,甚至具体经办人员都没有改变。其二,辨认方式没有改变。原来是照片辨认,后来还是照片辨认。实际上,该案完全具备真人辨认的条件。因为被害人、证人先后都出庭参加了诉讼。其三,辨认对象没有改变。第一次辨认使用的嫌疑人照片,第二次使用的还是原来的照片。同样的照片使用两次,明显已经被污染。最终法院认可了律师的辩护意见,在判决中没有援引这两份辨认笔录。

(6) **主持辨认的过程是否符合规定**。根据规定,辨认必须要在侦查人员的主持下进行,并且侦查人员不得少于2名。侦查人员不得在辨认前向辨认人展示辨认对象及其影像资料,不得给辨认人任何暗示。对辨认经过和结果,应当制作辨认笔录,由侦查人员、辨认人、见证人签名。必要时,还应当对辨认过程进行录音录像。因此,刑事律师在审查辨认笔录时,可以重点审查是否有同步录音录像、见证人是否真实见证、见证人跟案件是否存在利益冲突等。

## 五、鉴定意见的审查要点

实践中，大多司法机关对于鉴定意见存在专业依赖，认为鉴定意见是专业结论，对于鉴定原理和鉴定过程很少去做深入理解。因此，如果辩护律师能够对辩护意见进行实质性审查，特别是如果能找到鉴定意见中的"硬伤"，进而能够推翻鉴定意见，那么很可能可以达到"釜底抽薪"的辩护效果。千万不要认为鉴定意见坚不可摧，司法鉴定领域也可能存在不少问题，只要律师愿意花时间、花精力、花功夫，辅加掌握足够的专业知识和审查技巧，很多鉴定意见都能从中找到问题和漏洞。

我代理过一起案件，检方指控集资诈骗和非法吸收公众存款两个罪名。如果集资诈骗罪名成立，该案案涉金额高达十几亿元，刑期很可能就是无期徒刑。好在我们抓住了该份鉴定意见的致命漏洞，在法院环节申请法院重新鉴定，并且被法院采纳。这起案件的侦查卷宗中，存在一份司法会计鉴定意见和一份资产评估报告。从逻辑上讲，应当先有资产评估报告，将各类非货币资产折算成人民币，然后在此基础上计算公司的总资产和总负债。但是这起案件中，司法鉴定意见出具的时间竟然早于资产评估报告出具的时间，而且资产评估报告中还有大量的漏评错评。法院组织重新鉴定和重新评估后，根据新的鉴定意见直接判决集资诈骗罪不成立。最终我的当事人以非法吸收公众存款罪被判刑。这次的成功辩护，主要就是通过对鉴定意见的专业审查和有力质证来实现的。

### （一）对鉴定意见的形式审查

对鉴定意见的审查，首先是形式审查。如何进行形式审查？《刑事诉讼法》和相关司法解释的规定当然要熟悉和掌握，但仅把这些规定照搬出来是远远不够的。我根据司法实践和办案经验，总结了以下13个需要重点审查的要点。

（1）**是否属于法定的鉴定种类**。是声纹鉴定还是价格鉴定？是司法会计鉴定还是精神病法医鉴定？首先要搞清楚鉴定种类，判断是否系法定的鉴定种类。在此基础上，再根据该种类的鉴定规则进行审查。

（2）**鉴定机构是否具有资质**。拿到一份鉴定报告，需要习惯性地到司法部的官网或者其他主管部门的官网查询该鉴定机构有没有鉴定资质。虽然只有法医、物证、声像资料等4类鉴定的鉴定资质需要司法部统一进行登记和管理，但不代表其他种类的鉴定就没有鉴定资质的要求。我代理的一起案件中，经审查发现其中一个鉴定事项超出了鉴定机构的资质范围。凭借这一点，成功申请到鉴定人员出庭作证。最终法院虽然仍然把鉴定意见作为证据进行了使用，但并没有采纳超出资质范围的那一项鉴定意见。有的鉴定机构需要年审，需要关注该机构有没有通过年审以及该机构有没有受到过监管处罚。我曾代理的一起涉黑案，鉴定意见大多没有机构公章而只有个人签名。但很显然，鉴定必须由机构进行而非个人进行。

（3）**鉴定人员是否具有鉴定资质**。不要想当然地认为凡是鉴定意见中的鉴定人就一定有鉴定资质。拿到一份鉴定报告，需要习惯性地去查询鉴定人员的资质，包括有没有资质、哪个部门授予的资质、获得资质的时间、资质是否仍然有效等。我在代理的数起案件中，都发现部分鉴定人员没有资质。我几年前办理的一起案件，鉴定报告载明前后共5个人参与了鉴定，但其中只有2个人有鉴定资质，另外3个人都没有鉴定资质。我代理的一起涉黑案件中，2个公安民警出具了法医鉴定意见，而2人从始至终都没有获得过法医鉴定资质。

（4）**检材是否真实、完整、明确**。此处的真实性包括同一性。鉴定意见关于检材的描述存在含混不清的情形，可能表述为侦查机关提供的资料、涉案单位提供的财务资料，有时候还会使用兜底表述"其他与案件有关的材料"。这样的表述，让人根本不知道鉴定究竟是根据哪些检材作出的。检材的内容、范围不明确，检材的真伪同样无法确定。举一个我代理过的真实案例：当事人涉嫌职务侵占罪,公安部发布了红色通缉令,将其从加拿大引渡回国。公司指控其第二大股东,即我方当事人有职务侵占行为,我方当事人辩解称其曾经利用个人银行账户为公司采购过大量原材料,并且在其他事项上利用个人银行账户帮公司进行过大量垫款。对此,我方当事人整理和提交了大量的银行流水进行佐证。很显然,判断我方当事人是否存在职务侵占的行为,除主观故意外,最重要的就是要审查其与公司之间是否存在未结的债权债务、是否存在利用个人资金为公司进行结算或垫付的情况。在这起案件中,有关部门进行了司法会计鉴定。但如前所述,鉴定检材言之不详,无法判断鉴定机构是否掌握公司和我方当事人的完整银行账户和完整银行流水。像这种司法会计鉴定,必须要把检材写得清清楚楚、明明白白,不能够简单地记载为公司的财务资料。否则,所谓的鉴定意见根本无法回应真实的争议和分歧。

(5) **检材的来源是否合法**。一般而言,检材必须由司法机关依法收集和依法提供,而不能由鉴定机构自行获取。除非是在某些特殊情况下,比如痕迹提取和痕迹鉴定需要鉴定机构自行现场取材。因为收集检材属于侦查活动,鉴定机构不是侦查机关,没有收集证据的权力。此外,鉴定机构自行获取检材,会使鉴定过程变成一个自我封闭、失去监督制衡的过程,可能容易被别有用心的人滥用。如果由鉴定机构去鉴定一包粉末是否是毒品,而该粉末又由鉴定机构自己收集和获取,那么极有可能发生栽赃陷害。我代理过一起滥伐林木案,据以鉴定的检材是卫星图片。但这张卫星图片不是侦查机关提供的,而是鉴定机构自己去购买的。作为一家鉴定机构,自己去购买检材,然后自己进行鉴定,这根本无法确保鉴定的中立、客观。根据《司法鉴定程序通则》的规定,谁委托鉴定,谁负责提供检材,鉴定机构只能根据委托人提供的检材进行鉴定。

(6) **检材是否为原始材料**。司法鉴定的检材必须是第一手的、原始的材料,而不能是传导的、二手的材料。我代理过一起集资诈骗案,起初是两个辖区的公安机关各自侦查,每个公安机关都委托了一家鉴定机构进行鉴定。后来该案被合并移送到第三地管辖,重新委托了第三家鉴定机构进行鉴定。第三地公安机关并没有提供企业原始的财务资料,而是提交了从前两家鉴定机构处复制的材料和前两家鉴定机构出具的鉴定意见。很显然,第三家鉴定机构完全根据前两家鉴定机构的检材复印件和鉴定意见出具鉴定,这属于对鉴定的鉴定,显然不符合规定。

(7)**电子数据的提取和保管是否符合规定**。简单来说,主要从4个方面进行形式审查:其一,是否扣押、封存存储介质。其二,是否计算电子数据完整性校验值。其三,是否冻结电子数据。电子数据经过技术冻结,后面就无法修改。其四,是否对收集、提取电子数据的相关活动进行全程录像。

(8)**鉴定依据是否有效**。我代理过的一起传销案,鉴定机构将一份财政部早已废止的文件作为鉴定依据使用。我代理过的一起交通肇事案,关于车距和车速的鉴定,也是使用的陈旧作废的标准。因为鉴定意见长期没有受到有效的司法审查,导致一些鉴定机构知识不更新或者简单地套用模板,对相关标准的更新反映不及时。我代理过的一起交通肇事案,一审判决虽然承认鉴定依据已经作废,但同时强调该依据曾经被长期使用,因此仍然具有参考价值。这个理由当然是值得商榷的。鉴定依据之所以要更新完善,就是因为原来的依据存在漏洞或问题。既然依据已经作废,那么根据作废的依据作出的鉴定,法律上当然不能直接采信。最终那起案件,虽然法院作出了有罪认定,但判决免予刑事处罚,相当于在量刑层面对鉴定意见的问题进行了弥补。

(9)**鉴定事项是否超出委托范围**。关于这一点,司法部的《司法鉴定程序通则》有明确的规定。我在某省份办理过一起案件,委托鉴定范围是两家公司,但鉴定报告中却出现了第三家公司的数据,并且将第三家公司的数据也计算进了犯罪数额。我曾代理的一起非法占用农用地案,委托鉴定的范围是非法占用农用地的面积,但是鉴定意见里面却出现了耕地毁坏程度的内容。很显然,耕地毁坏程度和耕地毁坏面积是两个性质完全不同的鉴定,对鉴定机构的资质、专业能力要求以及鉴定方法、鉴定依据都完全不同。超出委托范围的鉴定意见是没有证据效力的。

(10)鉴定事项是否超出专业范围。有些鉴定事项,虽然没有超出委托范围,却明显超出了鉴定机构的专业范围,这样的鉴定意见同样是无效的。我代理过的一起传销案,司法会计鉴定报告里边公然写着该公司是一家传销组织,鉴定事项包括传销组织的组织结构。很显然,一家企业是不是一个传销组织,是需要司法机关依法进行认定的,一家会计鉴定机构显然没有这样的职权和专业能力。至于传销组织的组织结构,虽然跟财务数据有一定的关联,但绝不是一个单纯的财务会计问题。因此,司法会计鉴定机构根本没有相应的专业能力去识别和判断一个传销组织的组织结构。

(11)鉴定意见是否明确。有些鉴定机构出具的结论不明确、不具体、不唯一,出现模棱两可或存在各种不同解读的可能。这种或然性的鉴定意见,或许是由客观条件限制所导致,但其在证明效力上是很低的,要防止司法机关将或然性的鉴定意见当作确定性的鉴定意见去使用。还存在另外一种截然相反的情形,原本只能作出或然性的结论,但鉴定机构却给出了确定性的结论。还有一种附条件的鉴定,即满足一定的条件或者委托机关能确保检材真实,结论才能成立的鉴定意见。这种鉴定实际上也是违反《司法鉴定程序通则》的。因为如果检材真实性无法确保,鉴定机构根本就不应当接受委托,也不应受理鉴定。类似上述3种情况,违背了基本的鉴定要求,需要重点进行审查和质证。

(12)鉴定机构及鉴定人是否应当回避。回避,在司法实务中是一个提出申请比较容易,申请成功比较难的问题。因为实践中提出回避申请往往缺乏足够的证据和充分的理由。律师在审查时,可以重点关注司法鉴定机构和司法鉴定人员跟案件结果或办案单位之间是否存在利益关联,可以根据鉴定意见判断鉴定过程是否中立、客观。我代理过一起污染环境案,鉴定机构同时是涉案企业后续污染的治理单位,也即鉴定出来的修复成本越高,该鉴定机构的后期利益越大。这就属于明显的利益绑定,可依此申请鉴定机构回避;而这家鉴定机构出具的鉴定意见,因其存在利益冲突,不应被直接采信。

(13)有无加盖公章及签名。司法鉴定是单位行为,出具主体是单位,因此必须加盖单位公章。司法鉴定又是司法鉴定人员具体实施的,因此又必须由司法鉴定人员签字。公章和签字必须同时具备,缺一不可。我在代理一起非法集资案时,遇到过卷宗中 5 份鉴定意见仅有 3 份加盖公章的情况。我代理过的一起故意杀人案,多份鉴定要么只有鉴定人签字而没有鉴定机构盖章,要么只有鉴定机构盖章而没有鉴定人签字。我代理过的一起涉黑案件,存在大量个人出具的鉴定意见。这种没有加盖公章或者没有鉴定人员签名的鉴定意见,肯定是不符合证据的法定形式要件的。如果不能进行有效补正,这样的鉴定意见是不能作为定罪证据使用的。

## (二)对鉴定意见的实质审查

对鉴定意见除了要进行形式审查,更重要的是要进行实质审查。实质审查比形式审查更加复杂,它要求辩护律师真正理解鉴定方法和鉴定逻辑,能够知道鉴定数据是如何运算的,能够知道鉴定意见是如何形成的。实质审查还要求辩护律师,全面掌握该类型鉴定的相应规范和标准,能够对照规范和标准对鉴定意见进行核对和评价。实质审查主要审查鉴定方法是否合理,鉴定程序是否科学,鉴定意见是否正确、准确等。实质审查没有万能公式,需要结合案件的特点去进行有针对性的审查。下文将以我自己代理的真实案例进行说明。

(1)案例一:提供虚假证明文件案。其中的房产价格认定明显偏离辩护律师调查后的市场行情。价格认定在司法实践中是按照司法鉴定的标准去审查的。价格认定有 3 种比较流行的方法:成本法、收益法和市场比较法。该起案件中,价格认定部门使用的是市场比较法。市场比较法实际上和 3 个因素密切相关,分别是可比交易实例、可比参数选择和参数修正指数。

用市场比较法认定一套房屋在市场上的价格,首先需要选择至少 3 套房屋作为可比交易实例。选好可比交易实例以后,需要设定可比参数,比如房屋的位置、地段、面积、楼层、装修情况、抵押物情况、担保情况、租赁情况等。在此基础上,根据前述参数对可比交易实例房屋和案涉房屋进行逐项比对,确定参数修正指数。比如把可比交易实例的租金参数设定为1,如果案涉房屋的租金只有可比交易实例租金的八成,那么案涉房屋的租金参数修正指数就是0.8。简单来说,拿可比交易实例作为基准和参数,如果案涉房屋的户型更好就把相应的参数修正指数往上调,如果案涉房屋的装修更差就把相应的参数修正指数往下调。通过加权计算所有的参数修正指数,得出一个最终的总的参数修正指数。然后将该可比交易实例的市场价格乘以总的参数修正指数,就得出了该可比交易实例下的案涉房屋的市场价格。由于选择了多个可比交易实例,还需要进一步计算市场价格的平均值。

弄懂了市场比较法的价格认定原理,对价格认定的实质性审查就有了思路。为了判断案涉房屋认定价格是否合理,我们从公开的中介 App 中收集了同小区近几年的成交均价和房价走势。在此基础上,我们又申请价格认定人员出庭作证。在法庭上,价格认定人员对辩护人的发问基本上是一问三不知。在我的追问下,价格认定人员承认他未曾进行过实地考察,甚至未曾进入过案涉房屋。众所周知,实地考察是价格认定的基本要求。该份价格认定报告言之凿凿地载明,在认定价格时合理考虑了房屋的装修情况、租赁情况、产权负担情况等,但实际上在我当庭问及房屋的上述情况时,价格认定人员对其一无所知。很显然,该份价格认定在程序上和结论上都经不起推敲。经由对市场比较法的原理认知,再加上有计划、有策略的法庭发问,对该份价格认定的审查就进入了实质层面。

(2)案例二:滥伐林木案。鉴定方法主观性太大,与客观情况不符。因为是十几年前的事情,甚至连树桩都已经灭失,伐木数量只能通过卫星图片进行鉴定。具体方式是:通过历史卫星图片反推这个地方原来林木的数量,并跟现在树木的数量进行比对,两者相减得出滥伐林木的数量。类似这种林木面积鉴定,在司法实践中遇到的比较少,辩护律师不能仅满足于阅看鉴定意见,而是要认真阅读鉴定报告全文,搞懂鉴定原理和计算公式。我是二审介入辩护的,二审庭前就对一审的鉴定报告进行了深入研究,指出了一审鉴定报告中存在的近 30 处错误。在此基础上,我申请二审法院进行重新鉴定。二审法院同意了我的申请,并且委托一家新的鉴定机构进行了重新鉴定。鉴定意见相比一审,减少了大约一半。尽管如此,二审鉴定报告依然存在许多问题。

既然是实质审查,就要根据鉴定检材、鉴定方法、鉴定程序等要素,顺着鉴定报告的行文和逻辑去寻找和发现其中存在的漏洞。针对这份新的鉴定,我们成功申请到了鉴定人出庭作证并当庭提出了数十条的质证意见。现摘录几条最主要的意见。

其一,鉴定资质缺失,5个人参与鉴定,只有2个人有鉴定资质,另外3个人没有鉴定资质。

其二,鉴定机构自行获取检材程序违法,丧失应有的客观中立。鉴定机构所使用的卫星图片是鉴定机构自己去市场上购买的,且未经司法机关审查确认。鉴定机构不符合现场提取检材的规定。

其三,卫星图片的购买合同没有加盖公章,真实性存疑,检材的真实来源存疑。

其四,卫星图片的年份和拍摄时间是鉴定机构自行标注的,卫星图片的真实拍摄时间和形成时间不明。

其五,卫星图片属于电子数据,提取方式违法,传输方式存疑,同一性不能确定。卫星图片是电子数据,要通过一定的技术才能还原成图片。关于检材的传输方式,鉴定人回答前后矛盾。鉴定报告记录是用光盘刻录,当庭说是用U盘,在辩护人追问下又改口称是通过邮箱传输。使用邮箱传输检材本就违反司法鉴定规范,况且经辩护人要求,无法具体说明是哪个邮箱,也无法向法庭出示邮件。

其六,卫星图片判读缺乏国家规范,完全依赖经验和肉眼,主观随意性极强。卫星图片并不能直接显示哪些区域是林木,卫星图片的分辨率达不到那样的精确程度。卫星图片呈现的只是某个区域的颜色,由鉴定人员根据肉眼识别哪块颜色对应的是林木,哪块颜色对应的是沼泽或草地。这个把卫星图片颜色转化为林地或草地的过程,完全取决于鉴定人员的认知,主观性极强,误差极大。辩护人当庭向鉴定人员出示几种不同的颜色,要求其当庭判读哪些是林地,被其无理拒绝。结合一审的卫片判读和二审的卫片判断,结论相差悬殊,更加凸显该鉴定方法缺乏严谨性和科学性。

其七,类地、标准地选择不标准。鉴定原理是,根据对历史卫星图片的判读,确定案涉地块当年或当初哪些地块属于林地,进而计算出案涉地块当年或当初的林地面积。但是林地面积仅是指被林木覆盖的土地面积,不能直接等同于林木数量。这时,需要选择跟案涉地块地形地貌特征类似的类地,再从类地中选择一块标准地。通过现场勘测标准地中的林木数量,结合林地面积计算出林木蓄积,通俗一点可以理解为单位林地面积内的林木数量。然后将该数字直接套用到案涉地块头上,用案涉地块的林地面积乘以标准林地的林木蓄积,再用林木生长率和林木生长年限进行还原和折算,就可以得出案涉地块当年的林木数量。由此可见,类地和标准地的选择极其重要。但本案中,标准地的选择标准不清楚,标准地的选择数量不符合规定,林地产权人书面证明案涉地块地形特殊跟选择的标准地地形特征差异很大,不具有相似性和可比性。这种情况下,直接套用标准地的林木蓄积率是不客观的。

其八,经过辩护人现场勘察,发现案涉地块存在一处水库、一条河流和几处建筑。该几处地块原本就没有林木,但是卫片判读林木面积时却没有进行扣除。

其九,辩护人走访了多位案涉地块的知情证人,对其制作了调查笔录,均证明实际林地面积远小于鉴定意见认定的面积。

其十,鉴定意见认定的滥伐林木数量跟已经查明的林木去向、林木用途明显不符,存在明显的差值。

推翻一审的鉴定意见,成功申请到二审鉴定意见的鉴定人出庭作证,这些在司法实践中都是不容易实现的。为了做好二审的质证,我们不仅搞懂了鉴定原理和鉴定方法,指出了鉴定中存在的问题,而且通过现场勘察和调查取证的方式直接证明二审鉴定意见的结论同样不够准确。先指出问题和漏洞,动摇法官对鉴定意见权威性、客观性的信心,后提交确凿的证据直接证明鉴定意见不合理、存在错误。这就从正反两个方面,对鉴定意见实现了实体性的审查和质证。

**(3)案例三:跨境开设赌场案。**此案系公安部挂牌督办,从国内派员赴东南亚数国跨国执法成案,央视《今日说法》栏目对此案进行了专题报道。我为第一被告人辩护,对检方指控的开设赌场罪名不持异议,但对赌资金额和非法获利金额进行了独立辩护。检方指控的赌资金额为约 350 亿元,非法获利金额为约 11 亿元。经过系统研究检方的指控逻辑,特别是理解司法会计鉴定的计算逻辑,发现了检方计算方法中的错误和漏洞,提出赌资金额应当认定为 28 亿余元、非法获利应当认定为 4.4 亿余元。法院最终采纳了部分辩护观点,认定赌资金额为 180 亿元,非法获利金额为 4.9 亿余元。

检方在认定事实时进行了大量的类推。现有证据只能证明数个站点数个年份的财务数据。检方进行了两个方面的推定:一是根据数个年份的财务数据,计算出每年的平均值,然后以此推定其他年份的财务数据;二是根据该数个站点的财务数据,选择一个最低的数据推定其他站点的数据。检方的计算方法是否合理,需要拿证据和事实说话。关于第一个推定,我们通过系统研究在案证据,发现该公司的业绩呈平稳发展,早期业绩惨淡后期业绩呈爆发式增长。现有财务数据便是爆发式增长后的数据,用该平均值类推早期数据与客观情况严重不符。关于第二个推定,在案的数个站点均是总站点和主力站点,业绩远高于其他分站点。即便是数值最低的主站点,也不能简单套用到其他分站点。通过这样的反向分析,类推的不客观已经被法院确信。

接下来,我们又强调该赌场的赌资使用的是虚拟货币而非人民币,并且存在大量重复下注的情况。比如花 100 元人民币购买了 50 个虚拟币,这 50 个虚拟币可能存在多次投注和重复下注的情况。计算赌资,不仅需要把公司系统中的虚拟币还原为人民币,而且需要剔除重复投注下注的部分。除此之外,通过法庭调查,我们还查明该公司的系统经常被黑客入侵,黑客侵入系统后直接修改客户账户上的虚拟币余额。公司还通过注册返利、充值送币等方式,赠送赌客数目不菲的虚拟货币。这进一步证明,根据系统账户内的虚拟货币计算赌资可能并不准确。我们提出的方法简单易行,不论系统中虚拟币的数量或价值,直接计算源头,即赌客充值购买虚拟币的总人民币金额。

在计算非法获利金额时,同样需要综合吃透全案的证据,得出比检方更加合理可信的计算方法。就非法获利的计算,检方不服一审判决提出抗诉。虽然起诉指控和提出抗诉的非法获利金额跟上级检察院支持抗诉的非法获利金额一致,但两级检察机关的计算方法不同。基层检察院的计算方法是:先计算出数个站点的平均月获利金额,然后乘以月数推算出非法获利总额。上级检察院的计算方法是:用净利润金额除以净利润率。其中,净利润金额和净利润率都来自当事人口供。针对基层检察院的计算方法,我们重在强调类推计算的不合理;针对上级检察院的计算方法,我们重在强调该几份口供不真实、不合理。比如该赌博公司的财务数据动辄以千万或亿为单位,特别是净利润率这样的数据,需要在统计总收入和总成本的情况下进行运算,在羁押状态下很难精确地说出准确数字。分析对应的几份口供,发现只有结论数字而没有计算根据,且笔录形成时间很短,真实性不足确保。在此基础上,我们综合全案证据得出了辩方计算的非法获利金额。最终,二审法院裁定驳回抗诉,维持原判。这是一起成功的财产刑辩护案例,成功的关键就在于对司法会计鉴定的理解和对检方计算方法的理解。

## (三)审计报告与司法会计鉴定报告的区别

在一些经济犯罪案件特别是非法集资类案件中,卷宗中只有审计报告而没有司法会计鉴定报告。我认为这两者区别非常大,是不能简单替代的。在一些相对简单明了的案件中,出具审计报告或者审核报告确实可行,但是在一些重大复杂特别是存在高度争议的案件中,仍然应当进行司法会计鉴定。我总结了审计报告与司法会计鉴定报告之间存在的八大区别。

(1)**行为性质不同**。司法会计鉴定是一项司法诉讼活动,而专项审计是一种经济活动。司法会计鉴定必须经司法机关委托才能启动,而专项审计则是任何单位和个人都可以委托和启动。

（2）资质要求不同。鉴定机构应当具备司法会计鉴定资质，鉴定人应当具备司法鉴定人资质；而审计只要求具备注册会计师资质。这两种资质的颁授主体、颁授条件和监管主体都是不同的。

（3）法律依据不同。司法会计鉴定受《刑事诉讼法》《司法鉴定程序通则》等规定的约束，而审计主要依据的是《审计法》《中国注册会计师审计准则》等非刑事法律法规及行业规范。

（4）知识背景不同。司法会计鉴定的实施人要求具备一定的法律知识，而审计报告的实施人则不要求掌握法律知识。

（5）法定义务不同。鉴定人员经法庭通知有出庭作证的义务，而审计人员目前根据相关的法律规范没有这样的规定。

（6）工作方法不同。审计只需要对财务、会计报表进行数据统计和数学运算。而司法会计鉴定除统计、运算外，还需要运用证据规则进行推理，比如出现数据不一致时对数据的取舍、出现数据缺失时对数据的认定等；而对证据的法律推理与认定，单纯的审计工作无法完成。所以当一份报告中，涉及双方说法不一致，存在口供甚至财务报表之间的冲突和矛盾时，辩护律师可以直接申请法庭启动司法会计鉴定。因为这种情况，不适合进行简单的审计。一旦涉及证据的取舍和认定，就不再是一个单纯的数学运算问题，而是进入司法活动的范畴，必须要进行司法会计鉴定。

（7）工作难度不同。司法会计鉴定相对复杂，专项审计相对简单。后者适合那些案情相对简单、证据相对充分的案件，前者适合那些案情复杂、证据复杂的案件。

（8）法律效力不同。司法鉴定意见没有法定理由，未经法定程序无法推翻，而审计报告只要结论不合理即可不予采信。原因是审计报告的权威性与司法鉴定意见不同。会计师事务所出具一份审计报告就跟律师事务所出具一份法律意见类似，其权威性依赖于报告本身。司法实践中的问题是，虽然审计报告的效力跟司法会计鉴定不能相比，但是因为审计相对而言成本较低，很多办案单位直接用审计报告代替司法会计鉴定,并且赋予审计报告以司法会计鉴定的效力。如果没有切实有效的理由,审计报告的结论在实践中也很难推翻。刑辩律师可以采取的办法是,自行委托一家机构进行独立审计,可以根据该份审计报告对控方审计报告进行质证,也可以委托审计师以专家证人的身份出庭作证。

### (四)鉴定意见的审查结论

对鉴定意见的审查和质证,最后落脚点还是对案件的辩护。我曾经遇到过一位律师同行,对鉴定意见发表了一大通的质证意见,然后戛然而止。法庭不解地问这位辩护律师,你的结论是什么?你认为这份鉴定意见是否应当采信?让大家惊讶的是,这位辩护律师竟然回答鉴定意见可以采信,只是鉴定意见中存在一些程序瑕疵。类似这种审查和质证,对于案件辩护其实是没有太大意义的。我认为,鉴定意见或全案证据审查完毕后,可以有以下10种审查结论。

(1)申请鉴定。在需要鉴定又没有鉴定的情况下,可以申请法院进行鉴定。比如一把管状枪形物,如果没有鉴定,就不能认定其是法律上的枪。我曾经代理的一起虚假诉讼案,就申请法院对双方的经济往来进行司法审计或司法鉴定,最终被法院采纳。在"陕西渭南继母虐童案"中,继母孙某坚持鹏鹏是自己摔成植物人的,我书面申请司法机关启动伤情成因鉴定。经过鉴定,认定鹏鹏的伤情符合外力殴打的特征,摔伤难以形成,推翻了孙某的说法,成功追究了孙某故意伤害罪的刑事责任。

(2)申请重新鉴定。比如我代理过的一起集资诈骗案,因为成功申请了重新鉴定,最终法院判决集资诈骗罪不成立。

(3)申请补充鉴定。补充鉴定和重新鉴定不一样。重新鉴定是换一家鉴定机构出具一份新的鉴定意见,补充鉴定是由原来的鉴定机构和鉴定人员,就鉴定报告中遗漏的事项或者阐述不够清楚的事项,进行补充鉴定和补充阐述。比如"雷洋案",鉴定机构在收到我们辩护律师的法律意见书后启动了补充鉴定,针对我们的质证观点出具了补充鉴定意见书。

(4) **申请鉴定人员出庭作证**。申请鉴定人员出庭作证,必须要充分论证必要性,否则法院一般不会同意。这里的必要性,当然是指对鉴定意见提出了诸多有理有据的质疑,指出其存在诸多的问题和漏洞。比如前文举的例子,申请价格认定人员出庭作证,结果一问三不知,凸显价格认定过程的草率。申请林地鉴定人员出庭作证,当庭暴露出了检材来源不明和卫片判读、类地标准地选择主观随意性极强的问题。申请故意伤害案鉴定人出庭,当庭暴露出了其专业方向为眼科,对外科和骨科并不熟悉且其 7 天长出骨痂的说法明显违反行业共识和权威教科书等问题。

(5) **申请调取鉴定检材和鉴定内档**。律师可以提出该项申请,但法院同意的概率不是太高。如果鉴定检材的真实性、同一性严重存疑,并且如果律师强烈坚持,是有可能争取到法院同意的。即便法院不当庭出示,也可以促使法院在庭后进行了解、阅看。

(6) **申请鉴定机构撤回鉴定意见**。这个方法在司法实践中用的人不多。如果鉴定问题较多,特别是鉴定机构存在明显的程序违法,那么申请鉴定机构自行撤回鉴定意见是可行的。我代理过一起故意伤害案,该案先后由 3 家鉴定机构出具了 3 份鉴定意见,第一份附条件的认定骨折是新鲜伤,第二份直接认定骨折是陈旧伤,第三份认定骨折是新鲜伤。我们认为第三份鉴定存在明显的程序违法,便向该鉴定机构发出法律意见,要求其自行撤回该份鉴定。

(7) **申请主管机关调查问责**。有些鉴定意见的违法程度极大,这时,律师可以申请鉴定机构的主管部门进行调查问题,督促鉴定机构撤回鉴定意见,对鉴定机构及鉴定人员进行处罚或处分。我代理过的一起交通肇事案,辩护律师向鉴定机构的主管部门投诉,最终该鉴定机构被给予了行政处罚。

(8) **聘请专家出具审查意见**。申请重新鉴定被法院拒绝的情况下,律师可以聘请有资质的专家出具专家审查意见。专家审查意见不是鉴定意见,但对于启动鉴定程序或者是动摇法官对事实的认定能起到一定作用。"张扣扣案"中,我们以律师事务所的名义委托了 3 名国内权威的精神病法医学专家出具了专家意见。

（9）**申请有专门知识的人出庭作证**。有些鉴定的专业度相对较高，可能法官、检察官和律师都不太熟悉，这时律师可以聘请有专门知识的人出庭作证，辅助律师对鉴定意见进行质证。比如我在代理一起污染环境案时，因为其中涉及很多化学概念和化学过程，我们就委托了一个有专门知识的人出庭，帮助我们质证。我在代理一起故意伤害案时，就骨折是新鲜伤还是陈旧伤的问题，成功申请一名具备法医鉴定资质的律师出庭辅助作证。

（10）**申请法院不予采信**。鉴定意见对于控方而言至关重要，一旦其真实性、合理性被动摇，案件走向就可能发生变化。所以，对鉴定意见的审查和质证，最终目的或最佳目标当然是希望法院不予采信。

## 六、其他主要客观证据的审查要点

除物证、书证、辨认笔录、鉴定意见的审查外，还有以下3类比较重要的客观证据需要律师认真审查。

### （一）勘验检查笔录

（1）**地点是否属于原始案发现场**。首先，勘验检查的方位是否正确，这是最为关键的审查内容。其次，现场是自然留下的还是人为伪造的。我代理过的"山西紫藤巷凶杀案"，现场就疑似是犯罪真凶刻意伪造过的。我代理过的一起故意杀人案，原始案发地点并不明确具体，几份勘验检查笔录对应的地点，无论方位还是名称都存在差异。

（2）**勘验检查的时间距离案发时间有多久**。我代理过的一起非法占用农用地案，勘验检查笔录距离案发已经10余年，早已经不是原始的案发现场。我代理过的一起涉黑案，对矿山炸药爆破地点的勘验检查距离炸药爆破已经10余年。类似这样的勘验检查笔录实际上已经没有证明效力或者证明效力微乎其微。

（3）勘验检查笔录和扣押、提取笔录是否一致。律师在审查时，一定要结合起来对照着看。比如在一个犯罪现场，勘验检查到了5枚足印，就要注意审查最终提取到案了几枚足印，对几枚足印进行了鉴定，其中有无缺漏或增加。

（4）提取、扣押笔录和鉴定检材是否一致。我代理过的一起故意毁坏财物案，扣押清单上的电梯零部件型号、数量跟鉴定检材中的电梯零部件型号、数量存在严重不一致。后经法庭调查查明，有关部门用替代品而非原物进行了鉴定。

（5）勘验过程是否存在遗漏。我代理过的一起危险驾驶案，当事人辩解自己在车上存在二次饮酒行为，且将酒瓶从车窗扔到了马路上。公安机关的勘验笔录称没有发现汽车周围的马路上存在玻璃酒瓶或酒瓶碎渣。我们坚持要求调取勘验过程的同录，经过阅看同录发现，侦查人员只是在人行道上快速走了一遍，其间根本没有对路边草丛进行过仔细检查。没有进行检查和勘验，只能说明没有发现，并不代表现场没有。

### （二）视频或图像资料

随着监控探头的普及，视频资料在证据体系中变得越来越重要。对视频资料主要应当从以下4个方面进行审查。

（1）是否经过人为剪辑。是否经过剪辑，现在的技术手段是完全可以分辨的。这就需要律师委托技术人员进行协助，或者申请司法机关进行鉴定。

（2）是否有原始的存储介质。如果没有原始的存储介质，侦查人员必须证明视频或图像资料的确切来源。

（3）拍摄主体、拍摄时间是否清楚。我代理过的一起非法占用农用地案，现场照片的拍摄主体和拍摄时间都不清楚，没有拍摄人的签字确认，不能证明照片就是案涉的农用地。

（4）拍摄地是否是原始现场。我代理过的一起强奸案，公安机关提交了几段视频，证明被害人案发时在家中的状态。仔细观看这段视频后发现，拍摄时间不详,原始存储介质不详,拍照手机不详,不能证明视频反应的是被害人当晚的身体状态。最终该份证据未被法院采信,检察院庭后撤回了对当事人的起诉指控。

### (三)检测报告

检测报告主要是审查检测资质、检材的同一性以及检测依据。我代理过的一起销售伪劣产品案,检方根据一份检测报告认定涉案口罩属于伪劣产品。这份检测报告的核心问题是检测标准错误。我们国家的产品标准有很多种,包括强制性标准、推荐性标准、国家标准、地方标准以及行业标准等。根据我国《标准化法》的规定,产品只有违反了强制性标准才会面临刑事责任追究,而这份检测报告使用的是推荐性标准。推荐性标准是判断一款产品是否优秀的标准,而不是判断一款产品是否合格的标准。

总而言之,客观证据的证明效力一般高于主观证据,因此对客观证据的质证往往比主观证据更加重要。一旦推翻了客观证据的证明效力,辩护效果往往是非常显著的。因此,律师应当高度重视对客观证据的审查,并且要能根据客观证据的个性特点进行有针对性的审查和质证。

## 第七堂

# 如何审查言词证据

　　凡是从事过刑事辩护实务的律师,都知道口供在我国刑事诉讼中的地位。大部分案件,定罪量刑大多靠言词证据。特别是现在的审前长期羁押制度和指定居所监视居住制度,使押人取供已经成了一种侦查常态和路径依赖。侦查案件最简单、最常用、最有效的办法就是收集口供。正因为存在很强的口供依赖,在我国零口供被定罪的案件数量极少。

　　实践中,很多刑事案件辩护的焦点并不是法律适用问题,其问题出在证据上。因此,证据辩护的空间最大,成功率也最高。有争议的法律适用问题,公检法往往会内部协调,下级法院也经常会向上级请示,律师的辩护观点能否被采纳具有很大的不确定性。作为刑辩律师一定要明白,刑事辩护最主要的战场在证据。因为口供在我国刑事诉讼中的地位至关重要,因此对言词证据的审查是刑事辩护的重中之重。

## 一、言词证据审查的一般原理

### (一)言词证据审查的 3 个层次

　　(1)单份口供审查三性。三性是指合法性、真实性和关联性,最主要的是审查合法性和真实性。在审查真实性方面,重点要审查是直接证据还是间接证据、是亲历证据还是传闻证据、是确定陈述还是主观推断。

(2)多份口供主要审查口供之间的印证关系。不仅要看结论之间能否相互印证,而且要看细节之间能否相互印证。法律事实是指包含具体细节、可以推敲或查证的事实。泛泛之论,或者只有结论没有根据、只有梗概没有细节的口供,不能简单地照搬结论或轻信梗概。

(3)全案口供主要审查是否能够排除合理怀疑。既要运用正向思维审查全案证据是否确实、充分,也要运用逆向思维审查能否排除合理怀疑。所谓合理怀疑,是指符合逻辑法则、经验法则、自然法则且跟已查实的证据不存在根本性冲突的怀疑。不能把合理怀疑简单地等同于"幽灵抗辩"。合理怀疑不需要举证证明更不需要实际查实,但需要提出具体的怀疑理由或怀疑事项。提出合理怀疑是《刑事诉讼法》赋予辩方的特权。对于辩护律师而言,能否排除合理怀疑是更加重要的审查内容。

### (二)审查言词证据需要掌握4种思维方法

在前面的课程中,我专门讲述过律师应当掌握的10大法律思维方法。律师在审查言词证据时,需要重点运用其中的4种思维方法。运用好这4种思维方法,能够帮助律师在审查言词证据时抓住要害、游刃有余。如果运用不好这些思维,那么我讲述的很多审查方法就很难落地,很难转化成自己的办案能力。

(1)程序思维。顾名思义,要关注取证的合法性。很多冤假错案的背后都有刑讯逼供、非法取证的影子。作为刑辩律师,审查口供的第一步就是要审查口供是合法取得还是非法取得,是否需要申请排除非法证据。程序思维对于口供审查是至关重要的,也是能起到实际效果的。

(2)逻辑思维。有些口供,从逻辑的角度进行审查往往事半功倍。比如我代理过的一起妨害作证案,指控我的当事人在提起一项债权诉讼时,串通债务人虚增债权且让债务人当庭承认这些虚增的债权。理由是,债务人负债很多且已经转向破产程序。启动刑事侦查后,债务人口供称我的当事人对其进行利诱,如果其在法庭上承认虚增的债权,那么我的当事人会将多分得的财产返回来重新投入到债务人的企业,帮助盘活当事人的企业。债务人的口供明显违反逻辑。其一,如果用多分得的财产就可以盘活整个企业,那么企业就不会濒临破产了;其二,破产程序意味着当债权人分得财产时,企业已经破产、法律上不再存续,根本不可能用破产多分的财产反过来盘活已经破产的企业。

(3)经验思维。通俗地说,就是结合生活经验和常情常理,去判断口供内容是否合理。我代理过的一起寻衅滋事案,一名被害人口供详细描述了我的当事人如何驾车来到医院、如何从医院门口赶到病房,采取了一种全程跟拍的视角。如果被害人陈述真实,客观上要求其提前等待在医院门口且全程跟随我的当事人到达病房。可事实情况是,这位被害人当时一直躺在病房的病床上。因此结合经验常识,即可判断该被害人口供不真实。

(4)逆向思维。对于口供不能简单照搬,要带着怀疑精神去分辨口供的真伪。运用逆向思维审查口供,就是要做3件事:其一,找例外。当一份口供使用的是绝对陈述,推翻它最简单的方法就是寻找例外。只要一个例外,就能推翻整体。其二,找漏洞。真口供往往漏洞很少,假口供往往漏洞很多。可以使用归谬法和极端法去挖掘口供当中的漏洞。其三,找矛盾。真相只有一个,一个人的口供不能前后自我矛盾。一个人的口供与另一个人的口供发生矛盾,有可能一个真一个假,也有可能两个都假。

(5)4种思维的综合运用。举一个我办理的真实案例,来综合说明前述4种思维在审查口供中的运用。当事人被指控为当地的黑社会老大,其中一个证人表示,包括他本人在内的邻里乡亲都非常害怕这位当事人。为了推翻这份口供,我们提出了这样几点质证意见。

其一,这位证人的证词跟其他两位证人的证词,在很多段落上内容一模一样,甚至标点符号和错别字都一模一样,辩护人高度怀疑该份笔录的真实性和合法性。

其二，这位证人常年在外务工，几乎只有过年才会返乡，跟邻里乡亲接触很少，他根本不能代表所有的邻里乡亲。

其三，该位证人只能代表他自己，不能代表其他人。没有证据证明这位证人做过民意测验或走访调查，因此其口供中的"都"属于没有根据的胡乱夸大。

其四，辩护人经过走访邻里乡亲，制作了数份调查笔录，相关证人均表示不存在害怕当事人的问题。这些反证足以证明该份证人证言夸大其词。

其五，卷宗中有一份视频资料，检方用于证明其他事项，但辩护人根据该份视频可以看出，众多邻里乡亲在跟当事人相处时轻松自在，没有任何害怕的迹象。

### (三) 判断言词证据证明效力的 6 个标准

司法实践中，很多办案人员习惯于机械比对口供。其背后的逻辑是：所有口供的证明效力是处在同一个层面的。"因为证据种类相同，所以证明效力相同"，这其实是一个重大的认识误区。根据《刑事诉讼法》和最高人民法院《关于适用〈中华人民共和国刑事诉讼法〉的解释》，言词证据因为主体身份、证据内容和证据形式不同，所以证明效力是有高有低的。

(1) 调查笔录或侦查笔录优于自书材料。卷宗材料中经常有某个证人、某个被害人的自书材料，或者盖有公章、签名的报案书。这种自书材料的证明效力低于调查笔录或侦查笔录，因为自书材料的形成过程是不透明的，呈现出来的只是结果。特别是打印稿，真实撰写者不详，内容系在什么情况下形成的不详，是否系其自主意思表示不详。相对而言，手写体自书材料的证明效力要优于打印体，但仍然低于调查笔录或侦查笔录。调查笔录或侦查笔录的制作人可以形成某种见证。一般情况下，如果调查笔录或侦查笔录与自书材料不一致，原则上应当以调查笔录或侦查笔录优先。

(2) 有同录的笔录优于无同录的笔录。近年来，一些地方暴露出有些侦查笔录存在不如实记录的问题。有经验的刑辩律师都知道调取、阅看讯问同步录音录像的重要性。我代理的数起案件中，存在侦查人员自问自答、故意错记、漏记甚至反记的情况。如果不对照同步录音录像,仅是根据纸质笔录进行审查,那么得出的结论跟真实情况可能相差很大。因此,辩护律师应当坚持不懈地申请调取、阅看同步录音录像,如果侦查机关不提供就向检察机关申请,如果检察机关不提供就向审判机关申请,如果一审法院不提供就向二审法院申请。哪怕最终只是提供了部分的同步录音录像,也要认真地进行审查。若发现问题可指出,部分同步录音录像发现的问题,在其他没有同录的笔录中同样可能存在,进而要求将没有同录的笔录作为非法证据予以排除或者要求法院不予采信。

(3)**直接证据优于间接证据**。直接证据是能够直接证明待证事实的证据,间接证据是不能直接证明待证事实,而仅能证明待证事实真伪可能性的证据。间接证据必须和其他的证据结合起来才能证明待证事实。言词证据中,犯罪嫌疑人供述、被害人陈述和目击证人的证言一般属于直接证据。就证明效力而言,直接证据一般优于间接证据。

(4)**原始证据优于传闻证据**。原始证据可以简单地归结为亲眼所见、亲耳所听、亲自触摸或亲身经历的事实。总之,在案发现场的人,亲身的感官体验,这叫原始证据。传闻证据是道听途说、通过别人转述的案情事实。我代理过的一起案件,一所学校的副校长提供证词证明学校的课程安排。我经过审查发现,这位副校长的证词提到"根据我手头的这份课表",证明这位副校长的证词并非基于其记忆或经历,而仅是对"这份课表"的复述。问题是,这份课表是复印件,我们对其真实性并不认可,且当事人供述的课程安排跟课表不一致。因此,这份证人证言本质上仍然是传闻证据。一般而言,传闻证据必须要找到信息的源头并对信息的源头进行核实,才能具备证明能力。一份传闻证据加一份原始证据,并不能形成闭合的证据锁链,一般仍应视为孤证。

(5)**中立人士的口供优于一方当事人的口供**。人都有趋利避害的本能,习惯于夸大或虚构对自己有利的部分,隐瞒或推卸对自己不利的部分。但如果是跟案情无关的第三者,比如路过的行人等,则其证明效力往往比一方当事人更高。比如一起聚众斗殴案,甲乙双方各3个人,甲方3个人的口供一般是对甲方有利的,乙方3个人的口供一般是对乙方有利的。这时,如果有一个既不是甲方又不是乙方的证人,其证词的证明效力就高于甲乙任何一方。能跟这名证人证言相印证的口供,往往会被法官采信。

(6)专业判断优于一般判断。专业问题显然需要专业判断。虽然有些证人给出了自己的判断,但如果辩护律师经过审查发现这些证人缺乏相应的知识背景,那么仍然可以质疑其判断。两个证人,一个是有专业知识的,一个是没有专业知识的,有专业知识的人的口供在证明效力上要高于没有专业知识的人。我代理过的一起非法收购珍贵濒危野生动物案,关于一只猪蹄状的掌形物是否为熊掌,存在多份言词证据。证人绝大部分都是厨房的工作人员,因其不具备相应的专业知识,其所作的判断证明力并不高。

## 二、单份口供的审查要点

单份口供,重点在于审查合法性和真实性。关联性,一般来说很容易做直观判断,此处不再展开。

### (一)对口供合法性的审查要点

排除非法证据主要排除的是非法言词证据。因此,言词证据的合法性审查是有实际意义的。由于非法取证行为还一定程度上存在,因此律师加强对言词证据的合法性审查是非常必要的。言词证据的合法性审查,当然要根据《刑事诉讼法》和相关司法解释的条文进行逐项对应。此处,我结合办案实践经验,总结了以下最常见的关于合法性的审查要点。

(1)讯问、询问地点是否合法。根据《刑事诉讼法》的规定,询问证人应当到证人的工作单位、住所或者公安机关所在地,如果把证人拉到上述以外的地方(如看守所)去做笔录,显然是违法的。此外,询问证人应当单独进行。我在办案中遇到过这种情形,侦查人员把证人放在相邻的两个房间,然后不停地在两个房间里互相走动,并且把一个证人的证词告诉另外一个证人。类似这种情况,虽然看起来对证人是分别询问的,但其实这两个物理房间在信息互通的角度已经被事实上合并成了一个房间,属于实质性违法。

指定居所监视居住被滥用的问题,近年来已经引起了学术界和实务界的共同关注。由于指定居所监视居住缺乏必要的监督制约,且对律师会见施加了各种不合理的限制,指定居所监视居住在某种程度上已经演化成了类似留置的强制措施。我曾经代理的一起集资诈骗案,公安机关对当事人采取了长达半年的指定居所监视居住。因为当事人在当地有住所,且罪名是集资诈骗和非法吸收公众存款,公安机关没有任何指定居所监视居住的合法理由。我们据理力争,在庭前会议上申请将指定居所监视居住期间形成的笔录作为非法证据予以排除,获得了检察机关的当庭同意。这个案件的罪名,也从公安机关认定的集资诈骗罪和非法吸收公众存款罪两个罪名,变成了非法吸收公众存款罪一个罪名。

根据现有规定,被羁押以后,除非是为了指认作案地点或者存在其他特殊的正当理由,否则是不能将人带至法定羁押场所以外的地方进行讯问的,否则讯问地点违法也会成为律师申请排除非法证据的合法理由。

(2)讯问、询问时间是否合法。除非现场拘留或逮捕,否则公安机关询问、讯问的合法理由只能是传唤。传唤需要传唤证,且一般不超过12小时,最多也不能超过24小时。在24小时内,公安机关要么宣布刑事拘留、取保候审或者其他刑事强制措施,要么结束传唤、释放当事人。如果宣布刑事拘留,那么至迟24小时内应当将当事人移送看守所羁押。也就是说,如果传唤超过24小时或者刑拘后超过24小时没有移送看守所羁押,都属于严重的讯问、询问时间违法。我曾代理过一起涉黑案件,在此案中就以传唤超过24小时为由申请法院将超期传唤期间形成的口供作为非法证据予以排除,法院经过合议采纳了律师的意见,当庭宣布排除相应的侦查笔录。

(3)是否存在刑讯逼供或变相肉刑。刑讯逼供,简言之就是直接的肢体暴力。刑讯逼供现象在有些案件或有些地方仍然存在,特别是冻、饿、晒、不让睡觉等变相肉刑。司法实践中,办案人员直接动手动脚或使用械具去殴打嫌疑人的情况总体变少了。直接殴打可能会留下伤痕,且对当事人的精神强制较小,但变相肉刑往往精神强制更大且很难留下痕迹。即便日后提出排除非法证据申请,也很难提供证据。比如有些地方存在坐姿训练,让嫌疑人数小时甚至更长时间保持坐姿。比如有些地方搞疲劳审讯,长时间不让嫌疑人睡觉。如果12小时不让睡觉或许还能忍受,但如果24小时甚至更长时间都不让人睡觉,正常人都会难以承受。我代理过的一起案件,指定居所监视居住期间在嫌疑人的饭食中加盐、加花椒粉,导致食物难以下咽。虽然从形式上看,其正常提供饭食,但实际上是变相实施了挨饿等肉刑。

(4)是否存在骗供逼供诱供指供。所谓指供,就是口供的主要内容并非当事人自主供述,而是侦查人员提示甚至教唆当事人供述的。指供的危害性最大,因为它是借助当事人的口供表达侦查人员的意思。指供形成的证据链是虚假的,相互印证的证据链背后很可能只是孤证指控。我曾经代理过一起诈骗案,定罪的关键是主观是否明知。我在会见当事人时,当事人始终跟我强调行为时确实不明知,因为他只是公司的普通职员。有关人员对其实施抓捕时,发现其汽车后备厢有印制好的结婚请柬,知道当事人马上就要举行结婚典礼。办案人员据此进行诱供,如果当事人承认当时明知,很快就能释放,肯定能如期举行婚礼。反之,如果拒不承认当时明知,接下来的程序就不是一年半载所能完成的,结婚典礼的事情肯定要"泡汤"。办案人员进一步表示,就算当事人不承认也没关系,因为其他人都已经承认了,案件已经铁板钉钉,就算是当事人零口供也照样会被重判。在这种情况下,当事人信以为真,违心承认自己主观明知。但后来阅卷发现,除了当事人的口供,在案没有任何其他证据证明其在行为时就已经明知相关投资是一场骗局。

(二)对口供真实性的审查要点

除了合法性,单份口供更重要的审查重点是真实性。真实性审查要告别两种错误倾向:一是仅强调不真实,但举不出充分的理由;二是仅通过机械比对去发现口供是否不真实。此处,我结合办案经验和之前讲过的法律思维方法,总结了口供真实性审查需要掌握的10个方法或技巧。

(1)**尽量跟当事人本人核实**。我有一个办案习惯,在审查起诉环节阅完卷以后,一定要去会见当事人,跟其核对在案证据,特别是核对其本人和在案的其他口供。这是审查口供真实性最简单、最直接的方法。有人认为,口供不能跟当事人核实,因为要防止当事人翻供。这种认识是极其错误的。跟当事人核对口供不仅合法,而且必要。比如受贿案基本上是靠口供定案的,口供的真实性如果不找当事人本人核实,很多时候是根本没办法判断的。我在办理受贿案件时,除了会去看守所跟当事人核实,通常还会寻找行贿人和其他证人,对他们进行必要的调查核实。

(2)**总结口供的变化趋势**。律师不仅要研究口供发生了哪些变化,而且要研究这些变化背后的原因和规律。比如在一起案件中,当事人做了10份笔录,前3份不承认,中间5份承认,最后2份不承认。有承认的笔录,也有不承认的笔录,那么律师就要分析口供变化的时间规律,分析口供变化跟讯问人员、讯问方式、讯问地点之间有无关联,找到前期不承认和后期不承认的原因。我代理过一起申诉案,是大约30年前的案件。当事人前期的口供全部是无罪供述,始终否认自己曾投毒杀人。结果中间一段时间突然改口承认,但是到了后期又始终矢口否认。对于这样的口供变化,部分具有强烈有罪推定思维的人员,会认为当事人已经多次承认犯罪事实,前期后期翻供不过是为了逃避法律制裁。我们经过核实调查,发现当事人有罪供述都是在当事人被带出看守所,在一个办案基地里形成的。后期把当事人从办案基地提回看守所,当事人马上又改口否认。当事人声称自己在办案基地内遭遇了刑讯逼供,有罪供述是不真实的。类似这种口供变化,律师一定要洞察其趋势并且深究背后的原因。

(3)**审查证人跟案件有无利害关系**。前面举过聚众斗殴的例子。如果是当事人的亲戚朋友或者跟一方当事人有利益关系的人,那么他们对当事人有利的口供,证明力就没么高。被害人在报案的时候,有些也喜欢夸大其词,甚至可能把不是当事人做的事也想办法栽在当事人头上。这种有利害关系的人的口供,对其真实性一定要多加注意和审查。我在代理一起恶势力犯罪集团案件时发现,几乎所有指证我方当事人的同案被告人都当庭推翻了其侦查笔录的内容,唯有一名同案被告人当庭仍坚持其侦查笔录的说法。经过调查发现,该名同案被告人因为房屋拆迁款分配问题与我方当事人结怨,数年互不来往且四处诋毁我方当事人。因此,在对该名证人证言进行质证时,举证说明二人的私人恩怨至关重要。我代理的一起涉黑案中指控我方当事人在采矿时非法占用了当地村民的土地并且跟当地村民发生过一些肢体冲突。因此,在审查村民的证言时一定要考虑其与案件存在的利益冲突。

(4)**审查证人有无准确的认知和表达能力**。我曾经代理过一起故意伤害致人死亡案,我坚持作证据不足的无罪辩护,法院开完庭以后检察院撤回了起诉。该案中仅有的几份有罪口供,均是在醉酒状态下作出的。很显然,在醉酒状态下很难有准确的认知和表达能力。我曾经代理过另外一起案件,定罪的证据只有3~5岁的幼童所做的口供。所有的被告人都是零口供,监控录像也不支持指控内容。事实上,3~5岁的幼童在认知能力和表达能力方面都存在严重问题,极容易受到外界影响。审查这些幼童的笔录发现,其中存在大量跟其身份不符的成人化表述。此外,如果只看纸质笔录,似乎这七八个幼童都作出了明确的指控,但如果仔细查看询问录音录像,就会发现不是那么回事。要么是幼童的监护人在回答问题,要么是办案人员自问自答,几乎没有一个幼童作出过明确、清晰的指控。因此,精神病人、醉酒状态的人、年幼的儿童所作的口供,一定要结合其认知和表达能力进行审查和质证。必要时一定要阅看同步录音录像。

(5)**跟其他证据进行比对**。口供如果跟客观证据矛盾,很可能是不实的口供。我办理过一起案件,当事人供述某年某月某日收到一个行贿人送的现金,言之凿凿地说在小区门口碰面交易的。行贿人的口供跟受贿人的口供基本吻合。但是我们通过调查取证,发现那个时间行贿人根本就不在国内。我们通过查询行贿人的护照出入境记录发现,行贿人当时在加拿大。在开庭的时候,我将这笔受贿称为超时空的受贿。远在加拿大的人怎么能跑到当事人小区门口送现金呢?这种口供的真实性问题,仅通过口供比对是难以发现的,有时候需要通过跟其他证据特别是客观证据进行比对才有可能发现。

(6)审查是否是传闻证据。听别人说的不算数,转述别人说的也不算数。传闻口供再多,也只是无效的数量叠加。有些办案机关喜欢用证据的数量去解决质量问题,但其实证据审查不是靠数量,人海战术是起不到增强证明效力的作用的。有效的证据一份就足够了。

(7)审查是否为推断性、猜测性言论。最高人民法院《关于适用〈中华人民共和国刑事诉讼法〉的解释》中明文规定,推断性、评论性言论一般不能作为证据使用。司法实践中大量的口供都是推断性、评论性言论。评论性言论比较容易识别,律师的重点是要能够识别何为推断性言论。我总结了3个识别推断性言论的方法。

①通过语言措辞去识别。比如"他知道"是一个客观表述,"他应该知道"则是一种推断。侦查笔录有时候会存在错记漏记,比如当事人明明说的是"他应该知道",记录的时候却把"应该"两个字删掉了,笔录变成了"他知道"。遇到类似情况,一定要注重通过法庭发问去澄清和还原真相。

②通过专业背景去识别。需要专业人士进行判断的问题,无专业背景的人所作的口供只能算作推断性言论。比如销售伪劣产品案,涉案物品是否是伪劣产品,需要进行专业检测鉴定,普通人对此所作的口供都只能算作推断性言论。

③通过法律关系去识别。法律关系和法律性质,有时候只有司法机关有权认定。当事人的口供,本质上只是一种个人判断,应当视作推断性言论。我曾经代理过一起虚假诉讼案,当事人之所以被指控,很大程度上是因为数个证人在证言中作出了虚假诉讼的定性。我代理过的一起职务侵占案,通过分析在案证据和法律关系,可以判断部分指控根本不属于职务侵占。但是控告单位和数名证人却称当事人的行为属于职务侵占。很显然,当事人是否构成虚假诉讼罪或职

务侵占罪需要司法机关结合在案证据厘清法律关系,进而作出认定,而不能简单地套用当事人口供。当事人对于法律性质的认定,都属于推断性言论。

(8)审查是否符合经验法则、逻辑规则和自然法则。比如一个人的口供证明,某天晚上某人借着月光去行凶杀人。但根据当天的天气预报,那天晚上是暴雨,根本没有月光。口供明显违反自然法则,肯定是不真实的。

(9)阅看同步录音录像。律师申请复制讯问录音录像,有的地方同意有的地方不同意。但是律师申请阅看讯问录音录像,基本上都会获得同意。仔细比对录音录像跟纸质笔录的异同,有时候也会有发现。

(10)申请证人或被害人出庭。辩护律师有机会跟当事人核对,但未必有机会跟证人或被害人核对。特别是被害人,辩护律师跟他们接触可能会受到一定的限制,甚至存在一定的风险。因此,如果对证人或被害人口供的真实性有异议,可以申请他们出庭作证。利用法庭发问的机会,当庭进行调查和确认。

## 三、口供印证关系的审查要点

前面讲的是单份口供证据的审查要点,但是定案往往不止一份口供,而是存在多份口供。那么对多份口供之间的印证关系,究竟应该怎么去审查?我总结了以下6个方面的注意要点。

(1)对口供不能不加审查地进行机械比对。对每一份口供的真实性、合法性不做审查,对不同口供的证明效力不做层次区分,仅是把所有的口供铺开来,放在桌面上进行符合性比对。凡是能够相互印证、相互支持的,都直接采信。可能许多办案人员包括律师对待口供的态度都是这样的。有些办案人员的逻辑是:不能证明是非法证据,就是合法证据;不能证明内容不实,口供就可以采信。这样审查口供是草率的,更是不专业的。

(2)口供审查不是靠数量,认定案件事实要根据证据的证明效力确定。司法实践中,有些办案人员审查口供可能就是靠数量。比如 3 个人证明某人偷了小孩,一个人证明某人没有偷小孩,那么根据多数原则,直接认定某人偷了小孩。

"张扣扣案"二审庭审中,控辩双方曾就一个案情细节进行过激辩。张扣扣讯问笔录显示,他亲眼看见他母亲的尸体在马路边上被当众解剖。解剖人员把他母亲头皮切开,头骨剖开,当场有几百人围观。当我在法庭上说出这一点时,检察官反驳说这个事实只有张扣扣一个人讲,因为其他证人都没讲,所以只能认定这个事实不存在。这个逻辑就存在误区。"张扣扣案"中没有其他证人讲述该细节的前提是,侦查人员根本没有问及这个细节。侦查人员没问,当然没有人说,体现在卷宗中就是没有该部分口供。我当庭反驳,证据是要靠人去收集的。没有收集,证据不会自动到案。当时有没有进行尸体解剖?在哪里进行的尸体解剖?解剖现场有没有邻里乡亲围观?侦查机关有没有找解剖法医和邻里乡亲就解剖尸体的过程做过笔录?如果这些工作都没有做,仅因为案卷里面没有笔录能够印证张扣扣的说法,就认定张扣扣的说法就不成立,显然是不对的。像这种案情细节,非亲身经历无从得知,张扣扣杜撰这样的情节对他的案情并无好处。相反,从张扣扣的成长经历可以看出,这段经历影响了他的整个人生轨迹。因此,站在辩方的角度,张扣扣的说法应当推定其真实而非推定其不真实。

(3)口供印证不能代替专业鉴定意见。我国《刑事诉讼法》明文规定,专业的问题必须要进行鉴定。但是很多案件中,存在专业问题不做鉴定,直接用口供去证明的情形。还是以"张扣扣案"为例。我们主张张扣扣精神有问题,多次申请对张扣扣进行精神鉴定,结果都被驳回。卷宗中有很多口供,比如同学 A 证明张扣扣家族没有遗传史,邻居 B 证明张扣扣平时行为表现正常,邻居 C 证明没看出张扣扣日常精神有异常。控方强调,这些口供相互印证、相互支持,足以证明张扣扣没有精神障碍。其实这些口供,如果运用前面所讲的方法去审查,没有一个能被采信。

比如张扣扣有没有家族遗传病史,同学 A 是怎么知道的?既然是张扣扣的同学,就跟张扣扣大致是同龄的,可家族遗传史要向上追溯三辈,包括父亲辈、爷爷奶奶辈和母亲辈、外公外婆辈。作为张扣扣的同学，同学A怎么知道他们都没有精神病史？没有做过任何可信的调查，其口供显然无法保证真实性。至于两位邻居说张扣扣行为表现正常，可张扣扣常年在外地打工，只有过年过节才偶尔回家，回家后也只是偶尔跟个别邻居简单地打个照面。那么这两位邻居一年能跟张扣扣见上几面？对张扣扣的日常行为能有多少了解？他们根据有限的接触和了解，得出张扣扣日常行为表现正常的结论具备科学性吗？在邻居面前没有表现出不正常，不代表就是正常。类似精神正常不正常，只有鉴定机构的专业鉴定意见才是科学的。拿出几份口供进行比对印证，显然是不够的。

我之前反复提到的陕西渭南鹏鹏案，5岁的阳光男童为什么会变成植物人？鹏鹏当时已经昏迷不醒，不能张口说话。唯一在场的继母坚持，是鹏鹏自己不小心在卫生间摔倒，摔成植物人的。有人主张应当就此认定鹏鹏是摔成植物人的，理由是存疑利益要归于被告人继母。其实这起案件的核心不是存疑利益分配给谁的问题，而是专业问题不能仅靠口供来证明的问题。我介入以后，坚持要求对鹏鹏的伤情进行成因鉴定，用专业鉴定说话。法医鉴定的结论是摔伤难以解释，符合外力击打的特征。最终，继母的罪名从一个虐待罪变成虐待罪和故意伤害罪两个罪，案件的最终处理结果明显更加符合正义原则。

(4) 口供印证不能代替法律关系认定。法律关系不是靠口供印证来进行证明的，而要由司法人员根据事实和法律独立进行界定。靠口供去印证和证明法律关系，这显然是不对的。

(5) 口供数量不能解决口供的质量问题。我代理过的一起非法收购珍贵濒危野生动物案，因为没有实物和鉴定，控方就以找数名证人的方式进行佐证，但其实，哪怕100个人说它是珍贵濒危野生动物也没有法律效力。我在代理涉黑涉恶案件时也会碰到，为了证明当事人对某个行业或地区具备非法性控制，会找来很多证人叠加证言。其实，证据质的问题是不能靠量去解决的，叠加数量堆积出来的口供印证关系是脆弱的。

(6) 形式上的印证，实质上的孤证。我们都知道一个证据规则叫孤立的言词证据不能定案。但是否只要数量上多于两份,就不叫孤证？答案是否定的。孤证不仅要看证据数量,而且要看证据来源和证据形成过程,由此判断印证关系是否形成闭环。如果数量上只有 1 个,毫无疑问肯定是孤证。但如果数量上有 2 个、3 个,并不代表就不是孤证。因为孤证有形式上的孤证和实质上的孤证之分。我可以列举 8 种实质上的孤证。

①已经排除了非法证据。比如有 3 份口供,2 份已经作为非法证据排除予以排除,剩下的 1 份就是孤证。

②真伪不明的传闻证据。4 份口供,其中 3 份都是真伪不明的传闻证据,剩下的 1 份只能是孤证;或者其中 3 份跟在案其他证据之间存在根本性矛盾、真伪不明,那么剩下的 1 份当然属于孤证。

③已被证伪的虚假证据。2 份证据,其中 1 份已经被证伪,剩下的 1 份当然属于孤证。

④同一个来源的多份派生证据。表面上看起来有几份证据,但来源只有一个。比如强奸案只有女方被害人一个人的口供,没有其他的客观证据;同时公安机关找了两位证人,该两位证人的证词是被害人给证人打电话说自己被强奸了。这样一来,形式上就有了 3 份证据,1 份被害人陈述,2 份证人证言。但问题是 2 份证人证言的来源仍然是被害人自己,所以这种情形下仍然是实质上的孤证。

⑤互相串供的多份证据。比如 3 个人同时进行辨认,3 个人在辨认过程中互相交流,达成一致意见后作出相同的辨认。这 3 份辨认笔录实际上是一份辨认笔录。又如几个人订立了攻守同盟,相互之间进行了串供,看起来相互印证的几份口供其实只是一组孤证。

⑥一方当事人的多份证据。比如一起聚众斗殴案,甲方 3 个人的口供看起来是 3 份证据,但问题是这 3 个人是利益共同体或者相互之间存在亲戚朋友关系,3 人作出的不利于相对方的口供有可能全部都是不真实的。表面上看起来是 3 份证据,实质上仍有可能是孤证。

⑦受到污染的多份证据。比如一个伪造的案发现场,即便多名目击证人都

提供了证言,但这些证言的印证关系依然是虚假的。比如辨认作案地点或作案工具时,没有分开进行辨认,那么一个人的辨认过程必然会影响其他人的辨认结果。又如,多名幼童在家长的联合下进行了集体讨论,那么多名幼童相互印证的多份口供实质上仍是孤证。

⑧通过非法方法收集的多份证据。比较典型的就是指供诱供。看起来,多份口供互相印证或者口供和客观证据之间相互印证,但因为这种印证关系并非独立自主、自然而然形成的,而是由侦查人员人为制造的,因此这种情形依然属于实质的孤证。

根据口供定案应当至少满足 3 个条件:口供的收集程序合法、每份口供均系独立自主形成且没有受到污染、多份口供内容互相印证。严格意义上讲,前面所讲的这 8 种情况都属于实质上的孤证,都不能直接根据上述口供进行定案。

## 四、口供矛盾冲突的审查要点

对于律师而言,比口供中的印证关系更重要、更有价值的是口供中的矛盾关系。从实质属性看,口供中的矛盾关系包括对抗性矛盾和非对抗性矛盾两种。

所谓对抗性矛盾,是指两者在逻辑上尖锐对立,不可能同时共存。比如 A 证明某人死于火灾,B 证明某人死于溺水,A 和 B 的口供就属于对抗性矛盾。又如 A 证明某人当晚到过案发现场,B 证明某人当晚没有到过案发现场,此时 A 和 B 的口供也属于对抗性矛盾。

所谓非对抗性矛盾,是指两者在内容上不一致、不印证,但还达不到推翻彼此的程度。比如在一起受贿案中存在以下证据:行贿人口供证明其驾驶一辆自己名下的汽车进入受贿人的小区,送给受贿人夫人 5 万元现金,现金装在一个茶叶盒里。受贿人夫人证词证明,其从未收到过行贿人送来的现金。小区门卫证词证明,非本小区的车辆进入小区一般会进行登记,但不排除有时候工作交接不畅存在遗漏,进入小区的车辆也有可能没有被全部登记。小区门卫登记册证明,没有行贿人名下车辆进入小区的记录。这些证据中,行贿人的口供和受贿人夫人的口供是对抗性矛盾。行贿人的口供和门卫证词、门卫登记册是非对抗性矛盾。原因在于,并非所有非本小区的车辆进入小区都会进行登记,可能会存在错漏的情形。因此,门卫证词、门卫登记册还无法直接证伪行贿人的口供。

从表现形式看,口供中的矛盾关系包括三大类型。

第一,自我矛盾。同一个当事人或同一个证人,前后做了多份笔录,但这些笔录存在不一致和矛盾。同一个人对同一个事实的表述前后矛盾,要么全部是假的,要么只有部分是真的。关于自我矛盾,律师要重点审查 4 个关键的时间节点。

(1)**监外侦讯**。包括在进看守所之前是如何供述的和羁押后提出看守所以后是怎么供述的。进看守所之前或者被提出看守所之后,办案人员和当事人理论上可以有身体接触,而且不一定有监控录像或录音录像。这种情况下,侦讯人员可以采取一些强度比较大的审讯方式甚至一些非法的审讯方式。所以,看守所外的供述和看守所内的供述是否存在矛盾,需要重点审查。

(2)**进入看守所后的第一份口供**。进入看守所以后,审讯环境发生变化。在看守所讯问室大多会有同步录音录像,因此,进入看守所后的第一份口供有无发生变化,是律师必须要审查的重点。

(3)**审查逮捕和审查起诉阶段的口供**。此时办案机关不是公安,也不是监委,而是检察院。因为更换了办案单位,更换了办案人员,所以这两个阶段的供述至关重要。审查逮捕阶段的口供和审查起诉阶段的口供,检察院一般不向法院移送。但是律师在会见当事人的时候,可以了解该两个阶段的口供是否发生变化。如果发生变化,那律师可以向检察院提出申请,将上述两份口供移交法院。

(4)**第一次会见律师后的口供**。会见律师之前,面对侦查人员的非法取证或者审讯套路,当事人有可能作出不实供述。但是刑事律师会见时,都会提醒当事人要如实供述。因此,如果在律师会见之后还是维持原来的供述,那么到了法庭上再去推翻相关口供就会比较困难。

第二,供证矛盾。犯罪嫌疑人和被害人、证人口供之间的矛盾,是非常常见的矛盾。有些地方办案单位为了提高所谓的办案质量,会逐步在后期的口供中把这些矛盾给"消除掉"。呈现在律师面前的口供,前期有矛盾,后期供证一致。并且消除矛盾的理由也多同步呈现在笔录中,比如"之前我记错了""之前我没说实话""之前我有侥幸心理",最终的结论都是"如果之前的说法和现在的说法不一致,以现在的说法为准"。其实,用一份口供去证明或推翻此前的另一份口供,有时候是有道理的,但很多时候都是无效的循环论证。

我办理过一起受贿案,指控100多笔受贿,包括几十个证人。经过数据统计发现,基本上第一次找当事人做的口供和第一次找行贿人做的口供,在时间、地点、次数、金额等细节方面大多不能印证,或者说大部分口供内容都互相矛盾。但是在最后期的第二份、第三份笔录中,口供内容就慢慢形成了印证关系。要么一方的口供不变,但另一方的口供会修改为跟其对齐;要么两方的口供都发生变化,且变化后的内容开始印证。直到最后一份口供,行贿人和受贿人在案件细节方面几乎达到了完全吻合。类似这种情况,控方可能在法庭上只出示最后一组口供,对于之前的口供甚至直接忽略不计。控方给出的理由是,之前的口供可能存在记忆误差或故意撒谎,只有最后一份才是真实的。对于律师而言,必须要还原供证一致的形成过程,分析供证变化的原因和趋势,揭示供证从不一致到逐渐一致的真实原因。

第三,口供和客观证据之间的矛盾。有矛盾,至少有一个是不真实的。但是如果供证一致,口供和客观证据印证,也不代表口供、客观证据就都是真实的。这里就涉及一个先供后证还是先证后供的问题。所谓先供后证,就是当事人先供述了内容,然后侦查机关根据当事人的口供去找到相关的客观证据。比如嫌疑人供述他杀了人,同时交代了抛尸地点、作案工具的去向。公安机关根据他的供述找到了尸体残骸,以及丢弃在河沟里面的作案刀具。这种情况就属于先供后证,这种供述的可信度极高。因为嫌疑人供述的抛尸地点和作案工具的丢弃地点,是公安机关所没有掌握的,侦查人员不可能进行指供。一旦公安机关根据这些供述收集到了这些高度隐蔽的客观证据,那么嫌疑人的供述基本都会被采信。还有一种情况叫先证后供,即公安机关先找到客观证据,然后获得嫌疑人的有罪供述。比如公安人员先找到抛尸地点和作案刀具,然后嫌疑人的口供才交代了这些地点。这时候口供的真实性就不一定可靠,因为侦查人员可能根据他们收集到的客观证据对嫌疑人进行指供骗供。

我代理过的一起投毒、故意杀人案,当事人持续喊冤30多年,在监狱克服种种困难给我写信求助。我收到他的信件以后,先是去监狱会见,然后去省检察院调取了全部卷宗。发现这起案件就是典型的先证后供。公安机关先找到一个盐罐子,找到以后当事人口供马上就跟着说那个地方有盐罐子。公安机关先在山坡脚下找到碎瓶渣,当事人口供很快就称装鼠药的玻璃瓶扔到山坡脚下了。再审查其做的有罪供述,基本上全部集中在某个时间段,而这个时间段,其被提到看守所之外的一个基地,没有对应的讯问同步录音录像。类似这种情况,羁押地点违法、供述极不稳定、口供变化极大且均系先证后供,有罪供述的合法性、真实性都是不可靠的。

## 五、以几个真实案例为例

关于口供的审查方法,我讲了一些审查要点。虽然也穿插了一些案例,但总体上还是偏抽象。下面,我结合自己办理过的4个真实案例,进一步阐述如何对言词证据进行有效的审查。

### (一)案例一:深夜零下30摄氏度的牛棚强奸案

一名嫌疑人在侦查笔录当中供述,他于深冬的一天深夜在房子边上的牛棚里把一名女性强奸。这名嫌疑人住在东北非常靠北的某个地方,深冬深夜的室外气温为零下 30 多摄氏度。类似这样的口供,一定要结合自然法则、经验法则和逻辑规则去进行审查。

首先根据自然法则,在深夜零下 30 摄氏度的牛棚里面实施强奸,人的身体情况能否适应?其次结合经验法则,该名嫌疑人住在农村,邻里相隔较远,被害女性是同村村民,在深冬的深夜两人相遇的概率有多大?最后根据逻辑规则,牛棚边上就是嫌疑人的房子,而且案发当晚家里就嫌疑人一个人。如果嫌疑人能在牛棚里实施强奸,为什么不能把人带回自己家里?特别是家里明显更暖和,而且隐私性更强。综合上述分析,可以对嫌疑人口供的真实性提出有力的质疑。带着这些疑问,律师应当亲自向嫌疑人核实这些口供的真伪。如果这些口供不实,律师需要进一步核实嫌疑人为何会作出这样的口供。

### (二)案例二:三道大门的翻墙入室强奸案

一名女性控告自己在凌晨被同村村民强奸,但是进入这名女性的卧室需要越过三道大门。首先要进入院子,院子有围墙且有一道大门。进入院子以后,还要进入堂屋,而堂屋有第二道大门。进入堂屋大门以后,再进到卧室还需要打开卧室的门。也就是说,任何人要在凌晨接近被害人,都需要依次通过院子大门、堂屋大门和卧室大门。根据该名女性的陈述,她当天晚上在卧室睡得昏昏迷迷的时候,突然被一名男子压在身下,其被惊醒后失声大哭。当时她的两个小孩睡在同一间卧室。

阅看询问录音录像,发现该名女性第一次到派出所制作笔录时对答如流,似乎早已经做好了准备。因为指控的是入室强奸,那么警方必然会问嫌疑人是怎么进到卧室房间的。警方问第一道门是怎么进来的?该名女子当即回答嫌疑人是翻越围墙进来的。警方接着问,嫌疑人是怎么进入堂屋大门的?该名女子回答,那天晚上刚好堂屋门的门锁坏了。警方接着问,嫌疑人是怎么进入卧室房间的?该名女子回答,卧室房间的大门那天晚上刚好没锁。警方继续问,女子跟那个被控性侵的村民私人关系如何？该名女子立即回答，两人就是非常普通的村民关系，平时交往很少，跟该村民不熟悉。

对于该名女子的口供，如果能综合运用逻辑法则、经验法则和证据规则，很容易就能发现其中的漏洞。

第一，按照该名女子的说法，她是在入睡后才知道有人趴到其身体上面的。那么村民进院子的方式，她根本不可能知晓。该名女子为何能不假思索地说出嫌疑人是翻墙进的院子？而且该名女子是用一种肯定的语气说出来的，这显然是有问题的。

第二，即便嫌疑人确系翻越围墙进入院子大门，而该名女子当晚堂屋门锁确实坏了并且卧室门刚好没有上锁，那么嫌疑人是怎么知道这些情况的？如果嫌疑人事先不知道后两道门的情况，事先不知道自己可以轻松进入卧室，那么嫌疑人为什么要在深夜出发去往女方家里？

第三，嫌疑人从第一份笔录到最后一份笔录，始终稳定供述他跟女方是情人关系，他当晚之所以去女方家里是双方通过微信约好的。当天晚上，女方的院子大门故意没锁，堂屋大门是他敲门后女方亲自为他开的。经过恢复两人的手机数据，发现双方在当天有十余次通话且最长的一次通话持续了十几分钟，另外，双方之间有过频繁的微信转账记录和酒店开房记录。

经过这样的综合审查，女方口供的问题和漏洞就被充分地揭露出来。该案开庭时，我们成功申请到了该名女子出庭。经过事先精心设计的发问，使该名女子在法庭上前后矛盾、错漏百出，彻底动摇了法官的内心确信。最终，经过补充侦查和两次开庭审理，检方撤回了起诉指控并最终做了不起诉决定。

## （三）案例三：数亿资金往来中的虚假诉讼案

检方指控当事人隐瞒债务已经全部清偿的事实，再度向法院起诉要求对方公司偿债。当事人的债权诉讼一审胜诉，二审败诉，公安机关根据二审败诉结果依职权启动虚假诉讼案侦查。可就在该债权案件二审被判败诉不久，当事人起诉同一家公司另外 7000 万元债权的案件在最高人民法院获得胜诉。在案卷宗材料显示，当事人跟对方公司之间存在长期、持续、大额、频繁的资金往来，且从未进行过彻底结算。凭借经验常识，双方数亿资金往来，且对方实际欠款金额远超起诉金额，只要当事人起诉使用的债权文书和证据材料不是伪造的，那么相关民事案件就不可能构成任何意义上的虚假诉讼。

控方的核心逻辑是，起诉使用的借款合同虽然盖有双方公司的公章，但对方公司的公章是被当事人一方保管的，是当事人在对方不知情的情况下自行加盖的。检方最重要的证据之一，是一名当事人公司员工的证言。该员工是当事人公司的前台，入职不到 3 个月就离职了。该员工在笔录中证明，因为办理社保需要公司盖章的缘故，其在工作期间曾经去过当事人公司的财务室。公司财务人员把抽屉拉开后，她看到里面有好多公章，除了任职公司的公章，还有对方公司的公章。控方认为，该证人曾经是当事人公司的职员，立场相对中立甚至会偏向当事人，其证言的证明效力较高。

面对这样一份证词，律师该如何进行审查和质证呢？还是要综合运用我之前讲的法律思维方法。入职不到 3 个月就离职，不正说明她跟公司关系不睦吗？当事人的公司有数百名员工，她只是一个普通的前台，且案发时她早已经离职，为何偏偏找她制作了询问笔录？为何她偏偏因为去过一次财务室，就刚好看到了对方公司的公章？一个带着办事任务的正常人，怎么会专门盯着财务室抽屉中的公章不放？一家陌生公司的公章，即便放在自己面前，正常人也不会刻意去看、刻意去记，因为没有这个必要。更重要的是，大家都知道公章上的字是反着刻的，仅是看一下公章的话，根本看不出这是什么公司的公章。更何况，公司的公章大多会放在盒子里，并且有字的一侧会朝下放，匆匆一瞥根本不可能看清公章上面所刻的字迹。所以，一个任职仅 3 个月的公司前台，在数年之后作出这样一份完全违背常理的证言，其真实性是存疑的。

用这样一份极为蹊跷的证词进行指控，恰恰说明了有些办案人员不会逆向思维，也不会综合运用经验法则和逻辑规则去审查口供，只会对口供内容进行机械比对和字面采信。类似这样的口供,如果作为刑事律师自己都不会审查,自己都提不出有力的质证意见,那么怎么指望司法机关能够认定跟证言内容相反的事实呢?

### (四)案例四:无恶不作的黑老大开设的饭店却宾客盈门

当事人被指控为黑社会老大,在案许多证人证言都证明当事人是一个横行乡里的恶霸,乡邻居民见到他都躲着走。这样的证言还不止1份,律师该怎么去反驳?只能是结合在案证据另辟蹊径去反驳。

在案证据证明,当事人在所居住的集镇开了一家饭店,生意非常火爆。因为当地是一个县城下辖的集镇,基本还是熟人社会,邻里乡亲的人每逢结婚生子、小孩升学或者其他婚丧嫁娶的事情,基本都会选择在这家饭店设宴庆祝。我就拿着这个看似不相关的证据去反驳前述证人证言的真实性:如果当事人真的是横行乡里的恶霸,而相邻居民见到他真的都会害怕、躲着走,那么邻里乡亲每逢婚丧嫁娶怎么会选择到他的饭店庆贺呢?当事人饭店生意火爆、宾客盈门,不正说明他跟周围乡邻关系甚好吗?我举的只是这个案件中很小的一个例子。经过系统地辩护,这起案件最终成功摘掉了涉黑的"帽子"。

总而言之,口供具有主观性、目的性、倾向性,容易存在偏袒、包庇、虚假或者误差。在我国,刑事律师首要的基本功就是要学会如何审查言词证据,如何对言词证据进行质证。走出口供定案的迷思,刑事律师的责任尤其重大。

# 第八堂
# 如何进行调查取证

众所周知,法律上有意义的事实仅是法律事实。法律事实是指能够被证据证明的事实。没有证据证明的事实,在法律上都是没有意义的。当然,法律人没有超能力,也很难有绝对的公正无私。法律人探寻真相、追求正义既要受到有限理性的制约,又要受到法律程序和证据规则的制约。很多人都认可,打官司就是打证据,但是证据不会自动到案,需要靠人去寻找去收集。调查取证不仅是司法机关的职责,也是律师必须要掌握的执业技能。

民事诉讼实行"谁主张,谁举证",各方当事人及其代理律师都需要自行收集并提供证据。刑事诉讼分为自诉和公诉两种类型。刑事自诉案件与民事诉讼相同,也需要当事人自行收集证据,而对于刑事公诉案件,优秀的辩护律师不能只是在法庭上提出合理怀疑或发表辩护意见,同样需要尽可能地提供无罪或罪轻的证据。有人说,刑事案件无须辩方举证。这种说法太过绝对,且与我国目前的司法现状不符。接下来,我会分门别类讲述不同证据的收集要点。

## 一、书证的收集

### (一)申请办案单位收集

很多书证,律师只能申请办案单位收集。比如与案件相关,但是律师没有能力自行收集的证据,就需要申请公检法等办案机关去调取。

很多不对外公开的文件和信息,包括政府部门的、企业内部的和个人持有的,律师都只能申请办案单位调取。比如银行流水,其在民事诉讼和刑事诉讼中都是非常常见也非常重要的证据。又如微信聊天记录,特别是第三方和相对方的微信聊天记录,因为涉及个人隐私,如果没有公权力介入也是很难拿到的。微信聊天记录、QQ聊天记录,哪怕是当事人删除了,通过特殊的技术手段也是有可能恢复的。婚姻纠纷中要证明对方出轨,酒店开房记录几乎是必不可少的。火车和民航信息,能够证明行为人的行踪和轨迹,有时候对于查明案件事实非常有用。我曾经代理过一起案件,通过申请法院调取当事人的民航信息,证明了当事人没有作案时间,即在指控的作案时间里他根本不在案发现场。现在人脸识别和监控探头无处不在,但这类信息只由政府执法部门掌握,未来律师可能也需要申请办案单位调取此类信息。此外,还有手机的位置信息、企业销售记录、病历资料等,如果对查明案情有利,也要申请办案单位调取。向办案机关申请调取书证,有两个要点必须要讲清楚。

(1)**讲清楚该份证据的重要性**。简单来说,就是为什么这起案件离不开这份证据。申请书要阐明该份证据跟案件的关联性和该份证据的证明目的。此外,还要充分论证该份证据的不可替代性;该份证据虽然重要,但如果可以替代,司法机关可能同样不愿意调取。

(2)**讲清楚为什么律师不能自行调取**。一般来说可以从以下几个层面进行论证。

①该份证据持有人跟本案有利害关系或利益冲突,不愿意主动向律师交出;

②该份证据涉及国家秘密、商业秘密或个人隐私,证据持有人不愿意交给律师;

③证据持有人明确表示,必须要走公对公的程序,只有公检法出面才肯提供;

④相关证据需要使用特殊的技术手段才能提取或获取,律师不具备这样的

技术手段；

⑤律师已经穷尽可能的合法手段，仍无法获取相关证据。

办案单位一般不愿意轻易调取证据，只有把这两个方面的理由都讲得充分，办案单位才有可能同意律师的申请。

## （二）律师自行收集

除了申请办案单位收集，有些书证还是要靠律师自行收集。当律师自行收集证据的时候，一定要把委托书、律所的介绍信和律师证准备好。没有这3样材料，一般人恐怕不一定会接待。此外，任何调查取证都要有事先沟通。当然，事先沟通不仅是律师的事，有时候家属也可以发挥作用：律师跟证据持有人可能并不认识，而家属则可以动用各种资源去帮忙沟通。我曾经代理过一起受贿案，需要调取一个楼盘所有房屋的销售资料，包括销售面积和销售单价等。显然，如果只是我本人带着手续去找这个开发商，开发商极大概率是不愿意配合的。因为这涉及开发商的商业秘密，但后来因为有家属的协助和帮忙，我顺利获取了一整套的证据资料。最终运用这套证据资料，成功帮当事人扣减了数百万的受贿金额。

律师在自行收集书证的时候，需要确保其真实性和合法性。真实性和合法性不能保证的证据，律师尽量不要向法庭提交，否则非但达不到证明效果，反而可能会给自己招来不必要的风险。律师自行收集书证期间应当注意以下几点。

（1）**尽量收集原件**。有说服力和证明力的是原件。如果证据持有人不愿意提供原件，那么律师可以要求证据持有人在复印件上注明与原件一致，并且签字、盖章。必要时，律师也可以要求证据持有人出具一份证明，具体说明不能提交证据原件的原因。

（2）**要有签字和印章**。比如公司的内部文件要有公司的公章，股东会决议要有股东的签字，合同要加盖合同双方的印章。我代理过一起案件，控方出示一份合同，证明侦查机关从数据公司购买了一整套的卫星图片资料，而这些卫星图片资料成为本案指控的重要证据。但是我们审查后发现，这份合同并没有加盖数据公司的印章,其真伪根本无法判定。律师收集书证时,一定要确保证据持有人签字或盖章。有时候还要注明提交证据的具体日期。

(3)**要找到直接持有人**。书证一定要找到直接持有人,直接从直接持有人处收集。中间最好不要假借其他人之手,不要增加一些无谓的流转环节。如果不是直接持有人,一定要搞清该份证据的流转路径,以此来强化证据的真实性。

(4)**必要时由持有人撰写情况说明或者由律师制作提取笔录**。律师向法庭提交证据,必须要说明该份证据的来源,即律师是如何取得的。遇到有些特殊情况,律师简单地说自己找某某拿的并不够,律师还要具体说明是如何找某某拿的。这个过程不应该是律师的单方说辞,还应当得到证据持有人的确认。由律师制作提取笔录或者由书证持有人自己书写情况说明,以此证明不仅持有人合法持有该份证据,律师也是依法收集的该份证据。律师向法庭提交书证时,如果能一并提交提取笔录或情况说明,将显得更为规范,证明效力也会提高。

## 二、物证和电子证据的收集

### (一)电子证据的收集

电子证据具有易篡改、难保存的特性,应当尽量申请办案机关调取。因为一旦律师自行调取以后,如何保管对律师将是一个极大的挑战。客观上,很少有律师具备这样的技术能力。如果不具备这样的技术能力,一旦到了法庭上,这些电子证据的可采性将是一个无法回避的问题。

(1)**有移动存储介质的电子证据的收集**。有些电子证据原本就有移动的存储介质,比如已经存储在U盘里边或已经被刻录在光盘里边。类似这样的电子证据,最好让持有人将存储介质封存好直接提交给办案机关。所谓封存,主要是物理封存,比如把U盘封好,粘上封条,在封条对接处捺上手印。如果是光盘,则可以将光盘封存在一个密闭的塑料袋或档案袋,然后在封口处捺上手印。

(2)**无移动存储介质的电子证据的收集**。还有一些电子数据,是存储在不容易移动的介质里面,比如大型台式电脑的硬盘里面,甚至是分散地存储在一个软件系统里面,需要运用专业技术从系统中读取或提取。这时候,律师要么申请办案机关进行调取,要么聘请第三方专业机构调取。如果是第二种方法,务必要对调取的全过程进行录音录像,确保可溯源、可核查。

### (二)物证的收集

物证尽量申请办案机关调取。但是在如果不及时收集,可能会损毁、灭失的情况下,律师应当采取适当的紧急保全措施。在此过程中,应当注意以下六点。

(1)**收集过程全程录音录像**。可以安排一个助理拍摄,拍摄的时候应当尽可能地呈现物证的特征。如果存在细微或独一无二的特征时,应当有近距离的特写镜头。

(2)**认真核实真伪,确保同一性**。物证的同一性跟物证的同类性不是一个概念。比如一辆汽车,仅拍摄到汽车品牌和型号是不够的,还应该拍摄汽车的车架号、车牌号、独有外观和内饰(磨损)等。在"张扣扣案"中,公安机关花了很大的精力去寻找、打捞张扣扣作案用的匕首。这把匕首不能是一个类似物,不能是一个替代品,而必须是张扣扣本人用于作案的那一把。要锁定物证的同一性,需要靠提取笔录和完整的保管过程来实现。律师收集物证后,必须要将其置于一个不会被污染、不会被置换的环境中。

(3)**对物证持有人制作提取笔录**。提取笔录的制作要点,我在后面会专门讲解。

(4)**如果物证不容易提取或者保存,应当优先提取、保存与物证相关的书证**。比如物证是一辆摩托车,要把摩托车作为证据提取过来,但当场未必有足够的技术条件,这怎么办?可以先把摩托车的发票、产权证明和钥匙收集、保存好。比如一栋房子,可以先把房产证、购房合同、购房发票等收集、保存好。

(5)**第一时间对物证进行拍照、录像提取**。我办理过一起故意毁坏财物的控告案件,当事人的车辆被其他人毁坏了,给其造成了数十万元的财产损失。这时,案涉车辆是一个非常重要的物证。律师除了要告知当事人第一时间报警,还要告知当事人不要挪动车辆位置,及时对车辆毁损情况进行拍照、摄像固定。

(6)第一时间将物证提交给办案单位。有的律师主张,证据要等到开庭时再向法庭提交。其实,这种证据突袭除了会不必要地造成庭审中断,并无其他意义。刑事诉讼程序越往后推进,辩护的难度会越大。律师收集到了无罪或罪轻的证据当然要第一时间向办案机关提交,况且律师自行保存证据还存在一系列的风险。

## 三、鉴定审计和模拟实验

我国司法机关掌管司法鉴定的启动权,律师和当事人不能自行委托司法鉴定机构进行鉴定。这种情况下,律师除了可以申请办案机关启动司法鉴定或重新鉴定,还可以聘请有司法鉴定资质的单位或个人出具专家审查意见。

### (一)出具专家审查意见

在"张扣扣案"中,我们从一审期间到二审期间,反复申请法院对张扣扣启动精神障碍鉴定。但法院坚持认为张扣扣精神正常,无须启动精神障碍鉴定。在这种情况下,我们以律师事务所的名义聘请了国内比较权威的几位精神病法医学专家,出具了一份专家审查意见。这些法医学专家都有司法部颁授的精神病法医鉴定资质,因此其出具的意见具有重要的证据价值。

我们也明白,这份专家审查意见不属于法律上的司法鉴定意见,但是仍可以为法庭提供重要参考。出庭检察员的质证意见是,这份专家审查意见不属于证据,不具有任何证明效力。我当庭的反驳意见是,凡能证明案件事实的材料都是证据,这份专家审查意见当然属于证据。但辩方并不是以此来直接证明张扣扣作案时属于限制刑事责任能力,辩方的证明目的仅是法庭有必要对张扣扣启动精神障碍鉴定。我当庭强调,出具审查意见的专家就等候在法庭门外,可以随时出庭就其出具的意见接受控辩审三方的发问和质证。我还表示,欢迎检方申请有专门知识的人辅助检方进行发问和质证。但最终,法院并未采信这份证据的效力,也未启动对张扣扣的精神障碍鉴定。

申请专家出具审查意见,有如下几个注意要点。

(1)在此之前先申请法院启动司法鉴定,穷尽努力仍然无效后再申请专家出具审查意见;

(2)要聘请有司法鉴定资质的专家,最好是业内具有权威的专家,这样才有分量,才会引起法院重视;

(3)专家审查意见不是鉴定意见,其结论只是为了强化司法鉴定的必要性或者推翻相关口供的内容;

(4)确保出具审查意见的专家愿意在庭审时出庭作证,就其意见接受法庭的调查质证。

### (二)聘请审计机构进行审计

在许多涉及虚假诉讼、非法吸收公众存款、集资诈骗、合同诈骗、职务侵占等罪名的经济犯罪案件中,需要进行司法会计鉴定才能够把案情的全貌完整展现出来,只靠口供,证明效力极低。如果律师申请司法机关启动司法会计鉴定被拒绝,那么当事人或律师就有必要自行聘请有资质的、权威的审计机构进行专项审计。只要当事人或律师提供的基础材料是真实的,只要审计是严格按照规范独立进行的,那么审计报告是可以作为证据使用的。理由如下:

有些地方为了节约办案成本,使用审计报告甚至审核报告代替司法会计鉴定作为定罪的根据。举重以明轻,既然定罪都可以使用审计报告,出罪当然也可以使用审计报告。

审计报告的专业性高过口供等言词证据。审计报告的依据是客观证据,出具报告之人是专业人士,因此得出的结论在可信度上必定高过普通人的口供。

如果法院推翻审计报告的效力,那么就应该自行委托司法会计鉴定或者自行委托审计机构进行审计。

### (三)模拟实验和现场勘察

我曾经办理过一起危险驾驶的案件,公安机关认定当事人饮酒后驾车行驶了一段距离,然后把车停在路边睡着了。当事人则始终辩称,其驾车时根本没有喝酒,是把车辆停在路边后再喝酒的。公安机关的核心证据是,现场勘察笔录中没有发现酒瓶,因此当事人车内喝酒的说法不能成立。遇到这类案件,有条件的一定要自己去现场勘察。这起案件因为离案发时间比较短,且停车地点为偏僻的小马路,具备重新勘察的条件。我第一时间赶到停车位置,去进行现场勘察实验,结果在路边草丛中找到了摔碎的酒瓶和碎渣,酒瓶的品牌型号跟当事人供述吻合。再审查公安机关的现场勘察录像,发现侦查人员只是对车辆内部进行了仔细检查,而对车辆周围特别是马路边的草丛没有进行任何搜寻或勘察。

再说说几年前轰动全国的"雷洋案"。我接受委托后,带着一名助理第一时间进行了现场勘察和模拟实验。当时公安机关和媒体记者公布了数段监控视频,可以部分还原雷洋出现在某些路口和某些地点的时间。为了判断雷洋从家里出发去机场接人的行进路线是否合理,以及通过每一个路口所需要花费的时间,以此辅助判断雷洋为何会出现在涉事足浴店门口以及雷洋究竟有没有时间去嫖娼作案,我本人带着助理从雷洋家里出发,沿着监控录像所反映的雷洋的行进轨迹,模拟重新行走了一遍。我们按照正常人或者比正常人稍快的步伐行走,整个过程全程录音录像。到了涉事足浴店附近,我们对足浴店的地理位置和附近环境进行了详细勘察,特别是对附近所有的摄像头进行了摸排和确认。这份模拟实验和现场勘察,对于我们办理该案发挥了至关重要的作用。律师开展现场勘察和模拟实验,需要注意以下三点。

(1)要全程同步录音录像,中间不能间断。这份录音录像可以直观地反映真实的现场情况和模拟实验的过程,比文字描述更加客观、形象。

(2)**两名律师进行,不要单独行动**。两名辩护律师最好一起进行,实在不行也要邀请助理在场协助。如果有条件,还可以邀请与案情无关的第三人在场见证。

(3)**制作勘察笔录和模拟笔录**。将现场勘察和模拟实验的时间、地点、人物和经过记录清楚,现场情况除了要进行必要的文字说明,还要附上相关的照片。笔录最后要由制作人和见证人共同签字捺印。

## 四、提取笔录的制作要点

收集物证、书证、电子证据,往往需要律师制作提取笔录。制作提取笔录的目的在于,以证据的形式固定律师收集证据的过程,强化所收集证据的真实性和合法性,提高所收集证据被办案机关采信的概率。制作提取笔录,有如下注意要点。

### (一)要表明律师身份

不仅要当面口头表明律师身份,当面出示律师证件和委托手续,而且要将这个表明身份的过程写到笔录里面。比如可以这样告知:我是某某律师事务所的某某律师,目前担任某某涉嫌某某罪名一案某某阶段的辩护人,现在根据《刑事诉讼法》和《律师法》的规定,想向你收集某某证据,并准备将这些证据提交给办案机关,希望能够得到你的配合。这是我的律师证和委托手续,请过目。

### (二)要核实证据持有人身份

在笔录当中,需要记录证据持有人的身份,包括姓名、身份证号、联系电话、住址等基本身份信息,必要时可以要求持有人出示身份证件,并且对身份证件进行拍照或复印。在特定情况下,还需要核实持有人跟证据或案件相关的工作履历和生活履历。这份履历是其能够持有证据的重要原因。比如,向当事人曾经任职的政府部门领导收集相关书证,那么该部门领导的任职履历特别是跟当事人存在交叉关系的那一段任职履历最好要核实清楚并记入笔录。

### (三)要告知妨害司法的法律后果

在收集证据时,不仅要明确告知其提供虚假证据的法律后果,而且要明确告知其隐匿、毁灭证据的法律后果。既要告诉其可能的诉讼法上的后果,又要告诉其可能的《刑法》等实体法上的后果。这一段告知,可以参照侦查机关制作笔录时的表述,也可以在律所层面设计一个模板。在我的团队,类似笔录都有制作成型的模板,可以直接照着套用。

### (四)要核实持有人是否合法持有

持有不等于合法占有。如果一份证据的来源是不合法的,那么这份证据的可采性将会受到挑战。如果一份证据,持有人并非合法持有,那么即便律师合法从持有人处收集得到,根源上仍是非法获取的。所以,提取笔录务必要核实持有人是如何持有该份证据的。比如一份病历资料,如果持有人是其本人,那么就无须多加追问;如果持有人是其配偶或近亲属,亦能解释得通;但如果病历资料是被与其本人关系不甚密切的人持有,那么就必须让其作出合理解释。

### (五)要持有人承诺真实性

这一点是至关重要的。律师调查取证都会存在一定的风险,初入职场的律师往往不知道其中的陷阱,也不知道如何防范风险和自我保护。据观察,民商事诉讼律师在调查取证中的风险实际上远高于刑事律师。因为案件性质不同,刑事律师相较于民商事律师,风险意识更强,更懂得自我保护,知道调查取证哪些红线不能碰,哪些陷阱需要自我提防。我遇到很多被控虚假诉讼的刑事案件,跟一些民商事诉讼律师都有牵连。还有一些案件,虽然没有追究民商事律师的刑事责任,但在案证据显示代理律师的工作存在极大的疏漏或风险。

此外,民商事诉讼律师的调查取证工作比刑事律师更加频繁,因此风险系数也比刑事律师更大。我曾经遇到过一位律师同行,代理一起商事仲裁案件并获得胜诉。不久,她的当事人以虚假诉讼罪被判刑。这位律师同行因为有比较好的风险防控意识,在向当事人收集证据的时候都制作了谈话笔录。当事人不仅自行承诺了证据的真实性和完整性,而且明确要求律师使用这些证据去代理仲裁。这位律师同行对证据进行了形式审查和实质核实,对可能的疑点都进行了发问且当事人都给出了合理的解释。在这种情况下,虽然当事人被抓捕判刑,但代理律师能够确保自己免受法律追究。

当事人都有趋利避害的本能,并且大多抱有侥幸心理,因此提供给律师的证据有可能是不完整的或者不真实的。比如银行转账记录,其提供给律师的可能只是其中的一个片段。又如微信聊天记录,可能是掐头去尾甚至经过删减编辑的。律师提取证据的时候,让持有人自己承诺这些证据的真实性、完整性可以极大规避律师自身的法律风险。如果持有人进行了承诺,而律师经过审查也并未发现证据存在的问题,那么日后即便证明证据是虚假的,律师也可因为尽到了必要的审查义务而免受法律责任追究。

这里需要强调一个重要的观点:局部的真实不等于真实,局部的真相不等于真相。比如一份银行流水,持有人截取一个片段并提供给律师;律师拿到手的银行流水无疑是真实的,但因为并不完整,故而并不能呈现真实的案情。如果持有人不肯明确承诺证据的真实性、完整性,或者只是含糊其词,那么该份证据律师尽量不要收集,更不要提交给法院。即便要提交,也应当由证据持有人自行决定是否由其自己提交给法院。

### (六)要持有人承诺自愿提交

律师可以这样提问:"你是否自愿将该份证据提交给律师?"如果得到肯定的回答,那么这个问题就解决了。如果得到否定的回答,也不要放弃,可以追加告知:"作为律师,我无权强行拿走这份证据。但我有权申请办案机关向你调取。在此期间,你不能故意隐匿或销毁该份证据,否则将可能承担严重的法律后果。你是否需要再考虑一下?"如果仍然得到否定的回答,那么仍然要尽量让其在笔录上签字。因为这份笔录可以证明其持有该份证据,可以为律师以后申请办案机关调取提供事实依据。

### (七)要持有人承诺同意律师将证据提交办案部门

这和第六点是两个不同的层次,第六点只是说自愿把证据交给律师,并没说可以用于什么用途。第七点是指持有人不仅表示同意将证据交给律师,而且同意律师在诉讼中作为证据使用。为什么要把这两点区别开呢?因为我遇到过,有的证人只同意前面一项而不同意后面一项:有的证人告诉律师,把材料拿去自己看、拿去算账、拿去找相对方谈判是可以的,但是不同意提交给办案单位。如果持有人只愿意将证据提交给律师而不愿意律师提交给办案机关,律师该怎么办?除了尽量说服当事人,我认为律师在必要时可以将复印件提交给办案机关并申请办案机关调取原件。当然,情况紧迫的时候也可以考虑直接将证据提交给办案机关。事急从权,最关键的是让一个案件得到公正处理。当然,律师在事后少不了必要的沟通、解释甚至致歉。

### (八)要注明提取的是原件还是复印件

如果律师拿走原件,接下来就产生了对原件的保管义务。在我的团队,除非情况特殊,否则律师一律提取复印件。如果律师提取的是复印件或者物证照片,以及提取的电子证据只是拷贝版,那么提取笔录应当予以注明,并且要注明原件今后由谁保存、如何保存。因为开庭的时候,原件需要当庭出示并要跟复印件进行核对。

### (九)要至少两名律师取证

刑事律师要戒掉一个人调查取证的习惯。在调查取证时,多一名律师陪同,会大大降低各种不可测的风险。特别是制作提取笔录或调查笔录,多一名律师陪同或者至少让助理帮助记录,还能起到见证和证明的作用。如果遇到投诉或控告,至少有人可以作证或证明。

### (十)要全程录音录像

制作调查笔录或提取笔录全程录音录像或全程录音,是刑事律师应当养成的工作习惯。所谓全程,是指从见面开始之前一直录到签完笔录离开结束,中间不要间断。掌握好提取笔录的这十大制作要点,基本上就可以有效排除可能的法律风险,保证调查取证工作的规范性和合法性。

## 五、言词证据的收集

言词证据的收集有三大特点:第一,风险最大。因为言词证据又叫主观证据,当事人或者证人都有可能讲假话,都有可能在后续的程序中改变口供。司法实践中,刑事律师因为调查取证被判刑,大多数都是因为收集言词证据。第二,取证最难。物证、书证因为已经客观存在,律师收集的程序相对简单。言词证据的收集,往往需要当事人和证人体现高度的配合,甚至要以一问一答的形式回答律师的问题,并且要在最终的笔录上签字、捺手印。司法实践中,很多人或者大多数人是不愿意做这件事的。所谓取证最难,主要是很难取得对方配合。第三,最为常见。律师调查取证最常见的就是收集言词证据,因为口供在我国属于较为重要的证据,检方、控方的主要证据之一就是口供,要推翻口供有时也得依靠口供。

言词证据的收集方式有3种,分别是自书证明、调查笔录和谈话录音。谈话录音又包括电话录音和现场录音两种方式。律师在收集言词证据时,有两条红线:一是不得以明示或暗示的方式教唆当事人做不实口供;二是未经办案机关的同意,不得擅自接触被害人以及被害方的证人。如果律师认为有必要向被害人以及被害方的证人调查取证,那么就只能依法向办案机关提出申请,并要求办案机关派人在场陪同。一般情况下,办案机关不会同意律师的申请。那么留给律师的弥补办法,就是申请办案机关自行复核或在开庭时申请被害人、证人出庭。

我的经验是,最好还是申请被害人及其证人出庭作证。我有两个案件都是因为申请被害人出庭作证,最后成功把指控罪名拿掉。与此同时,在很多时候,刑事律师都需要自行、主动收集言词证据。向其他的证人收集言词证据,无须取得办案机关的同意,但原则上都需要征得证人本人的同意。

刑事律师自行收集言词证据,一般需要家属代为联系证人。家属联系证人时务必要全程录音,只能告诉证人如实向律师陈述案情,绝对不要告诉证人具体如何向律师陈述。在相关证据收集完毕之前,律师不要接触证人,家属不要请证人吃饭、玩乐,不要给证人送礼或给予其他好处,更不要威胁、恐吓证人。如果对多名证人集中取证,取证时证人要错开时间,笔录要单独、分开制作。

## (一)自书证明的制作要点

律师收集证据除了自行制作调查笔录,还可以指导证人自行书写证明材料。这种指导是撰写方式和内容要素的指导,而非证明内容的指导。在证人撰写证明材料的过程中,律师可以在场也可以不在场。但无论律师是否在场,自书材料都必须提供原件。

自书证明有两种形式:一种是直接由其本人手写,另一种是电脑打印后由其本人签字。手写稿最好,因为手写笔迹可以做笔迹鉴定,可以确保内容是其本人形成的。很多人担心自己手写,容易潦草甚至容易写错,涂改痕迹太多会影响阅读和辨认,这其实是没有关系的。越是能呈现原始的形成过程,其内容的可信度反而越高。即便修改太多影响阅读,也可以由其本人重新誊抄一遍或者根据手写稿再制作一份打印稿。如果只有电脑打印稿,阅读起来固然更加舒适和方便,但内容是如何形成的反而不好证明。特别是,如果证人的文化程度不高,不熟悉甚至不会操作电脑,电脑打印稿更会受到质疑。完整、规范的个人自书材料需要包括或注意以下8个方面的内容。

(1)自书人的身份信息。包括姓名、身份证号、住址、联系方式和必要的工作或生活履历。

(2)自书人与当事人的关系。包括血缘关系、社会关系和法律关系。比如父子关系、兄弟关系属于血缘关系,情人关系、夫妻关系、上下级关系、朋友同事关系属于社会关系,而案件上下线、交易相对方、目击证人等都是法律关系。

(3)自书人的所见所闻。如实写清楚自书人看到了什么和听到了什么。一般而言,按照时间先后顺利,写清楚时间、地点、人物、行为、经过和结果。尽可能地写出印象深刻的细节或场景。尽量减少评论性、猜测性、推断性意见,增强自述材料的客观性。

(4)解释自书人为什么会有机会见闻。为什么会听到他人商议杀人的经过呢?因为自己下班刚好路过,碰巧听到。为什么会见到他人在聚众斗殴呢?因为自己是酒吧的工作人员,聚众斗殴就发生在酒吧之内。为什么会知道某人患有精神分裂症呢?因为自己是他的亲戚或主治医生。类似这些都是合理的解释。

(5)表明自书材料系自主形成。要写清楚自书内容有没有受到外界影响。比如可以这样写:以上证明材料是我真实、自主的意思表示,没有受到任何其他人的明示和暗示。我保证证明内容都是真实的,若有虚构,本人愿意承担相应的法律后果。

(6)附上相关证据或材料。如果自书人需要提供证据,可以在自书证明材料中载明,然后把证据附在自书材料后面。比如自书人有双方的微信聊天记录,可以把微信聊天记录的主要内容写在自书材料里面,然后把微信聊天记录打印出来附在后面。又如自书人为了证明自己的任职情况,可以把劳动合同、工资社保记录等附在自书材料后面。比如自书人有当时拍摄的现场视频,可以在自书材料里面说明现场视频的拍摄主体、拍摄时间、存储载体和大致内容,然后把视频刻录成光盘附在自书材料后面。

(7)注明是否愿意出庭作证。在自书材料中注明自己愿意出庭作证,会大幅提高自书材料的证明力和可信度。除此之外,还可以在末尾处强调自书材料的真实性并愿意承担伪证的法律责任。

(8)手动签名捺印并注明日期。务必要本人手动签名,既不能打印签名,也不能让其他人代签。虽然现在有电子签名,但是在自书材料中尽量不要使用。完整的日期表述是年月日即可,一般不需要精确到几时几分。自书材料存在涂改的部分以及签名之上都要捺上手印。如果自书材料不止一份,除了要注明页码,还需要逐页签名捺手印,或者在最后一页签名捺手印,然后加捺骑缝手印。单位出具自书证明材料的,除要加盖单位公章外,还需要经办人员签字。

司法实践中,很多自书证明材料都是品格证据。需要注意的是,虽然品格证据不能作为定罪的根据,但是却可以作为无罪的辅助证据和罪轻的直接证据。当自书证明材料用于证明基本的案情事实的时候,最好不要另外涉及品格方面的内容。因为这会让办案人员对证人的客观性、中立性产生怀疑。如果需要证明当事人的日常品格和社会危险程度,可以另外找其他的证人提供或者由该名证人另外单独书写。品格证词应当尽量和关于案情事实的证词在主体和内容上区别开来。

## (二)调查笔录的制作要点

制作调查笔录是刑事律师比较常见的取证方式。特别是在受贿类案件中,对行贿人或其他证人制作调查笔录是案件辩护的重中之重。我代理成功的几起受贿案件,都是因为找到行贿人制作了调查笔录。二审案件,多数法院不愿意开庭审理。此时为了促成开庭,除了要提交开庭申请书,最好要提交新证据,而调查笔录,就是最容易取得的新证据。

制作调查笔录,在表明律师身份、核实证人身份、两名律师同时在场、全程录音录像这4个方面,与制作提取笔录的要求是一致的。关于全程录音录像,这里再补充几点。

（1）**可以同时录音和录像，也可以仅录音。**同时录音录像，证明力肯定更高，仅录音更简便易行。

（2）**录音录像要如实告知证人。**这既体现了对证人的尊重，有助于建立双方之间的信任，同时也可以让证人更加重视，更加严谨地提供证词。

（3）**录音录像要全程同步。**证人到来之前，就得把先录音录像设备打开，真实记录证人到达现场的过程。不能等证人到达以后或者已经和证人聊了一段时间之后再把录音录像设备打开。见面前就开始录音录像，证人核对完笔录并且完成签字捺印、转身离开的时候再停止录音录像。在签字过程中，证人有可能会要求修改笔录内容。把这个核对、修改的过程真实地记录下来，有利于增强调查笔录的可信度。

（4）**事后要保管好录音录像资料。**不论是录音还是录音录像，事后都要妥善保存和备份。开庭的时候，如果法庭对证据的合法性、真实性有异议，可以把调查录音录像提交给法庭审查。这既可以增强证据的可采性，对于律师而言也是一种保护。

除了录音录像，律师在制作调查笔录的时候还要注意以下几点。

（1）**告知权利义务。**大体而言，律师在制作调查笔录时应当进行如下告知：其一，证人有拒绝向律师作证的权利，所有的调查取证必须基于自愿。其二，律师的任何问题，不愿意回答的可以不回答。其三，必须如实提供证言，故意提供虚假证言将承担法律后果。记不清就说记不清，不知道就说不知道，尽量不要个人主观臆测。其四，任何人不得以明示或暗示的方式教唆他人作伪证，否则将会承担法律后果。

（2）**核实程序事项。**询问核实5项内容：其一，是否自愿提供证词；其二，是否能够如实提供证词；其三，做笔录前是否有人明示或暗示他作伪证；其四，是否愿意将笔录提交法庭作为证据使用；其五，是否愿意出庭作证。这5点都需要在调查笔录当中进行反映。

（3）**核实案情细节**。调查笔录应当厘清和区分哪些是所见所闻,哪些是推测和评论。"我认为""我觉得""我估计""应该是""可能是"等标志性词汇,侦查机关在做笔录的时候可能会有意无意地略掉。另外有些词汇,虽然当事人讲了,但未必会被计入侦查笔录,比如"我记不清了""我不太确定""我只是说个大概""可能""好像"等。因此,律师制作调查笔录务必要精确,务必要忠实于证人原意,不要随意裁剪。证人说"我认为",笔录中就要记录"我认为"。接下来可以再追问一句"你为什么这么认为"。有时候证人说出一个明确的结论时,律师要帮其澄清是所见所闻还是"我认为"。这种从逻辑和事实层面帮助澄清,不是教唆或诱导,更不是指供诱供。

（4）**追问改变证词的理由**。律师制作调查笔录,有两种情况:一种是侦查机关未对相关证人制作过笔录,律师制作完调查笔录后,侦查机关再找证人制作笔录;另一种是侦查机关之前已经对证人制作过笔录,律师因为对相关证词的合法性、真实性存在较大异议,所以才再去找证人制作调查笔录。如果证人在律师的调查笔录中改变了原来在侦查笔录中的说法,那么律师必须追问证人改变证词的理由。可以这样追问:你为什么在原来的笔录中会那么说?原来笔录的内容,是你自己说出来的吗?今天,你为什么会选择改变证言?改变证言,有没有受到外界的指使、干扰或影响?两份证言不一致,你以哪一份为准?这些问题不能回避,必须要记到笔录里面。

（5）**追问和澄清疑点**。证人提供的证词,如果存在矛盾和疑点,应当进行追问,要求其给予合理解释。比如,为什么同一份证言,前后说法不一?为什么你的说法,跟其他证人的说法不一致?你提到当时是下午6点,你为什么对这个时间记忆这么准确?你刚才说当天是雨天,可我们查了天气预报,当天是晴天,对此你怎么解释?

调查取证是一个客观还原的过程。虽然律师是有立场的,但是律师的立场也必须基于证据和事实。绝对不是证人说什么律师被动地照着记录就算完事,如果证人说的内容跟在案证据明显矛盾或者明显不符合常理、不符合逻辑,律师一定要及时进行追问。因为这些问题，律师不问，侦查机关后期重新调查的时候也会问；侦查机关不问，这份证据到了法庭上，法官和检察官也还是会问。因此，还不如提早问好。

**（6）签字捺手印**。证人在最后一页笔录签上"以上几页笔录，我都看过，确认无误"，然后要让证人在调查笔录上逐页签字捺手印。注意：一是签字要签上自己的完整姓名，不要只是签上姓或其他的称号；二是签完姓名还要签上当天的日期；三是所有涂改的地方，都要签上姓名和日期并捺上手印；四是同一份笔录可以打印两份，每份都签字捺手印，这样就会有两份原件；五是调查人员和记录人员也要逐页签字；六是笔录的起始时间、制作地点都要如实填写完整。

### （三）录音证据的制作要点

有时候因为路途遥远等，不方便制作调查笔录；还有的时候，证人不愿意制作调查笔录，这时候制作一份电话录音或谈话录音，也能起到一定的证明作用。录音证据的制作要注意以下 7 个要点。

**（1）在谈话或通话中明确、固定双方的身份**。录音证据可听而不可见，因此锁定通话或谈话的主体身份是必须要解决的问题。如果不能直接从录音中确定双方的主体身份，还需要录音提供者自己向法庭解释这是谁跟谁之间的通话，就不可取了，因为对方完全有可能否认。这时候怎么去证明呢？有一种司法技术叫声纹鉴定，可以帮助进行声音辨识。但是律师提供一份证据，还需要申请法院去做声纹鉴定，本身就已经说明律师的取证工作是不周全的。可取的办法是，通过录音内容锁定双方身份。

固定通话双方的身份相对比较容易。因为手机通话会留下客观记录。只要提供这份通话记录，再把手机号码对应的机主信息查询出来即可。但是现场谈话录音，固定双方的身份信息就必须靠谈话内容本身了。一种比较可行的办法是，设计一定的话术，巧妙地在谈话中说出对方的姓名和其他比较个性化的信息。比如对方叫刘霞，平时的语言习惯可能叫"小刘"，这时可以先喊"小刘"。

在谈话过程中,可以事先让朋友穿插打进来一个电话,在接听电话的时候可以说出"我正在和刘霞谈事情呢";或者前面先叫"小刘",后面叫"霞姐"。这样,"小刘""霞姐"综合起来也能得出"刘霞"的结论。又或者前面叫"小刘",在谈话过程中故意提到其工作单位、配偶姓名、小孩姓名、家庭住址等信息,这样综合起来也能锁定对方身份。

在通话或谈话过程中,如果把双方的姓名很直白地抛出来,很可能引起对方的警惕。大部分电话录音或者谈话录音,都是在对方不知情的情况下录制的。一旦对方怀疑自己在被录音,那么取证效果很可能就无法达到,而且双方之间的沟通渠道有可能就此中断。其实除了要巧妙地表达身份,还要巧妙地引入自己想要谈论的话题,不动声色地引导当事人不知不觉地说出案情真相。因此,录音之前最好要有专业律师的指导,要提前设计好话术,争取一次性成功。

这里需要强调一点,除非违法手段太过严重,比如严重侵犯对方的隐私,否则在对方不知情的情况下进行的录音并不是非法证据。无论在刑事诉讼当中,还是在民事诉讼当中,在对方不知情的情况下进行的录音,绝大多数情况下都会被法院采信。因为很多时候,只有在对方不知情的情况下,才能够获得案件真相;如果对方有警惕心,反而不利于获取信息。

(2)**不能在通话和谈话过程中进行提示和诱导**。为了取证,谈话、通话往往带有很强的目的性。有时候可能过于急迫地想得到自己想要的信息,便忍不住不断提示对方。这是不可取的,会影响这份证据的效力。我曾经代理过一起受贿案,当事人家属给行贿人打电话并录音。虽然行贿人最终说出了自己并没有送钱行贿的话,但在整个通话过程中充满了家属的提示和诱导。最终,我并未将该份证据提交给法庭。通话、谈话的时候,一定要让对方自然而然地把事实真相说出来。

(3)**不要代替对方陈述案情事实**。案情经过一定要对方主动讲出来才作数,不能自己帮对方讲述。如果始终是自己单方面陈述事实,那这个录音证据是没有证明效力的。因为通话的目的不是固定自己的想法,也不是固定自己对案情的陈述,而是要固定对方对案情的陈述,所以要让对方自己主动陈述。

(4)自己主动讲述要尽量获得对方明确的认可。实践中,存在极端情况,就是对方始终不肯讲。比如对方欠70万元,现在借条没了,且当时给的是现金,但欠70万元的事实,对方就是不肯讲。实在没办法的情况下,自己也可以单刀直入:"你上次说×号一定把70万元还清,可是至今一分钱都没还!""你借的这70万元,已经两年了,该偿还了!""×月×号,你向我借了70万元,当时给的现金,你总不至于不承认吧?"如果自己丢失欠条的情况,对方并不清楚,自己还可以讲:"反正我有欠条,你不承认也没关系""你借钱的事情,我有欠条,张三可以作证,你否认也没用"等。

虽然是自己主动讲述,但如果对方明确予以承认,那么也算完成了取证。如果自己主动讲述,对方并未明确承认,那么这份录音的证明效力就会比较复杂。但是,并不是对方不承认,就一定没有证明效力。如果自己陈述了大量的细节,加上对方没有明确否认或者虽然否认但明显不合常理,那么同样可以帮助法官建立内心确信。

(5)不仅要重视结论,更要重视案情细节。仍然以上面的例子进行说明,为证明当时确实出借给对方70万元,不仅得有结论,还得讲细节。比如,"当时不是在万达广场的绿茶餐厅吗?你当时是不是穿着白色夹克和蓝色牛仔裤?你当时说你家里有人生病,急着用钱,我看你可怜才答应借给你的。为了给你取钱,我车子违章停车还被贴了条子。我把钱给你的时候,你当时声泪俱下,还说一辈子都会感谢我"。诸如此类,把事情尽量多的细节表现出来,可信度就高,案情就会丰富、立体。

(6)如果是偷录,千万不要单刀直入,要善于铺垫设伏。要先通过寒暄的方式打消对方的疑虑,先讲一些看似无关的话题,然后突然插到主题上。看似漫不经心,实际上是铺垫已久。一旦点到主题,一定不要给对方思考和准备的时间,这样,才有可能套取到一些有用的信息,用以弥补自己的证据漏洞。我代理的案件,如果要做电话录音或者谈话录音,通常都会事先设计一套话术,甚至会进行事先推演。

（7）要将录音翻录成文字。翻录的要求，简单一句话：忠于原貌，说什么写什么。在此基础上可以进行简单加工：简要介绍录音形成的时间、地点和录音中的人物；对重点内容可以加粗或标注；对一般人难以理解的方言，可以在括号内进行解释和标注。

## 六、证据清单的制作要点

律师收集好证据以后，千万不要直接交给办案机关。律师提交证据的时候，一定要附加证据清单。制作证据清单，有以下几点注意事项。

### （一）要制作编号

证据不能一团乱麻、杂乱无章。证据一团乱麻，不容易形成清晰的证明思路，因此必须要把证据按照一定的顺序进行编号。证据编号有以下 6 个标准可供选择。

（1）按照证据的重要性进行编号。把重要的证据放在前面，把不那么重要的证据放在后面。

（2）按照指控的顺序进行编号。指控在前，与之相关的证据放在前面；指控在后，与之相关的证据放后面。

（3）按照辩护逻辑进行编号。可以把无罪的证据放在前面，把罪轻的证据放在后面；也可以把证明客观行为的证据放在前面，把证明主观故意的证据放在后面。

（4）按照先程序后实体进行编号。有关程序方面的证据放在前面，有关实体方面的证据放在后面。实体方面，有关定罪方面的证据放在前面，有关量刑方面的证据放在后面，品格方面的证据放在最后。

(5)按照证据出现的时间先后顺序编号。

(6)按照辩护人收集证据的时间先后顺序进行编号。

除此之外,证明目的相同的证据应当放在一起。在编号上应当放在相邻的位置。

## (二)讲清证据来源

证据来源无非是律师自行收集、当事人或其家属自行收集、证人主动提交3种方式。证据来源有的还要附加注明证据形式。是原件还是复印件?如果是物证,是物证照片、物证视频还是物证的产权证书?如果是电子证据,那么提取方法和存储介质是什么?我前面讲过,如果律师制作有提取笔录,那么可以把证据和提取笔录放在一起,在证据清单中注明。

## (三)关键是证明目的

所有证据,最终都要落实到自己的证明目的上。证明目的概括起来,无非有两大类型:一是"破",证伪检方指控;二是"立",证明辩方主张。当证明目的是"破"的时候,要像利刃,直插对方要害;当证明目的是"立"的时候,要形同泰山,稳稳矗立。

证明目的是证据清单的重点,写作很有技巧:其一,言简意赅。不能长篇大论,说出结论即可。其二,结论明确。不要含混不清或者令人费解。其三,逐项分解。一份证据可能有几个目的,不要把几个目的混在一起写;每个目的要分点单独列明。其四,逐层递进。分点列明的证明目的,要按照逻辑顺序进行排列。

还是以刚才举的70万元欠款的例子进行说明。这份录音证据的证明目的可以这样写:(1)对方以家人生病为由,向当事人借了70万元;(2)该70万元是以现金的形式给付的;(3)当时约定的还款期限为1年,没有约定利息;(4)还款期限已经届满,但刘霞实际并未有任何归还行为;(5)当事人曾多次主张和索要欠款,最近一次索要发生在半年前,案件未过诉讼时效。

## （四）合并同类项

很少有单独一份证据就能证明一个事实的情形，往往是数份证据结合在一起，才能形成必要的证据锁链，从而共同证明一件事实。因此，不同的证据可以围绕证明目的来进行组合，这些组合可以合并为一组证据。

仍以刚才的 70 万元欠款案为例。电话录音光盘、手机通话记录、电信公司查询的机主信息，这 3 份证据加在一起可以共同证明一个待证事实。这 3 份证据的证明目的是可以合并的，可以把这 3 份证据进一步合并为一组证据。我曾代理过的一起案件，共向法庭提交了 30 多份证据。在证据清单中，我进一步把这 30 多份证据合并成 5 个大组。每份证据有单独的证明目的，每组证据又可以进一步归纳证明目的。比如在该案中，我先后收集了当事人公益慈善、捐资助学、纳税贡献、企业和个人荣誉 5 份证据，我将这 5 份证据合并为一组，这组证据的证明目的是：当事人是一位有社会责任感、道德品行优秀、对当地作出过重要贡献的优秀企业家。

## （五）按照编号进行装订

证据清单后面就是证据，证据要按照证据清单的编号进行排列和标注。先有组，后有份。比如五大组 30 份证据，可以在证据右上角标注为：第一组第一份、第一组第二份、第二组第一份、第二组第二份、第三组第一份……每一份证据凡是超过两页的，都要单独装订，每一组证据再合并放在一起。如果证据页面比较小，可以粘贴在 A4 纸上再进行装订，防止漏掉。有提取笔录的，可以把提取笔录放在证据前面；有录音录像光盘的，可以把录音录像光盘放在证据后面；录音有文字翻译的，可以把文字翻译放在前面，录音光盘附在后面。这样，法官拿到证据清单就能够迅速对应上相应的证据。如果证据比较多，可以放进纸质档案袋或塑料文件袋，甚至可以封装成册。

# 七、打官司就是打证据

律师要敢于收集证据、善于收集证据，同时控制好风险。律师如果在收集证据方面无所作为或者过于畏首畏尾，是很难做好诉讼业务的。

## （一）调查取证八字箴言

实事求是。律师是法律人，是有法律约束和职业伦理要求的，绝对不是什么事情都能干的。律师调查取证一定要实事求是，不要去搞串供诱供指供，不要去弄虚作假，更不要故意提交虚假证据。实事求是，是对自己最大的保护。

严格规范。调查笔录、勘察笔录都可以学习公安机关的制作流程。比如起止时间，要注明几点几分开始的，几点几分结束的。笔录的地点要具体到一定程度，写至具体场所。做调查笔录以前和做调查笔录以后，都不要随意接触证人，要懂得基本的回避原理。发问的时候，记得不要诱导或暗示。只要取证严格规范，风险总体是可控的。

## （二）调查取证的案例分析

（1）成功收集证据的例子。我说的成功收集证据是指律师依法依规、穷尽可能地收集到了很多对辩护有用的证据。在我的执业生涯中，这样的成功例子有很多。这里我举一下曾经代理过的一起案件。

我到监狱去会见当事人的时候，监狱民警有两拨人，分别扛着两台摄像机，一台对着我，另一台对着当事人。按照法律规定，律师会见是不受监听的。一般人看到这个场景可能就不太敢说话了，会见甚至可能草草结束。但我觉得这样做对我反而是一种保护：两台摄像机对着，刚好可以证明我的会见是合法合规的。

对着摄像镜头,我告诉当事人无须担心,大胆讲出案件真相。我直截了当地问当事人,当年制作的有罪口供内容是否真实。在镜头之下,我通过当事人还原了案情经过,获得了许多的调查取证线索。根据这些线索,我辗转多地,花了很多时间和精力,找到了多位证人制作了多份调查笔录,还收集到了病历资料、学籍资料、原始通话录音等客观证据,聘请有专门知识的人出具了专家审查意见。该案,我先后分3个批次,共向法院提交了50余份证据,将自己的辩护观点建立在扎实的证据基础上。

(2)收集证据失败的例子。我说的收集证据失败是指未能将证据收集到案,或者律师因为收集证据不规范而遭遇风险。我要以一起官员受贿案进行说明。

这起案件,我代理了一审和二审,另一位律师加入二审辩护。一审期间,我收集了多份证据。其中有一位行贿人,他告诉我他的确有行贿行为。经过简单核实,他确认他之前的笔录是真实的。我们分开后,我就再也没有联系过他。不料,二审新加入的律师在我不知情的情况下,再次跟该名行贿人取得了联系。这位律师在二审开庭前还向法院提交了对这名行贿人制作的调查笔录,内容当然是推翻了其之前的证词。但是没多久,有关部门重新找到这名行贿人对其重新询问,这名行贿人又重新认可了之前的口供内容,并称其之所以在律师调查笔录中改变口供,是新加入的那位律师教唆他的,他是按照律师的意图和要求提供的证词。

庭审的时候,这名律师向法庭提供了部分调查录音,但是调查取证和录音工作并不严谨,客观上让自己陷入了风险旋涡。因为他的调查笔录上写有当事人的身份信息、住址、电话,但是他提交的录音当中没有当事人核实身份的内容。检察官当庭质问,笔录当中有当事人的身份证号,可是录音当中根本没问过这个问题,那么笔录当中的这些身份信息是怎么来的?可见,这份录音并不是完整的录音。结合该名行贿人在后期的侦查笔录中反映的律师在做笔录之前对他先进行过辅导,那么律师提供的该份录音就起不到相应的证明作用。类似这种证人翻供,不一定是律师的原因导致,但如果律师取证不规范、不严谨,客观上会给律师带来莫大的风险。

### （三）应强化律师的调查取证权

打官司就是打证据，但我国律师的调查取证权利很小，因此赋予和保障律师调查取证的权利，应成为司法改革的重点。强化律师的调查取证权好处多多：其一，有利于更好地发挥律师在诉讼中的作用；其二，有利于减轻司法人员的工作负担，特别是节省法官在调查取证方面的时间；其三，有利于更好地查明案情真相，从而实现实体正义。

可能的改革举措包括：其一，强化对律师取证的配合义务，相对方持有证据且无正当理由拒不交出的，可以直接推定律师主张的证明目的成立。其二，丰富并扩大调查令的权限和内容，允许律师持调查令向政府机关、企事业单位进行调查取证。其三，强化违反调查令的法律制裁。法院调查令代表着法院的权威，拒不履行调查令的配合义务本质上是一种藐视法庭的行为，应当允许法院直接给予罚款、司法拘留等强制措施。其四，强化律师的保密义务。收集的证据只能用于诉讼的目的，违法泄露应当依法给予处罚，给相关方造成损失的应当承担赔偿责任。

许多律师不敢收集证据是因为恐惧。这固然是因为一些地方一些案例造成的舆论效果，但也有部分原因是部分律师业务不够精通，不知道自己的权利边界，也不知道如何规避风险，导致自己给自己造成不必要的心理恐慌和心理负担。对于优秀的刑辩律师而言，勇敢担当和执业技巧都是不可或缺的。敢不敢、会不会调查取证，就是一把很好的衡量标尺。

## 第九堂

# 如何制定辩护策略

辩护一定是有立场、有目标的。根据《刑事诉讼法》和《律师法》的规定,律师要根据事实和法律,提出当事人无罪或罪轻的辩护意见。律师天生具有立场倾向性,这一点不必掩饰。千万不要在公开场合标榜律师是一个公正无私的职业,因为律师不能替代法官的角色。但如果司法过程或判决结果不公正,且律师跟这种不公正做斗争,那么律师则有可能成为正义的化身。

## 一、无策略,无辩护

### (一)刑事辩护要原则性和灵活性相结合

律师的辩护必须要有策略,必须选对策略。没有目标和策略的辩护不是真正的辩护。策略错误,用力越深反而可能离目标越远。每起案件都是有约束条件的,而且约束条件都是不一样的。案件最终的结果不是律师想怎样就能怎样,也不是当事人想怎样就能怎样,甚至也不是司法办案人员想怎么就能怎样。可以把刑事案件视作一个已经存在的局,刑事辩护的本质就是在各种不同的约束条件下为当事人寻求最优的破局之道。

制定辩护策略的关键是既要敢于坚持原则,又要懂得灵活变通,既要善于给自己找筹码,又要善于给对方找台阶。敢于坚持原则是什么意思?就是指如果案件存在非法取证情形,就要敢于提出排除非法证据申请,敢于申请调取讯问录音录像,敢于申请证人出庭。对于定性错误的案件,要敢于指出侦查程序中的各种违法,敢于主动去调查取证,敢于向上级部门反映案件中存在的问题。社会关注的热点案件,要有勇气去揭穿舆论中的不实谎言,要有勇气去追求案件的真相和正义。但与此同时,律师也要懂得灵活变通、随机应变。

相较于给自己"找筹码",给对方"找台阶"更需要智慧。比如我代理过一起故意伤害致人死亡案,法定刑 10 年以上有期徒刑。我们首先当然是据理力争,以证据不足为由进行了坚定的无罪辩护。但是被害人确实死亡了,这就面临一个很现实的问题:被害人家属可能会有情绪,甚至会上访,会给当地造成维稳压力。这时我们主动跟办案机关承诺,如果法院能依法判决当事人无罪,我们这边可以给予被害人家属一定的人道主义慰问。最后这起案件以检察院撤回起诉结案,当事人通过当地民政部门和司法机关给予了被害人一笔慰问金。这样综合作用之下,才最终获得了我们想要的无罪结果。

### (二)辩护策略的内涵

我认为辩护策略的内涵主要包括以下 5 个方面。

(1)无罪辩护还是罪轻辩护。这是刑事辩护压倒一切的大策略。经常有当事人在一审审理阶段甚至二审审理阶段找到我,我每次在听完当事人陈述之后,都会问当事人他现在委托的律师对于案件是什么意见,是认为有罪还是认为不构成犯罪。有时候当事人告诉我,他们的律师没有告诉他们明确的有罪或无罪意见,我认为这是不应该的。一名优秀的刑事律师,在研阅完卷宗材料并会见完当事人以后,一定会首先作出罪与非罪、此罪与彼罪的判断。这个判断直接决定了后续辩护策略的选择。

(2)要不要认罪认罚。几乎每起案件都要面临这样的选择,因为几乎每起案件检察机关都会主动询问当事人和律师要不要认罪认罚,并且会就认罪认罚与否给出差别化的量刑建议。因此,要不要认罪认罚几乎已经成了刑事律师代理案件时的必答题。

（3）**主要是从程序发力还是从实体发力**。程序辩和实体辩不是对立关系,不是选择了程序辩就不能选择实体辩,也不是选择了实体辩就不能选择程序辩。很多案件中,律师需要从实体和程序两个维度双双发力。但在有些案件中,可能需要有所侧重、有所选择。为了实现特定的诉讼目标,可能火力需要更加集中于某一个侧面。

（4）**证据辩、事实辩还是法律辩**。刑事辩护集程序法和实体法于一体。我在办案过程中经常将案件区分为3个阶层:证据层面、事实层面和法律层面。证据层面主要从证据的三性和证明目的去辩护,事实层面主要从证据所能证明的事实和是否存在其他可能性的角度去辩护,法律层面主要从事实的行为定性、量刑情节等角度去辩护。

（5）**选择强力对抗还是柔性沟通**。有的案件因为违法程度较深等原因,对抗方式可能会非常激烈。强力对抗式辩护,往往伴随着网络曝光和实名控告,对此,刑事律师要敢于对抗。但是不代表所有案件都要采取这种激烈对抗的方式,不代表所有当事人都倾向于接受或采取这种方式。凡事都有两面,任何选择可能都会有相应的代价。有的案件采取柔性沟通的方式,可能效果反而更好。是强是柔,需要根据不同的案情,根据现实的司法环境,根据当事人不同的诉求来进行选择。

## 二、律师怎样进行程序辩护

众所周知,我国司法实践向来重实体轻程序。但这并不意味着程序就无关紧要。相反,司法进步需要律师不断推动,并且程序辩护得当有时确实能给案件带来转机。律师群体中,越来越多的律师开始重视程序辩护。那么,关于程序辩护,律师有哪些着眼点或者入手点呢?我总结了以下 16 个主要手段。

(1)提出管辖异议。律师提管辖异议,包括地域管辖和层级管辖两种情形。我代理的数起案件都成功实现了管辖移送。比如我曾代理的一起故意杀人案,本来在基层法院管辖,这样一来二审也只能在该市范围内。我介入后提出管辖异议,申请将案件移交中级人民法院审理,获得了法院同意。我代理过的一起强迫交易案,二审介入后发回重审,后又提出地域管辖异议,理由是该基层法院多位院领导跟被告人关系不睦。出人意料的是,该法院同意了律师申请,将案件移交给另外一个基层院审理。司法实务中,组织领导传销活动案、网络开设赌场案等,都应当仔细审查当地有无管辖权。有些存在其他干预的案件,应当积极考虑申请移送管辖。案件一旦离开当地,结局很可能会发生逆转。

(2)申请办案人员回避。办案人员回避主要是指侦查人员、检察人员和审判人员回避办理该案。申请办案人员回避,有时是目的,有时是手段。办案人员应当回避的事由,有些是庭前就知道的,有些是开庭过程中才知道的。比如有的法官明显不中立,丝毫不掩饰他的立场倾向性,甚至不断打断辩护人发言、不让辩护人充分发表意见,遇到这种情况就应当及时申请其回避。办案人员回避,可以直接提申请,也可以先建议其自行回避。在表达回避理由时,要着重指出其行为违反了哪些明文规定。如果被驳回,还可以变更新的理由继续申请其回避。如果当庭申请失败,庭后仍可以继续申请其回避。在申请办案人员回避时,要善于运用《刑事诉讼法》第 29 条第 4 项"与本案当事人有其他关系,可能影响公正处理案件的"这一兜底规定和最高人民法院《关于适用〈中华人民共和国刑事诉讼法〉的解释》第 28 条第 6 项"有其他不正当行为,可能影响公正审判的"这一兜底规定,再结合《法官法》《检察官法》《法官职业道德基本准则》《检察官职业道德基本准则》,夯实申请回避理由的法律基础。否则,法庭会直接以回避申请不符合法律规定为由当庭予以驳回,并且决定不得申请复议。

(3)申请排除非法证据。相关内容,我会在其他课程中进行专题讲解,此处不再展开。

(4)申请司法鉴定。申请司法鉴定主要有以下3种情形。

①没有鉴定,申请进行鉴定。公安机关、检察院、法院,包括律师,在法律方面是专业人士,但在其他领域未必是专业人士。所以专业问题必须要让专业人员去判断,公安机关、检察院、法院在这些问题上不能"越俎代庖"。如果公安机关、检察院、法院没有委托鉴定,那么律师可以申请进行鉴定。

②已有鉴定,申请重新鉴定。申请重新鉴定,必须要指出原先鉴定存在的问题。这些问题不能是不影响结论的小瑕疵,而必须是不能补正、直接影响鉴定意见的严重违法或错误。司法实践中,我们有很多申请重新鉴定获得成功的案例。比如我代理过的一起案件,检方指控了集资诈骗和非法吸收公众存款两个罪名,金额高达十几亿元。如果两个罪名同时成立,刑期大概率会是无期徒刑。这起案件因为我们抓住了鉴定意见中的一些致命问题,在审理环节成功申请法院启动重新鉴定,几乎推翻了原来的鉴定意见,导致检察机关指控的集资诈骗罪直接被法院判决不成立。

③申请补充鉴定。补充鉴定还是由原来的鉴定机构和原来的鉴定人员负责,目的不是推翻原来的鉴定意见,而是要对原来的鉴定意见进行完善和补充。比如"雷洋案",第一次尸检报告出来以后,我们申请检察机关进行补充鉴定。检察机关同意了我们的申请,启动了补充鉴定并给出了补充鉴定意见。

(5)申请证人出庭。律师对有些证人证言的真实性有异议,但是又拿不出一个现成的证据去直接证明证言是有问题的。这时候,律师一方面固然要结合逻辑规则、经验法则和自然规则等对证人证言的真实性进行质证,但是更直接、更有力的方式还是申请证人出庭。通过出庭接受控辩审三方的交叉发问,让证人当庭对那些模棱两可的内容进行澄清,当庭对律师的质疑进行回答和解释。如果能够提前精心设计好问题,并且掌握娴熟的法庭发问技巧,往往可以通过法庭发问去揭露证言的不实或者虚假。对当事人有利的证人,一般不要申请其出庭,但并非对当事人不利的证人就一定要申请其出庭,如果当庭言之凿凿,反而对当事人更加不利。应当申请那些对当事人不利并且证言中明显存在问题的证人出庭。

申请证人出庭,关键是要讲清楚证人出庭的必要性,否则法官一般不会同意。

申请证人出庭,有必要高度注意相关司法解释和《刑事诉讼法》规定之间的差异。《刑事诉讼法》第192条第1款的原文是:公诉人、当事人或者辩护人、诉讼代理人对证人证言有异议,且该证人证言对案件定罪量刑有重大影响,人民法院认为证人有必要出庭作证的,证人应当出庭作证。根据该条规定,证人是否出庭,法院有绝对的裁量权,取决于法院认为是否有必要。但是最高人民法院《人民法院办理刑事案件第一审普通程序法庭调查规程(试行)》第13条第1款对此作出了修改。该条的原文是:控辩双方对证人证言、被害人陈述有异议,申请证人、被害人出庭,人民法院经审查认为证人证言、被害人陈述对案件定罪量刑有重大影响的,应当通知证人、被害人出庭。该条规定将"法院认为是否有必要"改成了"法院认为证人证言对定罪量刑是否有重大影响",也即法院的绝对裁量权变成了相对裁量权。根据该规程的规定,证人出庭的条件有3个:控辩双方对证人证言有异议、申请证人出庭、法院审查认为证人证言对案件定罪量刑有重大影响。据此,如果法院认为证人没必要出庭,那么辩护律师可以要求法庭当庭释明:是否认为该证人证言对定罪量刑没有重大影响并要求记录在案。如果法院既没有通知该证人出庭作证,又将其侦查笔录作为定罪量刑的重要根据,那么律师完全可以以程序违法为由提起上诉或申请再审。

(6)申请被害人出庭。被害人的陈述往往存在夸张和虚构,遇有此种情形的,律师一定要坚持申请被害人出庭。实际上,根据《刑事诉讼法》和相关司法解释,通知被害人出庭原本就是法院的义务。申请被害人出庭比申请证人出庭更为容易,因为被害人本身就是诉讼当事人,本来就可以坐在法庭上发表意见。如果被害人拒绝出庭,反而会显得不正常。因为这形同被害人放弃了通过法庭去为自己伸张正义的机会。我代理的两起案件都是因为成功申请被害人出庭,然后通过法庭发问,最后成功帮当事人摆脱罪名:一起强奸案,申请被害人出庭以后,检察院被迫撤回起诉;一起敲诈勒索案,申请被害人出庭以后,法院直接判决敲诈勒索罪不成立。申请被害人出庭跟申请证人出庭一样,律师要高度关注相关司法解释的规定。

**（7）申请侦查人员出庭**。申请侦查人员出庭主要出于以下几种情况。

①当事人指控侦查人员存在非法取证行为。侦查机关未能提供同步录音录像或者其他有效证明，申请侦查人员出庭作证可以让其与当事人当庭对质，查明是否存在非法取证。

②侦查人员或侦查机关出具了相关证明类材料，申请其出庭就材料的真实性、合法性进行说明或者对合理疑点进行解释。

③关于当事人的到案情况存在争议，申请侦查人员出庭说明当事人是如何到案的。如果侦查人员存在抓捕行为，那么抓捕经过是怎样的，包括是否存在等待抓捕、是否正在投案途中、抓捕时有无反抗等情节。我代理过一起非法吸收公众存款案，该案通过申请侦查人员出庭，成功推翻了由其签字出具的情况说明，为当事人争取到了自首情节。

**（8）申请鉴定人员或有专门知识的人出庭**。如果存在司法鉴定且对司法鉴定提出了实质性异议，那么在办案机关拒绝启动重新鉴定的情况下，律师可以申请鉴定人员出庭作证。如果没有司法鉴定但又存在一些专业问题，那么律师可以申请法院通知有专门知识的人出庭作证。律师可以事先联系好专家证人并向法院提交具体的名单，开庭时可以让专家证人候在法庭门口。专家证人最好是具备司法鉴定资质或者在某个领域内具有公认的权威。

**（9）申请复制或阅看讯问录音录像**。在职务犯罪案件或者是高度依赖口供的案件中，如果当事人提出存在指供诱供、刑讯逼供等非法取证情形，或者存在笔录记录和当事人供述不一致等情形，申请复制或阅看讯问录音录像几乎是律师的必然要求。我代理过一起案件，该案通过调看全部的讯问录音录像和询问录音录像，发现了大量的非法取证线索。我们在庭前递交了排除非法证据申请书，检察院在庭前会议同意了律师的申请，当庭直接将当事人庭前所有的有罪供述作为非法证据予以排除。我代理过的一起涉黑案件，在法院环节经过极力争取，终于调取到了部分同录。经过阅看发现存在肢体暴力、超期羁押、自问自答、不如实记录等问题,当庭成功排除了部分非法证据。对于不如实记录的笔录,法院直接采信了同录的内容。

（10）**申请调取证据**。这一点在"第八堂　如何进行调查取证"中有详细讲述,此处不再赘述。

（11）**申请重新勘验、检查**。勘验具有时效性,要求是原始现场。一旦现场被破坏或者时过境迁,再去勘验往往就会失去效果。有些案发时间不是太长的案件,如果侦查机关在勘验过程中有重大遗漏或者是勘验过程中存在明显违法,律师可以申请重新勘验、检查。有些案发现场没有被封闭或者公安机关没有采取特殊保护措施,律师也可以自行去勘验、检查。只不过这个过程最好全程录音录像。

（12）**申请重新辨认**。申请重新辨认的理由当然是辨认程序中的违法或瑕疵。比如辨认过程不自主、辨认对象不符合规定、没有全程录音录像、没有合格的见证人等。要注意重新辨认和重复辨认的区别。如果辨认已经被污染,那么就不具备重新辨认的条件。

（13）**申请开庭审理**。这项申请主要针对的是二审案件。我们国家实行两审终审制,审级在世界范围内算是很少的。程序正义与实质正义可能很难保障,因为开庭审理,几乎是二审改判或发回重审的前提条件。为了促成二审开庭审理,除了要递交开庭审理申请书,更重要的是要对案件证据和事实提出实质性异议,必要时要向法庭提交新的证据。如果有新的证据且新的证据对案件定罪量刑有重要影响,那么法院就必须开庭对这些证据进行质证。

（14）**申请庭审网络直播**。现在庭审直播的比例已经大幅降低,甚至在逐年降低,今后可能也会越来越难。如果法官明确表示没有义务直播,在法理上倒是可以反驳的。因为公开审理的含义就是向全世界、向所有人公开。之前受技术条件限制,公开开庭以法庭的物理空间为限,导致客观上只有少数人到庭旁听。现在借助信息技术手段,打破了法庭的物理空间局限,非但没有违背庭审公开的原则,相反真正贯彻了庭审公开的原则,让更多人无差别地旁听庭审,跟法院正在实行的庭审公开是一脉相承的。但如果法官以技术条件为由拒绝直播,那么辩护律师很难进行反驳。

(15) **申请记者或特定人员旁听**。我早些年代理的一起公职人员受贿、徇私枉法案,当事人反映在侦查过程中受到了刑讯逼供。我们除了申请排除非法证据,而且书面申请记者、当事人所在单位的领导、当地的政协委员和人大代表旁听庭审。我前些年代理的一起受贿案,也成功申请了记者和当地的 1 名全国人大代表到场旁听庭审。这些人员的到场旁听,对审判过程是一种现场监督,有利于促进案件的公正判决。

(16) **申请上级领导和有关部门监督**。就我个人的办案经验,凡是存在外力干预的案件,我都会申请上级领导和有关部门关注和监督。前些年,最高人民法院出台了《关于进一步完善"四类案件"监督管理工作机制的指导意见》,明确规定"四类案件"是可以直接申请院长进行监督管理的。目前我国法院系统正在推行阅核制,这也为律师向院长、庭长反映问题提供了法律依据。我们要充分利用好这些规定,想办法把我们认为符合条件的案件直接摆到院长或庭长的办公桌前。

这 16 种程序辩护手段都是比较常见的,也是律师可以随时使用的。我们要熟练掌握这些"工具",随时从"工具箱"里拿出这些"工具"为辩护服务。

## 三、律师怎样进行法律辩护

法律辩护是指在既定事实的基础上,就行为性质和法律适用等方面进行的辩护。绝大部分的刑法学知识,落到律师办案上就是法律辩护。

### (一)法律辩护的 5 种方式

(1) **全案无罪辩护**。不论全案有多少个罪名,律师对每一个罪名都做无罪辩护。司法实践中,有涉黑涉恶案件被指控数个罪名,最终全案判决无罪的例子。

我曾代理的一起涉恶案,该案被指控了3个罪名,审查后发现一个罪名都不能成立。还有一起案件,检察机关指控我方当事人涉嫌敲诈勒索罪、虚假诉讼罪两个罪名,仅敲诈勒索罪法定刑就在10年以上。我对全案做了无罪辩护,法院一审判决敲诈勒索罪不成立,对虚假诉讼罪按照实际羁押期限进行量刑,宣判后不到10天,人就刑满释放了。我们认为虚假诉讼罪根本不成立,继续上诉。二审开庭审理后,以事实不清、证据不足为由将案件发回重审。我还代理过一起涉黑案件,介入后始终对全案做了无罪辩护。检察院在提起公诉时,主动变更了部分罪名,导致刑期大幅下降。提起公诉并召开庭前会议后,检方又在正式开庭前主动撤回了大部分指控事实。这起案件虽然最终没有判决无罪,但量刑大幅下降且保住了当事人绝大部分财产,为当事人争取到了极大的利益。我曾代理过的一起案件,自侦查阶段介入始终坚持全案无罪辩护。公安机关以涉黑侦查,检察院以涉恶起诉,结果指控的5个罪名被我们辩掉了2个;指控的21笔诈骗被辩掉了15笔,金额被辩掉了90%;指控的11笔寻衅滋事被辩掉了4笔;指控的2笔敲诈勒索被辩掉了1笔金额大的。除了刑期大幅下降,还保住了当事人的财产,整个案件取得了远超预期的辩护效果。

(2)**个罪无罪辩护**。个罪无罪辩护是指全案指控了多个罪名,仅对其中的部分罪名做无罪辩护。在涉黑涉恶案件中,个罪无罪辩护有时是很好的辩护策略。我曾经给一个被指控组织、领导黑社会性质组织罪的第一被告人辩护,我们在研阅完卷宗材料以后认为这起案件全案无罪是不可能的,于是便制定了个罪无罪辩护的策略。我们首先集中火力强攻涉黑罪名,最终成功摘掉涉黑的"帽子"。在此基础上,我们没有面面俱到,对部分罪名选择了放弃辩护,实行认罪认罚,然后把辩护火力集中对准那几个问题较大的罪名。因为选择了这样一个务实的辩护策略,法官对律师辩护工作也是高度认可。最终结果是,数个个罪都或多或少地采纳了律师的辩护意见,并且整个案件的整体量刑也让家属比较满意。

(3)**变更为较轻的罪名**。罪名决定刑期,变更罪名有时候可以获得巨大的量刑利益。比如我代理过一起非法买卖枪支、弹药案,经过不懈的程序辩护和实体辩护,历经两退三延、移送管辖、变更管辖等程序,最终将罪名更变为非法持有弹药罪,本来法定刑为10年以上有期徒刑,最终判决3年有期徒刑并宣告了缓刑。比如我代理的另外一起案件,指控的是行贿罪且法定刑为10年以上有期徒刑,经过调查取证和罪名、事实辩护,法院最终以单位行贿罪判处当事人6个月有期徒刑。在当时,单位行贿罪的法定最高刑期为5年有期徒刑。也就是说,只要成功把行贿罪变更为单位行贿罪,该案刑期就至少能下降5年。

(4)增加有利的量刑情节。对案件定性没有太大争议的案件,律师的辩护目标就要集中于量刑情节。量刑情节包括法定量刑情节和酌定量刑情节。比如"张扣扣案",我们对检方指控的故意杀人罪、故意毁坏财物罪两个罪名均不持异议,因此我们的辩护重点是张扣扣不应当判处死刑立即执行,而应当判处死刑缓期两年执行。为此,我们对被害人进行了赔偿,申请对张扣扣进行精神鉴定,主张前案判决存在不公,被害人存在较大过错,对张扣扣为母复仇的经历进行了阐发等。这就是典型的量刑情节辩护。

我曾经代理过一起虚开增值税专用发票案,当事人跟我陈述案情后,我发现该案法定刑为10年以上有期徒刑。对于此类案件,首先应判断是否构成犯罪。一旦认定构成犯罪,那么量刑辩护就至关重要。因为此类犯罪虽然法定刑很高,但只要有自首、补缴税款等情节,争取缓刑的概率还是很高的。这个案件,我不仅建议当事人尽快自首、主动补缴税款,还给他设计了一个立功情节:由当事人出面,说服并带领其他同案犯一同投案。这样,其他同案犯仍然成立自首,而我的当事人还同时成立立功。

我在代理案件的时候,基本都会提示当事人存在立功这样一种法定的量刑情节。不要以为立功就一定是出卖他人、损人利己,客观上存在很多违法犯罪行为,需要他人去揭露。我担任检察官的时候,曾经有一名嫌疑人在我的劝说下,检举揭发了一名同案犯犯下的抢劫罪,帮助公安机关破获了一起沉积多年的恶性案件。不要以为立功很麻烦,不一定非要检举揭发杀人贩毒的案件,检举制假售假、贪污腐败,提供其他同案犯的藏匿地点,协助公安机关辨认或抓捕其他同案犯等行为,只要查证属实均可以成立立功。我代理过一起案件,该案当事人检举揭发他人滥伐林木,一审以该线索虽经查证属实但已过追诉时效为由没有认定立功情节。但其实,已过追诉时效或者未予刑事处罚都不妨碍立功的认定。二审,我们成功纠正了一审判决中的这一错误认定,为当事人争取到了立功情节。

我总结了 14 个重要的量刑情节:自首、从犯、未遂、中止、预备、立功、坦白、退赔退赃、被害人过错、精神障碍、未成年、老年、防卫过当、被害人谅解、认罪认罚等。除此之外,还有过失犯罪、初犯、偶犯、没有前科劣迹、激情犯罪、被胁迫犯罪等。最高人民法院、最高人民检察院颁布的《关于常见犯罪的量刑指导意见(试行)》(法发〔2021〕21 号),详细规定了这些情节在量刑时的作用大小。这些量刑情节都要"装入"刑事律师的"工具箱",随时准备拿出来使用。

(5)减少不利的量刑情节。不利的量刑情节包括主犯、组织者、领导者、首要分子、积极参加者、累犯等。这里需要提醒一点,判决缓刑的人在考验期满后重新犯罪不构成累犯。毒品类案件中,即便刑满释放已届 5 年,虽然不构成累犯但却构成再犯,依然会从重处罚。此外在一些罪名中还存在一些加重的量刑情节。比如入室盗窃、入室抢劫、交通肇事逃逸、轮奸等。以猥亵为例,在公共场所当众猥亵不必然等同于情节恶劣,不必然导致量刑升档。拿掉这样的不利情节或加重情节,同样可以大幅减轻量刑。

## (二)什么时候选择无罪辩护

有些律师喜欢把无罪辩护挂在嘴上,另外一些律师则反感这样的做法,认为无罪辩护应当慎之又慎。实践中,我国刑事案件无罪判决率很低,绝大部分案件都不可能有无罪结果。我曾经说过一句话,无罪辩护应该是刑事律师的本能。一名优秀的刑事律师看到任何案件,首先都应当思考或分析有没有无罪的可能。刑事律师不能被判决的低无罪率影响,上来就认为当事人有罪或者上来就朝着有罪的方向去思考,这跟辩护律师的身份天然相悖。这么说,并不是要求刑事律师脱离案情去胡乱判断,也不是要求刑事律师全凭自我感觉去胡乱辩护,而是要求刑事律师贯彻彻底的无罪推定思维和彻底的逆向思维方式。我们究竟什么时候应该选择无罪辩护呢？我总结了以下 8 种情形。

（1）案件证据存在重大问题，确实达不到定罪标准。比如我代理过的一起故意伤害致人死亡案和一起强奸案，都坚持做了证据不足的无罪辩护，开完庭之后检察院均因为证据原因撤回了起诉，当事人都被无罪释放。

（2）指控的事实不存在或并非当事人所为。这属于典型的冤假错案。我代理的"山西紫藤巷杀人案"，最高人民检察院建议最高人民法院再审，最高人民法院指令山西省高级人民法院再审。这起案件的确存在故意杀人的事实，但我们认为案件真凶另有其人。我代理申诉的某投毒杀人案，究竟是一次公共卫生事件还是一次投毒杀人案件，至今存疑。即便是一次投毒杀人案件，真凶也很可能另有其人。

（3）法律适用存在重大争议，有极大的无罪可能。比如昆山反杀案、福建赵宇案、山东于欢案，律师遇到这类案件肯定要做无罪辩护。即便对于认定正当防卫存在一定争议，但辩护律师一定要站在无罪的一侧。事实证明，正是因为这些典型案例以及辩护律师的无罪辩护，才逐渐激活了"沉睡已久"的《刑法》第20 条。

（4）案件情节显著轻微，依法可以不作为犯罪处理。这类案件，从立案环节开始要一路无罪辩护到底。越早无罪辩护，越容易收获无罪结果。这些年，我每年都会收获免予刑事处罚的案件。无一例外，这些案件我都是进行了无罪辩护。但因为介入辩护的环节太过靠后，比如已经起诉到法院或者一审已经判决，所以法院更愿意判决免予刑事处罚而不是判决无罪。

（5）已经过了追诉时效，没有继续追诉必要的案件。是否过了追诉时效，很多时候取决于案件是否存在诸如情节严重、情节特别严重等量刑情节。如果认定案件情节严重，就没有过追诉时效，反之则过了追诉时效。还有些案件确定过了追诉时效，追诉需要经过最高人民检察院核准。这时，律师要紧紧围绕追诉时效问题开展无罪辩护。当然，本书所说的无罪辩护中的无罪并不是严格刑法学意义上的无罪,更多是指不追究刑事法律责任。

(6) **指控明显不合理或量刑畸高,需要强力的博弈筹码**。有些案件可能客观上不应该判决无罪,但是因为指控明显不合理,把不该指控的罪名和事实都予以指控,而且量刑建议畸高。这时候,如果律师找到了无罪辩护的点,就可以把无罪辩护作为博弈的筹码。本来只有一个罪名成立却指控两个罪名。作为回应,本来只有一个罪名不成立,律师可以对全案两个罪名都做无罪辩护。做无罪辩护,法院可能不会判决无罪,但是可能会在量刑或者罪名的选择上有所考虑。指控两个罪名,法院有可能考虑会拿掉一个。我代理过一起案件,检方指控提供虚假证明文件和非国家工作人员受贿两个罪名。我们发现非国家工作人员受贿罪明显不成立,但是跟检察机关沟通未获认可,只能在法院环节对全案做无罪辩护。法院经过审理,判决非国家工作人员受贿罪不成立,同时对提供虚假证明文件罪进行了轻判。在这起案件中,全案无罪辩护就可以视作一个博弈筹码。

(7) **当事人强烈且坚定要求做无罪辩护**。一起案件如果让律师独立判断,可能不一定认为会判决无罪,甚至判决无罪的概率很小。但是律师把这些情况如实告诉当事人以后,当事人仍然强烈且坚定地要求律师做无罪辩护。遇到这种情况,律师只能做无罪辩护。因为当事人不认罪,如果律师做罪轻辩护,形同指控自己的当事人,而律师无论如何都不应该去指控自己的当事人。

我几乎每年都会遇到这样的案件。比如一起寻衅滋事案,家属二审找到我想委托我做无罪辩护。经过了解,当事人被逮捕羁押了近2年,一审法院还判决免予刑事处罚,足以说明案件是很可能存在问题的。经过仔细研阅卷宗发现,这起案件只是一起普通的民事纠纷,确实不构成寻衅滋事犯罪。我告诉当事人,法律上应该判决无罪,但是二审改判无罪可能会非常困难。因为一审已经判决免予刑事处罚,二审维持原判的概率很大。家属又告诉我,这起案件一审判决之前就请示过二审法院,那么这种情况下二审法院改判的概率比预期的会更低。当事人明确知道可能的结果,仍然坚持立场,那么律师只能心无旁骛、全力以赴地为当事人做无罪辩护。

### （三）从无罪辩护到无罪处理

无罪辩护只是律师的辩护观点和辩护立场，最后的无罪处理才是当事人和律师真正追求的。我们国家真正由法院判决无罪的案例很少，无罪处理的实现形式还包括公安撤案、检察院不起诉、检察院撤回起诉等。程序越往后面走，实现无罪结果的难度越大。公安撤案是最容易的，检察院不起诉也相对容易。检察院一旦起诉到法院，让检察院再撤回起诉就很难了。检察院坚持有罪指控，法院判决无罪就更难了。

2022年的"两高"报告披露了这样一组数字：2021年，全国各级法院共审结一审刑事案件125.6万件，判处罪犯171.5万人。其中，各级法院共宣告511名公诉案件被告人和383名自诉案件被告人无罪。粗略计算一下，2021年由检察机关提起公诉的案件，在法院获得无罪判决的概率仅为大约万分之三。在2024年第十四届全国人大第二次会议上，最高人民法院的工作报告披露：2023年全国法院共对465名公诉案件被告人和339名自诉案件被告人依法宣告无罪，同比分别增长31.4%、22.4%。再审改判无罪87件122人，同比增加21件42人。综合对比2020年、2019年乃至近10年的数据，公诉案件的无罪判决率基本都在万分之五的低位上下徘徊。这样的数据显示，公诉刑事案件判决无罪何其艰难。

公诉案件无罪判决率低并非因为案件都板上钉钉，而是可能有着非常复杂的因素。必须承认，起诉到法院的绝大部分公诉案件都是应当判决有罪的，但同时，起诉到法院的公诉案件并非只有万分之五应当判决无罪。根据《宪法》和《刑事诉讼法》的相关规定，法院的职能定位就是对检察院进行制约。因此，法院应当对检察院的错误指控进行纠正和改判。

无罪辩护非常艰难不假，但不等于完全不可能。刑事案件要尽早聘请专业律师介入，诉讼阶段越早越容易实现无罪目标。无罪辩护的先决条件和必要条件是当事人及家属的坚定支持。判决无罪意味着公安机关和检察院的工作遭到全盘否定，公检机关甚至面临着国家赔偿和错案追责，因此无罪辩护必定会面临异常激烈的拉锯或较量。我的经验告诉我,无罪辩护不仅是双方法律上的较量,而且是双方包括资源整合在内的综合实力的较量。

我总结了实现无罪结果需要具备以下6个方面的力量。

(1)意志力。无罪处理肯定要比有罪处理周期更长,更考验人的意志力。比如法院判决无罪,除了要提交审委会讨论,还要进行各方协调。如果是证据不足,先要让检察院穷尽补侦手段;如果是法律适用,检察院往往会协调更换罪名等。在这漫长的过程中,意志不坚定的往往会中途选择妥协,选择认罪认罚换取缓刑等。

(2)抗压力。无罪辩护是一种高强度的博弈。其间,有关部门有时还会给当事人及律师施压。我曾经代理过一起案件,当事人子女是公务员,有关部门除了做当事人工作,还多次做其子女的工作。有些单位还可能会离间家属和律师的关系,甚至以各种条件促使家属解聘律师等。我曾代理的一起涉黑案和一起诈骗案,有关部门多次要求当事人解除对我的委托。做无罪辩护,不仅当事人和家属抗压力要够强,律师抗压力也要够强。

(3)理解力。在辩方阵容之中,首要的是律师要准确理解案情,不要出现任何误判。客观上有罪的案件,仅因为律师判断错误,导致大家投入巨大精力和资源去做无罪辩护,注定会徒劳无功。如果律师判断失误,家属也会跟着判断失误。还有一些案件,虽然法律上可能有无罪的空间,但客观约束条件是绝对不可能判决无罪的,那么律师有义务向家属充分阐明其中的利害关系。在律师作出精准判断的基础上,当事人和家属也要透彻理解自己的案件。这就要求律师能通俗易懂地讲清楚案件的本质。理解了,才能及时变通。

(4)沟通力。从沟通主体看,沟通力包括律师的沟通能力和家属的沟通能力;从沟通对象看,沟通力包括跟办案人员的沟通能力和跟其他能影响案件结果的人员的沟通能力;从沟通要素看,沟通力包括沟通渠道和沟通技巧两大部分。我常常说,谁能影响或决定案件结果,我们就要向谁发表辩护意见。辩护绝对不止是在法庭上发言,也绝对不只是向承办法官递交辩护意见。比如一个案件要上审委会讨论,那么律师可以向每个审委会委员寄送法律意见;比如案件可能会向上级请示,那么律师就可以向上级法院的领导或可能会听取汇报的人士寄送法律意见;比如案件可能存在较大的案外干预,那么律师可以向政法委、纪委监委反映相关情况。必要的时候,家属或律师还可以借助外力,比如人大代表、政协委员或媒体记者等。这些都是沟通力的体现。

(5)**取证力**。在我们国家,律师的调查取证能力极其有限。很多的调查取证之所以能够实现,是因为得到了家属的有力协助和积极配合。比如我代理过的一起受贿案件,2000万余元的受贿金额被成功砍掉了600多万元,就是因为律师在家属的帮助下收集到了有力的反证。我遇到过一些案件,虽然冤情很大,但就是收集不到无罪的证据,只能眼睁睁地看着案件结果朝着不利的方向发展。

(6)**应变力**。案情和形势变了,辩护方案也得跟着变。律师的应变力,最主要体现在庭审辩护能力上。有些律师喜欢拿着事先写好的辩护意见,在法庭上宣读。既然是当庭发表辩护意见,当然是希望别人能听进去,否则干脆提交书面辩护意见好了。更重要的是,这样的辩护很可能无法回应庭审情况,无法回应法庭的争议焦点,更无法回应法官关切的重点。我的法庭辩护虽然都事先准备好了辩护提纲或辩护意见,但是从不简单宣读,因为我的当庭辩护一定要回应庭审的争议焦点,一定要回应检察官法官的观点,一定要回应法庭发问和举证质证时的问题,一定要使用生动活泼的语言和抑扬顿挫的语调牢牢抓住诉讼参与人员的注意力。好的临场发挥,不仅要有雄辩的逻辑力量,还要有雄辩的修辞力量。

## 四、认罪认罚背景下的辩护策略

认罪认罚已经成为既定的制度框架,刑事律师只能面对,不能抗拒。在这样的背景下,无论家属还是律师在制定辩护策略时,都不可避免地要将认罪认罚纳入整体考量。在新的刑事辩护生态之下，刑事律师制定辩护策略应当注意并处理好以下 3 个重要问题。

## （一）是否认罪认罚应当由谁来决定

讨论认罪认罚形势下的刑事辩护策略，并不是指签署了认罪认罚协议之后的辩护策略。认罪认罚形势下的刑事辩护，第一个要解决的关键问题就是要不要认罪认罚。需要明确的是，是否认罪认罚，决定权在当事人手上，律师不能代替其做决定。在此过程中，律师的作用是提供客观的证据和法律分析，研判案件的可能走向，帮助当事人权衡其中的利弊得失，讲清楚认罪认罚可能的危害和拒绝认罪认罚可能的风险。

即使案件客观上应当判决无罪，律师和当事人也会遇到认罪认罚的诱惑或压力。这个时候无罪或罪轻是理论上的，是需要努力去争取的，并且可能是争取不到的，也就是说，可能更有利但也可能更不利，拒绝认罪认罚常常要面对不确定性的考验。选择认罪认罚，检察院给出的量刑建议被法院采纳的概率极大，结果相对更加确定。有的当事人对确定性的需求较高，厌恶风险和不确定性，可能更倾向于接受一个妥协方案。有的当事人比较坚持和执着，宁愿冒一定的风险也要追求那个可能的更好结果。一名优秀的律师，永远都要把当事人的利益和考量放在首位。生命和自由无价，这些后果是律师无法代替承担的。

作为律师，坚持法律原则和是非底线当然非常必要，但前提是获得家属的理解和认可。刑事律师千万不要因为自己的坚持而损害当事人的利益，更不可因为自己的坚持而将当事人置于危险境地。如果经过慎重研究，笃定案件确实无罪，那么就不应当轻易建议当事人认罪认罚。如果当事人坚持认罪认罚，律师无法接受的，可以选择退出辩护。一旦当事人接受了律师的建议，那么就必须全力以赴，加倍努力，竭尽所能地为当事人争取更好的结果。对刑事辩护而言，只有意念上的坚持是远远不够的，更重要的是意念之后的策略和行动，否则，所谓的坚持很可能是对当事人的辜负。

### (二)认罪认罚协商,律师怎么找筹码

西方经济学上有一个分支学科叫博弈论,研究的是双方在博弈过程中怎样运用数学方法进行计算,怎样作出最优的决策。当一名律师坐在检察官对面谈判的时候,应当先问自己一个问题:我有没有筹码？如果律师没有筹码就走上谈判桌,实质上相当于放弃了自己的辩护职能。

我举一个自己承办的真实案例,我曾代理过一起受贿案,当事人家属因为对一审判决结果不满意,聘请我介入二审辩护。刚一递交委托手续,法院就打来电话催促提交辩护词。我们一听就意识到这是不打算开庭。于是,我立即加班加点研阅卷宗,并很快向法院递交了《开庭审理申请书》《证人出庭作证申请书》《调查人员出庭说明情况申请书》《调取证据申请书》《排除非法证据申请书》等一系列申请。与此同时,我们开始紧锣密鼓地进行调查取证。考虑到一审判决认定的全部都是现金交易,证据基本都是口供,我们立即着手联系行贿人,对其制作调查笔录。律师调查取证风险重重,但没有证据支持,这样的案件几乎没有翻盘的希望。

由于时间紧迫,我们联系到一个证人就制作一份笔录,并且立即将笔录递交给法院。结果,我们在法院给出的提交辩护词的截止日期里一共递交了7份调查笔录和1份书证。其中,5份调查笔录是行贿人的证词,他们均推翻了此前的口供;另外2份调查笔录是当事人邻居和同事的证言,证称当事人性格孤僻、不善交际且患有深度抑郁症。1份书证是当事人的病例资料,证明当事人确实患有抑郁症。当我们把这些新证据全部递交给法院后,主办法官的态度明显有所改变,二审法院最终裁定将案件发回重审。

发回重审后,我们进一步收集了更多的证据。带着这些新证据,我们重新走到了检察院的谈判桌前。其实此案在原一审审查起诉阶段,辩护律师就同检察院进行过认罪认罚协商,只可惜在刑期问题上未能达成一致。此次重新协商,我们有了很多新证据,辩护力度和决心也明显加大。最终,检察院同意了我们的意

见,决定变更起诉,将指控的金额直接减半。在此基础上,我方选择认罪认罚,法院判决实报实销,当事人在判决当天被当庭释放。

有一种观点认为,刑事律师办理案件必须要死磕到底才算是为当事人负责。其实这种观点太过偏颇。辩护律师贵在有勇有谋,既要敢于坚持原则,又要善于懂得变通。只有这样原则性和灵活性相结合,才能在不同的案情条件下为当事人争取到最佳利益。

### (三)已经认罪认罚,律师还能否做实质性辩护

在当事人已经签署认罪认罚协议的情况下,律师能否做无罪辩护?这在过去尚存争议,但随着最高人民检察院颁发的《人民检察院办理认罪认罚案件开展量刑建议工作的指导意见》的施行,现在已经不是问题。如果律师做无罪或罪轻辩护,是否一定意味着当事人撤销了认罪认罚协议呢?答案是否定的。法庭在向当事人核实是否认可律师的辩护观点时,如果回答认可则视为撤销认罪认罚协议,如果回答不认可仍视为当事人认罪认罚。这就是一个简单的庭审技巧问题。在一些案件中,律师和当事人之间完全可以进行分工配合,既确保当事人享受到认罪认罚的量刑利益,又确保辩护律师独立行使辩护权。

从司法实践看,运用这种策略有时能取得更好的辩护效果。我曾经这样操作过一个案例。该案是一起涉案金额高达350亿元的跨境开设赌场案。我担任第一被告人辩护人,当事人签署了认罪认罚协议。我方对开设赌场的罪名不持异议,但对检方350亿元的赌资金额和11亿元的非法获利金额提出了强有力的辩护。350亿元的开设赌场案和35亿元的开设赌场案,在自由刑的量刑上可以说相差无几,但在财产刑方面则完全不是一个量级。我曾代理的一起职务侵占案,在审查起诉环节拿掉非国家工作人员受贿罪、在法院审理环节替当事人解封了逾亿元市值的股票后,在一审审理环节签署了认罪认罚协议,当事人最终被判决缓刑。

总之,认罪认罚制度改变了既有的辩护生态。刑事律师对此应当认真加以

研究,努力加以适应。每遇到一个新的个案,都要结合案件的具体案情选择最合适的辩护策略。刑事律师的工作永远都是有约束条件的。在约束条件下寻求最优解,考验的是一个人的综合能力。所以,我一直说,刑事律师看似门槛很低,但其实对人的综合素质的要求是极高的。

## 五、从具体案例看辩护策略的设计和运用

### (一)某正处级官员渎职、受贿案

受贿罪案件要根据当事人的心态来制定不同的辩护策略。这当中有两种典型的心态。

第一种心态,希望轻判,减少罚金且希望以温和的方式进行。持这种心态的人很多。往往官员级别越高,就越不希望有激烈的法庭辩护。这时,非法证据排除可能就不是律师辩护的重点。律师的工作恐怕要放在客观证据的审查、口供等证据的印证关系以及法律适用中存在争议的问题。这类案件,律师需要采用柔性的、温和沟通式的辩护,辩护的重点是法律适用,辩护的主要形式是认罪认罚。

第二种心态,希望查明真相、洗清冤屈,拒绝妥协或轻易认罪。我几乎每年都会遇到这样的受贿案当事人。受贿类案件主要是靠口供定案,只要行贿人、受贿人口供一致,法院就能定罪。受贿案要做无罪辩护,就必须要坚定不移地申请排除非法证据,坚定不移地找行贿人或其他证人调查取证,否则无罪辩护是很难成功的。如果案件确实有比较严重的问题,律师可以实事求是地向上级反映,请求上级关注。大家都知道受贿类案件很特殊,向上级领导反映情况是非常必要的常规辩护手段。

我前面讲了两种不同的心态,也讲了每种心态下律师该如何制定辩护策略。但当家属意见出现分歧,部分人持第一种心态,部分人持第二种心态时,律师该

选择什么样的辩护策略呢？我举一个真实的案例来进行说明。

检察机关起诉指控了两个罪名：一个是受贿罪，另一个是渎职罪。家属分成两派。一派是当事人的夫人，我称之为"妥协派"，认为案件结果不是律师可以改变走向的。这一派希望不要在法庭上把双方的矛盾搞得很对立。这一派的核心诉求是：轻判快判，让人早点出来；核心策略是：不抗争，跟领导保持良好沟通，认罪认罚。另外一派是当事人的子女，我称其为"强硬派"，他们受过良好的教育，认为父亲的案件中存在疑点和冤屈。他们认为法治发展到今天，法律在司法个案中肯定是会发挥重要作用的。他们更相信法律，主张委托好的律师为父亲辩护。

这两派对司法的信任程度、对案件结果的心理预期、对律师作用的期待程度都是不一样的。"强硬派"对司法机关的信任程度相对较高，但是"妥协派"更相信领导可以决定案件的走向。"强硬派"希望律师能够帮助还原事实真相，能通过法律手段去伸张正义，但是"妥协派"希望律师能够帮助传递信息、努力跟领导进行沟通、缓解矛盾。换言之，"强硬派"希望的是强势的、对抗式的辩护，而"妥协派"希望的是柔性的、沟通式的辩护。当家属出现分歧的时候，律师如何制定辩护策略显得尤为关键和棘手。如果辩护策略制定不好，非但难以获得家属的认可，而且容易陷入家属矛盾的旋涡。在这起案件中，律师不仅要对当事人的夫人负责，也要对当事人的子女负责。

事实证明，我们在这起案件中制定了良好的辩护策略，获得了两派家属的一致认可。该案中的受贿事实均是现金交易，没有银行转账记录或其他客观证据，全部是根据行贿人、受贿人的口供定案。一旦启动排非程序，就必然指向调查过程中的非法取证行为，必然会将案件引向一个比较复杂的方向。渎职罪的主要证据是书证，无论在证据体系还是在法律适用方面都存在较大的争议空间。针对这两个罪名的特点，结合家属的两派意见，我们制定的策略是：对受贿罪适用认罪认罚，对渎职罪做坚定的无罪辩护。受贿罪我们放弃辩护，满足了"妥协派"的诉求；渎职罪我们做无罪辩护，满足了"强硬派"的诉求。加之受贿罪认罪认罚本身也能争取到一定的量刑红利,这样的辩护策略获得了两派家属的一致认可。

庭审时,对受贿罪适用简易程序,只花了半小时就审理完毕。其他的时间全部用来集中审理渎职罪,控辩双方进行了非常激烈的法庭辩论。检察官对我们在法庭上的表现表示高度赞赏,称我们提出的问题非常具有针对性,这样高质量的庭审对检察院日后开展工作非常有益。最终法院以 100 多万元的受贿金额判处有期徒刑 4 年,渎职罪则判处了 6 个月有期徒刑,两罪并罚合并执行 4 年零 1 个月。虽然法院没有直接判决渎职罪不成立,但在实际量刑时仅在受贿罪 4 年的基础上增加了 1 个月的刑期。

法院最终以平衡的方式结案,我们对结果不完全满意但也能接受。该案中法院判决照顾到了这起案件中存在的证据和法律问题。面对这个结果,家属中的"妥协派"非常满意,甚至由此改变了对律师这个职业的看法。家属中的"强硬派"也非常满意,非但因为他们感受到庭审对抗非常激烈,庭审辩护非常精彩,还因为最终的刑期好于他们的预期。这起案件,通过制定合适的辩护策略,为当事人谋取到了实实在在的利益,同时也有效弥合了家属之间的分歧。在讨论辩护策略时,我经常会拿这起案件做例子。

### (二)网红面包店案

我举网红面包店的案件,是想说明强势辩护和柔性辩护可以有效混合交叉使用,从而为当事人争取到最佳利益。这起案件央视《焦点访谈》栏目报道过,海外媒体报道也很多,在海内外的影响力都很大。法国驻沪领事馆定期跟进案情进展,庭审时也全程进行了旁听。检方指控该网红面包店使用过期的面粉制作面包并公开对外销售,指控的罪名是生产、销售伪劣产品罪。我代理的第一被告人,法国籍,面包店的总经理,指控金额超过 200 万元,法定刑期是 15 年有期徒刑或者无期徒刑。考虑到类似案件不可能判处无期徒刑,所以如果不能改变检方指控,那么刑期基本上就固定为 15 年有期徒刑。作为辩护律师,要避免这种结果的出现,就必须要制定切实可行的辩护策略。

当时有两种策略选择：第一种是选择罪轻辩护。方式是降低销售金额，增加自首等量刑情节。比如指控的销售金额是 210 万余元，我们通过比对成分表、配方表和用料表，发现三者经常存在不一致。通俗来说，成分表上标注的成分，配方表上并没有体现；配方表上标注的成分，用料表上并没有体现。公安机关是根据成分表来认定使用过期面粉的面包销售金额，我们主张根据用料表来认定使用过期面粉的面包销售金额。按照我们的计算方法，有望将刑期降到 7~15 年。公检机关没有认定当事人自首，理由是当事人第一次供述存在较多辩解。我们主张当事人辩解的内容，其中一部分本来就缺乏充分的证据证明，另外一部分则属于对行为性质的辩解，故其应当认定为自首。再加上本案未造成现实的危害后果，客观上存在法律认识错误等，希望能为当事人争取缓刑。

第二种当然是坚定地做无罪辩护。这起案件，我们在公安机关立案以前就开始介入。我们一开始就设计了无罪辩护的思路，之所以选择了这样的策略，是因为我们认为这起案件有着充分的无罪辩护的理由。

其一，法国面粉没有保质期的概念，只有最佳食用期的概念。关于这一点，我们公证了法国商务部的官方网页，并且委托法国面粉协会出具了书面证明。这家面包店是法国人经营，案涉面粉系从法国进口，案涉面粉可以合法在法国市场流通。循正常、公开渠道以正常的市场价购买，然后进口至中国。当事人确实不了解中国法律关于面粉保质期的规定，这涉及不同法域的不同规定所导致的法律认识错误。

其二，过期面粉的"期"，计算起始日存疑。我国法律确实规定，面粉的保质期为 1 年。这个 1 年的期限从面粉生产完毕并封装之日起计算。但是案涉面粉，从公安机关提供的包装看，生产厂家并没有标识生产日期。公安机关的起始日期，是根据海关质检部门在包装袋上加盖的日期章计算的。但这个日期并非海关质检的日期，也没有证据证明系面粉的真实生产日期。所以，认定面粉超过了保质期的证据并不充分。

其三，我方当事人不明知案涉面粉超过了保质期。虽然我方当事人担任公司总经理,但进口面粉、生产面包并不由她直接负责。没有任何证据证明,生产部人员曾向她汇报过部分面粉可能过期之事。也没有任何证据证明,我方当事人向生产部人员下达过继续使用过期面粉的指令。

其四,已销售面包未作任何检测,已检测面粉并未制作成面包。已经对外公开销售的面包,全部没有到案。从消费者的情况看,此案虽然经过海量媒体报道,几乎到了家喻户晓的地步,但面包店从未接到过消费者的任何投诉或者不良反应。无证据证明,用案涉面粉制作的面包存在人体危害或造成了现实的社会危害。

其五,出具的检测报告显示个别检测样本重金属超标,但这跟面粉是否过期无关。跟面粉是否过期相关的细菌、病菌检测,指标全部合格。个别重金属超标跟面包店无关,应该是面粉生产厂家的问题。该面粉经过法国质检部门检验合格,中法两国海关质检合格,作为面粉进口商和使用者,对重金属超标根本无法预见,也根本无从知情。并且该检测实行的是抽检和混检,个别样本检测不合格不代表面粉整体不合格。

无罪辩护的理由确实非常充分,但不代表案件一定能获得无罪的结果。因为这起案件牵涉面太广,方方面面都高度重视。了解国情的人都知道,这样的案件处理一定会有非常复杂的考量。开庭前司法行政机关多次找律师谈话,公安和检察机关也多次找当事人沟通,希望当事人能够认罪认罚。经过反复沟通和权衡,相关各方最终达成了这样的共识:当事人选择当庭认罪,律师继续做无罪辩护,并且在做无罪辩护的前提下提出罪轻的辩护意见。与此同时,司法机关承诺在法律范围内,尽可能地对当事人从轻处罚。检察机关明确表示,可以考虑当庭建议判处当事人缓刑。

这时,律师有责任作出理性的权衡:当事人拒不认罪当然可以,但判决无罪的概率很低;当事人认罪,律师继续无罪辩护,如果能判处缓刑,则已经为当事人争取到了莫大的利益。这起案件因为涉及 10 余名被告人,我负责参与牵头组建了辩护团队,大家统一策略后分别跟各自的当事人协商,当事人纷纷表示能够接受缓刑结果。我制定的辩护策略得到了控辩审以及各位当事人的一致认可。

这起案件,最终的结果是多方共赢。中国政府在意的是司法主权,法国政府在意的是本国海外公民的人身自由和财产安全。最终判决结果是,公司高管被判决缓刑,公司员工被判决免予刑事处罚。部分人员虽然被羁押了1年多,但判决后迅速恢复人身自由还是值得庆贺的。案件当事人普遍获得了轻判,特别是我方当事人原本法定刑15年有期徒刑,最终被法院判处了缓刑。这起案件辩护完毕以后,司法行政机关还专门对我们律师团队进行了通报表扬。因为他们觉得庭审辩护非常精彩,庭审对抗非常激烈,包括律师提出的这些无罪的理由,包括律师扎实的调查取证,既展示了中国司法的水准,又帮助实现了各方都能接受的判决结果。我方当事人专门用英文给我写了感谢信,给我寄来了法国原产的巧克力和红酒。这足以证明当事人对辩护效果是充分认可的。

这起案件给我的最大启示是:律师一定要优先考虑当事人的利益。一味蛮干、不懂变通绝非好的辩护。这起案件,如果没有一开始拒不认罪的态度,没有一开始无罪到底的坚强决心,就不会有后来的一系列沟通和让步。同理,相关部门已经明确表达了轻判的态度,特别是检察机关已经当面承诺可以当庭建议判缓,如果律师仍然固执己见、不懂妥协,仍然让当事人拒不认罪,那么最终判决结果可能完全是另外一种情况。

## (三)张扣扣案

张扣扣案也是一个辩护策略的选择问题。杀了3个人、烧了1辆车,这是被在案证据证明的客观事实。律师不可能昧着事实,无视法律规定去做无罪辩护。这种案件只能做罪轻辩护。这起案件判处15年、判处无期徒刑也不可能,唯一可能的辩点就是恳请法院不要判处死刑立即执行。一位曾经很有名的法学教授,公开表示律师不应该为张扣扣做免死辩护,理由是张扣扣死有余辜。我认为这种说法是违背常识的。就算全世界都认为某个人该死,他的律师也不能这么说。律师不能指控自己的当事人,这是法律赋予律师的义务,也是律师职业赖以生存的根本。律师坐在法庭上,就一定要为当事人辩护,一定要为当事人发声。

类似的案件,常规的辩护注定无效。有人主张要多做证据辩护,一方面,本案存在两名辩护律师,事先做好了分工安排。在第一辩护人已经做了充分的证据辩护的情况下,第二辩护人没必要再就证据问题重复发表意见。另一方面,本案证据没有重大问题最多有些细小的瑕疵,案件事实清楚明了,证据辩护不会取得实质效果。除非你能证明被害人并非死于张扣扣刺杀,而是有其他介入因素,比如抢救不及时或者其他先天性疾病,否则所谓的证据辩护没有实质意义。

也有人主张要强调自首情节,但是检方在起诉书中已经认定自首,控辩审三方都没有争议的问题不应当是律师辩护的重点。法庭上,就张扣扣是主动自首还是被动自首,控辩双方展开了数轮的辩论。更重要的是,但凡熟悉我国刑辩实务的人都知道,单有自首情节,根本不足以免死。还有人主张,律师强调张扣扣为母复仇是一大败笔,应当强调张扣扣是激情杀人。这是无视在案证据的异想天开。张扣扣稳定供述,其刺杀 3 人是为母复仇。张扣扣姐姐证称,张扣扣母亲死在他怀里的那一刻,张扣扣曾经仰天长啸,表示长大后一定会为母复仇。张扣扣父亲证称,案发前曾劝张扣扣放下,但张扣扣表示他一定要为母复仇。张扣扣刺杀 3 人后走在乡村大道上,多名村名听到张扣扣大声重复"22 年了,终于为你报仇了"。这样的证据还不足以证明张扣扣行凶属于为母复仇?张扣扣当时是从身后追刺,行凶前跟被害人根本没有任何接触,也没有发生任何新的矛盾,激情杀人根本无从谈起。

那么,究竟应该判处张扣扣死刑立即执行还是死刑缓期 2 年执行?律师的辩护空间可以无限小:如果律师将辩护局限为援引刑法法条和相关司法解释,很可惜,这些法律规定并没有给出明确答案,甚至更倾向于应当判处张扣扣死刑立即执行。律师的辩护空间也可以无限大:因为生死问题、死刑问题从来都不是单纯的法条问题,死刑背后是沉重的生命哲学和司法哲学。律师要让自己的辩护具有厚度,具有坚实的基础,就不能只是简单地照搬法条,而是要深入分析法条背后的法理。非常之案需要非常之辩。

虽然张扣扣最终仍然被判决了死刑立即执行,但是我们的辩护仍然不能说失败,更不能说毫无价值。对于张扣扣而言,我们为他洗刷了恶名。张扣扣在看守所多次拜托我,一定要帮他澄清事实真相。检方指控张扣扣是一个拜金主义盛行、价值观严重扭曲、杀人不眨眼的"恶魔",但是我们辩护律师把张扣扣还原成了一个孝顺、对一般公众无害的人。一样都是死,但是身后的评价完全不同。评价律师工作,案件结果是个很重要的维度,但当事人和家属的感受、意见同样非常重要。甚至可以说,只要当事人和家属认可、满意,其他人的评价反而没那么重要了。张扣扣本人和其家属对辩护律师的工作始终高度肯定。

就社会效果而言,我们的辩护引发了社会反思,抑制了社会戾气,弘扬了人文精神。如同《新京报》的一篇评论所言,张扣扣案辩护词是一堂法治进阶课。杀之而后快,并不是法治精神。没有了对生命的怜悯,没有了对生命的尊重,没有资格谈论法治精神;无法跟他人取得共情,无法设身处地地体会他人的苦难,没有资格谈论正义。我们的辩护非但没有冲击传统法治秩序,相反普及了法治精神。相对于一纸判决,这起案件引发的思考才是真正的价值所在。

总而言之,制定刑事辩护策略是非常重要的话题。面对一个具体的个案,律师怎么制定辩护策略,考验的不仅是律师的法律功底,还包括律师的综合应变能力。律师不仅是法律工作者,还是社会工作者,需要有对社会的理解和洞察。在一些重大复杂案件当中,如何为当事人争取最大利益?除了弄懂案件中的法律问题,我们还需要理解这个社会、懂得如何运用智慧和策略。

## 第十堂

# 庭审如何有效发问

　　刑事案件开庭时,法官一定会说:接下来辩护律师可以发问。此时,你是否知道有哪些问题要问？当你发问时,究竟是在毫无目的地履行庭审程序,还是将发问作为一种强大、有效的辩护手段？你在发问时,是否经常苦于难以获得想要的答案？是否难以将发问和质证、辩论有效地连为一体？发问时是否经常被法官或者公诉人打断？而在这一切的背后,你是否知道该如何有效发问？

　　随着审判中心主义和直接言词证据原则的逐步确立,发问将在当庭查清事实方面发挥越来越重要的作用。不会发问将很可能无法胜任未来的刑辩工作,所以本堂课的题目主要围绕庭审的发问技巧展开。

## 一、发问准备和目标制定

### (一)庭审发问的准备工作

　　优秀的律师"不打无准备之仗"。好的庭审发问必须要有扎实的、充分的庭前准备。我把庭审发问之前的准备工作归纳为以下6个要点。

　　(1)阅卷,熟悉案情。熟悉案情是有效发问的基础。对案情不了解、不熟悉,自然不知道该怎么发问,自然不知道哪些问题有用。关于阅卷,之前的课程已经做了非常详细的讲解。发问之前,要通过阅卷了解当事人、其他同案犯、证人和被害人在侦查阶段的口供是怎样的,这些口供中存在哪些疑点和矛盾。

(2)排队,分清"敌我"。律师在庭审发问之前一定要知道谁是我们的"朋友",谁是我们的"敌人"。具体来说,律师要画一张人物关系图,知道哪些人的口供对我们不利,哪些人的口供对我们有利。

(3)筛选,申请出庭。当事人肯定是会出庭的,同案起诉的同案犯也是会出庭的。在有些案件当中,虽然是共同犯罪,是同案犯,但办案机关出于各种原因并没有同案起诉,而是分拆成不同的案件分开起诉。一旦检察机关分开起诉,那么法院一般就会分开审理。这就导致同案犯无法同庭对质,律师失去了对同案犯当庭发问的机会。甚至有的办案单位将同案犯分拆起诉,先判决其中的一部分被告人,拿其中一份判决书作为证据再去判决另一部分被告人,这本质上是一种无效的循环论证。

一般来说,共同犯罪涉及各当事人的作用、地位和责任划分,同庭审理、并案审理有利于同案犯在庭审中互相质证,有利于辩护律师和公诉人对同案犯进行同步发问,有利于查明整个案件的事实真相。如果没有并案起诉,我们可以申请法院并案审理。如果法院拒绝并案审理,我们可以向法庭申请同案犯出庭。从操作的角度讲,法院只要愿意通知,同案犯出庭不存在任何技术上的障碍。因为他本身就是被告人,法庭通知他,他不会不到也不敢不到。难度在于,律师向法院提出申请,法院可能不同意。

我们国家刑事诉讼的现状是证人出庭率非常低。如果辩护人不申请,证人一般不会出庭,因为法院很少主动通知某个证人出庭。被害人、侦查人员和鉴定人员出庭,同样需要辩护人提出申请。律师在申请证人出庭时必须要有一定的技巧。

①精心筛选出庭人员名单。申请出庭的人员宜精不宜多,多了会让法庭担心庭审过于冗长。当然也有例外。我代理过的一起虚假诉讼案,因法律定性存在极大争议且双方互相串通只起诉了一方,因此我们一股脑申请了800多人出庭作证。很显然,法院绝不会通知800多人出庭作证,但我们的申请意在提醒法

庭本案存在的选择性指控的问题。一般而言，卷宗中的"朋友"是不需要出庭的，因为他们的口供已经对我们有利了，没必要因为出庭增加变数。卷宗中的"敌人"，特别是那些口供有重大问题和疑点的"敌人"，才是我们申请出庭的重点对象。侦查卷宗中没有体现，律师自行联系到并制作调查笔录的证人，也要申请他们出庭，以增加律师调查笔录被采信的概率。

②出庭必要性是申请的重点。证人出庭作证申请书不能只是简单地罗列证人姓名和联系方式，而是必须要讲清楚证人出庭的必要性和重要性。所谓必要性，是指辩护人对证人证言合法性、真实性不认可，且能提出有根据的异议。不仅要提出证人证言存在的疑点和问题，而且要说清楚该份证人证言对案件定罪量刑的重要作用，如果这些证人不出庭将会导致案件定罪量刑受到影响。

③必要时提前联系好证人。于我方有利的证人，特别是侦查卷宗中未出现的证人，当事人和辩护律师最好提前做一些沟通工作。否则即便法院通知出庭，证人也未必会配合。这种沟通不能涉及具体案情，仅是一种程序上的沟通。包括需要证明的重点、实事求是的陈述、不必担心所谓的不利影响等。必要时，可以让证人等候在法庭之外，提示法官只要打开大门就能让证人出庭作证变为现实。

（4）预演，设计问题。向谁问、问什么、怎么问，这些问题如果完全靠当庭临场发挥，对于大多数律师特别是青年律师来说，是很难胜任的。所以最好在庭前形成书面的发问提纲，不仅罗列出需要问的问题，还要排列好问题的顺序以及发问的语气，必要时还应把发问需要参考的证据材料也准备好。有了这样的书面预案，在法庭上心里就不会慌，既不会乱问也不会漏问，就能更好地发挥庭审发问的作用。

发问的对象不同，发问的策略也会不同。律师在庭前辅导时可以把准备发问的问题完整地告诉当事人，甚至可以推测、预演检察官、法官甚至其他同案犯、其他同案犯辩护律师会怎么发问，听取当事人怎么回答。在此过程中，律师只能告知一些概括的回答技巧，比如简明扼要、不要展开、不要啰唆、围绕主题、实事求是等,而不能告知具体哪个问题该怎么回答。任何时候,律师介入当事人和证人回答问题的内容,都会面临非常大的法律风险。

(5)**应变,调整发问**。在庭审过程中,很多情况是我们无法完全预料的。比如我们推演公诉人会问哪些问题,我们预判当事人、证人会怎么回答,但实际庭审千变万化,随时可能出现各种意外。有的当事人临场紧张,回答问题容易发生错漏;有的当事人临时翻供或临场倒戈,给律师一个措手不及。因此在公诉人、其他辩护人发问的时候,我们也不能闲着,不能因为暂时还没轮到我,就在那里看戏。我们要密切关注整个庭审形势,对其他人的发问和当事人的回答,摘要进行有条理的记录。在此基础上,我们要根据庭审的形势变化,灵活地调整我们在庭前制作的发问提纲。对于其他人已经提出的问题,不再重复发问;对其他人有诱导性的问题,应当及时提出反对,必要时进行澄清发问;对当事人的错漏,给其机会进行补正。如此,才能使我们的发问更有针对性,更能适应庭审的变化。

(6)**纠偏,申请休庭**。庭审千变万化,庭审过程有时会出现重大意外。比如当事人突然翻供、当事人突然认罪、当事人偏离了预定的策略等。如果一时不知如何应对,律师可以申请法庭临时性休庭。申请的理由可以是上厕所,可以是身体不舒服,也可以明确告诉法庭想跟当事人沟通一下。

我曾经代理过一起滥用职权案,事实相对清楚,法律适用具有一定争议。当事人早期口供如实供述了主要行为事实,但侦查后期和审查起诉阶段提出了几处较为重大的辩解。经过系统阅卷,我们发现当事人的几处辩解实质上是因其本人记忆误差或理解偏差。经过庭前沟通我们得知,如果能够认定自首,法院具有判缓的极大可能。这种情况下,我们制定的辩护策略是:当事人回到侦查初期的供述,保住自首,争取缓刑兜底。就几个法律适用领域的争议问题,律师继续做行为性质辩护。在开庭前一天的晚上,我还当着当事人和家属的面确认和重申了这一辩护策略。但是到了法庭上,当事人却仍然维持了后期的辩解,对几处事实进行了否认。按照当事人的回答,很可能无法认定自首,也很可能无法判处缓刑。家属在庭下非常焦虑,不断给我使眼色。在善意提醒无效的情况下,我及时申请法庭临时性休庭,表示需要跟被告人进行短暂的沟通和确认。法庭同意了我的申请,我在法院羁押室当着法警的面跟他再次进行了解释和提醒。恢复开庭后,我对相关问题进行了重新发问,当事人进行了重新回答。最终成功帮助当事人争取到了自首情节和缓刑结果。

## (二)庭审发问的目标设定

发问一定要带着目的,一定要为辩护服务。如果发问没有目的,仅是为了履行庭审程序,那么就浪费了发问这种有效的辩护手段,同时也浪费了宝贵的庭审时间。我在对当事人进行庭前辅导的时候,都会讲这样一段话:法庭上每个人的发问都是有目的的,一定要想好了再回答。公诉人所有的发问都是希望他起诉指控的事实能够得到法庭的支持。而你的律师的发问,都是希望能撬开控方的证据体系和指控逻辑,希望能对你的案件处理有利。所以检察官的发问即便很温柔,也很可能是"笑里藏刀";委托律师的发问即便很犀利,也是为了给你创造一个澄清和解释的机会。

庭审发问的最高境界和最理想状态,就是把当庭发问和回答内容直接转化成证据质证和法庭辩论的根据,使之成为法院作出有利判决的根据。具体来说,通过有效的法庭发问可以实现以下三大重要目标。

(1)戳破证据体系中虚假、不实的内容。在英美法系国家,非常强调直接言词证据原则。大体含义是,证人必须出庭,必须当着法官和陪审员的面作证。如果证人、被害人没有出庭作证,那么警方笔录对于法官而言仅是传闻证据。证人可以撒谎,被害人可以虚构,靠侦查机关的纸质笔录定案确实存在很多的缺陷。如果没有有效的法庭发问,有些虚假不实口供很难被发现或推翻。因此,法庭发问最直接、最原始的目标,就是戳破庭前侦查口供中不实和虚假的内容。

(2)澄清、明确证据体系中模糊不清的内容。因为业务水平、侦查技巧或者存在其他情况,侦查笔录经常存在很多模棱两可、似是而非的内容。有些侦查人员只想要那个最终的结论,而对于很多关键的细节要么不知道发问,要么问之不详,要么问得不够到位。但对于辩护律师而言,关键在于细节。我们不仅要看那个结论,我们还要追究那个结论是如何得来的,还要追究支撑结论的细节是否可靠。因此,法庭发问要着眼于澄清、明确证据体系中模糊不清的内容。

我曾经代理过一起诈骗案,被害人在笔录中陈述:当事人借完钱以后就逃掉了,手机也关机了。按照被害人的说法,当事人借完钱就逃匿了。我在庭审时是这样向当事人发问的:

问:你的手机是不是一直关机的?

答:不是,我有两部手机。这部手机有时候有电,有时候没电。另外,我晚上睡觉一般都会关机。

问:你怎么证明这部手机没有一直关机?

答:这个很好证明,我这部手机有通话记录和短信记录。

问:你借完钱以后有没有藏匿起来?

答:没有,我在老家正常上班。

问:你离开时,为何没有告诉被害人?

答:我当时确实没钱,所以不好意思告诉他。

问:你平时住在哪里?

答:就是我身份证上的地址,跟父母一起住。

问:你怎么证明你是在老家上班?

答:我有劳动合同和签到记录。我还有很多其他证据。

问:你在上班和生活的时候,有没有使用假名?

答:没有,劳动合同上就是真名。平时生活更不可能使用假名。

被害人的说法属于典型的模糊不清,只有结论没有细节。什么叫"逃掉了"?是否离开一座城市,就叫"逃掉"?什么叫"手机也关机了"?是一直关机,还是某个时间段恰巧关机?被害人拨打了几次?什么时候拨打的?是否每次拨打,当事人手机都是关机状态?对这些问题如果不进行澄清发问,很容易产生误导。

（3）**发现、补充、强化证据体系中没有或者不充分的内容**。侦查笔录,有时只记录对当事人不利、对破案有利的内容。对当事人有利但对定罪指控不利的内容,有时候侦查人员有意无意地不问,有时候问了却没有记录或没有完整的记录。这就导致有些案件事实完全为有罪思路所主导,笔录呈现出来的事实并不是准确、完整的事实。此时,我们可以在庭前制作调查笔录提交法庭,但更重要、更有效的方式是通过法庭发问,将这些被有意无意忽略掉的、裁剪过的事实呈现在法庭之上。对于遗漏的重要事实,辩护律师一定要在法庭上进行发问。如果不发问,当事人可能就没有机会再讲。因为完全让当事人自己陈述、自己补充,他可能抓不住重点,甚至可能会怯场。通过一问一答的方式,可以帮助当事人更加清晰地还原和呈现。

## （三）庭审发问与侦查审讯的差异

侦查机关审讯的时候,总是会想方设法从嫌疑对象口中得到他们想要的回答,并且记入笔录。为了使嫌疑对象开口招供,可能会使用很多的审讯策略,甚至会给嫌疑对象施加精神压力,有时可能会采取一些非法的取证手段。但是法庭发问没有强制性,不能指供诱供更不能刑讯逼供,所以法庭发问如果缺乏必要的技巧,很难让被发问对象说出事实真相或者纠正自己的不实口供。

好在法庭发问不是必须要被发问对象当庭承认自己庭前口供不实。有些案件中被发问对象明显在撒谎,不能自圆其说但仍然强词夺理。虽然明知对方在撒谎,但是却没有办法让他讲出事实和真相,很多律师就会非常沮丧,有的干脆草草收场、结束发问。其实大可不必。辩护律师只需要在法庭上,充分暴露出被发问对象的回答前后矛盾、语无伦次、不合常规、不合常理、违反常识即可,只需要动摇法官对其庭前口供的确信即可。发问完毕以后,在后期质证阶段,辩护律师可以结合其当庭回答发表综合质证意见。那个时候,再去戳穿和揭露其虚假的回答。

不一定非要拿到特定答案,而是要让法官产生内心确信。这是庭审发问跟侦查审讯最大的不同,辩护律师需要充分认识到这个差异。如果反复纠缠,甚至对发问对象发出带有负面评价甚至攻击性的言论,一定会被法庭制止。这时非但达不到发问的目的,反而会让合议庭对律师产生负面观感,结果是得不偿失的。

## 二、庭审发问的形式技巧

庭审发问的形式技巧跟问什么没有关系,跟怎么问、以什么样的状态去问有关系。法庭当然不是舞台,发问不是表演,但是好的形式技巧有助于优化法庭发问的效果,更好地烘托发问的氛围,更有利于获取想要的问题答案,能够更好地影响法官的内心确信和自由心证,对整个案件的影响不可低估。

**1. 注意仪表着装**。法庭规则实际上规定了着装要求。男律师不要穿T恤、短裤、拖鞋。女律师不要穿低胸装、露脐装、超短裙。男律师用不着化妆,女律师可以化淡妆,切忌浓妆艳抹。不论是男律师还是女律师,庭审都要穿上律师袍,系上律师领带。我注意到有些律师庭审着装非常随意,特别是不爱穿律师袍。对此,我是无法理解的。但凡开庭,不论是刑事诉讼庭审还是民事诉讼庭审,我都会随身携带并穿着律师袍。穿着律师袍会有一种仪式感、庄严感和职业感,自己先尊重自己的职业才能赢得别人的尊重。前不久,我接到一个刑满释放的当事人的感谢电话,那是一起大约5年前的案件,但是当事人依然记得一个细节,他在电话中告诉我,开庭的时候别人都是穿着便装,只有我穿着律师袍。由此可见,律师的专业性有时候就体现在穿律师袍这样的小事上。

律师要正坐,挺直腰背。发问的时候不要跷着二郎腿,不要斜躺或弓着背。有的人习惯在发问的时候用手玩笔,或者在被告人回答问题的时候交头接耳,或者在发问的过程中偷看手机。这些都是仪态不端正的表现。

律师的目光要不断地在发问对象和检察官、法官之间往返。发问的时候,眼睛要看着发问对象。对自己的当事人，目光可以温暖、柔和。如果回答得很好，可以微笑表示赞许。对不利于自己当事人的发问对象，目光可以坚毅、犀利。如果回答明显存疑，可以投以质疑和不信任的表情。此外，在检察官、法官发问或发言的时候，可以跟各方有适当的眼神交流，观察法官、检察官对于律师发问和当事人回答的反应和态度。

**2. 注意语言谈吐**。发问一定要声音洪亮，一定要让法庭上所有人都能够清楚听到。律师发言一定要声如洪钟，只要不引起他人不适即可。千万不要轻声细语，声若蚊蝇。声音是一种气势，也是一种气场。就像两军对垒，一定要先声夺人，一定要让人感受到从声音里传递出来的气势。声音洪亮，除了音量要尽可能大，还要尽量使用麦克风。现在法庭上大多数情况下都配有麦克风，一定要记得打开并对准麦克风讲话。

发问时，吐词要清楚，语速要适中。法庭发言一定不能让人听不清楚说的内容。法庭上，别人听不清，等于自己没说。发言尽量使用普通话，不要使用方言。讲得太快，不仅书记员无法完整记录，而且会影响发问对象的思考和作答。有些问题并不是问完，他人马上就能够回答的。也不要讲得太慢，太过拖沓会影响庭审效率，会被法官提醒。所以通过控制发问语速，可以更好地控制整个庭审节奏。

**3. 问题要简短**。我们在法庭上经常会遇到律师或当事人不会发问的情况。我们知道，发问一定是要看起来有不明白的事情，看起来要有需要他人解答的问题，一定是要使用疑问的语气。但是有些律师在发问之前，会先有一大段的陈述或很长时间的铺排。每当此时，法官大多会进行打断或提醒：请你直接发问或者你的问题是什么或者现在是你发问的时间。发问要开门见山、简明扼要，一次发问最好一句话。发问一般不要铺垫，如果涉及概念或术语解释，一次发问最好也不要超过3句话。

一次最好只问1个问题。有的律师发问一次抛出来三四个甚至更多的问题。还有些律师看似提出了1个问题，其实这个问题可以分解为多个小问题，或者这个问题本身包含了多重问题。比如,你能否讲一下案件经过?你当时做了什么?你对起诉书指控的6笔事实有无异议?这种情况下,要么会模糊焦点,导致回答问题的人不知所从;要么会搞乱回答问题的人的思路和逻辑,导致回答的内容重点不突出或者条理不清晰。解决的办法当然是把问题分解,变成一个一个有具体情境、无须迂回解释、可以直接回答的小问题。

4. 要有层次感和递进感。发问一定要围绕目标,讲究先后顺序,体现层次感和递进感。比如我代理过一起受贿案,我在庭前制作了发问提纲,把整个发问归结为几个大的部分。第一部分关于非法取证,我根据取证的时间、地点、人物、手段、造成的影响、对应的笔录内容、当事人的后期反应、录音录像中的疑点等细节设计了十几个问题。发问之前我会告诉当事人,接下来将就本案的取证问题向你进行发问。问完以后,我又告诉当事人,刚才是程序性问题,接下来我会问本案的实体问题,即第二部分。我根据起诉书的指控,按照行贿人进行分类发问。针对每个行贿人,先问起诉书指控的事实是否属实。如果属实,发问到此为止。如果不属实,直接问事实究竟是怎样的。在此基础上,再针对行贿人或证人的口供,对当事人进行挑战,要求他对这些口供进行解释。要其解释并非真实目的,实际上是通过发问给当事人一个充分澄清和辩驳的机会。

我代理的一起销售伪劣产品案,发问的顺序是这样设计的:第一部分先针对主观明知。对产品的印象如何?购买渠道是否正常?购买价格是否合理?生产厂家是否具有资质?产品是否有质量合格证?你对产品检测使用的标准是否认可?你为什么不认可这个标准?你认为应当使用什么标准?你有没有接到过客户质量投诉?你是否能预见到产品检测会出现不合格?第二部分针对产品数量和金额。产品的购买单价是多少?销售单价是多少?是先付款后发货,还是先发货后付款?支付方式是什么?你是否会让下家打款给其他人的账户?你给下家发了多少货?你是通过什么渠道发货的?正常情况下,同等数量的产品重量是否应该大致相同?快递单据显示,同样的数量但两次重量相差如此之多,如何解释?能否确保两批货来源于同一个生产厂家?第三部分问题针对投案情况等。这样的发问就非常具有层次感。

**5. 多用排比句式**。排比是一种重要的修辞手段。不论是在演讲中还是在庭审发问中,使用排比句式都有助于烘托气氛、增强气势,同时也有助于在强烈对比中澄清真相。比如我代理过一起被控集资诈骗案,我的当事人是第三被告人,担任公司的财务总监,被指控为主犯。为了帮助法庭查明当事人的作用其实并不大,根本不构成集资诈骗罪,也根本不构成主犯,我当庭是这样发问的:

你是不是公司股东?你是否参与公司重大决策?对外公开吸收资金的决定是谁作出的?你有没有参与决策?所有的融资模式是谁决定的?你有没有参与决定?所有的理财产品是谁设计的?你有没有参与设计?投资客户是怎么来的?你有没有招揽客户?吸收的资金归谁控制?你能否控制?吸收的资金去了哪里?有没有去你那里?公司的投资项目是谁决定的?你有没有参与决定?公司的投资项目是谁负责运营的?你有没有参与运营?公司的投资收益去了哪里?有没有去你那里?投资者的投资合同是不是你起草的?投资者的投资合同是否需要你本人签字?你在签字的时候是否要进行实质审查?你有没有权利修改投资合同条款?面对一份投资合同,你有没有不签字的权利?如果客户坚持投资,你有没有不同意的权利?现实中有没有发生过因为你的拒绝导致客户无法投资的真实案例?如果客户不愿意投资,你有没有强迫客户投资?现实中有没有发生过,因为你的强迫导致客户违背意愿进行投资的真实案例?你认为你代表公司在投资合同上签字的真实意义是什么?这个签字,如果用"管理""审批""登记""核对"4个词来形容,你更愿意选择哪一个?为什么?你是不是公司的高管?你有没有出席过只有高管才能出席的会议?你的薪资水平跟董事长、总经理相比如何?你的薪资水平跟公司普通员工相比如何?董事长、总经理有没有独立的办公室?你有没有独立的办公室?公司有没有为董事长、总经理配备专用汽车?公司有没有为你配备专用汽车?股东们中有没有人把你当作高管?公司员工中有没有人把你当作高管?投资客户中有没有人把你当作高管?你有没有把自己当作高管?在这家公司,有哪些重要事务是你个人能够决定的?

这个发问里使用了大量的排比句式。简单、有力量、容易形成对比。通过这样的发问,能给法官当庭留下深刻的印象:他不参与任何重要决策,不决定资金流向,他的签字只是在进行手工登记。这个案件的辩护非常成功,不仅帮当事人摆脱了集资诈骗罪的罪名,而且将主犯辩成了从犯。法院最终以非法吸收公众存款罪的从犯判处了当事人实报实销,判决后不到 1 个月就刑满释放。

6.可以迂回但不能偏题。发问必须带着目的,紧紧围绕辩护目标和案件主题。跟定罪量刑无关的问题,不需要问也不应该问。我在一次庭审中,遇到一位辩护人反复纠缠于他的当事人的学历。侦查笔录显示当事人是高中学历,辩护人反复追问有没有拿到高中毕业证书。法官和其他辩护人都很疑惑,学历跟案件处理到底有什么关系?法官只得打断,这位辩护人称,他会见的时候当事人告诉他是初中学历,没有上过高中,所以他想当庭再确认一下。类似这样的发问不仅无效,而且有害。我还遇到,律师在庭审中反复追问当事人是否是党员以及究竟是在哪一年入党。因为那个案件并非职务犯罪案件,定罪量刑跟其党员身份并没有太大关系,纠结于那样的问题实在没有必要。既浪费了法庭的宝贵时间,又让法官看低律师的辩护水平。

现实中有一种迂回的发问策略。发问的时候不直接针对主题,可能会让法官感觉跟案情无关,但后来突然杀了一个"回马枪",才让人感觉到问题的奇妙。这种情况,如果法官在早期打断,律师可以友善提醒法官:我是经验丰富的律师,不可能偏离主题,这些问题有发问必要,后面就知道了。有素质的法官一般不会再行打断。比如我在代理一起敲诈勒索案时,先问被害人的家庭组成、个人性格、跟当事人的认识过程、见到当事人怎么称呼等。被害人提到其有很多家人、平时家人互动良好、个人性格外向、跟当事人是闺密引荐介绍认识、见面时称当事人为某总,还提到每次都是独自一人去当事人办公室沟通、见面时当事人还经常放邓丽君的歌曲等细节。一开始大家可能都觉得跟案件无关,但后面当我们问其向当事人支付 350 万元是否是出于恐惧、如果恐惧为何频繁地主动出入当事人的办公室、如果恐惧为何从未告诉家人等问题时,大家才回过神来,明白了此前问题的用意。

律师不要通过发问去指控同案犯。律师在法庭上不要做损人不利己的发问。对其他同案犯的发问,范围应当仅止于跟自己当事人有关的案情事实。我不止一次遇到,有些辩护律师不自觉地充当公诉人的角色,除了为自己的当事人辩护,还去指控别的当事人。问的问题要么跟自己的当事人无关,要么跟减轻自己当事人的罪责无关。不能减轻自己当事人的罪责,却只是加重了其他当事人的罪责,这样的发问不但违背律师职业伦理,而且会引发不必要的冲突和矛盾。对同案犯的发问,重点聚焦4个方面:有没有共谋、有没有共同行为、各自的职责分工、最终的利益分配。大部分案件,问完这4个方面的问题就够了。

**7. 可适度打断被发问人**。很多律师或很多实务课程,都要求律师在法庭上不要随意打断他人发言。原则上,这是正确的。因为随意打断别人发言是不礼貌的,也是不符合庭审规则的。我主张的是,可以适度打断被发问人的发言。适度是有条件的,那就是被发问人的回答影响了庭审。比如答非所问、过于冗长、过于含糊、明显不适当等。很多被发问人有很强的倾诉欲,但又缺乏必要的法律知识或语言概括能力,导致回答往往偏离主题且对于案件没有任何意义。回答问题不是讲故事,不需要过多的背景铺垫或情节渲染。为了加快庭审节奏,避免分散大家的注意力,并且尽快拿到想要的答案,适度打断被发问人是必要的。

打断被发问人,可以采取这样的方式:(1)直接告知。你直接回答是或者不是就可以了。(2)友情提醒。我问的是……你回答的是……你并没有回答我的问题。你能否直接回答我的问题?(3)直接终止。好了,我已经知道了,不必展开了。(4)帮助总结。你要表达的意思是不是这样的?我的经验告诉我,专业律师这样的打断,法官不仅不会反感,反而是非常欢迎的。

当然,在没有轮到自己发问的时候,不管别人怎么问,当事人怎么回答,一般情况下不要插话。遇到检察官或者其他人存在诱导性发问或者不适当发问的时候,辩护人可以先举手示意,然后发表反对意见,请求法庭予以制止。

**8. 要善于追问、总结和澄清。**所谓追问,是在被发问人给出一个答案的基础上,针对答案进行的进一步发问。有时候只有层层追问、步步紧逼,才能够真正问出答案。比如在一起组织卖淫案中,关于 A 是否为涉卖淫场所的股东,我是这样对一名同案犯进行发问的:

问:A 是否是股东?

答:他是股东。

问:你们公司的股东名册上有没有他?

答:没有。

问:他有没有实际出资?

答:我听说,C 欠 A 的钱,后来就把欠的钱转成股权了。C 的股权中应该有一部分是帮 A 代持的。

问:C 将股权转让给 A 并帮 A 代持股权的事情,你们股东会有没有正式讨论过?

答:那倒没有。

问:你有没有看到过债转股协议或股权代持协议?

答:没有看到过。

问:那你是怎么知道这件事的?

答:我听说的。

问:你听谁说的?

答:公司里面很多人都知道。但具体是谁跟我说的,我真的记不起来了。

问:C 有没有直接跟你说过?

答:我不记得了。

问:A 有没有直接跟你说过?

答:没有。

问:A 是否参加过你们的股东会会议?

答:没有。

问：你们公司每年年终分红,有没有给 A 分过？

答：没有。

问：你现在能否确定 A 就是你们公司的股东？

答：这么说来,我不能确定。

当你问了一个问题,被发问人给出了一个答案,如果这个答案无法令你满意,或者这个答案中还有值得继续挖掘的内容,那么发问就不要到此为止,而是要立即进行追问、总结和澄清。

我曾经代理过一起滥用职权案,因为当事人倾诉欲望比较强且长期担任领导职务,讲话总是滔滔不绝,很难"刹住车"。每次发问,他都会借题发挥,经常绕了好大一个弯子问题还是没有回答。为了完成庭审、查清事实,我不得不经常打断他并且帮助他进行总结。他说了 5 分钟,我会帮他从中概括出有用的信息,用两三句话进行总结,然后跟他确认是不是这个意思或者我的总结是否准确？如果无法按照犯罪构成和定罪量刑要素去作答,很多回答就变成了无用信息。在无用信息的汪洋大海中,一些零星的有用信息会被淹没。说了太多没用的,偶尔有一两句有用的,法官、检察官不一定捕捉得到。法庭上发言不是越多越好,而是越精越好。

这样的总结,有时候会被当作诱导发问。为了避免这种情况出现,我的做法是：总结前会征求法官的意见,当事人说得有些烦琐,我能否帮他精简、总结一下？如果法官同意,当然就可以开始总结。如果法官不同意,那么可以对法官进行解释,保证自己不会诱导当事人,保证自己的总结不会超出当事人的回答内容。如果法官仍然不同意,那么可以请求法官适时打断、代为总结。

澄清也很重要。汉语的含义是很丰富的。同一个词在不同的语境中,含义很可能并不相同。记录在纸质笔录中的一个词,侦查人员的意思和当事人的真实意思可能并不相同,检察官、法官和律师看到这份笔录后对这个词的理解也可能并不相同。这时,证人不出庭作证的局限就凸显出来了。律师在法庭发问的时候,一定要充分运用精确化的思维方式,恢复最真实的对话语境并厘清这些词汇的精确含义。

特别是主观明知往往涉及罪与非罪。如果只是笼统地说自己知道,而不说什么时候知道以及如何知道,那么就需要辩护律师在法庭上通过发问进行澄清。我曾经代理过一起案件,公诉机关指控丈夫犯有受贿罪,指控妻子犯有掩饰、隐瞒犯罪所得罪。理由是妻子明知是贿赂款,仍然实施了帮助保管的行为。根据口供,夫妻双方都认可了帮助保管的事实。根据银行流水,赃款确实进入以妻子名义开立的银行账户。乍看起来,案件似乎铁板钉钉。在法庭上,我是这样对妻子进行发问的:

问:这个银行账户是什么时候开立的?

答:很久了。当时我老公说单独开立一个账户,把女儿的压岁钱、生日红包等都存进这个账户。于是我就以我的名义开立了这个账户。开完后,我就把这张卡交给我老公保管了。

问:开卡的时候,有想过这张卡会存入你老公收受的贿赂款吗?

答:当时完全没想过。

问:这张卡平时由谁保管?

答:一直由我老公保管。

问:你用过这张卡吗?

答:我从来没用过,都是我老公在用。我日常花销都是用我自己的工资卡。

问:你知道有80万元的贿赂款存入了这张银行卡吗?

答:事先不知道。有一天晚上,我老公说有个朋友给了80万元,已经存到女儿专用卡里了。他说再积累一些,日后可以去买一套地铁口的小公寓。所以,我就知道这个事了。

问:这笔钱有取出来花吗?

答:我不清楚。但我知道公寓没买。这段时间家里也没有任何大额开支,都是正常生活花销。根据办案人员告诉我的银行卡余额,这笔钱应该在卡里没有动用。

问：既然钱存进了银行卡，并且银行卡由你老公保管，你为何会认为是你在帮助保管这笔 80 万元的贿赂款呢？

答：我只知道银行卡是以我的名义开立的。办案人员告诉我这就是帮助保管，所以我就承认了。

通过这样一段发问，有效地澄清和还原了事实。很显然，当事人并没有实施法律上的保管行为。她口供中的保管是办案人员告诉她，她被动承认的。保管在这个案件中，不是一个法律事实，而是一个法律评价和一种行为定性。当事人的口供，显然不能被法院直接采信。

9. 要善于补充发问。补充发问，是指第一轮发问结束后，辩护人根据检察官、法官或者其他辩护律师的发问，进行的第二轮补充发问。很显然，之所以需要补充发问，是因为当事人在回答其他人的问题时让辩护人产生了新的问题。

比如当事人在前面的发问时，对指控事实提出了实质性的辩解或否认。可当法官问其侦查阶段的供述是否属实时，当事人却回答属实。这时，辩护律师就有必要补充发问，让其对两者之间的矛盾进行解释。如果当事人侦查阶段的笔录存在前后不一，此时也有必要补充发问，让其解释所谓侦查阶段口供属实具体是指哪一份属实。其他人的发问有可能导致案件事实被不断修正，这时辩护律师有必要从新的角度进行补充发问。面对其他人的诱导性发问或者其他不适当发问，辩护人也有必要进行补充发问。

我曾经担任过一起涉黑案件的第一被告人的辩护人，其他被告人几乎全部认罪认罚，只有我的当事人一人进行顽强抗辩。照例，法官会逐一询问每个被告人是否自愿认罪认罚、是否明白自愿认罪认罚的法律后果。当其他被告人全部作出肯定性答复时，我启动了第二轮补充发问。

问：你讲讲黑社会性质组织的四大特征？

答：我不知道。

问：你为什么认为 A 公司是一个黑社会性质组织呢？

答：公安办案人员告诉我的。

问:你是什么时候正式加入黑社会性质组织的?

答:这个,嗯,你是问我什么时候进入这家公司的吗?

问:不是。我是问你是什么时候正式加入黑社会性质组织的?

答:我不知道。我不认为我加入了一个黑社会组织。

问:在公安办案人员告诉你之前,你知道你是一个黑社会性质组织的成员吗?

答:我不知道。我也不认为我是黑社会性质组织成员。

问到这里,很多办案人员可能就坐不住了。有的提醒辩护人,注意发问方式;有的提醒辩护人,不要给其他当事人辩护;有的提醒辩护人,要尊重当事人认罪认罚的决定。甚至有的法官直接告诉辩护人,认罪认罚只是一个态度,不需要当事人了解专业的法律知识。其实辩护人问到这里,大部分发问目的已经实现了。

**10. 综合运用封闭式发问和开放式发问**。封闭式发问对回答的限定较强,答案相对确定;开放式发问对回答的限定较弱,答案相对自由。举几个例子进行说明。你有没有杀人行为?你当时是否在场?你当时是否知情?你分到了多少钱?协议上的字是不是你签的?类似这样的问题都属于封闭式问题。你当时的主观心态是怎样的?你为什么会这么做?如果你遇到类似的情况,会作何反应?你现在怎么看待你自己的行为?类似这样的问题都属于开放式问题。

对于关键性的问题,需要单刀直入或者需要对方给出明确答案的,可以使用封闭式发问。对于模棱两可的、闪烁其词的回答,也可以使用封闭式发问。封闭式问题往往有一定的逼迫性或压迫性,可以迫使被发问人改变立场,也可以迫使被发问人进行解释和澄清。开放式问题可发挥余地较大,可以给被发问人提供充分的解释和表达空间,一般用于对当事人比较有利的问题或者场景性比较强的问题。

对当事人发问,最好以开放性问题结尾。比如,你还有什么要补充的吗?你还有什么需要向法庭特别说明的吗?你现在怎么看待自己的行为?如果有机会,你愿意对被害人说些什么？如果时光倒流,给你再一次选择的机会,你会怎么做？如果之前的发问有遗漏或者当事人还有其他的观点想向法庭表达,作为辩护律师,应当为当事人创造这样的机会。通过这样开放式的发问,能让当事人把最后的、遗漏的、想说的话都说出来。

## 三、庭审发问的内容技巧

我总结了10种关于法庭发问的内容技巧,分别是单骑救主、明知故问、搭台唱戏、正面狙击、瓮中捉鳖、以毒攻毒、声东击西、循循善诱、十面埋伏和逼入墙角。接下来,我结合一些具体例子对这10种技巧进行解读。

（1）<u>单骑救主</u>。对同志要像春天般的温暖,对对手要像秋风扫落叶般的无情。对当事人的发问,一定要让他有被拯救的感觉。

对当事人发问,要注意缓和紧张气氛。如果当事人带着戒具特别是手铐,我在发问之前一般会先申请审判长打开当事人的戒具。有时候庭审时间很长,我会申请审判长允许当事人坐着参加庭审,甚至申请审判长为当事人提供饮水。一般来说,只要律师提出这些请求,审判长都会同意。这个做法有什么好处？第一,可以让你的当事人对律师有信心,因为律师在法庭上不是摆设。至少律师一申请,手铐就被解开了。第二,当事人会感到一种人文的关怀和尊重,可以缓和紧张气氛,减轻他的焦虑和不安。除了这些动作,我有时候还会明确告诉当事人：不要紧张,法庭会充分保障你发言和辩护的权利；不要有任何顾虑,只需要实事求是回答就可以了。

尽量不问没有争议的内容,尽量回避对当事人不利的内容。证据确凿的事实,无人表达异议的事实,律师都不必发问。律师针对这样的事实发问,必然会被法官打断。对当事人不利的内容,律师在发问时需要尽量回避。要么不问,要么一带而过。

当然,如果对当事人不利的内容是虚假的,那么律师就要穷根究底、穷追不舍,给当事人创造解释的机会。比如被告人的当庭供述跟庭前供述不一致,律师一定要追问为什么会不一致？如果被告人回答,庭前不是这样说的,笔录记的跟其庭前说的不一致。律师需要进一步追问,庭前笔录有没有仔细看过？为什么会签字？你在庭前笔录上已经签字确认,现在却说之前没有认真看,让法庭怎么相信你？你敢不敢申请调取讯问录音录像？现在有一种测谎程序,准确率非常高,你敢不敢当庭进行测谎实验？如果你认罪可能会轻判,不认罪可能会重判,你宁愿冒着重判的风险也要推翻庭前口供,原因是什么？这些问题,表面上是在质疑,但实际上是给他解释的机会。

有经验的律师,会尽可能站在法官的立场去发问。也许有人疑惑:我是辩护人,怎么能站在法官的立场去发问呢？怎么能质疑我的当事人呢？其实,法庭发问是问给法官听的,当事人回答也是说给法官听的。庭审,法官是永远的重心。如果不是站在法官的立场,去思考法官可能会对哪些问题感兴趣,可能会对哪些细节有疑惑,那么很多发问只是看起来比较热闹。有些问题表面上是在质疑当事人,实际上这些疑虑原本就存在于法官的心中。作为律师,是该让这些疑虑永远装在法官的心中,还是通过发问的方式让当事人去解释和说明？

（2）**明知故问**。明知故问是庭审发问中最常见的技巧之一。局外人或者旁观者可能会认为,在法庭上发问是因为不知道答案,所以要通过发问来寻找答案。其实并非如此。很多时候,律师在发问时早已经知道答案,属于明知故问。为什么要明知故问呢？是因为虽然律师知道,但法官未必知道。即便法官知道,也可以通过发问的方式让法官加深印象。

举我刚独立执业时代理的一起非法吸收公众存款案。我问的绝大部分问题都属于明知故问。我是这样发问的:你是什么时候入职的？你是怎么进入公司的？你的工作待遇怎样？你的工作职责是什么？当事人回答说,我的工作职责就是礼宾接待,客户来了负责端茶倒水,然后引导其到财务室去签合同。这时候,我使用了一种方法叫故意重复,故意把当事人的话重复一遍并使用疑问语气。你是说,你的职责仅仅是端茶倒水并将客户引导到财务室?接着,我进行追问,方便当事人解释、澄清什么叫引导?过程中会不会讲解投资项目或劝说客户投资?当事人回答引导就是带路,她不负责讲解或劝说。我接着追问:谁负责向客户介绍投资项目?你会不会主动招揽客户?回答不会。我再问,引导客户到财务室以后,你会做些什么?回答向财务人员略做介绍,就会退出房间。我继续问,你是否会跟进投资合同的洽谈及签署?你的接待情况是否会影响后续的投资?答案当然都是否定的。我继续追问:客户是否投资是取决于你个人,还是取决于公司的实力及投资回报方案?客户是否投资是基于你个人的信誉,还是基于公司的信誉?回答当然都是后者。我继续问:公司总共有多少人?你们部门有多少人?你手下有多少人?到了这里,我再次使用故意重复的技巧,问:你是说这家公司有几万名员工,而你是最基层的员工,手下一个人都没有?在进行了前面的铺垫之后,我问:这家公司有你没你是否会有所不同?答案是没有。接着,我问了最后一个问题:你认为起诉指控你构成非法吸收公众存款罪,是否合理?通过一系列的明知故问,充分证明当事人在整个案件中的作用是微乎其微的,提供的仅是没有法律属性的普通劳务。

(3)搭台唱戏。谁搭台谁唱戏?当然是辩护律师搭台,让当事人以及对当事人有利的证人唱戏。庭审中,有些内容虽然对当事人有利,但是如果让当事人自己直接讲出来,第一,他可能把握不住重点;第二,可能会让法官觉得当事人在狡辩,给法官留下不好的印象。但如果先由律师"搭好台子",把问题送到嘴边,让当事人水到渠成地把想说的话说出来,效果很可能会不一样。

比如我代理的一起诈骗案,检方指控当事人以借为名进行诈骗。我是这样进行发问的:你有没有想过要诈骗?你当时借钱是真的缺钱还是别的原因?你借钱的时候有想过要还吗?根据你当时的经营情况,你认为你有能力归还吗?借钱为何要签借款协议?为何要用机器设备做抵押?设备抵押为何要去工商部门登记?这些设备是你自己的吗?这些问题实际上都是对当事人有利的。如果是骗子借钱,他会签协议吗?他会去拿自己的设备做抵押吗?他会去工商部门做抵押登记吗?我接着问:既然你想还,为何至今没有还清?其间你有没有努力去偿还过?你做了哪些努力?如果有钱,你现在愿意还吗?你除了借被害人的钱,同期还有没有向其他人借过钱?借了多少?归还了没有?问完这些问题以后,我又抛出一个重量级的问题:你刚才说你同期还向别人借了500万元并且已经全部还清,如果你要诈骗为什么不去诈骗那500万元,而要去诈骗被害人这50万元?可以说,这个案件的所有发问都是在搭台唱戏,当事人在回答问题的同时也完成了自我辩护。

(4)正面狙击。正面,毫无疑问就是我们的对立面。正面狙击就是直面问题,不给对方闪躲、回避的空间。对于那些满口谎话、一味推责的被发问对象,必须要正面进行狙击。狭路相逢勇者胜,发问也要有压迫性。比如,一般会用这样的句式:你当时到底有没有告诉过我的当事人?你当时在不在场?你到底有没有亲眼看见?你是内心确信还是只是猜测?你凭什么内心确信?有还是没有?是还是不是?打还是没打?知道还是不知道?为何侦查阶段讲的与今天不同?为何口供前后矛盾?为何开始记不清,时间越长,反而记得越来越清?你送过钱没有?你当时到底有没有向我的当事人汇报?你为什么会汇报?怎么汇报的?当时有谁在场?你怎么证明?你今天的说法跟我们掌握的书证不一致,你怎么解释?你确定当时门是锁着的?你是怎么确定的?你确定当时你听见了哭叫?听见哭叫后,你为何没有采取行动?你今天所说的情节,为何之前的笔录没有体现?你敢不敢对今天所说的话负责?这样的问题就属于正面狙击,因为所有的问题都必须正面回答,都必须确定性地回答。

(5)瓮中捉鳖。所谓瓮中捉鳖,就是先把口子打开,放一条路让你进去,然后出其不意地把口子封掉,让你出不来,闷死在里面。律师在发问的时候,可以先问结论性问题,得到肯定性答复或否定性答复后,再通过后续的一系列发问推翻最初的结论,让其没有转圜的余地。

举我代理过的一起滥伐林木案。一审的时候,公安机关委托鉴定机构出具了一份鉴定意见。二审,我们申请法院重新鉴定。法院委托新的鉴定机构出具了新的鉴定意见。二审开庭时,我们针对鉴定人员进行了这样的发问:

问:二审的这份新鉴定意见是你主笔的吗?

答:是的。

问:这份鉴定意见跟一审的鉴定意见结论相差很大。新鉴定意见对此作出了解释,你清楚吗?

答:清楚,是我写的。

问:一审鉴定意见的鉴定人员是谁?

答:我只知道是哪家机构鉴定的,具体鉴定人是谁我不清楚。

问:鉴定人员 A 和 B,你熟悉吗?

答:不认识。

问:一审鉴定意见使用的鉴定方法是什么?

答:这个我不了解。

问:那你在新鉴定意见中载明:因为鉴定人员的经验差异和鉴定方法差异,两次鉴定的结论有所不同。你连之前的鉴定人员是谁都不知道,如何得出经验差异和方法差异的结论?

答:(沉默)

问:你能确定你使用的卫星图片形成于 2015 年吗?

答:能确定。

问:这些卫星图片你是从哪里获取的?

答:找北京的一家地图公司购买的。我这里有合同。

问:这家地图公司的卫星图片是从哪里获取的?

答:这我就不知道了。行内很多人都找他们购买卫星图片。

问:卫星图片本身会显示它的形成时间吗?

答:不会。

问:你怎么确定这些卫星图片形成于 2015 年呢?

答：我们合同约定的是2015年的卫星图片，年份没必要造假。

问：你是否知道不同年份的卫星图片市场价值不一样？

答：不知道。

问：你之前从这家地图公司购买过卫星图片吗？

答：购买过。

问：两次购买卫星图片的价格是否相同？

答：（沉默）

问：除了合同约定是2015年的卫星图片，你还有没有其他的方法证明这些卫星图片形成于2015年？

答：没有。

**(6) 以毒攻毒**。所谓以毒攻毒，实际上就是逻辑归谬法。如果一个人撒谎或者立论错误，你沿着他的逻辑往前走，最后会得出一个让人无法接受的结论。

我代理过的一起诈骗案，对被害人发问时也使用了以毒攻毒的逻辑归谬法。被害人指控当事人在跟其恋爱期间，隐瞒了自己已婚的事实，并且以虚构的理由向其要钱。我的辩护观点是，生活中的欺骗不等于刑法中的诈骗。只要双方的感情是真实的，要钱的数额不是明显不合理，即便要钱的理由是不真实的，也同样不构成诈骗犯罪。法庭上，我对被害人是这样发问的：

问：你跟当事人是怎么认识的？

答：通过聊天软件认识的。

问：当时是谁找的谁？

答：是我主动加她，主动找她的。

问：你对她有真感情吗？

答：有。我们认识一年多了。

问：她对你有真感情吗？

答：她不该欺骗我，一开始没有告诉我她已婚。她问我要了11万元，说是投资红枣生意，后来证明是假的。她根本没有做过红枣生意。她就是诈骗我的钱财。

问:她见过你的家人吗?

答:见过。

问:为什么要见你的家人?

答:当时谈到了结婚的事情,所以要带给家人看看。

问:你当时打款时,有没有确认过红枣投资的真实性?

答:没有。

问:你当时打款时,有没有测算过红枣投资的收益?

答:没有。

问:你为什么会给她打款11万元?

答:她提出了要求,我不好意思拒绝。

问:你打款11万元,是否是基于红枣生意的利润回报?

答:这个真没有想过。

问:如果她以别的理由要求你打款11万元。你会不会拒绝?

答:可能也不会拒绝。那个时候,只要她提出的要求不是太过分,我都会答应。

问:除了这11万元,你有没有主动给过她钱?

答:有。生日、节日我都会给她发红包,加起来也有好几万元。

问:她为了能够跟你结婚,主动离婚了。你是否知道?

答:那是在我知道她有老公并且提出疑问的情况下,她才离婚的。如果我一开始知道她已婚,我不会跟她好。

问:可是她离婚后,你们还多次发生过性关系。如何解释?

答:她一直让我原谅她。我有时候心软,就又待在了一起。

问:你是否知道她为你堕过胎?

答:知道。但这是后来的事,不影响她前面的11万元是诈骗。

问:如果不是因为喜欢她,你会不会打给她11万元?

答:打款当然是因为喜欢她,但这不影响她诈骗我的事实。

问:如果不是因为喜欢你,她会不会为你堕胎、离婚、见家人?

答:(沉默)

问:你们后来为什么没结婚?

答:后来我知道她结过婚,家人不同意。

问:如果你俩结婚了,你日后会不会突然因为双方吵架,去公安机关举报这11万元属于诈骗?

答:我不回答假设性问题。

问:夫妻生活中,如果一方发现另一方恋爱期间索要钱财的理由不真实,还能否要求公安机关以诈骗罪把对方抓起来?

答:这个问题不应该由我作答。

**(7)声东击西**。有些人出庭对律师有较强的抵触心理,对律师发问要么避而不答,要么直接反怼。比如侦查人员、鉴定人员、被害人或者被害方证人等。法庭上跟他们硬碰硬,他们可以什么话都不讲,甚至对律师出言不逊。这不仅会导致法庭发问没办法继续,而且会导致无法得到想要的回答,对案件辩护非常不利。有经验的律师,这时候就要学会声东击西,先营造放松、轻缓、友好的气氛,消解他的抗拒心,放松他的警惕心,降低他的戒备心。慢慢地匍匐前进,前期铺垫好以后再引出关键问题。

举我代理过的一起受贿案。一个行贿人在侦查阶段指称,他给当事人行贿了两次,一次是在办公室,一次是在家里。如果没有经验、没有技巧,上来就问:你送过钱没有?什么时候送的?送了多少?如果行贿人作出跟侦查笔录一样的回答,后面就不知道怎么问了。其实,这种发问方式没有任何意义,而且会把自己逼到绝路。我当时是这么发问的:

你跟当事人是什么时候认识的?你们的私人关系怎么样?两人平时走动多吗?当事人对你的评价很高,你觉得当事人是一个什么样的人?你看到过当事人客厅的书柜吗?见过他办公室里养的吊兰吗?其实,当事人客厅里没有书柜,办公室也没有吊兰。

你去过当事人的办公室吗？在几楼几零几？办公室的格局是怎样的？摆设是怎么样的？进入办公室要不要实名登记？当事人住在哪个小区？你是走进小区的还是开车进小区的？陌生车辆进入小区是否需要登记？进小区之前，你是否会跟当事人或其家属联系？如果答非所问或者回答不出，去办公室或家里送钱的说法就可能不攻自破。

又如，问一个证人跟本案有没有利害关系。我不会直接问跟本案有没有利害关系，我会从侧面问你是不是被害人的亲属；我不会直接问你是不是希望法院怎么判，我会从侧面问如果法院这样判是不是对你更有利？

(8) **循循善诱**。因为认识等原因，有些人的庭前口供不够严谨。比如把或然性说成盖然性，把可能性说成确定性，把一种事实说成另一种事实，在事实陈述中掺杂个人主观想法等。我代理过一起非法拘禁案，有一个证人是出租车司机，他证明当事人在他的出租车上拘禁了另外一个人，并且打过另外一个人耳光。庭审过程中，我对这位出租车司机的发问就使用了循循善诱的方法，一步一步促其认识到自己侦查口供的不严谨、不确实：

问：当事人打过这名被害人吗？

答：打过。

问：你确定吗？

答：我确定。

问：你为什么这么确定？

答：我当时在开车，我听到声音了。

问：什么样的声音？

答：打耳光的声音。

问：声音是从左侧传过来的，还是从右侧传过来的？

答：这我分辨不了。

问：当时车上坐了几个人？

答：算我在内，5个人。前排坐了2个，后排坐了3个。

问：具体谁坐在哪个位置，你记得清楚吗？

答：我不记得了。

问：另外4个人的特征，你能否简单描述一下？

答：时间长了，记不清了。

问：你怎么知道是我的当事人打了被害人？

答：后排总共就3个人。不是A就是B。

问：你刚才不是说不确定谁坐在哪个位置吗？

答：当时是晚上，上车了4个人，我确实没有仔细观察。

问：你能确定是A打的耳光吗？

答：这么说来，不是百分百确定。

(9) **十面埋伏**。十面埋伏是指在发问的时候故意设置一些埋伏点或陷阱，10个问题当中可能只有第三个、第五个或第七个是有意义的。把关键的问题混同或穿插在其他的问题当中，让被发问人察觉不了。不知道问题中间埋有地雷，哪怕不小心触动其中一个，也能得到想要的回答内容。十面埋伏的关键是要善于设置埋伏点。

我代理过一起强奸案，对被害人发问时设置了许多埋伏点，以此充分暴露其信口开河、毫无诚信的风格。我们在庭前已经掌握了女方经常在深夜玩抖音软件，在当地有多名情人，有过多次开房记录，并且跟自己的丈夫感情不睦，有过诉讼离婚未被法院准许的记录。我在法庭上是这样对其发问的：

问：当事人对你实施过强奸吗？

答：当然。不然他怎么会被抓？

问：你跟当事人是什么关系？

答：没关系。最多算得上远房亲戚，很少走动。

问：你平时大概几点休息？

答：吃完晚饭，娃做完作业就睡觉。

问:正常情况下,大概几点?

答:八九点。

问:你家附近有什么旅馆吗?

答:好像有,但我不关心这个。

问:你去旅馆开过房间吗?

答:没有。

问:你平时异性朋友多吗?

答:很少。

问:你跟你老公感情怎么样?

答:很好。

问:这儿有一份离婚判决书。你看一下是否属实?

答:(沉默)

问:这里有你跟7位异性的亲昵聊天记录,你如何解释?

答:(沉默)

问:这里有你在你家附近旅馆的多份开房记录,你如何解释?

答:(沉默)

问:当事人说你们是情人关系,是否属实?

答:不属实。

问:有人看到过你俩一起喝酒,表现得非常亲昵,你怎么解释?

答:不需要解释。

问:这里有当事人在"520"当天给你的红包记录,你怎么解释?

答:(沉默)

(10)逼入墙角。不是凭空发问,任由被发问人任意回答,而是拿着被发问人不得不正视的问题和材料,将被发问人逼入墙角。

①可以结合客观证据。比如我前面提到的强奸案,很多问题被害人都不愿意如实陈述。这时必须适时出示客观证据,摧毁其心理防线。侦查人员出庭的

时候,更加要注重结合客观证据进行发问。比如在一起出售假币案中,当事人称其遭到了侦查人员的殴打。如果没有当事人进看守所时的体检记录,那么侦查人员不可能承认自己有打人的行为。又如有的口供明明是不同的时间、不同的侦查主体制作的,但笔录内容几乎一模一样,甚至连标点符号和错别字都是一样的。这就可以让侦查人员当庭解释为什么会有这样的巧合?在一起受贿案中,我结合询问笔录的起止时间问出了指供诱供线索。我问行贿人什么时候去的监察委,什么时候离开的监察委,回答是下午两点去的,晚上九点离开的,其间只做过一份笔录。因为笔录显示的起止时间仅有一个多小时,我马上追问:剩余的时间里,他在做什么?询问人员在做什么?为什么这段时间的活动没有体现在笔录中?

②可以结合常识和逻辑。比如我代理过的一起贪污案,鉴定3年的银锭竟然是同一个价格。大家都知道,银锭的价格其实每天都在波动,3年一价显然不合理。这时,就必须要鉴定人当庭给出合理解释。我代理的一起诈骗案中,公安机关仅提供了不到1年的财务凭证,鉴定意见就直接认定这家企业没有持续经营能力。不需要专业知识,只需凭借常识就可以向鉴定人发问:企业有没有持续经营能力岂是一家司法会计鉴定机构所能判断?一家企业有没有持续经营能力取决于非常多的因素,包括市场战略、商业模式、执行能力等,仅凭不到1年的财务账册如何得出企业没有持续经营能力的结论?

③可以委托专家证人帮助发问。有些鉴定意见、检测报告或者专门性问题,律师可能在专业方面存在短板,没有能力进行有效发问。必要时,我们可以聘请专家证人,由专家证人帮助我们或辅助我们进行法庭发问。

总之,以侦查为中心,侦查人员是唯一的主角;以审判为中心,辩护律师也能担当主角。在纠问式的审理体制下,法官是庭审发问的唯一主体;在对抗式审理体制下,律师也能是发问的重要主体。因此,司法改革和司法进步的历史就是辩护律师发挥更大作用的历史。没有好的发问,就难以当庭查清事实,难以改变侦查中心主义,难以取得良好的辩护效果。现阶段,很多律师甚至包括检察官、法官都不知道如何进行发问或者盘问,不知道如何通过发问去发掘真相。这种状况不改变,即使赋予律师更大的角色空间也依然难以发挥真正的辩护功效。可以说,谁掌握了娴熟的发问技巧,谁就能掌握庭审的主动权。

**第十堂 庭审如何有效发问**

## 第十一堂
# 如何排除非法证据

　　曾经有一位从体制内走出来的刑辩律师出过一本传授刑辩经验的书。我印象中很重要的一条经验是，将口供证据制成表格，通过比对发现其中的漏洞。能够这样做已经很不容易了，但这种做法有一定的局限性。因为在控方的证据中找漏洞，就仍然困在控方的局里。对于刑辩律师来说，有时候只有跳出控方的局，才会有真正的辩护机会。如何跳出这个局呢？排除非法证据（简称排非）就是一条有效的途径。排非是从根本上打乱控方的证据体系，达到的是釜底抽薪的辩护效果。因此，从辩护力度的角度，排非对于刑辩律师是类似枪炮一样的终极武器，是一种大规模的杀伤性武器。但是司法实践中，严格贯彻法律规定进行排非的判例并不多见，甚至启动排非程序的都不算多。因此，从辩护实效的角度，排非对于刑辩律师又像是一枝含露带刺的玫瑰，只有富有勇气和技巧的人才能够去接近它、握住它，去体味它的芳香。是故，我在一些场合给排非的课程起了一个响亮的名字——枪炮玫瑰。

## 一、非法证据的界定及排除范围

### （一）非法证据的基本背景知识

　　排除非法证据，顾名思义，首先需要界定这份证据是不是非法证据。如果是非法证据，还需要进一步界定这份证据是否属于法定的排除范围。所有的排非程序，事实上都围绕这两个核心问题展开。为了更好地理解这两个问题，先简要介绍一下有关非法证据的基本背景知识。因为是实务课程，不做理论性的深入阐述。

（1）非法证据是指一切通过非法的方法收集、获取的证据。确定一份证据是非法证据还是合法证据，就是看收集证据的方法是否合法。只要是通过不合法的方法收集的证据，就是非法证据。

（2）非法证据指向的是证据的收集程序和收集方法，与证据内容无关。有些人可能会有一个错觉：为什么要排除非法证据？因为证据内容不真实。这种理解毫无疑问是错误的。非法证据只是因为收集程序或收集方法有问题，不代表证据内容不真实。罗翔教授就公开指出，刑讯逼供获取的口供大部分是真实的，不真实的只是少部分。所以，非法证据与证据内容无关，对证据是否客观、真实在所不问。

（3）非法证据指向证据三性中的合法性，关系到证据的证据资格而非证明能力。合法性与真实性、关联性相互独立，其中合法性是证据的第一道准入门槛。合法性满足才有证据资格，才能被法院采纳。但只有三性均符合的证据，才能够被法院采信，并成为定罪量刑的根据。

（4）非法证据跟实体正义相关，但更与程序正义相关。非法证据的概念意在约束侦查权。排非有时候会纠正冤假错案，但有时候也会放纵真凶，损及实体公正。如果非法取得的证据是虚假的，那么排除非法证据就可以避免冤假错案；但如果非法取得的证据是真实的，那么排除非法证据就可能会放纵犯罪。因此排除非法证据有独立的价值追求，那就是程序正义。关于程序正义，马丁·路德·金说过一句名言："手段代表着正在形成中的正义和正在实现中的理想，人无法通过不正义的手段去实现正义的目标。因为手段是种子，而目的是树。"不承认程序正义在现代司法中的基础价值，就很难真正接受和认同非法证据排除制度。

（5）非法证据和非法证据排除是两个不同的概念，并非所有的非法证据都需要在诉讼过程中予以排除。非法证据不导致必然被排除的后果,非法证据的排除范围在不同的司法体系中各不相同。世界范围内,非法言词证据一般都予以排除,但非法收集的物证、书证则要进行综合权衡。

(6)我国法律尚无非法证据的直接定义,采取的是具体列举加概括兜底的方式去进行识别和界定。我国《刑事诉讼法》第52条规定,严禁刑讯逼供和以威胁、引诱、欺骗以及其他非法方法收集证据,不得强迫任何人证实自己有罪。这是我国识别和界定非法证据最权威的法律依据。这里面有一个兜底条款叫"其他非法方法",供司法解释进行具体解释,供司法人员在司法实务中自行进行认定。另外,既然"不得强迫任何人证实自己有罪",那么任何机构、任何个人通过任何方式强迫任何人证实自己有罪的任何证据,逻辑上都属于非法证据。

## (二)非法言词证据之刑讯逼供

刑讯逼供可能是大家最为熟悉的非法取证方式,也是司法实践中最为人诟病、导致冤假错案最多的一种非法取证方式。"刑讯逼供"4个字看起来很简单,但是在法律上要解释什么叫刑讯逼供并非那么容易。

我国《刑事诉讼法》多次使用刑讯逼供的概念,但并未对这个概念进行定义或解释。如果把刑讯逼供直接理解为肢体暴力或暴力殴打,当然会很简单。但问题是,现在这种赤裸裸的暴力殴打已经很少。刑讯逼供在不断进化,衍生出很多变种。一些"创新"刑讯逼供方式,既能给他人造成巨大的肉体和精神痛苦,又能避免留下任何可见的外在伤痕。这个时候要界定刑讯逼供,就会变得非常复杂。

更重要的是,根据《刑事诉讼法》凡是刑讯逼供取得的言词证据均应作为非法证据予以排除,但无论是司法解释的规定还是司法实践中的操作,刑讯逼供取得的供述都并非一律排除,而是有条件、有范围地排除。

(1)最高人民法院《关于适用〈中华人民共和国刑事诉讼法〉的解释》第123条规定:

采用下列非法方法收集的被告人供述,应当予以排除:采用殴打、违法使用戒具等暴力方法或者变相肉刑的恶劣手段,使被告人遭受难以忍受的痛苦而违背意愿作出的供述;采用以暴力或者严重损害本人及其近亲属合法权益等相威胁的方法,使被告人遭受难以忍受的痛苦而违背意愿作出的供述;采用非法拘禁等非法限制人身自由的方法收集的被告人供述。

最高人民法院《关于适用〈中华人民共和国刑事诉讼法〉的解释》是除《刑事诉讼法》之外,最权威的规定。根据这个解释,殴打、违法使用戒具、暴力、非法拘禁等非法限制人身自由的方法都属于刑讯逼供。但什么是变相肉刑、恶劣手段,该解释并未进一步明确。更重要的是,这个解释对刑讯逼供所得供述的排除范围做了一定程度的限缩。根据《刑事诉讼法》的规定,只要是采用刑讯逼供等非法方法收集的供述就应当排除,这个排除是没有附加其他条件的。但是最高人民法院《关于适用〈中华人民共和国刑事诉讼法〉的解释》在《刑事诉讼法》的基础上附加了一个新的条件:使被告人遭受难以忍受的痛苦而违背意愿作出的供述。这意味着,除了要证明侦查人员实施了刑讯逼供行为,而且要证明行为的程度"使被告人遭受难以忍受的痛苦"和行为的后果"违背意愿作出的供述"。

跟这一条规定相呼应,最高人民法院《关于适用〈中华人民共和国刑事诉讼法〉的解释》第 124 条进一步通过但书条款确立了即便存在刑讯逼供但仍不予排除的两种情形:调查、侦查期间,监察机关、侦查机关根据控告、举报或者自己发现等,确认或者不能排除以非法方法收集证据而更换调查、侦查人员,其他调查、侦查人员再次讯问时告知有关权利和认罪的法律后果,被告人自愿供述的;审查逮捕、审查起诉和审判期间,检察人员、审判人员讯问时告知诉讼权利和认罪的法律后果,被告人自愿供述的。

(2)最高人民检察院刑诉规则的规定。2012 年《刑事诉讼法》第一次大规模修改后,最高人民检察院于同年制定了《人民检察院刑事诉讼规则(试行)》。该规则(试行)第 65 条第 2、3 款首次对"刑讯逼供"和"其他非法方法"作出了法律定义:

刑讯逼供是指使用肉刑或者变相使用肉刑,使犯罪嫌疑人在肉体或者精神上遭受剧烈疼痛或者痛苦以逼取供述的行为。

其他非法方法是指违法程度和对犯罪嫌疑人的强迫程度与刑讯逼供或者暴力、威胁相当而迫使其违背意愿供述的方法。

但是随着2018年《刑事诉讼法》的第二次大规模修改，最高人民检察院于2019年启动了对该规则（试行）的修订。从修订后的内容来看，《人民检察院刑事诉讼规则》删去了对"刑讯逼供"和"其他非法方法"的定义条款，相关规定开始跟最高人民法院《关于适用〈中华人民共和国刑事诉讼法〉的解释》的表述看齐。目前，最高人民法院、最高人民检察院关于刑讯逼供及其排除范围的规定完全一致。

稍加梳理和对比可以发现，随着从有法律定义到无法律定义，从概括性规定到模糊兜底性规定，对刑讯逼供的司法认定变得越发复杂了。

（3）其他司法解释或文件的规定。最高人民法院、最高人民检察院、公安部等部门单独或联合制定了许多文件都包括刑讯逼供的内容。这其中值得特别关注的是，2014年由最高人民法院制定的《关于建立健全防范刑事冤假错案工作机制的意见》。

该意见第8条规定，采用刑讯逼供或者冻、饿、晒、烤、疲劳审讯等非法方法收集的被告人供述，应当排除。除情况紧急必须现场讯问以外，在规定的办案场所外讯问取得的供述，未依法对讯问进行全程录音录像取得的供述，以及不能排除以非法方法取得的供述，应当排除。

应当说这个意见有非常重要的突破。比如首次明确规定，冻、饿、晒、烤、疲劳审讯等非法方法收集的被告人供述，应当排除。又如大幅扩大了刑讯逼供所得供述的排除范围，首次明确规定在规定的办案场所外讯问取得的供述和未依法对讯问进行全程录音录像取得的供述都应当排除。可惜，这个意见的规定在后续文件中都未再坚持和重申。

近年来，滥用指定居所监视居住的问题比较突出。众所周知，看守所有一整套监管制度和监控系统，还设置有专门的物理隔离设施。另外，还有驻所检察官等可供投诉和反映,一般来说刑讯逼供很难在看守所审讯室发生。但是如果采取指定居所监视居住或者把人刑拘了以后再提出到外面的办案场所进行审讯,那么情况就不同了。虽然不在规定的办案场所讯问不代表就一定有刑讯逼供,但应当反问的是,为何放着规定的办案场所不用,偏偏要使用规定以外的办案场所?这背后必然令人生疑。我代理过的一起投毒杀人案中,当事人在看守所之外的一个临时办案场所被审讯了约30天,几乎所有的有罪供述都形成于这期间。是故,该意见直接规定在规定的办案场所外讯问取得的供述应当排除,非常必要、非常合理。

根据我国《刑事诉讼法》的规定,指定居所监视居住主要针对3类案件:暴力恐怖活动犯罪、特别重大贿赂犯罪和危害国家安全犯罪。这3类案件也并非一律要实行指定居所监视居住,只有有可能妨碍侦查的,才能指定居所监视居住。但现实中,这3种类型以外的案件也有部分被指定居所监视居住。最高人民法院的这个意见还规定,未依法对讯问进行全程录音录像取得的供述应当排除。关于录音录像,重点和关键是"全程"。如果做到了全程同步,那么录音录像就可以起到遏制非法取证的作用。如果做不到全程同步,那么录音录像有可能异化成一种类似洗钱的机制,将非法获得的供述合法化,让非法证据合法化。全程怎么解释、怎么理解?我理解的全程录音录像应当是指自当事人被办案机关控制起来以后,所有的活动轨迹,所有跟办案人员的接触都应该录音录像。我遇到过一些案件,在录音录像设备打开之前先进行审核、演练,跟当事人确定好供述内容后再把录音录像设备打开。我代理过一起案件就是先在生活室进行演练,再到审讯室进行录像。类似这种录音录像都不能叫全程录音录像。

### (三)非法言词证据之暴力、威胁、引诱、欺骗

我国《刑事诉讼法》第52条规定,严禁以威胁、引诱、欺骗以及其他非法方法收集证据。第56条规定,采用暴力、威胁等非法方法收集的证人证言、被害人陈述,应当予以排除。刑讯逼供当然包括暴力,但是刑讯逼供的概念仅针对犯罪嫌

疑人,不针对证人或被害人。

(1)关于威胁取证。暴力的概念很好理解,但是威胁的概念界定起来比较复杂。有各种各样的威胁,程度相差很大,造成的后果也不一样。我举六个例子。例子一:如果不赶快承认,今天的审讯就不可能结束,审讯一个通宵也不会放你回家。例子二:什么时候交代什么时候吃饭,不交代就没饭吃。例子三:如果不交代,就让税务部门去查你的企业,让消防部门去查你的厂房,不相信查不出你的事儿。例子四:如果还不承认,我们会把你送到特警队,将来跟死刑犯、强奸犯关在一起,让你生不如死。例子五:如果不配合交代,我们会派人去查你女儿、女婿的企业,让银行给企业抽供断贷。例子六:如果不赶快交代,我们会去抓你女儿、儿子、老婆,让你们一家在监狱里团圆。毫无疑问,这6种情形都属于威胁,但程度各不相同。有的是威胁当事人,有的是威胁当事人近亲属,有的是威胁当事人或其近亲属的身体健康和人身自由,有的是威胁当事人或其近亲属的经济利益。

以威胁方法收集的言词证据,什么时候应当作为非法证据予以排除?目前并没有特别明确的规定。最高人民法院《关于适用〈中华人民共和国刑事诉讼法〉的解释》第123条第2项仅规定,采用以暴力或者严重损害本人及其近亲属合法权益等相威胁的方法,使被告人遭受难以忍受的痛苦而违背意愿作出的供述,应当予以排除。第125条仅规定,采用暴力、威胁以及非法限制人身自由等非法方法收集的证人证言、被害人陈述,应当予以排除。这两条规定虽然都提到了威胁,但并没有对威胁的程度、后果等进行解释,对威胁对象和威胁内容的限定也显得过于狭窄。比如被告人供述,要求"严重损害本人及其近亲属合法权益"才予以排除。如果威胁的对象不是近亲属而是其他密切关系人,是否就不予排除?至于"严重损害",何谓"严重"?只保护"合法权益",那么是否不合法的隐私就不再保护?比如以公开、泄露当事人有过情人或者曾经有过嫖娼记录为由进行威胁,所获得的供述是否就不再排除?这些问题都亟待明确、解决。

关于威胁，前几年有一个开创性的案例非常值得关注。大概案情是：检方指控汕头市海关原副关长郑某3个罪名，其中一个是受贿罪，检方起诉指控他收受某人40万元贿赂。这个案件由广州市人民检察院起诉，由广州市中级人民法院一审。辩护律师在法庭上提出，郑某关于受贿的供述是在威胁和引诱交相作用之下违背真实意愿作出的，事实是郑某根本没有收受他人40万元。根据辩护律师的当庭陈述，侦查人员在审讯郑某的时候威胁：如果你不交代，接下来就要查你的女儿和女婿，就要抓你的女儿和女婿。如果你老实交代，很快就给你办理取保候审，放你出去。一软一硬，威胁和引诱交织。在这种情况下，郑某违心作出了收受他人40万元贿赂的供述。

检方的抗辩理由是，郑某承认受贿的供述有很多份，存在稳定供述，没有证据证明调查人员存在威胁取证。法院在庭审中启动了非法证据调查程序，认定调查人员确实使用了威胁方式取证。因为郑某的女儿、女婿确实被有关部门询问调查，而且被留置了将近24小时。而郑某的供述并不稳定，前期未供述受贿40万元的事实，在女儿、女婿被询问调查之后才逐渐改口承认。此外，法院调取了郑某第一次承认收受40万元贿赂的审讯录音录像，看守所记录显示该次审讯持续了约8小时，但是检方提供的审讯录音录像只有不到1小时。毫无疑问，审讯并没有全程录音录像或者录音录像存在后期人为剪辑。在这种情况下，法院认为检察机关不能提供证据证明郑某的供述是合法取得的，因此把郑某的庭前供述作为非法证据予以排除。

大家都知道，受贿案高度依赖口供。把受贿人的口供作为非法证据予以排除，仅根据行贿人的证词是不能定案的。因此，法院一审判决受贿罪不成立。广州市人民检察院不服提起抗诉，广东省人民检察院支持抗诉。抗诉理由很有意思，检察院承认确实有威胁，但主张威胁的程度没有达到使当事人违背意愿作出供述的地步。检方主张，郑某仍然可以选择供述或不供述。检察机关认为该案中的威胁是一种侦查策略。使用该种侦查策略收集的证据是否要作为非法证据予以排除，法律上没有标准和规定。广东省高级人民法院二审没有采纳检方的抗诉意见,维持了广州市中级人民法院的判决。这起案件被最高人民法院主编的《刑事审判参考》收录。

这起案件具有非常重要的指导意义和参考价值。我曾经代理过一起受贿案,有关人员威胁当事人如果不承认,就会抓他的女儿和女婿。恰巧当事人的女儿正处于孕期,当事人秉持祸不及家人的理念被迫做了不实供述。刑讯逼供只是肉体的折磨,打了最多疼一阵子,威胁近亲属给当事人造成的压力远比刑讯逼供更大。威胁的强制效应和危害后果都比刑讯逼供大。

(2)**关于非法限制人身自由取证**。对于采用非法限制人身自由等非法方法收集的证人证言、被害人陈述,应当予以排除。这个排除是没有附加条件的,也没有程度要求。相当于行为犯,有行为即可。至于非法限制人身自由的时间、方式以及后果等在所不问。常见的非法限制人身自由包括没有传唤手续、询问地点违法、超出了询问或传唤时间、对人身自由进行非法限制或剥夺等。

相较于犯罪嫌疑人和被告人,证人和被害人更加没有强迫作证的义务。对他们进行更加严格的保护是应该的。但非法限制人身自由这条规定,司法实践中较难遇到。非法限制人身自由的主因是没有必要的法律手续,办案机关完全可以出具这样的手续甚至事后补开这样的手续。在我国,开具传唤通知书或询问通知书都非常方便,在程序上并非难事。况且,办案机关必要时可以将证人列为犯罪嫌疑人,进而采取刑事拘留等强制措施。证人和犯罪嫌疑人原本就只隔着一个玻璃旋转门,本来就很容易转换身份。当然也有例外,我本人办理过一起涉黑案,对于没有传唤手续或传唤时间超过 24 小时的侦查笔录,可以成功地申请法院当庭予以排除。

(3)**关于引诱、欺骗取证**。我国《刑事诉讼法》第 52 条规定,严禁以引诱、欺骗等非法方法收集证据。这一条确立了引诱、欺骗获得的证据属于非法证据。但截至目前没有任何一条法律条文规定,应当对引诱、欺骗获得的证据进行排除。多年前,我曾经在《犯罪研究》杂志上发表过一篇论文,题目是《论欺骗取证存在的原因及其边界》。这篇文章的核心观点是,欺骗取证在司法实践中被广泛视为一种必要的侦查策略,但特定情形的欺骗取证危害极大,应当作为非法证据予以排除。此处,我想强调的是,应当绝对禁止承诺性欺骗和不道德欺骗。通过前述手段收集的证据应当作为非法证据予以排除。

承诺性欺骗主要是指侦查人员为获取有罪供述而进行虚假承诺,包括给予积极利益和减免消极利益。比如,承诺犯罪嫌疑人对其某些犯罪事实不予调查或者承诺利用公权力帮其讨债等。承诺性欺骗往往会扭曲或违反法律规定,造成公权力的滥用或渎职,损害法律权威。承诺性欺骗还使严肃的侦查过程沦为交换关系,在承诺难以兑现的情况下,会极大地损伤司法公信力。

不道德欺骗包括欺骗的内容违反最基本的道德准则和欺骗取证的结果可能会造成恶劣道德影响两种情况。比如为离间甲、乙两名犯罪嫌疑人,攻克两者之间的攻守同盟,虚构甲的母亲、妻子同时与乙通奸。这种欺骗违反了最基本的伦理道德,毫无疑问是应该予以绝对禁止的。欺骗取证的结果会造成恶劣的道德影响则表明欺骗取证行为产生的不良影响已经严重影响了司法公正。举个极端的例子,比如欺骗取证的结果导致丈夫杀死妻子或者当事人家属暴力袭击证人等。禁止不道德欺骗归根结底是因为侦查行为本身必须具有道德正当性。作为手段的侦查行为一旦突破道德底线,后续的司法活动很难再彰显法律的良善和正义。

**(4)关于指供诱供取证**。所谓指供诱供,是指案件承办人将案件事实特别是案件细节告诉、泄露给侦查对象,暗示或强迫其按照自己的意思来交代或供述。指供诱供的危害在于,一个根本就不知道案件事实的人却叙述出了只有实施犯罪的人才能知晓的案情,使后续检察官的审查起诉和法官的审理活动都受到误导或蒙骗。古今中外大量的案例都证明,指供诱供是冤假错案发生的最重要的原因之一。虽然《刑事诉讼法》至今都没有禁止指供诱供的条款,但是作为辩护律师,发现指供诱供线索的必须及时向司法机关提出。

指供诱供的危害性比刑讯逼供更大、更隐蔽。只有刑讯逼供,没有指供诱供,很难办成冤假错案。一个人没有杀人,就算把他打死,他也不可能准确地讲出杀人地点或抛尸地点。但如果一边刑讯逼供,一边指供诱供,那么情况就不同了。比如嫌疑人供述晚上8点杀死了被害人，侦查人员马上说晚上8点人还没死呢。不断地提示，不断地修正，口供就能慢慢接近准确的杀人时间。纸质笔录只反映最终的说法，中间不断修正的过程就省略掉了，法官、检察官看纸质笔录还以为嫌疑人一开始就自主说出了准确的杀人时间。又如抛尸地点在哪里？没杀人没抛尸，怎么知道抛尸地点在哪里呢？这个时候仅刑讯逼供是没有用的，因为当事人随便乱讲一个地点根本找不出尸体。如果警方先找到尸体，然后不断地暗示或提示嫌疑人，那么就会造成嫌疑人自主、准确供述抛尸地点的假象。所以只讲刑讯逼供，不讲指供诱供，指供诱供获得的证据不作为非法证据排除，会为冤假错案留下非常大的隐患。

我代理的贿赂案件比较多，或多或少都有指供诱供的影子。行贿人和受贿人，只要有一个人率先招供，办案人员很快就能让另外一个人跟着招供。比如在一起案件中，受贿人供称收受了某人一块劳力士手表。行贿人马上也承认送了当事人一块劳力士手表。开庭时，我们要求行贿人提交劳力士手表的购买票据和支付记录，对方谎称找不到了。但当事人家属却找到了相关的票据，证明这块手表是当事人一个亲戚从香港购买后送给当事人的。根据经验判断，一个人的记忆可能有误差，但两个人前后脚犯同样的错误，背后必有蹊跷。有些案件从表面上看，口供能够相互印证，但其实这种印证关系是不真实的。

## （四）物证、书证的排除范围

物证、书证属于客观证据，证据内容不会因为收集方法的不同而变化。所以世界范围内的绝大部分国家，对物证和书证的排除都采取了跟言词证据不同的标准。美国对物证、书证的排除规则比较完善并且确立了"毒树之果"制度，但其他国家很少有这样的制度。英国虽然跟美国同属英美法系，但在物证、书证的排除问题上，英国跟美国走的是两条不同的路。

我国《刑事诉讼法》第56条规定，收集物证、书证不符合法定程序，可能严重影响司法公正的，应当予以补正或者作出合理解释；不能补正或者作出合理解释

的,对该证据应当予以排除。寥寥数字,含义非常丰富。排除物证和书证有以下几个前提条件:

第一,证据收集不符合法定程序。比如危险驾驶案,要抽取嫌疑人的血液。根据《行政强制法》,强行抽取血液有一整套的程序规定。如果违反了这些程序,就属于非法取证。

第二,可能严重影响司法公正。这里的司法公正应当从程序和实体两个层面进行理解,既包括严重影响程序公正,又包括严重影响实体公正。最高人民法院《关于适用〈中华人民共和国刑事诉讼法〉的解释》第126条第2款规定,认定"可能严重影响司法公正",应当综合考虑收集证据违反法定程序以及所造成后果的严重程度等情况。比如一份书证不是由警方收集到案的,而是强行抢过来的,然后提交给警方的。这份书证的收集程序应当能够达到"可能严重影响司法公正"的程度。

第三,应当优先进行补正或者作出合理解释。最高人民检察院在2012年制定的《人民检察院刑事诉讼规则(试行)》中曾经对此作出过解释:补正是指对取证程序上的非实质性瑕疵进行补救;合理解释是指对取证程序的瑕疵作出符合常理及逻辑的解释。但是2019年修改后,《人民检察院刑事诉讼规则》删去了这条规定。目前,关于何谓补证、何谓合理解释,只剩下学理解释。有了"补证"和"合理解释"这样一个前置性条款,物证、书证应当排除的范围就极其有限了。

物证、书证的排除,有一个非常经典的案例是"辛普森案"。这起案件大家都比较熟悉,具体内容不再展开。警方从辛普森前妻死亡现场提取到了一只白手套。这只白手套上面有辛普森及其前妻、一名死亡男子的血迹。警方又从辛普森家后花园找到了另一只手套,这只白手套上面也提取到了前述3人的血迹。警方在辛普森卧室找到了一只袜子,袜子上面同样有前述3人的血迹。此外,在辛普森家里的汽车上也找到了血迹,而在辛普森的身上发现了伤口。看起来,这起案件证据确凿,铁板钉钉。绝大部分律师见到这样的证据,都望而却步、直接放弃了,但辛普森最后却被无罪释放。为什么?辩护律师对物证的提取过程提出了强有力的疑问。

第一个疑问指向了白手套。提取白手套的警员作证表示当时白手套是湿的，血迹还能染到手上。律师提出，警方提取白手套距案发已经 7 个多小时，当天晚上晴朗有微风，白手套上的血迹在 7 小时之后不可能没有风干。律师还提出，手套上的血迹一定是打斗造成的，但白手套上没有任何损毁、撕裂的痕迹，非常完整。

第二个疑问指向了袜子。律师提出，袜子左右两侧血迹的图案是一模一样的。袜子正常穿在脚上，血迹从一侧渗进来，慢慢流到另外一侧，中间不可能是完全割断的，而且两侧的血迹形状不可能一模一样。

第三个疑问更加重要，最先发现袜子的这个警探，在发现袜子之前就抽取了辛普森的血样，并且独自一人在辛普森的家里和后花园溜达了几小时。辩护律师质疑有可能是这个警探栽赃。更要命的是，这个警探出庭作证时信誓旦旦地表示他没有种族歧视，对黑人很友好。但辩护律师找到这个警探 10 多年前赤裸裸地污蔑黑人的录音。因为对物证收集程序的强有力质疑，辛普森最后得以无罪释放。

## 二、排非申请的提出及证据准备

非法证据的界定及排除范围是排非程序要解决的关键问题，相当于排非程序的实体问题。接下来，我们还要从律师实操的角度讲如何提出排非申请以及如何进行证据准备，相当于排非的程序问题。

### （一）非法取证线索的发现及核实

侦查或调查过程不对律师开放，那么律师怎样去发现非法取证的线索呢？无非两种途径：

（1）**主动向当事人问询**。可能以前做检察官的时候养成了习惯，我现在做律师,第一次会见当事人的时候,总是会先问程序性问题再问实体性问题。在问程序性问题的时候,我都会问当事人有没有遭遇刑讯逼供等非法取证。如果当事人回答没有,我会如实记入会见笔录;如果当事人回答有,我会进一步问询具体的细节,包括什么时间、什么地点、什么人、什么手段、什么后果、对应什么笔录、实际情况究竟是怎样的等,然后把这些内容也如实地记入会见笔录。

作为律师,我们要尊重客观事实。有就是有,没有就是没有,既不虚构也不回避。律师不能教唆当事人把没有说成有,也不能因为害怕麻烦把当事人说的有变成没有。我在之前的课程里面强调,律师会见最好要制作会见笔录并且要交给当事人签字确认。有的当事人的立场会发生变化。如果办案机关给他施加压力或者承诺给予一定好处,个别当事人甚至可能会把律师"卖掉",反咬一口指控律师教唆作伪证,指控律师教唆当事人编造刑讯逼供的谎言。非常著名的李庄案,就是当事人跟有关方面达成交易,通过指控李庄来获取对自己有利的判决。

(2)**从卷宗中寻找**。律师阅卷要带着质疑的心态,要看得尽可能仔细,如此才能发现非法取证的线索或问题。一个大意或者一个不留神,线索可能就被遗漏了。比如宣布刑事拘留已经超过24小时,但笔录显示讯问仍然在看守所以外的场所进行,那么审讯地点就有可能违法,该份笔录就有可能是非法证据。又比如疲劳审讯,既要核对一份笔录的持续时间和起止时间,还要核对相邻几份笔录之间的间隔时间和各自的持续时间。我代理过一起案件,单纯看每一份笔录,持续时间在2小时左右,但是当天总共制作了11份笔录。这就属于典型的疲劳审讯。

指供诱供很多时候都能从卷宗中发现线索。比如当事人清晰地描述出了10年前一个陌生人的外貌特征。对于这样的口供就要多加审查,多点怀疑,因为很可能是指供的产物。诱导发问也很容易被发现。我代理过一起案件,侦查人员核实完身份后的第一个问题是:你什么时候开始假冒欧莱雅的商标的?这个发问本身包含了一个事实前提。什么时候开始假冒商标的,前提是存在假冒商标的行为。这起案件,有没有假冒注册商标本身就是一个待证事实,而且是一个有争议的事实。从最后的处理结果来看,当事人使用的商标跟被控侵权的商标不属于同一商品种类,根本不构成侵权和假冒。把待证事实作为结论包含或暗含在问题之中,属于典型的诱导性发问。当事人没有法律知识,没办法从容地用逻辑去反驳,律师必须善于发现这样的问题。

发现了非法取证的线索,不代表就一定存在非法证据,更不代表就一定能启动排非程序。律师发现非法取证线索后,还应当开展初步的调查核实工作。律师该如何进行调查核实呢?大致有以下 3 种途径。

(1) **申请调取讯问同步录音录像**。讯问同步录音录像是排非程序中的铁证,一旦从录像中发现暴力、威胁的内容,那么至少该份口供是可以排除的。很多法院不允许律师复制讯问同步录音录像,但允许律师阅看讯问同步录音录像。这时,律师就要认真地进行阅看,并做好详细笔记。我代理过的一起受贿案中,仅阅看录音录像就花费了大约两周之久,发现了包括威胁、引诱、欺骗在内的各类问题 60 多个。为了节省法庭时间,同时为了提高针对性,律师有必要详细注明哪一天哪一段录像存在问题,起止时间可以精确到几分几秒,然后据此申请当庭播放相应的片段。我在天津代理的一起案件,就是因为在阅看讯问同步录音录像时发现了暴力、威胁的情形,成功排除了当事人庭前的所有有罪供述。这些年代理涉黑涉恶案件,申请调取并阅看讯问同步录音录像已经成了工作的标配,并且经常能有意外收获。

(2) **申请调取入所体检记录或者其他体检材料**。嫌疑人首次进看守所一般都要进行体检,如果身体存在外伤有可能会被记录。身体有伤当然不代表一定是刑讯逼供导致的,但是侦查人员有义务对伤情的形成原因进行解释。如果侦查人员拒绝解释或者无法作出合理解释,那么入所体检材料就应当是律师非常重要的证据。律师阅看体检材料,除了要关注有无外伤,还要关注心电图、体重、高血压等症状。对于被留置调查人员,如果反映存在用药记录的,律师应当及时申请予以调取。我代理过的一起受贿案中,当事人反映他在调查期间被要求进行坐姿训练,臀部存在皮肤溃烂并且有过用药记录。我知道这个情况后,第一时间申请调取当事人留置期间的用药记录。

(3)**向当事人、证人及有关人员制作调查笔录**。证人如果被诱供骗供,律师当然可以去调查取证。在高度依赖口供的案件中,对证人进行调查取证几乎是必须的辩护手段。我在代理一起外资银行行长非国家工作人员受贿案时,当事人提到侦查人员不停地给他暗示证人证言的内容。我对该名证人进行调查取证时,该证人提到侦查人员也多次暗示当事人的口供内容。很显然,这其中可能存在串供指供。有的证人是非法取证的目击者或知情人,对他们进行调查取证也非常关键。千万要记住,律师收到非法取证线索后,一定要及时行动,不要消极等待开庭。能自行调查的,尽快去自行调查;不能自行调查的,尽快提出书面申请。侦查机关不回应,向检察机关申请;检察机关不回应,继续向法院申请;法院庭前不回应,开庭的时候继续当庭申请。哪怕所有的办案机关都不回应,这些书面申请连同快递单据都要保存好,留待下一个阶段、下一个程序继续使用。

## (二)排非申请的提出

基础的准备工作做完以后,律师就可以着手提出排非申请。关于排非申请的提出可能又有一些误区,部分律师认为排非申请应当要等到开庭时再提出,侦察阶段和审查起诉阶段最好先不要提。理由之一是,这两个阶段提了没有效果,反而提示侦查人员提前采取补漏措施。我不认可这样的观点或做法。

(1)**排非申请一定要第一时间提出**。当事人自己往往并不清楚什么是非法取证什么是非法证据,因此当事人极少会自己提出排非申请。专业律师介入后,通过讲解法律规定和初步的调查核实,如果发现存在非法取证情形的,一定要及时提出排非申请。案件在侦查阶段就向侦查机关提,案件在审查起诉阶段就向检察机关提,案件在审理阶段就向审判机关提。能今天提,绝不拖到明天提;能此刻提,绝不拖到下一秒。理由很简单:诉讼程序都是一步一步往前推进的,进展越深排非难度越大,对案件的影响也就越大。如果在侦查和审查起诉两个阶段都不提,甚至在法院开庭前也不提,突然在法庭上提出排非申请,效果往往很不好,因为法官会本能地怀疑。此外,有些非法取证的证据线索时间越长越难收集,第一时间提出有利于保全、固定相关证据。

**(2)由当事人在笔录中自行提出申请。**对于非法取证,我第一次会见时都会告诉当事人:自此以后的每一次审讯,都要讲述自己被非法取证的详细经过,并且要记入笔录。确保此后的每一份笔录,都要反映非法取证的人员、时间、地点、手段和结果等,都要反映此前的不实供述是如何形成的,都要反映自己申请排非的坚定意志。只有自己顽强不屈地抗争和争取,非法证据才可能会被最终排除。类似内容,可以成为刑辩律师第一次会见时的标准化、格式化、模块化内容。

**(3)由当事人自行提交自书申请。**除了要在笔录中反映情况和提出申请,在无人审讯时,当事人还可以拿出纸和笔,自己撰写情况反映。我代理过的一起受贿案中,当事人撰写了数十页的自书材料,不断地向检察机关、监察机关和他原来的单位领导处寄送。他还充分利用驻所检察官接见的机会,递交书面反映材料。审讯操之在人,撰写自书材料完全操之在我。有时候,这样的自书材料比笔录更有效。因为笔录篇幅有限,不可能记录十几页、几十页,但是自书材料完全没有篇幅和内容限制。当事人撰写自书材料往往有太多的情绪宣泄,律师可以指导当事人有条理、有细节地陈述事实。只要做到实事求是,哪怕暂时提供不了证据,也没什么可担心的。

**(4)由律师提交书面的排非申请。**律师和当事人,各自有各自的角色,不是相互替代的关系。当事人提交了申请,律师还可以继续提交。不要认为这是无意义的重复。如果当事人提供了非法取证的线索并且律师也进行了初步核实,那么律师有责任、有义务提交正式的排非申请。律师的申请可以跟当事人的申请有所区别,律师的申请可以附上必要的证据材料,可以写明申请排除的非法证据的内容、范围和理由以及如果把证据排掉,案件后续该怎么处理等相关内容。如果律师无法自行收集证据,还可以附上调取证据申请书等。律师掌握的材料应当大大方方地拿出来,不要藏着、掖着、捂着,不要到法庭上才突然拿出来。律师的申请除了要向办案单位提出,还可以向监督机关或上级机关抄送。

(5)申请就排非问题召开庭前会议。律师如果有排非申请,一定要在法院正式开庭之前申请召开庭前会议,充分利用庭前会议对非法取证进行调查。根据最高人民法院的庭前会议规程和排非规程,如果不在庭前会议上提出排非申请,正式庭审时再提排非申请,法官会让律师说明理由。庭前会议的形式比较自由,而且不对外公开,控辩双方可以充分发表意见。在这个场合,法官一般不会轻易打断当事人和律师的发言。控辩双方可以交换证据,可以阅看同步录音录像,甚至可以进行控辩协商。我至少有两个案件,都是在庭前会议阶段把排非的问题直接解决掉,检方直接同意撤回相关证据,不将其作为指控的根据。如果正式开庭时突然提出排非申请,庭审几乎肯定要被迫庭中断,需要休庭和重新开庭。这样浪费司法资源,对任何一方都不是好事。

(6)当庭提出排非申请。有两种情形,律师需要当庭提出排非申请:一是庭前申请未获回应,法院也没有召开庭前会议,导致律师的排非申请在庭前没有得到任何答复或处理;二是虽然召开了庭前会议,也进行了调查,但法庭在庭前会议报告中直接驳回了律师的申请。律师不服法院的驳回决定,因此当庭再度就证据的合法性问题提出质证和辩护意见。这时,律师的排非申请就应当贯穿案件辩护的全过程。法庭发问阶段,要围绕取证的合法性进行发问。举证质证阶段,要围绕证据的合法性进行质证。法庭辩论阶段,要围绕证据是否具有证据资格发表辩论意见。

最后有个小提示:根据最高人民法院的解释,在法院作出是否排除非法证据的决定之前,相关证据不得出示、质证。这就要求,法院必须先作出是否排除相关证据的决定之后,控方才能当庭出示这些证据。法院作出不予排除的决定之后,检方出示相关证据时律师仍然可以就证据的合法性正常发表质证意见。律师在提出排非申请时,一定要进行充分说理,既要根据既有的证据材料或线索提出非法取证的可能性,又要结合全案证据特别是逻辑、经验法则等指出证据中的不同寻常、不合常规之处,从正、反两个方面影响法官的内心确信。

## 三、排非常见问题及其辩护应对

### （一）非法证据调查程序的启动方式

根据相关规定,我国公安机关、检察院、法院3个办案单位在各自的办案程序中都有调查和排除非法证据的程序。我们的课程仅讲解在法院审理环节如何启动非法证据调查程序。

**1. 依职权启动**。我国《刑事诉讼法》第58条第1款规定,法庭审理过程中,审判人员认为可能存在以非法方法收集证据情形的,应当对证据收集的合法性进行法庭调查。仔细研读这个条款,有以下3点内容需要把握。

（1）审判人员可以在没有人申请的情况下,直接依职权主动启动非法证据调查程序。

（2）审判人员启动非法证据调查程序的条件是,认为可能存在以非法方法收集证据的情形。注意：是"可能存在",而非"确定存在";是"审判人员认为",而非"在案证据证明"。

（3）符合前两款条件的,法院是"应当"启动调查,而非"可以"启动调查。

**2. 依申请启动**。我国《刑事诉讼法》第58条第2款规定,当事人及其辩护人、诉讼代理人有权申请人民法院对以非法方法收集的证据依法予以排除。申请排除以非法方法收集的证据的,应当提供相关线索或者材料。仔细研读这个条款,同样有以下4点内容需要把握。

（1）申请的主体包括当事人及其辩护人、诉讼代理人。这意味着检方不能申请,但是被告人、被害人及双方的代理律师都可以申请。

（2）申请的条件是提供相关线索或者材料。需要高度注意,法条并没有使用"证据",没有要求申请方提供证据。相较于证据,材料很显然是初步的。线索比材料更初步,材料尚且有载体要求,线索甚至不需要载体。

（3）《人民法院办理刑事案件排除非法证据规程（试行）》第5条规定，"线索"是指内容具体、指向明确的涉嫌非法取证的人员、时间、地点、方式等；"材料"是指能够反映非法取证的伤情照片、体检记录、医院病历、讯问笔录、讯问录音录像或者同监室人员的证言等。该条规定对线索和材料进行了列举，但并未给出定义。很显然，对材料的要求应当远低于证据。

（4）对线索或者材料的内容未作限定和要求。也即回避了证明标准问题。学术界存在提出责任和说服责任的区分，辩护方仅需要承担提出责任，引起法官的合理怀疑即可。控方需要承担说服责任，说服合议庭相信不存在非法取证的可能。

（5）没有讯问同步录音录像可以成为申请排除的理由。根据《公安机关讯问犯罪嫌疑人录音录像工作规定》第4条，对可能判处无期徒刑、死刑的案件，黑社会性质组织犯罪案件，严重毒品犯罪案件等5类重大犯罪案件，应当对讯问过程进行录音录像。根据该规定第6条，犯罪嫌疑人供述不稳定，犯罪嫌疑人做无罪辩解和辩护人可能做无罪辩护，犯罪嫌疑人、被害人、证人对案件事实、证据存在较大分歧的，社会影响重大、舆论关注度高等8类重大、疑难、复杂案件，也应当对讯问过程进行录音录像。同时结合《人民法院办理刑事案件排除非法证据规程（试行）》第26条的规定，应当对讯问过程录音录像的案件没有提供讯问录音录像，或者讯问录音录像存在选择性录制、剪接、删改等情形，现有证据不能排除以非法方法收集证据的，对有关证据应当予以排除。

## （二）非法证据调查程序的启动时间

案件进入法庭审理环节后，庭前会议、一审、二审甚至再审程序都能启动非法证据调查程序。

**1. 在庭前会议上启动**。根据"两高三部"2017年制定的《关于办理刑事案件严格排除非法证据若干问题的规定》，被告人及其辩护人在庭前申请排除非法证据并提交相关线索或者材料的，法院应当召开庭前会议并在庭前会议上对证据收集合法性进行调查核实。并且包含非法证据调查程序的庭前会议,必须通知当事人参加。这意味着,非法证据调查程序的主战场在庭前会议。在庭前会议中,检方可以撤回证据,辩方可以撤回申请。如果法院对证据收集合法性没有疑问,可以决定不再进行调查;如果法院对证据收集合法性仍有疑问,应当在法庭中进行调查。

**2. 在正式庭审中启动。** 这又包括两种情况:一是当事人及其辩护人在开庭审理前,未提出排非申请,正式开庭时才首次提出排非申请。如果当事人及其辩护人在正式开庭时,才知悉或掌握非法取证的线索或材料,那么在正式庭审时提出是合法合理的。二是庭前会议已经启动了调查,但是检方的举证和说明未能打消法院的顾虑,法院仍然对证据的合法性有疑问。

**3. 在二审程序中启动。** 这也包括两种情况:一是一审期间没有提出排非申请,二审期间才首次提出排非申请。法律规定,此种情况下应当向法院说明理由。如果二审更换了辩护人,那么理由就非常简单:一审不是我辩护的,责任不在我。二是一审期间提出了排非申请,但是控辩双方对法院排除或不予排除非法证据的决定不服,要求二审继续对证据的合法性进行调查。这两种情况下,法院应当启动非法证据调查程序。

从程序上讲,二审的排非程序跟一审是一样的。不同的地方在于,二审是最后的机会。有经验的律师在二审期间除了提交排非申请,还应当一并提交发回重审申请。法律依据是"两高三部"2017年《关于办理刑事案件严格排除非法证据若干问题的规定》第40条的规定,一审人民法院对被告人及其辩护人排除非法证据的申请未予审查,并以有关证据作为定案根据,可能影响公正审判的,二审人民法院可以裁定撤销原判,发回原审人民法院重新审判。

此外,还可以将排非申请作为促使法院二审开庭审理的重要理由。众所周知,刑事案件二审大部分实行书面审理,根本不开庭。但如果辩护律师提出了排非申请且提交了线索或者材料,那么不开庭将很难对证据收集的合法性开展有效调查。

4. **再审程序中启动**。非法证据未排除是申请再审的重要理由。很多人在申请再审时,可能没有考虑非法证据这一块。排非是决定再审申请的重要"抓手",应当把排非作为再审程序的重中之重。申请再审一般应当提供新的证据,如此才能提高申诉的成功率。代理律师完全可以围绕取证合法性问题,进行调查取证。

## (三)非法证据的证明标准及举证责任

关于非法证据的排除标准,我国《刑事诉讼法》的规定非常简单也非常明确:对于经过法庭审理,确认或者不能排除以非法方法收集证据情形的,对有关证据应当予以排除。刑事案件实行无罪推定和彻底的控方举证。从逻辑上讲,控方举证必然要求其自行证明提交给法庭的证据都是合法取得的。凡是控方不能举证证明证据合法,相关证据就不应被采信。《刑事诉讼法》第60条的规定如果能够贯彻落实到位,那么排非理论上就不应该是"老大难"问题。

问题在于,《刑事诉讼法》第60条的规定未能很好地落地生根。我国司法实践中存在一个众所周知的潜规则:直接推定公安机关或检察机关提交的证据是合法的。除非辩护方能提交证据证明一份证据是非法取得的或者能提出强有力的理由让法官、检察官对证据取得的合法性产生怀疑,否则控方证据就自动合法、确定合法。因此,当辩护方申请排非时必然要承担一定程度的举证责任。那么司法实践中,辩方举证的责任边界究竟在哪里?换言之,排非的实际标准是什么?当满足什么样的证据条件时,法院才有可能将相关证据作为非法证据予以排除?我总结了以下3种不同的标准。

1. **正向确认**。无论是公安机关、检察院还是法院,只要能够确认存在非法取证情形的,每个环节都应当按照规定主动排除相关的证据。比如要确认刑讯逼供,至少需确认以下事实:刑讯逼供的人员、时间、地点、手段、刑讯逼供的对象和结果等。举证证明这五大要素事实,坦率说并不容易。除非刑讯逼供被监控拍下来,或者留下了明显的身体外伤,否则很难拿出直接的证据。是故,正向确认的方法最简单也最困难。司法实践中,大部分司法机关采用的是正向确认的排除标准。这导致了非法证据排除在司法实践中困难重重、步履维艰。

**2. 反向排除**。反向排除就是只要不能排除存在非法取证情形的,相关证据就应当作为非法证据予以排除。这是我国《刑事诉讼法》的规定,也是很多国家的通常规定。但在落实过程中,很多地方都打了折扣。比如被告人当庭提出自己被刑讯逼供,并且讲述了刑讯逼供的人员、时间、地点和方法,除此以外没有提供任何证据。法院启动了非法证据调查程序,检方申请侦查人员出庭说明情况,侦查人员当庭否认了被告人的指控,坚称自己的审讯一切合法合规。这时候,被告人的庭前供述排还是不排?根据《刑事诉讼法》的规定,很显然应当排。因为检方除了申请侦查人员出庭,没有任何其他方法证明被告人未曾遭遇刑讯逼供。而侦查人员虽然否认,但在侦查人员和被告人说法相互矛盾的情况下,并不能推定侦查人员的说法一定是真实的。但是在司法实践中,这种情况下被告人的庭前供述一般都不会被排除。

**3. 优势证据**。优势证据是民事诉讼中的证明标准,把优势证据的证明标准引入非法证据排除程序,目前并不是法律规定而是学术界、理论界的主张。我在做检察官时,曾经撰写过数篇论文,同样主张采用优势证据原则作为排非的标准。当有没有非法取证成为一个解不开的谜团,当涉事双方各执一词且又没有其他证据,既没办法证明又没办法证伪时,如果非法取证存在的可能性大于不存在的可能性,就应当将相关证据作为非法证据予以排除。我为什么要在《刑事诉讼法》的立场上后退,转而寻求一个看起来对辩护方更为不利的方案呢?因为这个方案更具有现实可操作性,实际操作结果可能比完全理想化的规定更好。

除了证明标准,举证责任分配问题也很关键。法律规定很简单,检方完全举证。但实际情况是,不少地方异化为辩方完全举证。如果当事人只是提供一些线索但没有提供实际证据,法院基本上会以缺乏证据证明为由直接驳回。理想一点的地方实行控辩交叉举证。辩方先举证,检方负责反驳。如果辩方未能完成最低限度的举证,法院直接驳回。如果辩方履行了一定程度的举证义务,法院会要求检方进行举证证明或反驳。检方的举证方式大多是让侦查机关出具一份书面的情况说明或者出示一段没有非法取证的讯问录音录像。其实,这样的控方举证根本达不到法律规定的要求,但往往能满足现实的审理要求。

## (四)庭审常见问题及其应对

**1. 如何应对法官对辩方提出的举证要求。** 遇到合议庭要求辩方举证,我通常会按照以下顺序应对。

(1)告知法官:侦查具有封闭性,存在客观的举证困难。被告人、犯罪嫌疑人被侦查审讯时,处于明显的弱势地位且人身自由被限制,客观上没有收集、固定证据的条件。除了用眼睛看、用耳朵听、用头脑记,没有别的可行的办法。法律不能强人所难。

(2)告知法官:线索或材料不等于证据。辩方不需要提交证据,更不需要举证证明非法取证确实存在,只需提供具体的线索引起初步的合理怀疑即可。如果法官仍然坚持要求举证,我会反问法官为什么没有产生必要的怀疑?为什么直接推定检方的证据是合法的?《刑事诉讼法》的措辞使用线索和材料而不使用证据,绝对是大有深意。

(3)告知法官:当事人的当庭供述本身就是极为关键的证据。刑事案件中,被告人在侦查阶段的供述和辩解是非常重要的证据。但是很多法官、检察官忽略了,被告人当庭的供述和辩解同样是证据的一种。被告人在法庭上称自己被刑讯逼供、骗供诱供,这本身就是在向法庭提供证据。当然也有困境,除了当事人的供述和辩解,可能再也找不到其他证据。这时,专业刑事律师的早期介入就显得很重要了。比如把我前面提到的方案落实好,在侦查笔录中体现非法取证的内容,在庭前撰写了自书材料,可以把这些材料一并提交给法庭。有,总比没有好;多,总比孤证好。除了当庭辩解,如果有庭前的反映材料,会有助于强化法官的内心确信。

（4）尽量利用好法庭发问的机会。如果庭前通过申请或者自行收集的方式，取得了一些材料，那么开庭前就应当向法庭提交。比如同案犯或者其他证人的证言、入所体检材料、讯问录音录像、提讯证明等。如果没有这些材料，那么就要充分利用法庭发问的机会，对同案犯和证人就取证过程进行详细发问。我曾经代理过一起聚众斗殴案，在发问环节，3名被告人都提到侦查人员有骗供诱供行为，承诺只要承认自己参与了斗殴就办理取保候审。我提醒法庭，虽然每名被告人的供述和辩解单独看都是孤证，但一个案件的3名被告人不约而同地都提到了骗供诱供的事实，那么这个事实存在的可能性是非常大的。因为3个人事先都是被隔离羁押的，事先不可能有任何沟通的机会。从概率论上讲，3个人同时诬陷同一名侦查人员的可能性非常低。

**2. 如何应对法官不启动排非调查程序。** 我的经历中从未遇到法官依职权启动非法证据调查程序的情况。如果辩方没有提出正式申请，或者虽然提出了申请但是没有提供线索或材料，法院往往不会启动专门的非法证据调查程序。如果辩方提出了申请也提交了线索或材料，法院还是不启动排非调查程序，律师该怎么办呢？我总结了以下8个应对方法。

（1）申请召开庭前会议。律师和当事人可以互相配合，分别撰写书面的申请，要求召开庭前会议对取证合法性进行调查。

（2）围绕取证方法，重点发问。不仅要问自己的当事人，还要问其他的同案犯和关键的证人。

（3）反对出示相关证据。根据《人民法院办理刑事案件排除非法证据规程（试行）》第18条的规定，在对证据收集合法性的法庭调查程序结束前，不得对有关证据宣读、质证。律师可以据此反对法庭在启动调查程序前进行证据质证。

（4）证据质证环节，合法性必提。证据质证本来就包括对合法性的质证，律师对可能非法收集的证据要重点发表与合法性有关的意见。

（5）申请侦查人员出庭作证。不仅可以在庭前书面申请，而且可以当庭再次申请。如果庭前的申请被驳回，那么当庭的申请可以变更理由。

(6)**法庭辩论,重点阐述证据合法性**。不仅要讲证据可能不合法的理由,而且要讲哪些证据应当予以排除以及该部分证据被排除之后,案件应当怎么样处理。

(7)**申请法官回避**。如果法官明显违反法律程序,不认真履行审判职能或者持有明显的有罪立场,必要时可以果断申请法官回避并要求记入庭审笔录。

(8)**实名控告或举报**。如果非法取证的情况很严重,足以影响案件证据的真实性,不排除非法证据有可能造成冤假错案,当事人、律师和家属都可以考虑进行实名控告或举报。

**3. 如何应对法院仅排除部分重复自白**。律师申请排除非法证据,有些法院、检察院会给出一定的回应,比如 10 份口供直接排除其中的 5 份甚至更多。排除了没有?排除了。影响定罪量刑吗?不影响。这样选择性排除部分口供,对于案件实体处理意义并不大,也达不到律师申请排非的目的。关于重复自白的排除范围,2017 年"两高三部"的《关于办理刑事案件严格排除非法证据若干问题的规定》才首次作出相对明确、清晰的规定。最高人民法院《关于适用〈中华人民共和国刑事诉讼法〉的解释》第 124 条及最高人民检察院《人民检察院刑事诉讼规则》第 68 条对于重复自白的排除范围,基本沿用了《关于办理刑事案件严格排除非法证据若干问题的规定》的内容。大体内容是:

对采用刑讯逼供方法使犯罪嫌疑人作出供述,之后犯罪嫌疑人受该刑讯逼供行为影响而作出的与该供述相同的重复性供述,应当一并排除,但下列情形除外:

(1)侦查期间,根据控告、举报或者自己发现等,公安机关确认或者不能排除以非法方法收集证据而更换侦查人员,其他侦查人员再次讯问时告知诉讼权利和认罪认罚的法律规定,犯罪嫌疑人自愿供述的;

(2)审查逮捕、审查起诉期间,检察人员讯问时告知诉讼权利和认罪认罚的法律规定,犯罪嫌疑人自愿供述的。

这意味着,如果法院、检察院仅排除部分口供,那么辩护律师应当重点审查留下的那部分口供,是否更换了侦查人员以及是否进行了权利义务告知。这里的权利义务告知,既包括笔录中的口头告知又包括书面的《权利义务告知书》。有些地方的驻所检察官会对侦查或调查过程中的取证合法性进行核查。即便不予核查,审查起诉环节往往也会有两次审讯,有经验的刑事律师都会充分提醒自己的当事人,这几份笔录的极端重要性;有经验的刑事律师,都会充分提醒自己的当事人,如果曾经遭受过非法取证一定要在检察院的笔录中体现出来。

总之,申请排除非法证据是法治发达国家刑事辩护的重要内容。这一制度契合保障人权、以审判为中心的司法改革取向。我国已经初步建立起了排除非法证据的制度框架。同时应当看到侦查中心主义的局面并没有改变,通过排非程序对侦查权进行监督制约的设想仍面临重重挑战。在证明标准、举证责任、排除范围、责任追究等问题上仍存在立法空白,同时讯问犯罪嫌疑人律师在场制度、犯罪嫌疑人沉默权制度等仍处于学术探讨阶段。

在司法实践层面,要么分配给被告人及辩护人不合理的举证责任,要么对检方出示的情况说明或讯问录音录像片段直接予以认可。这都导致排非困难重重。在排非问题上,辩护律师不仅需要勇气,更需要技巧和经验。非法证据排除不只是律师提交一份申请那么简单,它需要律师从介入案件的那一刻起就开始有勇有谋、持之不懈地准备、努力和争取。

## 第十二堂

# 如何做好沟通工作

律师最重要的两大核心技能:第一个是法律功底,第二个是沟通能力。这两者都是不可或缺的,只掌握其中的一项技能,对律师执业是不够的。

做刑事案件,法律功底主要体现在4个方面:第一个是发现或挖掘辩点。法律功底好的人能够快速、准确地发现辩点,法律功底差的人找不到或者找不准辩点。第二个是制定最优辩护策略。律师辩护并不是说找到一个辩点,然后就紧紧抓住不放。律师要追求的是好的辩护效果和好的案件结果,所以辩点要服务于辩护策略,而辩护策略讲究的是有勇有谋、有舍有得。第三个是庭审应变。通过高质量的庭审技巧,充分利用庭审的机会,为当事人争取到最佳利益。庭审当然要以法律积累为基础,同时还考验一个人的反应速度和语言表达。第四个是法律文书写作。好的庭审表现是基础,好的法律文书是关键。有时候,好的文书比好的庭审更能影响案件结果。

刑事律师,沟通能力主要体现在两个方面:第一个是能跟司法办案人员进行良好沟通。律师工作说到底就是一项不断说服的工作,我们核心的目标是说服司法人员,让其采纳我们的辩护观点。由于司法人员不同的个性,加上每个案件特殊的案情,律师跟司法人员的沟通,因人而异、因案而异,是一件非常有技巧的事情。第二个是能让当事人和家属感到满意。对律师工作的评价有客观评价和主观评价两个方面。客观评价就是拿案件结果说话,主观评价就是当事人和家属的主观感受。有一些案件虽然律师尽了全力,但结果却并不一定令人满意,这时如果律师服务的过程让当事人和家属满意,那么辩护工作仍然是合格的。所以律师除了要能跟司法人员进行良好沟通,非常重要的一点是还要能让当事人和家属感到满意。

## 一、律师沟通的一般要求

在辩护工作中,律师的沟通对象是非常多元的。我列举了12类比较主要的沟通对象:第一类是当事人本人。第二类是当事人家属以及能够实质参与决策的同事、朋友。第三类是案件的其他当事人及其家属。第四类是办案警察、海关缉私局办案人员、监察委工作人员等。第五类是办案检察官。第六类是办案法官。第七类是行政执法人员。比如税务局稽查人员、烟草专卖局执法人员、市场监督管理局执法人员、中国证监会执法人员等。有的刑事案件以行政机关的行政调查为前置程序,大多由行政机关移送公安机关,所以行政执法人员也是律师的沟通对象。第八类是办案单位的领导或负责人。第九类是鉴定人员,包括审计机构的审计人员、评估机构的评估人员、检测机构的检测人员等。第十类是律师同行,既包括当事人委托的其他律师,也包括同案犯的辩护律师,还包括对方当事人的律师和被害人的代理律师。第十一类是证人,既包括当事人一方的证人,又包括对方当事人的证人。第十二类是对方当事人或被害人。

每个沟通对象因为身份不同,沟通策略和沟通方式可能会有所不同。但是律师在与人进行工作沟通时,仍然有一些共性的要求。我总结了以下5个方面的共性要求。

### (一)要体现专业性

律师作为法律专业人士,其沟通必须彰显专业性。如何体现律师的专业性?

**1.讲究证据**。律师在沟通中应避免提出缺乏证据支持的观点。这里的证据不是简单的任何材料都行,而是必须要符合最起码的证据形式。否则客户随便打印一份材料都能成为证据了。

2. 讲究法律。律师不能抛开法律去讨论是非,不能抛开法律去讲辩护策略。这并不意味着律师要变成书呆子,拘泥于法条的字面意思。其实,在高手眼里,法律都是活的。律师必须要考虑社会现实、道德约束等,但必须要以法律为基础和底座。

3. 讲究程序。诉讼离不开程序,程序没办法倒转,律师讲述的可能性都是程序之中的可能性,而不能是抛开程序不谈或置程序不顾的纯粹理论可能性。

## (二)要体现职业性

职业性是律师沟通的另一项要求。以下几点应予特别注意:

1. 为当事人保密。没有人愿意卷入诉讼纠纷,没有人愿意让无关的人知道自己被刑事指控,所以当事人的情况不要随意对外泄露。特别是在公开场合,比如酒宴场合、社交媒体场合、讲座论坛等,更要谨言慎行,避免谈论自己的案件当事人。如果实在要讲,也需要对当事人身份或特征进行虚化处理,让人无法分辨。

2. 为案情保密。案情有时候涉及国家秘密、商业秘密和个人隐私,如果对外泄露可能会涉嫌违法违规。即便不涉及前述3类情形,案情对于律师而言,也不是随意可以公开的事情。当然,如果案件经过了媒体的公开报道,或者经过了公开开庭审理,那么有些内容是可以讨论的,但仍然需要做必要的技术处理。为案情保密,需要律师养成良好的工作习惯。

(1) 不和无关人员谈论案情。除了自己的律师团队,一般不要和其他同行谈论案情。除了当事人本人或委托人,一般不和当事人其他的亲朋好友谈论案情。我在委托合同中会注明,委托人以外的人过问案情需要征得委托人的同意和明确告知。

(2) 妥善保管案件材料。律师复制的卷宗材料、撰写的法律意见等都涉及大量的案情。这些材料不加保管、随意给他人或者因保管不当而遗失，都会导致案情泄露，都会引发当事人的不良观感或感受。

(3) 社交媒体要隐去身份信息。很多律师办理案件过程中或办理完案件以后，喜欢在微信朋友圈、微博上谈论办案心得甚至晒出裁判文书。这时必须把当事人的姓名等身份信息隐去，甚至要把具体的办案单位、办案人员、文书编号等信息隐去。

3. 谨慎下结论。律师并非案件结果的决定者，影响案件结果的因素很多。在正式的法律文书出具之前，一切都有变数，存在不确定性。律师讲话多用"很可能""有可能""不排除可能性"等措辞，少用、慎用或者不用"肯定""一定""百分百""绝对"等措辞。特别是在尚未看到卷宗材料或者尚未会见当事人本人以前，不能把委托人的说法当成客观案情事实，发表意见应保持适度的谨慎。

4. 不夸海口，不拍胸脯。律师职业是严谨的，随便拍胸脯、胡乱夸海口并非职业律师的做派。口若悬河、唾沫横飞并非能力的象征，反而是不职业的证明。特别是刑事律师，绝不能胡乱保证案件结果，不要夸大炫耀自己的实力、能力。

5. 言谈举止不能过于随意。非正式的生活场景当然可以开玩笑，但在工作场合如果动辄开玩笑，会让律师失去稳重感。律师在与办案人员沟通时，着装应尽量正式，不宜穿短裤、拖鞋，不宜化浓妆或文身。在家属宴请吃饭时，尽量少喝酒，以防醉酒误事。避免与家属一同去 KTV 等娱乐场所。

## (三)要体现准确性

需要准确的时候一定要准确，需要保持弹性的时候一定要保持弹性。就准确性而言，我也总结了以下 4 个方面的注意事项。

1. 准确理解客户意图。律师沟通是一项工作，不是休闲聊天。因此一定要有目标导向，避免或者少讲跟工作无关的话题。沟通时要准确理解客户的意图和需求，突出重点、条理清晰，避免偏题，更不要把有效信息淹没在庞杂的无效信息之中。

2. 使用无歧义的语言。除非在特殊的场合或者客观上无法精确表达，否则律师最好避免使用模棱两可、模糊不清、容易引发歧义的语言。如果一句话会导致对方产生多种理解，那么这句话的表达就有问题。如果语言有歧义，很容易造成对方误解，可能会给律师工作带来不必要的麻烦。例如，有位律师同行给检察长写信，他的本意是请求检察院撤回起诉，因为他正在进行无罪辩护。但是在材料中，他的表述是希望检察院能够妥善处理，这种表述存在明显的歧义。为何不直接写明"希望检察院撤回起诉"呢？此外，通过微信等文字沟通容易产生歧义，必要时可以直接电话或语音沟通。

3. 法律规定不容出错。例如，若入罪门槛是 5000 元，律师若表述为 1 万元或者 1000 元，那就构成无法原谅的错误。把罪名、法定刑期、法律概念、法律规定或专业术语搞错，准确性就荡然无存了。

4. 不能出现重大遗漏。比如诉讼请求有 2 项，律师不能只讲 1 项；比如辩护观点有 3 点，律师不能只讲 2 点；比如银行流水有 2 笔，不能漏掉 1 笔。调查取证，不能手续不齐，更不能遗漏重要事实或重要情节。会见或开庭的时候更不能丢三落四。

## （四）要体现认受性

认受性是指要考虑什么样的沟通方式和表达方式能让对方更好地接受。我总结了以下 3 点内容。

（1）换位思考。世界上的误解都是因为站在自己的角度去看待问题。律师职业，不能总站在自己的立场和自己的角度去看待问题，要试着把自己替换成对方的角色，想想对方有哪些顾虑和困难。这一点在跟公检法沟通时至关重要。

（2）尊重人格。沟通的要诀是就事论事，对事不对人。缺乏对对方人格的尊重，只会激化双方之间的矛盾，很难让对方接纳自己的观点。法庭上的立场对立、利益对立和观点差异，都不应演化成人格攻击，更不应演化成法庭下的身份对立甚至个人矛盾。

(3)**注重措辞**。与公、检、法沟通应优先使用法言法语,引用法律规定、司法解释、生效判例和权威学者观点,尽量避免个人观点。与当事人沟通要应尽量使用通俗易懂的生活语言,尽量把专业的法律问题转化成当事人能够理解的生活道理。

### (五)要体现原则性

(1)**跟办案人员沟通要坚守原则**。不可否认,当下的司法环境存在一些不理想的情况。许多办案单位或个人对律师并非那么尊重,对律师工作并不是那么配合。但律师不能为了说服对方,而故意取悦对方。律师应站着沟通,态度可以谦卑诚恳,但是立场必须要坚定、鲜明。对于故意刁难律师,故意违法乱纪的行为,该投诉的要勇敢投诉,该斗争的要坚决斗争。

(2)**跟当事人沟通同样需要坚守原则**。有些当事人主见太强,常常指挥律师工作;有些当事人不尊重律师的执业规范,常常对律师提出违法违规要求;有些当事人奉行实用主义、功利主义,只看结果不看过程;有些当事人多疑猜忌,对法律和律师不信任。面对这样的当事人,律师一定要坚守自己的底线和原则,不能承接的案件坚决拒接,不能实施的行为坚决不做。

## 二、律师跟客户的沟通要诀

前面主要讲述的是律师沟通的一般原则。接下来,我会区分重点人群,分别谈谈该如何与他们沟通。律师沟通最多的就是自己的客户,我总结了律师跟客户沟通的六大要点。

### (一)积极主动

跟客户的沟通不应是一种被动沟通,而应是一种主动沟通;不应是一种消极沟通,而应是一种积极沟通。

(1) **定期跟进案件**。案件程序上的进展,司法机关一般不会主动通知律师。律师要根据《刑事诉讼法》的规定算好每个诉讼节点的大致日期,然后主动跟司法机关联系。比如只要确定刑拘的日期,就可以计算出大概何时会提请检察机关审查逮捕。只要确定了检察机关哪一天受理案件的,就可以计算出审查逮捕和审查起诉的办案期限。不要等到节点的最后一天才跟办案单位联系,那时候木已成舟,已经失去了沟通机会。要在受理案件之后办案期限届满之前的某个时间点,预估办案人员已经阅完相关材料后就开始沟通。跟办案机关定期跟进以后,除非存在特殊情况,否则都要把相关跟进情况及时反馈给家属。

(2) **主动开展工作**。几年前,我就制作了刑事辩护的服务标准,把律师应当从事的工作细化分解到每个诉讼阶段。这份服务标准不仅可以让客户明白消费,而且是团队内部的质量控制标准。每个诉讼阶段的工作,律师都要主动去做,不要等待当事人督促或催促。比如案件到了审查逮捕和审查起诉阶段,律师要主动跟检察官沟通,包括递交不予批捕、不予起诉法律意见书等文书。又如案件起诉到法院,要及时查询承办法官的姓名和电话,及时邮寄委托手续并不失时机地向法官表达自己的观点。律师该做的工作,一旦需要家属督促,那就说明主动性不够。

(3) **及时释疑解惑**。客户是非法律专业人士,大多是第一次经历刑事案件,因此肯定会有很多的问题。他们可能会问很多程序上的、实体上的甚至非法律层面的问题。这些问题可能很业余,可能经常存在重复,也可能只是一种情绪,根本没办法回答,但是律师必须要给予回应。我经常写法律时评,锻炼了我用通俗易懂的语言去解释法律的能力。这个能力在跟客户沟通时非常管用。我要求我的团队对客户提出的问题必须在半小时内给予答复,绝对不允许对客户的提问不理不顾。每天晚上十点半到次日清晨八点半是静默期,可以不用回答客户的问题,但是除此之外必须及时回应。我办理案件一般会安排两个助理协助,其中一个是回应第一责任人,另一个是回应第二责任人。第一责任人优先回应,遇到开庭会见等特殊情况的,由第二责任人负责查漏补缺。及时释疑解惑能极大地提升客户的满意度。

(4)适时进行心理安抚。医学界有句谚语:总是去安慰,常常去帮助,有时去治愈。这在律师界也是适用的。律师不是心理咨询师,但是在很多案件中必须要承担一定的心理安抚工作,为客户提供情绪价值。包括在看守所会见时、在家属焦虑无助时,律师都要适时给予开导、鼓励和信心。刑事律师不仅要陪伴当事人走完整个诉讼程序,而且有时候要陪伴当事人走完心理重建过程。心理安抚不是律师的专业工作,但却是律师的服务工作。律师作为法律服务工作者,不仅是法律工作者,还是服务工作者。

## (二)诚实靠谱

诚实靠谱不是一句大话、空话,而是要落实在工作、生活的种种细节中。我总结了7个方面的注意要点。

(1)履历不"注水"。律师肯定要向客户适当地展示自己的履历,但切忌随意夸大自己的能力或者给自己的履历"注水"。现在网络很发达,一旦被客户发现或戳穿,后果不堪设想。曾经有一名律师主要从事刑事辩护业务,遇到一起离婚案件咨询时,夸海口称自己有丰富的婚姻案件办理经验。后来因为离婚诉讼不顺利,客户就以律师虚构不实履历为由要求律师退费。

(2)能力不夸大。有的律师为了承接案件,喜欢夸大律师或者自己的能力,有意无意地给出各种暗示。有一名法学教授,接待客户的主要方式就是吹嘘自己有多少学生在司法机关工作,暗示自己在当地有人脉资源。这种做法实际上是严重违规的。我接案时,基本都会把中国当前的司法环境和律师能发挥多少作用如实告诉当事人。

(3)风险不隐瞒。律师不仅要告诉当事人最好的结果,还要告诉当事人最坏的结果。比如当事人二审找到我,我会告知其二审改判比率很低,而且很可能不会开庭。又如涉及受贿犯罪,我会直接告诉家属口供是证据之王,推翻口供会非常困难。我会如实告诉当事人,如果最终结果不好,律师费可能是一笔损失。我会提醒家属,要充分考虑家庭经济承受能力和风险承受能力。

(4)结果不保证。一个正规的律师和一个司法黄牛的区别就在于,正规律师是不承诺结果的。如果家属执意要求承诺结果或者执意要求案件收费跟结果挂钩,那么这样的案件还是要果断拒绝。

(5)报价不乱来。有些律师"看人下菜",遇到有钱的就想"宰他一刀",其实大家都不傻。律师的报价应当基于自己的时间成本和案件的难易程度,这样即便遭到客户拒绝也没什么遗憾。每个律师都可以计算出前一年平均每个案件的收费情况或标准,然后结合自己愿意花费的工作时间,给自己制定一个相对稳定的报价区间。律师报价要告别情绪化或随意化,形成自己的价格理性。

(6)过程不遮掩。律师工作有一定的保密要求,但在家属面前不要搞得神神秘秘。我遇到过有些案件,家属连案件到哪个阶段了都不知道。原因就是,律师丝毫不肯透露案情。其实,律师的每一步工作都是应当向家属通报的,都是要争取家属理解和支持的。因为成功的刑事辩护从来不是靠律师单独去实现的,而是靠包括家属在内的人,群策群力,一起争取的。

(7)表现不浮夸。浮夸是跟诚实靠谱不搭边的。浮夸的人随意夸大、随意承诺,但从不考虑实际情况、从不注重承诺兑现。浮夸的人举止轻浮,总是想表现自己,但却很难赢得别人信任。

## (三)集中统一沟通

当事人家属很可能不止一个,除了父母子女、丈夫妻子、兄弟姐妹,甚至七大姑八大姨也会参与其中。我刚入行时曾经代理过一起案件,几个家属之间互相不沟通,都是直接找律师沟通。凌晨五点我还在睡觉,突然电话响了,是当事人父母打电话过来询问。晚上十二点刚入睡没多久,突然电话又响了,是当事人姐姐打电话过来咨询。家属都是非专业人士,一个问题跟一个家属聊半小时,转过头还要跟另外一个家属聊一小时。同样的问题,不断地重复,非常浪费时间。我现在的做法是,把彼此信任的最亲密的家属纳入一个微信群,进行集中统一沟通。不涉密的信息直接在微信群里面发布,必要时在微信群进行多方语音通话,避免多头逐一重复沟通。

律师最重要的是对委托人负责,对于当事人的普通亲属要谨慎沟通。刑事案件是涉密的,不同人的立场和利益取向可能不同。不是什么人打电话过来,律师都要透露案情、分析案情或者介绍工作进展。办理案件的时候,经常会接到自称是当事人的叔叔、同学或朋友的电话,询问案情进展。这时要么先跟当事人家属核对,要么直接婉拒。因为电话那头的真实身份无法确认,同时对方的真实意图也无法确认,遇到这种情况我一般都以案情涉密为由直接婉拒。建立微信群统一沟通可以有效避免这个问题,因为委托人拉进群的家属都是其本人认可的。除此之外的亲属,律师都可以拒绝与其沟通。

### (四)不参与内讧

当家属内部出现意见分歧,甚至出现内部矛盾时,律师最好不站队、不表态、不参与,保持超然和中立。律师是做案件的,千万不要介入家庭纷争。一旦介入家庭纷争,势必会让其中的一方不满意。让家属中的任何一方不满意,后续辩护工作都很难继续开展。我曾经代理过一起影响力非常大的案件,双方父母在微信群里吵得不可开交,甚至公开谩骂的时候还要@律师,意思就是让律师出来表态站队、给他们评理。这个时候,律师只能泛泛地劝和,劝大家互相体谅、以大局为重,绝对不能直言谁是谁非。如果家属意见分歧太大,律师必须要确定以谁的意见为准。

当然,律师在制定辩护策略的时候必须要做一定程度的兼顾和权衡。如果家属内部意见不一致,律师要尽量照顾多数人的意见或者跟当事人关系更亲密的人的意见。一些关键的决策,比如要不要认罪认罚、要不要做无罪辩护等,律师可以把利弊得失分析清楚,把可能的风险提示到位,然后由家属自行形成最终决策。如果家属确实无法形成统一意见,律师必须确定最终的决策者并且独立自主地选择最有利于当事人的方案。

### （五）独立自主

根据法律规定，律师的辩护权是独立的。但这种独立性无论是从法理层面还是实务层面都是有限度的，受到法律规定、律师职业伦理和家属授权3个方面的约束。律师跟家属沟通一定要在站稳立场、独立自主的前提下，去争取家属的理解和支持。关于独立自主，我总结了4个要点。

（1）**不能无底线迎合不合理的诉求**。并不是每个当事人都很通情达理，都懂得尊重律师的劳动成果。有些人很势利、很固执，他们找律师并不是为了听取律师的专业意见，而是为了让律师证明自己的想法是对的。我曾经办理过一起红通案，是公安部发布红色通缉令将当事人从海外引渡回国的案件。代理过程中，家属经常在海外通过国际长途电话来遥控指挥律师工作。还有一些家属不尊重律师的时间成本，一个电话就能解决和确认的事情，非要律师千里迢迢到现场解决。还有一些家属热衷于一些小道消息，一定要律师进行查证核实。还有一些家属喜欢四处咨询，随便一个人士给出的个人意见，都要找律师咨询和确认。类似这些情况，律师从一开始就要讲明立场，一开始就不能去迁就或迎合。

（2）**坚决不做违法违规的事情**。几乎每个刑事律师在刑事辩护过程中，客户都会提出一些违法违规的要求。比如要求教当事人怎么做笔录，教当事人怎么翻供，教证人怎么翻证。又如要求律师帮助制造伪证或销毁、隐匿证据，要求律师帮助传递检举揭发线索等。有同案犯的时候，家属还会让律师在当事人之间互相串供等。类似这些违法违规的要求，律师必须坚决地予以拒绝。

（3）**保持律师的人格尊严**。不管当事人有多特殊，也不管当事人有多强势，律师都要时刻保持自己的职业尊严和人格尊严，这是律师赖以生存的根本。我曾经代理过许多级别很高的政府官员和非常优秀的民营企业家的案件，他们因为日常的特殊身份地位，即便进入了看守所有时候也会有高傲心态。这时候律师一定不要曲意逢迎，当然也不要借机奚落。正确的做法是以平常心对待，用专业赢得对方的尊重,用职业赢得对方的信任。

### (六)做好风控

跟客户沟通,风控是永远的主旋律。有些客户喜欢对律师录音,这就要求律师在跟客户沟通时必须设想成对方在录音。律师在为别人辩护的同时,也要时刻控制好自己的风险。

(1)**制作委托笔录**。当事人签署委托合同之后,我一般还会制作1~2页纸的委托笔录。委托笔录的核心是让当事人确认委托合同的主要条款,包括价格条款、不承诺结果条款、不退费条款等,确保当事人已经明白并理解。此外,还可以让委托人简要陈述案情并载明希望律师做无罪辩护还是罪轻辩护。

(2)**制作会见笔录**。律师会见当事人,包括取保候审的当事人,一定要制作会见笔录。关于会见笔录的制作技巧,我在"第八堂 如何进行调查取证"中已有专门讲解,此处不再赘述。

(3)**制作证据交接清单**。当事人向律师提交证据,律师一定要制作清单。列明证据名称、证据来源,注明是原件还是复印件。律师最好只接收复印件,原件由当事人自行保管。因为原件一旦毁损或灭失,律师会很麻烦。此外,需要当事人承诺证据的合法性和真实性。

(4)**沟通过程全程留痕**。律师应当优先选择通过微信、短信或邮件等可以留痕的方式进行沟通。我不主张对通话或谈话进行偷录,因为一旦发现存在偷录,就把彼此之间的信任给破坏了。信任一旦破坏,后续沟通就很困难了。大家有信任在,沟通成本就很低,不用去猜心思、绕东绕西、刻意防备。但是在某些特别情况下,比如当事人的要求涉嫌违纪违法违规、当事人要求解除合同或退费,律师可以为了自证清白而进行录音固证。

(5)**工作付出有据可查**。律师做了哪些工作,要让客户看到,而且要让客户有据可查。律师写了多少辩护意见、法律文书,都可以拿出来给客户看。律师的会见,有会见笔录可以证明;调查取证,有收集到的证据可以证明。但是日常的各种沟通,有时候并没有明确的证据可以证明。这时候,就需要律师及时进行记录。我的团队会制作一个 Excel 表格,每个案件所做的工作都会及时填入表格之中,并且定期向客户反馈。

(6)重要场合拍照留存。有图有真相,照片会给客户留下感性认识。比如有一次开庭开到深夜十一点半,结束时拍一张照片,明显可以看到脸上的倦容。前几年很多看守所会见都需要排队,尤其夏天烈日当空,律师冒着酷暑排队会见的情形也可以拍照保存。还有一些调查取证或者其他重要的场合,拍照留存也很必要。家属看到以后,就知道律师的付出和辛苦。除了给家属看,记录自己的职业生涯也很重要。我刚入行不久的时候,前往北京代理"雷洋案",很多调查取证和很多关键场合都没有拍照,留下了永久的遗憾。

(7)正面评价保存固证。律师工作有时候会得到当事人、律师同行或者司法机关的表扬。遇到这些情况,可以截图保存下来。不要谦虚,这些表扬是认可律师工作的有效证明。如果案件结果不理想,当事人要求退费或者投诉律师工作不敬业,这些都是有力的反驳证据。

## 三、家属要求承诺结果,律师如何应对

### (一)律师为何不能承诺结果

律师为什么不能承诺结果?因为结果不是由律师决定的,而是由公检法司法人员决定的。如果律师能决定结果,律师是花钱聘请的,那么岂不是谁有钱谁有理?那还要法官干什么?律师的作用不在于说了算,而在于说得对。

有人说了,既然法官自己懂法,且最终是由法官决定结果,那么还需要律师做什么?其实,律师的作用是多方面的,也是不可替代的。比如刑事案件中,跟家属沟通、看守所会见、收集对当事人有利的证据、从证据材料中发现对当事人有利的辩点、对当事人进行笔录辅导和庭审辅导等工作,只能由律师做而不能由

法官做。更重要的是，基于立场、惯性、认知等原因，公检法工作人员往往习惯于有罪推定，同样的证据可能更倾向不利于当事人的结论，这就需要律师站在不一样的视角提出不一样的观点。此外，公检法办案往往流水线操作，加之案多人少，法官能够花在一个案件上的时间和精力是有限的，很多问题未必能够发现。这就要求律师必须吃透案件，发现有价值的问题并提交给法官。

又有人说，律师不是懂法吗？官司能否打赢难道还看不出来？还是水平不够、没有信心吧？其实，律师就像医生，有各自的执业领域，水平高低相差悬殊。但再好的律师也不能承诺结果，就像再好的医生也不能包治百病。法律是社会科学，不是一加一等于二那么简单。同样的案情，不同的律师、不同的法官可能看法都不一样。诉讼过程非常复杂，影响最终结果的不确定因素很多。证据、法律、办案人员的理解认知、法外因素都会起作用，只要正式法律文书没有出来，最后结果都可能会有变数。

我曾代理过一起案件，当事人家属找了很多律师咨询，甚至还委托过一名大学教授。所有人给出的分析都是罪名确定，会判处 3~10 年的有期徒刑。当事人家属万念俱灰，抱着试试看的心态找到我。我告诉她，案件值得深入研究，或许有无罪辩护的空间。家属半信半疑，决定委托我搏一把。一审庭审，我从证据、事实和法律层面，做了全面的无罪辩护。庭后拖了很久，突然有一天家属兴奋地打来电话，说得到法院会判决无罪的消息。意外的是，1 周后当事人被法院判处 5 年有期徒刑。

事后家属跟我说，案件向中级人民法院请示后，情况发生了变化。当事人选择了不服上诉，不过二审更换了别的律师。直到 1 年后的圣诞节晚上，家属又兴奋地打来电话。说这个案子二审改判了无罪，并且判决无罪的理由跟我一审的辩护观点基本一致！只是二审的辩护律师已经不再是我。本来一审要判决无罪，请示中级人民法院后改判 5 年。不服上诉到中级人民法院后，经过约 1 年的审理，竟然又改判无罪。这样的变化和结果，你让律师怎么提前承诺？

又有人抱怨了：你不能承诺结果，我找你干什么？如果花了律师费，结果还是不好,岂不是花了冤枉钱?这句话看似精明,实则糊涂。好的结果是靠努力争取的,没有过程哪有结果?就好比只有努力准备,才可能考取名校,而不是先承诺能考取名校再去努力。难道子女上高中之前,先让父母承诺一定能考取名校才肯努力学习?最后没有考取名校,之前的努力准备都变得毫无意义?

诉讼本来就是一场博弈,争取的是一种概率和可能性。律师费就如同杠杆,当事人可以做理性的投资决策分析。在确定的诉讼费、律师费投资和不确定的预期收益之间,当事人可根据自己的实际情况和风险偏好做权衡。很多中国人奉行现实主义和结果导向,但这种思维有它的局限性。把这种思维极端化、普适化,其实是一件很悲哀的事,有时候损害的其实是自己的利益。

我办案子从来不承诺结果,相反,我会如实分析、告知家属可能会有的最坏结果。跟承诺结果相比,我更在乎做好过程,更在乎在约束条件下和变动博弈中实现可能的最好结果。确实有不少律师,为了承揽案件去主动迎合当事人希望确定性的心理,喜欢拍胸脯给承诺。但这些都是空头支票,不能信的。

当事人希望有好结果乃是人之常情,但以承诺结果作为委托律师的前提则是误入歧途。这样的当事人肯定找不到好律师。然而恰恰是这样的当事人,喜欢迁怒于整个律师群体。如果案件结果不好,动辄扬言律师没有一个可信的。殊不知,是他们首先自己欺骗了自己,聘请了善忽悠、捣糨糊的律师。

常言道:医生有六不治,律师有六不接。强行要求律师承诺结果的当事人根本不是优质客户,真正优秀的律师不必在这种人身上浪费时间。我自己是从来不会接受这样的客户的委托的,不论他愿意出多高的费用。

### (二)有策略地应对家属对结果的要求

当然,律师不能承诺结果这个观点可以采取非常多样的形式去表达,不一定要那么简单粗暴或者冷漠生硬。对于比较理智的客户,不妨直接告知。但对于比较感性或者心理比较脆弱的客户,可以说得更加柔和、更加婉转。比如,最终结果,现在还不太好准确预测。法官最终会怎么判决,还有很多的不确定性。这个案件最好的情况可能是……最坏的情况可能是……我们要尽最大努力争取最好的结果,避免最坏的结果。现在最重要的是努力去影响或改变可能的结果,而不是空洞地去设想一个尚未到来的结果。如此说法,意思同样表达到位了,客户可能更加容易接受。

道理讲了这么多,如果家属还是要求结果,律师应该怎么解释、怎么沟通呢?毕竟,总不能因为家属希望有个结果,律师就一律拒之门外吧。我总结了8条可以直接拿出来跟家属讲的理由。

(1)法律明文禁止律师承诺案件结果。这是最硬气的,律师为什么不承诺?因为法律不允许律师承诺,如果承诺就违法。

(2)案件最终决定权不在律师手中,律师不能代替司法机关作出结果承诺。律师只能和法官沟通,只能去努力争取,律师承诺结果没有用。

(3)结果尚未发生,律师无法现在就未来发生的事情进行承诺。结果是未来的,未来有不确定性,现在不能承诺未来的事实。

(4)没有阅卷,没有看到证据,谁都无法给出定论。

(5)不承诺不代表不可以对案件走向进行分析和研判。律师不承诺结果不是代表对这个案件就一筹莫展,什么意见都没有,律师仍然可以进行法律分析和预测。

(6)律师当然知道拍胸脯承诺会更受欢迎,但是我们更在意承诺的兑现,"尽最大努力,争取最好结果"是我们坚定的承诺。

(7)张口就来的"承诺"注定只能在空中飘荡,一旦结果无法实现,耽误的是案情,贻害的是自己。

(8)不承诺结果是因为有底线、有坚守,对自己的专业和能力有信心。这样的律师才值得信赖。

如果律师讲完这些,家属还是坚持要给结果,那这类客户就不是律师的客户,他们只能是"司法黄牛"的客户,很可能成为诈骗犯的被害人,这没什么可惜的。律师的职业特点决定了律师的客户,必须是真正的客户。不相信律师,只相信"司法黄牛",把这种人强行扭成客户,后续也很难维系,后面被投诉的风险很大。

## (三)和客户一起应对不确定性

因为律师不能承诺结果,所以在漫长的诉讼程序中,客户很容易出现以下6类问题。

(1)对法律和律师的作用产生怀疑和动摇,开始想要走非正常途径。

(2)抱怨案件进度过于缓慢,诉讼过程过于冗长。

(3)因为始终得不到律师对案件结果的明确性答复,开始感到焦虑和恐慌。

(4)因前期对律师依赖过深、期望过高,从而产生失落和不满。

(5)对律师意见时而听从,时而不听,导致诉讼策略紊乱,不能保持策略的一致性。

(6)因对案件结果不满意,从而全盘否定律师工作。

遇到这些问题,律师该怎么办?既然不承诺结果,那么就必须做好过程,让客户看到律师的努力和付出。我总结了3个应对之道:

(1)坚持原则、提前告知、善于倾听、耐心解释。这些方法可能大家都知道,但是要有耐心、一以贯之地落实和坚持却不那么容易。

(2)定期约客户面谈,听取客户意见,争取客户理解。不能把客户晾在那里,长时间不予理会。该安慰的时候一定要安慰,该鼓劲的时候一定要鼓劲。过程做好了,哪怕结果不是那么好,很多当事人和家属仍然会理解,至少不会过分责难律师。

(3)建立律师工作档案,让客户明了律师的工作和付出。如前文所述,律师自己建立工作档案,以 Excel 表格的形式呈现律师为案件做了哪些工作、付出了多少时间,让客户增强对律师的信心。

# 四、律师跟公安机关的沟通要诀

由于侦查保密和公安机关的特殊性，律师在侦查阶段跟公安机关的沟通往往非常有限。但这并不代表律师在侦查阶段不需要跟公安机关沟通。相反，按照《刑事诉讼法》的规定，律师跟公安机关的沟通是受到法律保护的，也是代理案件所必需的。

## （一）律师跟公安机关的沟通存在5个特点和要点

1. 沟通渠道不够畅通。有些侦查人员不太喜欢跟律师沟通，或者不知道该怎么跟律师沟通。侦查人员的电话经常很难打通，好不容易打通了也往往很难进行充分沟通。有时候，律师还没讲几句话，电话就会被挂掉。尽管如此，我主张律师在侦查阶段仍然要穷尽努力跟侦查人员取得沟通机会。

2. 以书面沟通为主。律师跟公安机关的沟通应当以书面为主、口头为辅。有一个原因就是一线侦查人员的法律素养跟检察官、法官存在一定差距。因此跟办案民警当面讨论犯罪构成或者法律适用，基本上不会有太好的效果。这种情况下，律师最好把自己的辩护意见形成书面文字，附上必要的法律依据。不仅要寄给承办民警，而且必要时还要抄送给法制部门等相关负责人。

3. 以程序沟通为主。虽然《刑事诉讼法》规定，律师有权向公安机关了解案情，但现实中几乎没有公安办案人员会跟律师透露具体案情。这在某种程度上是由侦查保密要求决定的，但也跟律师的知情权缺乏必要的救济渠道有关。在不了解详细案情的情况下，律师跟公安机关的沟通主要是程序方面的。

4. 保持冷静理性。青年律师刚执业做刑案，缺乏跟公安民警的沟通经验，很容易被利用、被当作辅助侦查的手段。我举一个真实的例子。我几年前办理过一起逃避商检案，因为有很多同案犯的缘故，家属聘请我们律所组建了一个律师团。跟侦查人员电话沟通的时候,承办警官非常客气,甚至非常爽快地答应跟律师见面沟通。见面时这位承办警官告诉我们这个案件证据确凿、铁板钉钉,根本没有辩护空间。这位警官甚至告诉我们,虽然当事人现在都是零口供,但微信聊天记录、书证都足以证明案件事实。如果律师能够阅卷,可能都不会介入这个案件的辩护,更别提什么申请取保候审了。这些内容讲完了以后,话锋一转,要求律师还是劝当事人早点认罪,也许最后刑期还能短一点。

没有经验的律师,可能会兴高采烈地告诉当事人或家属,他已经从承办民警处了解到案件的证据情况,然后就开始真诚地劝当事人早点认罪。当时沟通完毕后,我立即提醒律师团,目前还没有阅卷,案件是否已经证据确凿还不能确定。当事人是否认罪当然是当事人自己的选择,但是律师需要把可能的风险和法律后果告诉当事人。不出意料,这起案件经阅卷后发现,客观的铁证一份也没有出现。但是如果律师做当事人的工作,一旦获取了有罪供述,案件便就有了铁证。这起案件,因为部分当事人家属选择了相信,力劝当事人认罪,而这些有罪供述后来都成了案件定罪最重要的证据。

5.**维护稳固的信任关系**。律师跟侦查人员沟通,有时候也需要尽量固证。个别侦查人员审讯当事人的时候,会离间当事人和律师的关系。特别是在当事人口供尚未突破或者律师对侦查人员发起过投诉的情况下,律师要跟当事人保持稳固的信任关系,防止自己被贬低或离间,从而跟当事人产生嫌隙。

几年前,我代理过一起敲诈勒索案。这起案件,我从介入伊始就坚定地为当事人做无罪辩护,这个案件当事人被批准逮捕后经过两退三延,总共被羁押了7个多月由公安机关无罪撤案。从最终结果来看,自然还是好的,因为毕竟获得了无罪结果。但过程却充满了曲折和艰辛。面临的困难之一是,有关人员不断地贬损我,甚至将当事人被批准逮捕的原因归结为律师沟通不力。当事人因为身陷囹圄,跟外界信息隔绝,一度立场有所动摇。幸好家属不断地给当事人写信,告诉他要相信律师,才最终度过信任危机。这起案件,正是因为律师坚持不懈地做无罪辩护,才最终换来捕后撤案的结果。

## （二）律师跟公安沟通主要聚焦在 5 个方面

1. 联系主动投案事宜。有些案件，公安机关已经立案，但还没有抓捕到犯罪嫌疑人。还有些案件，同案犯已经被抓捕归案，但是还有遗漏的犯罪嫌疑人。另外还有少量案件，公安机关还没有立案，但对方当事人已经报案或者已经着手报案。这时，如果当事人想投案自首，往往会先咨询律师。这个时候，律师需要帮助当事人设计一个稳妥的投案方案，并且帮助当事人跟公安沟通好投案的时间、地点、方式等。

2. 申请取保候审。公安机关实施的突然抓捕，往往会导致当事人措手不及。因此，尽管取保候审在我国非常艰难，但是家属仍然有强烈的需求。申请取保候审也是辩护律师在侦查阶段必须开展的工作之一。在提出申请时，要吃透"两高两部"2022 年联合发布的《关于取保候审若干问题的规定》的精神。无论公安机关同意与否，律师都应该提出申请，都应该尽力沟通。当然，提出申请的时机确实需要好好斟酌。

我曾办理过一起案件，递交完委托手续后联系承办警官，希望能有机会当面沟通。出乎我意料的是，承办警官当场爽快答应可以当面沟通。寒暄完毕，我递交了一份取保候审申请书，并开始陈述本案可以变更取保的理由。没想到，这位警官的态度马上就有所变化，他质疑第一次见面就递交取保候审申请书，是不是对他不够友好、不够尊重。很显然，这位警官比较可爱，也比较坦诚。但作为律师，跟警官见面是为了工作，这么重要的见面机会当然要提出取保候审申请，而不是简单地寒暄聊天。因为长期的高羁押率和低取保率，导致部分一线办案警官把律师的取保候审申请当作了不友好行为。由此可见，推动司法理念的更新和进步还有很多工作要做，刑事律师必须迎着误解推进这项工作。

3. 申请调取无罪或者罪轻的证据。如果律师认为存在无罪或罪轻证据，而公安机关又可能不掌握，那么律师可以自己去调取，也可以申请公安机关去调取。有人认为，律师在侦查阶段不应该向公安机关提交证据，因为公安机关可以反向侦查去否决这些证据。我对这种意见不敢苟同。生命和自由无价,如果公安机关能够调取到无罪或罪轻证据,让当事人早日获取自由,不正是律师所追求的吗?反之,如果坐视诉讼程序往前推进,想在法庭开庭时再拿出"撒手锏",后果往往难以预料。

4. 反映侦查违法。侦查过程中,如果发现违法行为,律师应当及时进行投诉或反映。比如管辖问题,我们国家有牵连管辖的规定,只要当地找到一起可以管辖的事由,就可以将整个案件都牵连进来合并侦查。特别是非法吸收公众存款案件和传销案件,只要部分事实发生在本辖区,哪怕主要事实都跟辖区无关,在法律层面也很难否认其管辖权的存在。尽管如此,仍然有些案件,当地并无管辖权却出于各种动机进行强行管辖。对此,律师一定要及时进行反映,提出管辖异议。另一个常见的问题是指定居所监视居住。学术界已经有人在呼吁废除这项制度。违法指定居所监视居住或者在指定居所监视居住期间有非法取证行为,律师就有必要去投诉和维权。投诉和维权,不仅要直接跟承办民警沟通,而且要跟警务督查部门和上级领导沟通,给他们书面反映情况。

比如,我曾经代理过一起涉黑案件,检察机关以3个罪名批准逮捕。但是在批准逮捕的第二天,公安机关就公开发布并到处张贴警情通报,声称当事人是盘踞当地的重大黑社会团伙,已经涉嫌7个罪名并公开有奖征集违法犯罪线索。我当时不仅向上级部门寄送了情况反映,还在媒体上公开质疑警方的做法。逮捕证上是3个罪名,怎么第二天的警情通报上就变成了7个罪名?如果尚未查实就广而告之,很显然是不妥当的。通过努力辩护,最终这个案件成功摘下了黑社会的"帽子"。

5. 申请解除查封和冻结。侦查机关不仅会对人采取刑事强制措施,而且会对财产、物品采取刑事强制措施。我曾经代理过一起非法吸收公众存款案件,公安机关将受到牵连的公司的所有印章都予以扣押,导致这些存在大量合法经营业务的公司难以继续经营。我代理过一起职务侵占案,涉案金额仅为几千万元,但被冻结、查封的资产却高达几亿余元。我们介入辩护后,经过持续不懈地向各级部门反映和申请,努力终获回报,当事人市值逾亿元的股票账户获得解冻,避免了当事人因股价波动而遭受更大的损失。

## 五、律师跟检察院的沟通要诀

检察院的职能定位很特殊,不仅有审查逮捕和审查起诉的职能,而且有侦查监督和审判监督的职能。这意味着,并不是只有在审查逮捕和审查起诉阶段才可以跟检察院沟通,而是几乎在刑事诉讼的整个流程中都可以跟检察院沟通。

### (一)在公安侦查阶段的沟通

侦查阶段,律师跟检察院的沟通主要围绕以下4个方面展开。

1. <u>立案监督</u>。律师认为不应当立案而立案或者应当立案而不予立案的,都可以申请检察院进行立案监督。我代理过不止一起案件,当事人在国外,根据现有证据肯定是不应当进行刑事立案的。不是因为刑事立案了才逃到国外,而是人一直待在国外。如果不撤销案件,那么当事人就无法回国。这种情况下除了要跟公安沟通,还要跟检察院沟通,申请检察院督促公安撤案。更常见的情况是,当事人报案但公安机关不予立案。如果确实存在犯罪事实,那么也是可以申请检察院进行立案监督的。

2. <u>强制措施</u>。围绕强制措施这一程序性事项,跟检察机关的沟通是非常必要的。包括羁押超期、羁押必要性审查、指定居所监视居住的合法性和必要性等,都可以要求检察机关介入监督。

3. <u>非法取证</u>。律师得到了非法取证的确切线索时,可以提前跟检察机关反映。同时,律师也可以建议当事人向驻所检察官反映情况。一方面可以申请检察机关及时介入调查、固定非法取证的证据,另一方面为后续可能的排非程序留下伏笔。

4. **律师维权**。当前律师的执业权利还是会经常受到侵害。侦查阶段主要体现为会见难。前几年,由于疫情防控,律师会见存在困难。很多办案单位在指定居所监视居住期间,非法限制或剥夺律师会见权。这些都可以向检察机关进行投诉反映,申请检察机关帮助维权。

## (二)在审查逮捕阶段的沟通

检察院审查逮捕只有两个结论:批准逮捕或不批准逮捕。因此,律师在这个阶段的沟通目标只有一个,那便是促成不批准逮捕。如果沟通的目标是批准逮捕,那么这样的沟通就没多大意义。熟悉刑辩实务的都知道,审查逮捕阶段是无罪辩护最为关键的阶段。中国绝大部分无罪案件都是在审查逮捕阶段实现的。因此,做好审查逮捕阶段的沟通至关重要。在这短短的 7 天时间里,律师要做好以下 4 个方面的工作。

1. **盯牢办案期限**。律师必须清楚地知道公安机关是哪一天将案件移送审查逮捕的,检察机关审查逮捕的最后期限是哪一天。公安机关不一定是最后一天移送,检察机关也不一定是公安机关移送当天受理立案,更不一定是审查期限最后一天作出决定。律师必须要跟公安机关和检察机关保持密切沟通,才能准确判断审查逮捕的办理期间。

2. **会见当事人**。审查逮捕阶段是第一次更换办案单位和更换办案人员。因为审查逮捕期间检察官肯定会提审当事人,律师有必要赶在检察官提审之前跟当事人会见一次。律师要跟当事人充分讲清楚检察官这次提审的意义、目的和重要性,告诫当事人一定要把这份口供做好。这份口供非常重要,能在很大程度上影响检察官的决定和当事人的命运。

3. **递交不予批捕法律意见书**。行内所称的救人黄金 37 天,审查逮捕是其中最重要的 7 天。这 7 天,律师最重要的工作是递交不予批捕法律意见书。不予批捕法律意见书,主要是从不构成犯罪或没有逮捕必要性两个角度去论述。其中逮捕必要性主要从当事人有无人身危险、有无暴力因素、会否串供或干扰作证、会否妨碍后续诉讼等角度论证。如果家里有特殊情况,如年幼小孩需要抚养、年迈父母需要扶养、当事人有重要的企业经营任务或本身患有重要疾病等,都可以成为申请不捕的理由。社会危险性,应当结合最高人民检察院、公安部 2015 年发布的《关于逮捕社会危险性条件若干问题的规定(试行)》提出有说服力的意见。

4. 跟检察官进行电话沟通或当面沟通。审查逮捕总共就 7 天,时间很紧凑。在这 7 天里,检察官要完成阅卷、提审、撰写报告和请示汇报等工作。因此,律师意见最迟要在第三天或第四天递交上去,否则律师意见递交上去时可能检察官已经作出决定。递交书面意见后,给检察官 1 天左右的消化时间,然后尽快跟检察官电话或当面沟通。如此,方能确保律师在检察官形成最终决定以前充分地把自己的意见表达出来。

### (三)在审查起诉阶段的沟通

审查起诉阶段是律师辩护的又一黄金阶段。这个阶段,律师的辩护目标有两个:一是促成检察院不起诉,包括建议公安机关撤案;二是促成检察院有利于当事人的起诉,比如指控金额下降、更换为较轻罪名、增加有利的法定情节、减少不利的法定情节等。

1. 针对不起诉目标的沟通策略。如果针对的是不起诉的目标,律师就要全力以赴,就像在法庭辩护一样去争取检察官的认同。这时,律师可以提交证据、申请调取证据、适度向上级领导反映情况、书面承诺放弃追责。为了实现不起诉的目标,律师必须毫无保留地把法律意见、辩护观点都表达出来。律师除了应当提交详尽书面辩护意见,还应当争取跟检察官当面沟通。这个阶段,应当把审查起诉阶段当作"决战"一样去对待。

2. 针对有利起诉的沟通策略。如果针对的是有利当事人的起诉目标,沟通策略跟前述的不起诉目标会有所差异。此时,检察官与律师"亦敌亦友"。如果检察官采纳律师意见,特别是在此基础上达成了认罪认罚协议,那么检察官就是律师的"盟友"。如果检察官不采纳律师意见，双方需要到法庭上去对抗，那么双方就成了"对手"。审查起诉阶段的沟通策略必须建立在这种特殊关系上：

（1）**法律意见应当简明扼要**。这个阶段，我的法律意见一般不会超过5页纸。辩护观点需要高度精练、切中要害、点到即可，不必面面俱到，更加不必详细展开。理由很简单，就像打仗一样，律师没必要把辩护观点全部提前展示给对手。

（2）**充分展示实力并晓以利害**。有些检察官内心是不重视律师的，因为他们常年遇到的多数是"酱油派"律师，根本提不出实质性、有效性的观点。因此，很多检察官会形成思维惯性。这个时候就有必要展示自己的专业实力，从而引起检察官的重视，让其明白可能存在的诉讼风险。

## （四）在法院审理阶段的沟通

案件起诉到法院以后，律师仍然有必要跟检察院沟通。

（1）**开庭前的沟通**。我在某地代理过一起案件，案件起诉到法院后家属才委托我介入辩护。经过调查取证，我申请检察院将已经起诉的罪名进行变更，意外获得了检察院的同意。我代理过的另一起案件，二审介入辩护后法院裁定发回重审，在发回重审一审阶段，我们成功说服检察院变更起诉，将指控的金额减半。

（2）**庭前会议上的沟通**。有数起案件，我们都在庭前会议上跟检方达成共识，促成案件的妥善处理。比如一起涉黑案，庭前会议召开后，检方主动撤回了大部分指控。也有多起案件，在庭前会议上成功说服检方排除了非法证据。我曾代理过的一起虚假诉讼案中，庭前会议上跟检察官就部分事实达成了共识，从而简化了法庭举证质证。

（3）**正式庭审时的沟通**。法庭之上，律师跟检察官可以唇枪舌剑、寸步不让，但这应当对事不对人，不要有任何的人格侮辱。庭审完毕，不应将双方法庭上的立场对立延续为法庭下的身份对立。二审案件，有时候也需要跟检察官保持畅通的沟通。这些年，我几乎每年都有案件最终以撤回起诉结案。

## 六、律师跟法院的沟通要诀

案件起诉到法院以后，律师应当跟法院保持全流程的持续沟通。从时间上可以区分为庭前、庭审和庭后3个阶段。

### （一）庭前沟通很必要

我的办案习惯是在开庭前必须要跟法官进行初步电话或当面沟通。事实上，也存在这样的沟通机会。因为律师在庭前一般会提出很多申请，有的法官会打电话回复。就算法官没有主动回复，律师也可以主动去电询问。此外，关于开庭安排，法官或书记员也总是会主动打电话给律师的。因此，律师可以借助这些机会，跟法官谈论案情，表达自己的辩护观点。一些特别的案件，特别是关注度比较高的案件，法官甚至会在庭前主动找律师沟通。对于这样的沟通机会，我认为律师不应轻易拒绝。

律师庭前沟通，除了要向法官表达自己的立场，还可以摸清法官的个人性格和立场态度。法官是容易沟通还是不容易沟通？对律师是友好还是不友好？对辩护是包容还是不包容？对这起案件是有罪推定还是无罪推定？准确了解这些信息，对于律师制定正确的庭审辩护策略是非常关键的。在法庭上，我们有时采取一种非常强硬的辩护，甚至采取一种程序性对抗的辩护，但有时候会采取一种柔性沟通式的辩护。辩护策略的制定，很多时候取决于庭前的沟通效果。

### （二）庭审沟通很关键

律师跟法官的沟通，最正式、最公开、最直接、最有效的场合当然是在庭审中。庭审沟通有4个要点。

1. **尊重法官的指挥权**。这是律师基本的职业规范，也是庭审得以顺利进行的基本保障。千万不要觉得在法庭上顶撞法官或者跟法官吵架就是好律师。这不是勇敢,而是没有职业素养。赢得对手的尊重远比羞辱对手更加值得追求。律师的庭审发言,应当有理有据、不卑不亢。尊重法官的指挥权,具体体现在以下4个方面。

(1) 不扰乱法庭。法庭上不要搞行为艺术,更不要扰乱法庭秩序。律师要实现辩护目标,必须要借助庭审。庭审是律师的核心舞台,律师应当呵护好这个舞台。

(2) 不人身攻击。法庭辩护应当对事不对人。可以揭露、批评办案单位或办案人员的违法,也可以揭露、批评证人、鉴定人的虚假和不实,但是要注意避免使用侮辱性词汇,避免直接对诉讼参与人进行人身或人格攻击。

(3) 发言先举手。审判长主持庭审秩序,一般会有既定的发言顺序。如果越过这个顺序进行发言,最好先举手征得审判长同意。这既体现了对审判长的尊重,也是对庭审秩序的维护。除非存在明显的违法,否则辩护律师不应随意打断别人发言,应当等待别人发言完毕后再进行反驳。

(4) 发言完毕明确告知。比如质证意见发表完,我会说:审判长,质证意见发表完毕;辩论意见发表完,我会说:审判长,辩护意见发表完毕。明确告知对法官是一种尊重,也是一种提醒。

2. 有效回应法官关注点。不围绕法官的关注点、不回应法官的关注点,律师说得再多都是无效的。有水平的法官在庭审中会总结、归纳控辩双方的争议焦点,还会征求双方对争议焦点的意见。律师如果觉得争议焦点归纳不完整可以要求增加,律师如果觉得争议焦点归纳不准确可以提出修正意见。一旦争议焦点获得了双方认可,那辩护律师就应当紧紧围绕争议焦点来发表意见。有些法官不会归纳争议焦点,但这不意味着案件就没有争议焦点。这时律师可以根据之前的法庭发问、举证质证来自行归纳、总结双方的争议焦点和法官可能会感兴趣的重点,然后针对这些问题发表意见。

有时候,法官在庭审过程中会有意无意地流露出自己的某些倾向性意见或立场。如果律师不认可这样的意见或立场,那么律师可以当庭通过法庭发问、发表质证意见或辩护意见的方式有针对性地给予回应。比如法官在法庭发问阶段已经表明了对于某个问题的态度,而这个态度如果律师不认可的话,就应当及时在辩护中发表反驳观点。如果律师不反驳这个观点,那么这个观点很可能就是最终判决的观点。为了顾及法官的颜面,律师最好不要明确地说我不同意法官的意见,而可以委婉地说:有一种观点认为……但是我认为这种观点是值得商榷的或者我个人不认同这种观点。针对法官透露出的一种观点,如果律师不认同这种观点,一定要有针对性地给予回应和反驳,否则庭审就等于白开了。律师在庭审中,无论是发表自己的观点还是反驳检察官的观点,最核心的还是希望影响法官的观点。

**3. 请求当庭进行释明。** 要求法官当庭释明,是一种极其重要的当庭沟通方式。比如起诉书指控不明确、法律依据不明确,可以要求检察官当庭进行释明;法院驳回证人出庭作证申请、排除非法证据申请、鉴定人出庭作证申请等,辩护人都可以当庭要求合议庭释明具体理由,然后针对合议庭的理由给出有针对性的回应或反驳。除了程序性事项,涉及实体部分的法院决定或法官当庭发言,辩护人也可以及时要求进行释明。

**4. 制止侵害辩护权的行为。** 有一些法官对律师不友善,甚至对律师的辩护体现出抵触、反感甚至敌意。比如经常打断律师发言、经常打断被告人发言或者明显带着有罪的立场来训斥被告人。遇到这种情况,律师应该怎么办?我总结了几种应对方式,力度从弱逐渐升级到强:

(1)**友情提醒**。比如法官老是打断发言,律师可以表示:法官,这样老打断我不太好吧?如果法官态度恶劣,可以这样提醒:法官,这样打断律师发言不符合法律规定,希望法官尊重和保障我的辩护权。

(2)**据理力争**。可以具体援引关于保障律师辩护权的法律规定,指出法官的行为违反了哪一条。

(3)**举手抗议**。律师可以举手,表示:我抗议法官打断律师发言的行为。

（4）记入笔录。法官打断了律师的发言几次，要求书记员记录在案。

（5）申请回避。无故打断律师发言肯定违反了法官职业准则，属于司法不端行为。律师可以据此申请法官回避。即便最终驳回，也反映了律师的不满，对多数法官会形成一定的震慑。

（6）封存录像。现在的庭审都有全程监控录像，可以申请法庭封存庭审录像，待庭后向上级投诉和反映。

## （三）庭后沟通必不可少

有些律师认为，庭审结束了就意味着辩护结束了，就可以坐等法院判决了。其实不是这样的。只要最终的判决未出，辩护就没有结束。庭审结束之后，律师仍应跟法官保持必要的沟通。

（1）递交书面辩护意见。一名负责任的律师，庭审之前都会形成书面的辩护意见初稿，但正式辩护意见都要等到庭审之后再予提交。因为正式辩护意见要结合庭审情况对辩护意见初稿进行补充、修改和完善。

（2）补充完善当庭意见。如果庭后觉得当庭讲得不够到位，还想再补充完善，也可以通过电话或者当面沟通的方式进行补充。

（3）了解法官态度及可能的判决。庭审结束后，法官对案情的了解更加具体、深入，态度往往也会更加明朗。这个时候了解法官的倾向性意见，不仅是当事人和家属的需求，也是律师制定后续应对策略的重要参考。当然，很多法官都会使用无懈可击的套话，不肯透露个人意见，这时律师就要有足够的耐心，要善于通过旁敲侧击、婉转迂回的方式去进行试探或测试。

（4）换位思考，给法官找台阶。对于一些重大疑难复杂案件，法院在判决的时候不仅会考虑法律效果，还会考虑维稳和法院自身利益，甚至会考虑监察机关、公安机关、检察机关更甚其他党政机关的态度等。所以有时候，聪明的律师会帮助法官找台阶、找说辞，帮助法官减轻外力的干预或压力，从而为当事人争取到更好的结果。

(5)**申请法院领导和上级监督**。如果跟法官沟通无效,或者外力干预因素较大,那么律师就有必要跟其他人沟通。案件的决定权在哪里,律师的辩护就要延伸到哪里。目前,最高人民法院推行的阅核制以及最高人民法院规定的"四类案件",律师都可以直接申请院长监督,甚至申请提级管辖。作为辩护律师,一定要充分利用好这些文件和这些政策,努力减少案件在地方所遭受的法外干预。

## 七、律师跟其他人的沟通要诀

律师跟证人、其他当事人、律师同行等,不可避免都要进行经常性的沟通。这种沟通的目的是更好地履行辩护职责,最大限度地形成辩护合力。在此过程中,有一些共同的注意要点。

### (一)依法依规

如果不是为了调查取证,尽量不要跟证人、被害人接触、沟通。如果是为了调查取证,接触、沟通必须依法依规、全程留痕。根据法律规定,律师接触被害人和被害方证人需要经过办案机关准许。哪怕是自己当事人一方的证人,律师随便接触也是不好的。万一证言发生了改变,这种私下的接触会导致证人的污染和证言的失效,特定情况下甚至会给律师带来不测的风险。

### (二)互相尊重

互相尊重主要指的是律师同行。先不谈法律职业共同体,先谈谈律师职业共同体,律师同行之间都做不到互相尊重,怎么能指望公检法办案人员尊重律师呢?律师同行之间互相尊重,需要注意以下两点。

(1)**尊重其他同行的工作**。不轻易公开否定其他律师同行的工作成果,不轻易公开指责其他同行的缺点或错误,不轻易公开贬低其他同行的地位或作用。

(2) **尽量提供便利和协助**。我的案件是全国各地的,而且往往是诉讼后期才介入。前期大多是当地律师辩护,家属或许是出于对前期律师工作的不满意,或许是希望进一步加强辩护力量,后期才又委托我加入辩护。这时,我往往需要当地律师提供一些协助和便利,比如,分享卷宗材料,避免我专程前往去重复复制卷宗材料;告知承办人员的姓名、联系方式甚至倾向性意见,方便我直接跟办案人员沟通;在看守所会见的条件、开庭时间等方面进行信息互通等。

特别是分享卷宗材料或法律文书,有些律师会表现出畏难情绪。其实,律师是一个助人的行业,要养成乐于助人的习惯。当然,也有少数同行认为这样是违规的。我可以明确告诉大家,根据全国律协的办案指引,辩护人之间分享卷宗材料是被明确允许的,是不违规的。但凡律师同行请求我分享卷宗材料甚至辩护意见、证据摘录,只要对方提交了委托书、律所公函和律师证复印件等必要手续,只要对方能证明他是该起案件的辩护人,我都会毫无保留地进行协助和提供。

## (三)互相支持

在法庭上,如果其他律师的辩护权利被不当限制或剥夺,我们不要坐视不理,我们应当及时站出来帮其发声,为其提供声援。开庭的时候,如果觉得其他辩护律师的观点正确,在发表自己意见的时候可以表达自己赞同或同意那位律师的观点。在办理黑恶案件时,我往往给第一被告人辩护,我的辩护不仅有利于我的当事人,同样也会有利于其他的当事人。这时候,有的辩护律师就做得很好,会表达对前面辩护意见的声援,但有的律师却仍然只是表达无异议。甚至有律师同行在法庭上竭力为当事人辩护,其他同案犯的辩护人非但不声援,反而带头进行反对或攻击。这样的律师实质上已经成了办案机关的代言人,已经背离了他的律师身份。

我在律师执业过程中,遇到律师同行被处罚、被吊证或者是被追究刑事责任,我会理性关注,认为存在不公或不当的,就会公开发声。一个人要成为这个行业的佼佼者,就一定要对这个行业负有责任感,就一定要关心行业内的其他从业者。我从来没见过一个律师是靠贬低别人走向成功的,贬低别人永远没办法抬高自己。在别人面前肆意贬低其他同行,听众绝对不会对你投以尊重的目光。所以,不贬低同行应该是一个职业律师的基本底线。

### (四)做好本职工作

一个成熟的人会专注于自己的工作,而不会被外部的评价左右。律师在沟通过程中要做到坚守本职,不缺位、不越位。

(1)*为自己的当事人辩护,不要去指控其他当事人*。辩护和指控是有界限的。在多被告人的案件中,律师的职责是为自己的当事人辩护,着力论述自己的当事人为何无罪或为何罪轻,而不是越界去指控别的当事人为何有罪或为何罪重。我在法庭上如果遇到其他律师指控我的当事人,我会举手申请法院制止。不可否认,有些当事人因为地位、角色的差异,可能会面临主从犯的划分和责任分担的问题,可能会发生一定的利益冲突。辩护仅止于指明不是自己当事人的责任或者自己当事人责任较小,没必要进一步升级为指控是对方当事人的责任或者对方当事人责任较大。特别是如果其他当事人的行为跟自己的当事人没有关系,那么律师就更不要去指控其他当事人。

(2)*如果结果理想,不争功、不邀功*。两名律师合作辩护,如果案件结果达到甚至超出了预期,有些人就忍不住开始争功邀功,在家属面前明示或暗示这都是他的功劳。我遇到过一些案件,法院还没有判决,只是出现了一些比较利好的势头,有些人就急不可耐地争功、邀功。其实争功、邀功是一个很狭隘的行为,会让同行看不起,更会让家属看不起。成熟的律师专注于做好自己的本职工作,开庭前好好准备,开庭时好好辩护,开庭后好好沟通。功劳这些东西不要主动去争,家属如果是明白人,会主动分辨。懂得感恩的家属,不争功人家也会感谢;不懂得感恩的人,争功人家也不会在意。

(3)*如果结果不理想,不推责、不卸责*。有些"酱油派""勾兑派"律师,判决好了都是他的功劳,判决不好都是别人的责任。判决好,是因为他沟通得好;判决不好,是因为他的沟通被外地律师搅黄了。这类律师我不止一次遇到过。案件如果判决不好,律师需要查找自身工作中是否存在失误。比如之前的分析是否判断不够准确,该做的调查取证工作是否没有到位,司法判例的梳理是否不够齐全等。这既是对当事人的交代,也是对自己的交代。只有不断总结和反思,自己才能不断进步,而推责卸责只是自我安慰,最终会导致自己故步自封。

总之,律师工作不是单纯的法律适用和法律推理,而是一项综合性、社会性的服务工作。法律是我们的基本工具,但不是我们的全部。掌握沟通技巧和沟通方法,做好沟通工作对于律师执业非常关键、非常重要。

## 第十三堂
## 如何进行庭审辩护

律师的主要战场在法庭。一名优秀的刑辩律师只要坐上辩护席,就要做到守土有责,为维护当事人的合法权益而勇敢战斗。不同水平的律师,在法庭上的表现相差很大。好的辩护,能牢牢抓住诉讼参与人的注意力,起到强大的说服作用并且让人记忆深刻,不好的辩护让人昏昏欲睡,甚至不知所云。有些律师在辩护阶段习惯于照本宣科式地宣读提前写好的书面辩护词,我不认同这种做法。

照本宣科式地宣读提前写好的辩护词至少有以下 3 个弊端:一是无法回应庭审发现的问题。法庭辩护一定要回应在法庭发问、证据质证以及证人出庭等程序中发现的问题,否则等于之前的程序对律师辩护不起任何作用。而庭前提前写好的辩护词不可能预计到庭审中出现的所有问题。二是很难引起合议庭和其他诉讼参与人的兴趣。法律是枯燥的,照文宣读如果缺乏必要的语气、语调,很容易产生催眠效果,让人提不起兴致。法庭辩护主要是说给别人听的,可如果让别人睡着了,那么辩护必然是失败的。如果纯粹宣读的话,那么庭后提交书面版本即可,根本无须当庭宣读。三是无法展现辩护律师的临场反应水平。提前准备好的辩护词当然也有水平高下之分,但充分的庭前准备加快速的临场应变才有好的庭审效果。况且辩护特别是第二轮辩护,需要回应公诉人的公诉意见,需要有针锋相对的辩驳,需要有理有据的正面交锋。观点的辩论,才是庭审真正精彩的地方。机械宣读辩护词显然不会有真正的辩论。我在法庭辩论环节从不机械宣读,而是结合庭前准备临场进行总结和发挥。

究其根本，决定律师庭审辩护水平的主要是对逻辑和修辞的运用娴熟程度。逻辑能起到釜底抽薪的作用，就能有效实现降维打击。修辞能起到春风化雨的作用，就能有效增强辩护效果。逻辑和修辞是律师发挥庭辩魅力的两大核心利器。

## 一、逻辑在庭审辩护中的运用

我在之前的课程中讲述过律师必须掌握的十大法律思维，其中首要的便是逻辑思维。在法庭辩护中，逻辑思维的主要运用方式包括概括归纳和分化拆解两种。此处，我重点讲述刑事案件中常见的 12 种逻辑错误。识别这些逻辑错误，可以大大提高我们的庭审辩护质量。

### （一）混淆概念

哲学家维特根斯坦有句名言：绝大多数争论，都是语词的争论。因此辩护律师一定要注意厘清语词的确切含义。举 3 个例子：

（1）某非法占用农用地案中的林地。多份村民口供均提到自己的林地被矿企非法占用，于是检方直接认定当事人非法占用农用地。但问题是，非法占用农用地罪中的"林地"是有特殊含义的法律概念。《森林法实施条例》第 2 条规定，林地，包括郁闭度 0.2 以上的乔木林地以及竹林地、灌木林地、疏林地、采伐迹地、火烧迹地、未成林造林地、苗圃地和县级以上人民政府规划的宜林地。很显然，普通村民口中的林地概念不能直接转化为法律术语中的林地概念。

（2）某非法收购珍贵濒危野生动物案中的熊掌。某企业餐饮部的几名厨师称其烹制了熊掌，但这些人都不具备生物学知识。问其何以知道其烹制的是熊掌，有的人说是听别人说的，有的人说在电视上看到过熊掌，感觉形状跟电视上看到的差不多。控方因此指控当事人非法收购珍贵濒危野生动物。但问题是，口供中的熊掌不等于生物学意义上的熊掌，更不等于法律意义上的熊掌。该案口供中的熊掌，一无来源、二无去向、三无实物、四无鉴定，最后只能是一无所有。更何况，根据《陆生野生动物基准价值标准目录》（国家林业局第46号令），熊科包括懒熊属、眼镜熊属、棕熊属、黑熊属、马来熊属等，不同的类群，基准价格不同，入罪门槛也不同。

(3) **某非法集资案中的签字和保管**。当事人是公司的财务总监，对其指控主要基于两项行为事实：代表公司签字和代替公司保管资金。问题是，汉语中的签字具有丰富的含义，而本案中签字的确切含义是什么。通过法庭发问，当庭查明当事人没有任意不签字的权利，也未发生过仅凭当事人的意志不予签字的例子。当事人签字的实质含义是核对而非审批，也即当事人签字是一项不具有管理权限的实务性工作，对吸收客户资金不起决定性作用。至于替公司保管资金，当庭查明的真相是当事人提供个人银行卡归公司使用，但银行卡以及银行卡密码均归公司其他人控制。因此，当事人也没有替公司保管资金。

## （二）张冠李戴

具体包括3种情形：把A实施的行为算到B头上，把A原因导致的结果算到B头上，把行为导致的A结果认定为B结果。

(1) **某非法占用农用地案中堆放废矿渣的主体**。矿企A委托数名自然人帮助排岩，岩土由自然人拉走自行处置。部分自然人将岩土进行二次开发利用后，在矿企不知情的情况下自行倾倒在一处林地。分析矿企A和自然人签署的委托合同，发现根本未约定倾倒废矿渣的事宜。控方以自然人受矿企委托排岩为由，将自然人倾倒废矿渣的行为归责于矿企。很显然，这种追责方式违反了罪责自负的刑法原则。

(2) **某骗取票据承兑案的主体**。这是一起涉案金额达7亿余元的骗取票据承兑案，我在二审阶段介入辩护。我的辩护观点之一是，行为主体是单位而非当事人个人。区分单位犯罪和个人犯罪的关键点包括是单位名义还是个人名义、是单位意志还是个人意志、是单位资金还是个人资金、是单位用途还是个人用途。其中,意志归属和利益归属是关键中的关键。

## (三)以偏概全

把部分上升为整体,把少数上升为多数,把次要上升为主要,都会导致偏差。在众多的涉黑涉恶案件中,或多或少都存在这种情况。比如把少数债务人、失信被执行人等同于人民群众,把少数跟当事人存在利益冲突的村民等同于人民群众。评价一家企业、一位民营企业家,要整体地看、历史地看、辩证地看,不能把企业初创期间、发展壮大期间有过的部分违法犯罪行为无限拔高,更不能因此将整个企业彻底否定。控方往往聚焦于违法犯罪行为,但辩护律师要从全局看问题,分析企业的主要经营行为、主要利润来源是合法的还是非法的,分析企业主要的维权手段是和平的还是暴力的,分析企业对社会的整体作用是正面的还是负面的。

## (四)时空错位

人不可能两次踏入同一条河流,人也不可能在同一个时点身处两个不同的地点。时间和空间的规定性,使得有些证据、有些指控在根本上跟时空环境相矛盾。举几个例子:

(1)非法收购珍贵濒危野生动物案的不在场证明。两名证人称,亲眼看到当事人在公司门口接待送熊掌的人。我们自行收集到的民航信息和医院发票则足以证明,当事人当天在北京住院,不可能出现在证人提到的案发现场。

(2)某涉黑案中13处无法解释的时空穿越。比如,笔录结束时间早于开始时间。笔录系某日18时18分开始,当日17时44分结束;接受委托测量的时间晚于实际测量的时间;一份证实材料落款日期为2005年,加盖了某镇政府的公章,但2010年当地才由乡改镇;指控的日期截至2013年底,勘查的时间在2017年8月9日,指认的时间在2017年12月1日;铁矿开采始于1958年,尾矿库建设始于1992年,当事人承包铁矿始于2000年,却将尾矿库占地全部归到当事人一个人头上。

（3）某涉黑案没到过现场的证人。一起聚众斗殴案存在两个现场。第一现场是在一家酒店，双方发生口角，行为人决定实施报复；第二现场是在另一家饭店，双方发生持械打斗。所有证人都证明我的当事人没有到达过第二现场，但有3名证人证明我的当事人在第一现场，其中有2名证人证明我的当事人在第一现场时参与谋划甚至直接决策了第二现场的斗殴行为。通过法庭发问和法庭调查发现，该2名证人只出现在第二现场，根本未到达过第一现场，因此其关于第一现场的口供描述不足以采信。

### （五）模棱两可

语义不精确，缺乏确切的指向和具体的语境，一旦机械照搬可能违反原意。

（1）非法占用农用地案中的占地面积。村民关于占地面积的描述存在许多"可能""大概""接近""大约""估计""差不多"等词汇。确切的占地面积必须基于合法产权界定下的实际测量。

（2）恶势力犯罪集团案中的老板。指控当事人是典当行的大股东和幕后大老板，但没有投资协议、出资记录、股东会决议、工商登记信息、分红记录，只有数名员工的证词。员工A称隐约觉得当事人才是真正的大老板和重大事项的决策者，但举不出任何实例。员工B直接称当事人是大老板，因为员工见到当事人都喊其王老板。问题是，老板只是一种泛泛意义上的称谓，称一个人王老板并不代表他就是典当行的老板，也可能仅是指他名下经营有企业。员工C是当事人的亲戚，称典当行是家族企业，家族里面的重大事项都是由当事人决定，因此典当行的发展方向也应当由当事人决定。经法庭调查查明，典当行注册成立时C正在国外留学，回国后也不了解典当行的经营决策情况，更不知道当事人如何决定典当行的发展方向。员工D称当事人是老板，且有一次在公司看到工商登记的法定代表人向当事人汇报工作。法庭发问时，D称当时未听清法定代表人和当事人具体说了些什么。我继续追问，既然没听清说了些什么，怎么知道法定代表人是在向当事人汇报工作？D回答在公司这样的场合,两人表情都很严肃,应当是在汇报工作。很显然,D只看到两人在交谈,把这种交谈的关系上升为汇报的上下级关系纯属D的臆测。

## (六)偷换概念

混淆概念针对的是同一个语汇,只不过把生活用语和法律用语相混淆。偷换概念针对的是把一个概念替换成另一个概念,导致概念的错用。

(1)"没办法"不等于被强迫。债务人A欠债到期不还,行为人B多次索要未果后,将A的汽车拖走并变卖给C,检方指控B的行为构成强迫交易罪。在案证据可以证明,拖车的行为并无暴力。B和多名证人当庭均称,拖走并变卖汽车都经过了A的同意,因为汽车过户必须要A配合,需要他本人到场签字。公安机关也调取了A本人签字的车辆买卖协议和过户档案资料。A口供中则称"当时没有办法""B要拖车,我没有办法""B让我签字,我就在一堆资料上签了字"。这里需要重点分析的是如何理解A所说的"当时没有办法"。"没有办法"包含以下几层意思:承认存在欠款未还的情形、主观上可能不情愿抵车、当时没有别的财产可以清偿因此没有别的选择、客观上未对拖车和卖车行为进行抗拒或阻拦。欠钱的人内心可能根本不想还钱,因此"没办法"的困境和苦恼本质上是债务人自身原因造成的。在我国《民法典》承认以物抵债合法性的情况下,不能简单以债务人的"没办法"推定交易不自愿,更不能由此推定行为人构成强迫交易。

(2)"不情愿"不等于被强迫。一起肢体冲突,导致两名被害人轻微伤。行为人在公安机关的主持下,与两名被害人达成了和解协议并进行了赔偿。10余年后,两名被害人在公安机关的口供中均称,当年的和解协议不是出于自愿。当时内心是不情愿的,但考虑到行为人是老板,自己在企业打工,以后还要打交道所以就没有多说什么。检方据此推翻当年和解协议的效力,重新以寻衅滋事罪对行为人提出指控。此处,两名被害人所称的"不情愿"只是一种隐秘的内心活动,不易为外界所查知,不能以此作为法律评价的依据。如果不情愿没有向相对方表达出来,相对方不知道两人不情愿,相对人没有使用强力或暴力胁迫,那么内心不情愿根本无法进入法律评价的范畴。因此,即便两人当年真的内心"不情愿"也不等于当年的和解协议是被强迫的。

## (七)归因错误

因果关系是法律事实中的基础关系。行为和结果之间有无因果关系是很多法律判断的核心。一旦把原因搞错,那么因果关系就会跟着出错。

(1)感情纠纷中的归因错误。女方隐瞒自己已婚的事实在社交软件上聊天,男方主动搭讪女方并跟女方发展为情侣关系。其间,双方多次发生关系,女方多次虚构理由向男方索要钱财共计数十万元。在案证据证明,女方先后为男方流产3次。在女方告知自己已婚的事实后,男方继续与女方交往并继续与女方发生关系。后女方与自己的丈夫离婚,跟男方父母见面,要求跟男方结婚,但男方反悔并控告女方诈骗。事由之一是,女方以自己要投资红枣生意为由向男方索要数万元,但事实上女方根本未投资红枣生意。

看起来,女方确实虚构了事实。但男方之所以向女方转款,并非因为看重红枣生意的利润或投资回报,而仅是为了资助、取悦女方。运用归谬法可以很好地证明这一点。女方即便换个理由,比如称自己要从事美甲生意或者称自己缺钱花,男方同样会打款资助。而换个女生,即便虚构同样的理由,男方也不会打款。也就是说,男方打款的真实理由是双方的情感状态及情侣关系,而非女方虚构的投资项目。生活中的欺骗不等于刑法意义上的诈骗。

(2)父子关系中的归因错误。儿子实施了故意伤害、寻衅滋事、聚众斗殴、强迫交易等一系列暴力犯罪,被指控为黑社会性质组织的组织者、领导者。父亲对儿子实施的行为事先不知情、事中未参与,但事后帮助儿子进行调解、道歉和赔偿。父亲因此被指控为黑社会性质组织的组织者、领导者,后变更为积极参加者。控方的逻辑是,父亲的行为导致被害人未及时报警,导致儿子的违法犯罪行为未得到及时制止,从而对以儿子为首的黑社会性质组织的发展壮大起到了促进作用。

我认为这种归因方式值得商榷,父亲的行为在法理上不构成犯罪。理由包括:①父亲实施的是事后行为,而事后行为不可罚。②父亲的道歉、赔偿是示弱而非示强,是和平行为而非暴力行为,不具备涉黑的暴力特征。③被害方的谅解是基于父亲一方道歉、赔偿等态度,而非慑于父亲的胁迫或实力。④父亲帮助的对象是儿子个人,而非以儿子为首的所谓组织。除了儿子,父亲未帮助过组织中的其他任何人。⑤父亲实施的行为不具有违法性,相反有助于降低儿子行为的社会危害性,修复受损的社会关系,某种程度上属于帮助儿子代为履行法律义务和道德义务。⑥父亲实施的是合乎天理人伦的帮助行为,不能期待儿子犯法父亲无动于衷、坐视不理。

(3)律师和医生职业行为的归因错误。我代理过的全国优秀公诉人为夫喊冤案中,当事人是一名律师,担任一家企业的常年法律顾问。企业老板被指控为黑社会性质组织的组织者、领导者后,该律师也被指控为黑社会性质组织的积极参加者。前些时间曝光的一起案件,一名医生因为帮助失足妇女看病打针而被认定构成协助组织卖淫罪。理由是,医生明知这些妇女是失足妇女,明知自己看病打针能方便老板控制这些妇女,仍然替这些妇女看病打针。类似案例在做因果关系认定的时候,没有注意到律师、医生等职业的特殊职业伦理。在医生面前没有好人坏人之分,也没有良民和犯罪分子之分。世俗社会的律师如同宗教领域的神父,对当事人负有保密和忠诚义务,不能要求律师随意检举、揭发自己的客户。

## (八)推导不出

所谓推导不出,是指根据给定的条件无法推导出对应的结论。比如根据在案证据,不能确定当事人是作案凶手等。在证据层面,推导不出常见于各种鉴定意见之中。试举3例:

(1)林地面积鉴定中出现林地毁坏程度的意见。

（2）司法会计鉴定中出现传销组织结构的内容。

（3）损伤程度鉴定中出现致损原因的描述。

从程序上讲，这些都属于超范围鉴定。从逻辑上讲，这些都属于推导不出。

## （九）预设前提

预设前提包括两种常见的情形：在侦查审讯时，问题中包含了前提事实，存在诱导式发问；在法律推理时，把待证事实当作既定事实，从而陷入错误论证。

（1）诱导式发问。比如，你是怎么杀死他的？A在你领导的传销组织中担任什么职务？第一个问题包含了"你杀死了他"这个前提事实，第二个问题包含了"你领导了一个传销组织""A在你的组织中担任有职务"这两个前提事实。

（2）推定式推理。一起强奸案，当事人始终坚称其跟女方是情人关系，此前多次发生关系，案发当次也事前征得了女方同意，且伴随有经济约定。检方坚持情侣之间也可以成立强奸，虽经律师反复申请，但拒不调查双方之前的经济往来和交往情况。此处，检方把待证事实是否成立强奸当作既定事实，从而错误地认为双方是否是情侣关系对于本案没有意义。检方最终在经历两次庭审后撤回了起诉。

## （十）循环论证

四大逻辑规律中的因果律表明，任何事物都有存在的原因，且任何事物都不能是自身的原因。这就决定了循环论证的无效。

（1）滥用情况说明。比如侦查机关出具情况说明自证取证手段合法、鉴定机构出具情况说明自证鉴定程序合法和鉴定意见科学、复印件提供者出具情况说明自证复印件的真实性。

（2）叠加似是而非的口供。流言传之万人仍是流言，谎言重复千遍仍是谎言。证据的质量问题不能靠数量去解决，搞人海战术是没有用的。有效的证据一个就够了，无效的证据一万个仍然是证据不足。

（3）**实质的孤证**。形式上多份，但其实来源同一或者互相污染的证据，属于实质上的孤证。比如一起强奸案，有两份证据证明强奸：一份是女方的陈述，另一份是证人证言。证人证言的内容是女方曾经打电话告诉其自己被强奸。这样的证据体系属于典型的实质的孤证。

（4）**自我否定**。侦查口供承认犯罪，律师调查取证否认犯罪。侦查机关再度审讯，再度承认犯罪并称律师调查口供不实。律师再度调查，再度否认犯罪并称侦查环节对律师调查口供的否认不实。类似这种不断自我否定，其有罪口供不应被轻易采信。

## （十一）参照错误

法律事实中经常存在"早于""高于""大于""等于"等表述。这些表述是否正确，常常取决于参照系的选择是否正确。以价格鉴定为例，鉴定基准日选择错误，必然导致鉴定意见错误。在一些指标的检测中，如果检测标准选择错误或者参照系数选择错误，那么检测结论也会跟着出错。比如我代理过一起销售伪劣产品案，错误地适用行业推荐性标准进行质量检测。根据《标准化法》，只有国家强制性标准才能作为行政处罚和刑事处罚的依据，推荐性标准不具有强制约束力。

## （十二）自相矛盾

自相矛盾是最常见的逻辑错误。一旦指出控方的自相矛盾之处，就意味着控方的指控内容不可能全部成立。试举几例：

（1）**非法占用农用地案**。另案生效判决认定的占地范围有2处，本案起诉指控的占地范围仅有1处。本案起诉指控的占地范围明显小于另案生效判决认定的占地范围，但是两案认定的占地面积一致。

（2）**6起寻衅滋事中的不同鉴定**。6起寻衅滋事均发生于10余年前，均由当时某县公安局出具刑事科学技术鉴定，6份鉴定的结论都是轻微伤，且该县公安局始终不具备法医鉴定资质。10 余年后重新启动侦查,仅就其中的 5 起案件委托中国医科大学司法鉴定中心进行重新鉴定。同样的证据条件(当事人口供和当年的病历复印件),中国医科大学司法鉴定中心仅受理其中的 4 起委托。无论是侦查机关还是鉴定机构,都存在标准的不统一。检方在起诉 6 起寻衅滋事案件时,在证据效力层面必然面临不可调和的自相矛盾。

(3)本息认定标准不统一。检方对借款本金和利息认定的标准不统一,有些完全按照债务人的口供进行认定,有些根据生效判决文书进行认定;有些本金的认定采取就高不就低的原则,有些利息的认定采取就低不就高的原则。算法混乱贯穿指控始终。

## 二、修辞在庭审辩护中的运用

### (一)文学不是法律的敌人

文学和法律都是语言的艺术,都追求自由和公正,共享共同的人性基础。文学不仅不是法律的敌人,相反可以在法学理论和法律实务中起到积极的作用。

(1)文学可以让道理更浅显易懂。比如在一起案件中,证据只有复印件,侦查机关在复印件上加盖公章并手书跟原件一致。我当庭如此质证:世界上证明复印件跟原件一致的办法只有一种,那就是同时拿出原件和复印件,对两者进行比对。一致表述的是不同对象之间的关系,至少要有两个对象才能产生关系。复印件上加盖 1 万个公章也仍然是复印件,复印件上加盖 1 万个公章也仍然只有 1 个对象。又如在一起案件的庭审辩护中,我设计了 3 个情景剧,形象生动地说明了案件中的推理错误。

(2)文学可以增强说服力和感染力。法庭上可以适度地使用比喻、排比、反问、类比等修辞手法。针对部分办案人员迷信庭前有罪供述,我经常援引岳飞的例子。质问:当年杀害岳飞的时候也有有罪供状。如果岳飞生活在当代,司法人员是否有能力识别并纠正这起冤案。

### (二)修辞在法庭发问中的运用

一起非法集资案,我在发问时充分运用了排比的方法,让案情真相水落石出。从吸收资金到资金去向,我把公司流程分解为八大环节,针对每个环节集中发问完全相同的问题:这个环节,你做了什么?哪些是你自主决定做的?哪些是别人安排你做的?你是否需要向别人汇报工作?向谁汇报?有没有其他人在这个环节需要向你汇报工作?你在这个环节发挥了什么作用?

### (三)修辞在证据质证中的运用

在代理一起组织、领导黑社会性质组织案时,我当庭将涉及危害性特征的证人证言统称为"口水",并称"用'口水'把一个人淹死是网暴的做法,而不是办案的做法"。我进一步用8个词语形容这些口供的共同特征:似是而非、捕风捉影、牵强附会、胡乱穿凿、添油加醋、夸张渲染、主观臆测、无从查证。

在代理一起虚假诉讼案时,针对用一张承兑汇票偿债的口供,我是这样质证的:

1. 错误解释。

(1)时间不对。汇票贴现是在借款打款之前。

(2)金额不对。汇票票面金额和借款金额相等,但扣除贴现费用后不够偿债。

(3)主体不对。公司债务,不应该用个人账户还款。

2. 单方解释。对方关于该笔打款的性质和用途,我方从未承认和认可过。对资金用途的解释,应当基于双方的合意,而非一方的说辞。

3. 事后解释。打款时没有进行备注,事前和事中均没有向我方做过任何解释或确认,甚至在第一份口供中也表示不知道这笔款项的性质和用途。对方律师在民事法庭上第一次提出该笔款项是为了偿债,债务人此后才跟着如此陈述。

债务人的口供属于事后解释。

4. 片面解释。双方存在长期、持续、频繁、巨额的资金往来,对方从双方的资金流中截取一个片段,人为进行事后特定化的对应,显然属于一种片面说法。

## (四)修辞在法庭辩论中的运用

我在代理一起恶势力犯罪集团案件时,通过运用生动形象的语言来揭露案情中的荒谬之处。比如,我将强迫交易归纳为4种类型:请客吃饭式强迫、转身瞪眼式强迫、电话邀约式强迫和协商谈判式强迫。又如,我将案件中的数十名证人归结为8种类型。

(1)围观吃瓜型。本案证人证言中存在大量的随便说,反正与己无关,不用承担责任,怎么说得爽就怎么说。典型的代表就是开设赌场案中汪某的证言。其只是一个偶尔围观的吃瓜群众,却对赌场抽头渔利金额妄下断言。

(2)全程旁观型。典型的代表就是收购小龙虾事件中,刘某和黄某的证言,说得头头是道,好像他们就在交易现场全场见证一样。

(3)置入头脑型。典型的代表就是潘某事件中证人马某的证言,随意猜测,替龚某讲他心里是怎么想的。

(4)被动受害型。典型的代表就是18个工程公司相关人员没有一个人是主动到公安机关报案,都是公安机关主动打电话通知报案。

(5)道听途说型。典型的代表就是范某事件中,范某的爸爸、爷爷、学生和老师都说龚某带人把范某打伤了,但是他们的证言都有个前缀"听说",听谁说的我们无从得知。

(6)捕风捉影型。无处不在的恶名,无处不在的恐惧,反正一句话我怕他。但是怎么怕,为什么怕,怕到什么程度,没法儿说,反正就是怕。这种口供内容在逻辑上都无法证伪,同时也无法证实。

(7)夸大其词型。典型的代表就是强迫交易18个工程的证人证言中处处充斥着不实代表,一个代表全部。比如"大小工程基本上都是龚某在干""大小工程都是他说了算,这个在当地建筑圈子内都知道的"等。

(8)诬告陷害型。典型的代表就是供销社拍卖事件,王某的证言内容与拍卖现场的视频完全不符合,相关证言纯属诬告陷害。

## 三、值得高度重视的财产刑辩护

财产刑辩护在眼下可能是一个亟待挖掘的富矿。随着经济形势下行,特别是一些地方越来越强烈的创收执法或趋利执法冲动,经济犯罪案件或涉财产犯罪案件越来越多。近年来的涉黑涉恶案件中,律师普遍面临财产刑辩护的重任。

1.财产刑辩护的两份重要法律依据。最重要的法律依据当然是《刑法》的第59条和第60条。《刑法》上的没收财产,并不一定是要把当事人的财产全部没收,也包括没收他的部分财产。此外,没收财产应当对当事人个人及其抚养的家属保留必需的生活费用,不得没收属于当事人家属所有或应有的财产。根据这两条规定,没收财产时应当保留当事人配偶、子女以及需要其赡养的老人的份额。此外,当事人所负的正当债务,需要以没收的财产偿还的,经债权人请求,应当偿还。这两条规定虽然笼统,但却为律师提供了广阔的工作空间。

第二份法律依据是《反有组织犯罪法》。该法第46条规定,涉黑涉恶案件中的财产有3种情形是需要追缴没收的。第一种是为支持或者资助有组织犯罪活动而提供给有组织犯罪组织及其成员的财产。这是指已经提供给有组织犯罪组织和成员的资产,也就是在有组织犯罪组织及其成员控制之下的财产。第二种是有组织犯罪组织成员的家庭财产中实际用于支持有组织犯罪活动的部分。我代理过一起涉黑案件,我为第二被告人辩护。庭前会议中,公诉人列了一长串财产清单,把当事人的家属包括妻子和子女的财产全部列了进去并建议法院罚没。我们当庭就提出,公诉人必须举证证明其家庭财产中哪些被实际用于支持有组织犯罪活动。如果没有实际用于支持有组织犯罪活动,当事人家庭的财产和其个人财产是应当区分开的。第三种是利用有组织犯罪组织及其成员的违法犯罪活动获得的财产及其孳息、收益。

《反有组织犯罪法》第49条还规定,利害关系人对查封、扣押、冻结、处置涉案财物提出异议的,公安机关、人民检察院、人民法院应当及时予以核实,听取其意见,依法作出处理。公安机关、人民检察院、人民法院对涉案财物作出处理后,利害关系人对处理不服的,可以提出申诉或者控告。也就是说,在有组织犯罪案件当中,不仅当事人可以聘请律师进行财产刑辩护,案外人中的财产利害关系人也可以聘请律师对财产处置提出异议甚至提出申诉或者控告。

举重以明轻。如果有组织犯罪的财产处理,都需要公诉人举证,案外利害关系人都可以提出异议,那么其他涉财产犯罪也应当同样如此。

2. 需高度关注追缴违法所得。我们在做财产刑辩护的时候,除了罚金、没收财产,还要高度关注追缴违法所得。这里,我和大家分享一个我办理的真实案例。这是一起跨境开设赌场案,公安部挂牌督办并派专机去东南亚进行抓捕,央视《今日说法》以"350亿跨境开设赌场案"为题进行了报道。检察院起诉指控的赌资金额高达350亿元余,非法获利高达11亿元余。我为第一被告人辩护,开庭前1个月才临时接受委托。这起案件,我们对开设赌场的罪名不持异议,但是对赌资的金额以及非法获利的金额进行了非常有效的辩护。我们系统研阅在案证据后,提出赌资金额应当认定为28.2亿元,非法获利金额应当认定为4.4亿元余。一审法院判决认定赌资金额为180亿元,被我们拿掉了170亿元,砍掉了接近一半。关于非法获利,一审法院几乎全部采纳了我们的辩护观点和计算方法,最终认定4.9亿元,相比起诉金额被我们拿掉了6亿元余。

这起案件之所以能取得这么大的成功,是因为我们完全洞悉了检方的算法和指控逻辑。这当然不是因为检方主动把他们的算法和指控逻辑告诉了我们,而是我们自己通过认真阅卷和反复推演,复盘出了检方的计算方法。类似这种需要计算赌资、非法获利的案件,辩方除了要根据自己对法律和证据的理解,独立设计一整套计算方法,还要把检方的算法想明白、搞清楚。那么怎样才能把检方的算法想明白、搞清楚呢?最简单的方法当然是直接去和检察官沟通。但这起案件,我介入时检察院已经起诉到法院并且法院正在安排开庭。起诉书的表述非常简单,卷宗材料非常之多,我们必须要能迅速地抓住案件的关键脉络。这时,会见当事人和调查知晓事情经过的证人就显得至关重要。我们边阅卷边计算边跟当事人核对,经过几周加班加点的团队协作,我们终于找到一套算法能够刚好计算出起诉书指控的金额。知己知彼才能百战不殆,只有先弄懂控方的指控逻辑和计算方法,才能发现和洞悉其中存在的错误和问题,从而才能找到辩护的切入点和关键点。这么高的督办层级、这么巨大的涉案金额和这么重大的全国影响,当事人几乎全部都签署了认罪认罚协议,如果不是辩护律师细致专业的工作,很难想象法院会主动依职权去审查案件金额,去改变检察院的起诉指控。

一审虽然取得了巨大的成功,但毕竟还是认定了4.9亿元的非法获利。加之本案认定了犯罪集团,而我的当事人又被认定为犯罪集团的首要分子,因此法院判决向我的当事人概括追缴4.9亿元的非法获利。一审除了判决追缴金额,还判决并处罚金。对于一般的当事人来说,一个亿或者五个亿对其没有区别,因为都无力支付。但是我的当事人不一样,他是有支付能力的。侦查阶段,公安机关就扣押了他2.4亿元余的现金,其本人和家属名下还有大量的公司、房产、股票等资产。这种情况下,追缴金额对他是有实质影响和实际意义的。当事人就财产刑部分提出上诉,检察院则就赃资金额、非法获利金额、罚金金额等一体提出抗诉。二审法院经过开庭审理,最终裁定全案维持。

检察院抗诉的理由之一,是把罚金的金额除以非法获利的金额,认为罚金金额太低。我们的辩护观点是,追缴违法所得和罚金要一体化分析,不能割裂开来。检察机关把追缴违法所得放一边,单纯看罚金数额是不周全的。这起案件还有很多同案犯包括公司的其他股东都没有到案,这意味着我的当事人要为其他所有同案犯进行概括兜底。共同犯罪要对整体金额承担责任,犯罪集团首要分子要对犯罪集团的总金额承担责任。法理上,这自然是没错的。但我的当事人实际分到手的金额远低于4.9亿元,这意味着向我的当事人追缴4.9亿元违法所得具有惩罚的性质。而追缴违法所得的制度功能在于填平,不在于惩罚。该案中,一审判决对于追缴违法所得采取了二分法。对于普通员工,按照实际获利金额进行追缴;对于公司股东按照集团获利进行追缴。鉴于本案还有部分股东没有到案,我向法院建议:先统一按照每个人的实际获利金额进行追缴,对于缺口部分可以让公司股东承担连带追缴责任。遗憾的是,这一辩护观点未被法院采纳。但我国浙江等地的部分法院已经开始在追缴违法所得方面朝上述方向靠拢。

3. 涉黑涉恶案件中的财产刑辩护。大部分律师代理涉黑涉恶案件,精力和注意力都在证据、罪名和自由刑方面,很少有律师把注意力聚焦到财产刑上面。很多案件中,检察官列了一长串财产清单并建议法官罚没这些财产。清单虽然列明了这些财产的名称以及登记在谁人名下,但是往往没有列明这些财产的取得时间以及取得这些财产的资金来源,也没有列明这些财产有没有实际用于支持有组织犯罪活动。这就给律师的财产刑辩护提供了巨大的空间。涉黑涉恶案件的财产刑辩护,有4个注意要点。

(1)财产取得时间。当事人取得该财产的时候,有没有加入黑社会性质组织?或者那时黑社会性质组织有没有成立?如果在组织成立之前或者加入组织之前就已经取得,那么毫无疑问便是他的合法财产。

(2)财产取得人员。是不是黑社会性质组织成员取得的?如果不是黑社会性质组织成员取得,那么是不是组织成员的家庭人员取得的?如果是案外人取得,是否存在善意取得的情形?

(3)财产资金来源。不同于民事案件实行外观主义和登记主义,刑事案件要进行穿透式审查,即要追根寻源,查明财产的资金来源。如果资金来源跟黑社会性质组织无关,那么就应当认定为个人合法财产。

(4)财产实际用途。主要是看财产有没有实际用于支持黑社会性质组织活动。此处不应简单地实行客观归责,而应当适用主客观相统一的原则。比如案外人的车辆,主要提供给黑社会组织进行违法犯罪活动。如果案外人对此明知,一般而言是要被没收的。如果案外人对此不明知,一般而言是可以排斥没收的。

## 四、二审的发起:提出上诉

刑事诉讼程序越往后,辩护就越艰难。因为程序越往后推进,参与的司法机关和司法人员越多,要想推翻或改变之前的结论所面临的阻力就会越大。听起来,这像是司法政治学而非司法教义学,但这就是现实环境。因此,二审的有效辩护必然比一审更难,空间也更狭窄。尽管如此,二审毕竟是法定的诉讼程序,也是常规诉讼程序中的最后一个环节,白白浪费、不去利用和争取对当事人而言非常可惜。有上诉不加刑的兜底,我通常建议自己的当事人如果不服一审判决,那么就果断选择上诉。

### (一)二审辩护存在的两大难题

1. 开庭审理难。我们从《中国刑事诉讼法制 40 年》中看到这样一组数据:2012 年《刑事诉讼法》修改前,全国刑事二审案件开庭比例一般在 10% ~20%。2012 年《刑事诉讼法》修改后,全国刑事二审案件开庭比例有过一段时间的大幅提高,然后开始逐年下滑。2013 年开庭比例超过 40%,2014 年至 2016 年基本保持在 30% ~40%。但是 2017 年之后,平均开庭比例已经降到了 20% 以下。[1] 也就是说,当前 80% 以上的刑事二审案件是不开庭审理的。这是全国性的统计数据。

我个人也做了一个粗略统计:近 10 年来我代理的刑事二审案件总体开庭比例大约是 68%,绝大部分案件实现了开庭审理。这个比例远高于全国平均水平。与此同时,我也有两个非常明显的感受:一是开庭与否的地区差异比较明显。长三角等经济发达地区总体开庭比例较高,甚至无须律师特别争取,法院就会主动

---

[1] 孙长永:《中国刑事诉讼法制 40 年》,转引自谢登科:《二审开庭率低是历史问题也是现实问题》,载《上海法治报》2023 年 6 月 10 日,学者评论版。

通知开庭。而一些中西部地区和北部地区的省份开庭比例明显较低,往往律师费劲周折可法院依然拒绝开庭。二是开庭与否的案件类型差异比较明显。一般而言,监察委办理的职务犯罪案件、公安机关办理的涉黑涉恶案件和其他涉众型案件,二审开庭比例较低。而其他普通刑事案件特别是经济犯罪案件,二审开庭比例明显高出不少。

3年疫情期间法院二审案件开庭比例骤降。虽然疫情已经结束,但法院的有些工作习惯还没彻底改变。因此,近年来,几乎每个刑事律师都能明显感到申请法院二审开庭的难度正变得越来越大。这个问题目前已经引起了体制内外的广泛关注,最高人民法院牵头组织了提高二审开庭率的专项行动,未来如何演变仍有待观察。

**2. 发回改判难**。不开庭,书面审理的结果往往就是几页纸,裁定驳回上诉,维持原判。不开庭,直接发回重审和直接改判的比例是非常低的。就我自己而言,最近5年未经开庭直接发回重审的案件仅有3起。某省一个基层法院的《上诉风险提示书》称该地二审法院发回重审和改判的比例仅约5%。基层法院将二审发回重审和直接改判的比例较低定性为上诉风险,意即上诉机会不大、空耗时间和费用,法院主动劝告当事人不要上诉。为什么该法院二审案件竟有95%的比例是维持原判?很显然,二审发改比例低并不完全是因为一审判决的正确率高。

新华社《半月谈》2023年第14期的一篇报道里有这么一段话:某地中级人民法院官网去年发布的当地法院案件改发情况调研报告称,上诉案件"改发率"远高于省高级人民法院确定的低于10%的目标值,"审判质量指标并不理想"。[1]这是什么意思呢?就是说,某省的高级人民法院确定了一个目标值,即二审案件的改判、发回重审比例要低于10%。通过这样一种不管个案的具体情况,简单地设置一个维持原判比例的目标值,把二审维持原判的比例作为评价一审审判质量的指标。不难想象,这样的评价指标体系必然导致二审法院的纠错功能被大

---

[1] 该文章标题为:《"改判案子像做坏事似的",一味攀比低"改发率"困扰二审监督纠错》。

幅削弱。一审法院判决后被二审法院发回重审或者直接改判,固然说明一审判决可能存在某些问题。但反过来,二审维持原判是否就代表一审判决不存在问题?如果一审判决存在问题,二审只是见错不纠、将错就错,那么二审维持原判的比例越高,就说明二审的审判质量越低。掩盖问题不等于解决问题,考核数字很多时候并未发挥正确导向作用。

## (二)提出上诉的时机

什么时候提出上诉最为合适?我总结了以下两种情况。

1. 当庭表示上诉。案件宣判的时候,大多数法官会当庭询问当事人是否需要上诉。如果对判决结果严重不服,当然可以当庭大声地表示:"不服上诉"!或者"我不服,我要上诉"!当庭表示上诉,意在表明一种态度,即对判决结果极度不满意,对一审审理程序极度不满意,所以需要当庭立场鲜明、毫无保留地把自己的观点表达出来。

其实,不服上诉的观点不需要等到宣判的时候再向法庭表示,在开庭审理做最后陈述的时候就可以这么说:如果一审不还我清白,不还我公道,那我一定会上诉到底,申诉到底,甚至举报到底。这是一种比较强烈的意思表示。当然,当庭表示上诉后,一般来说我们还是要提交一份书面的上诉状。

也有当庭表示不上诉的。我之前看到过一篇报道,当事人在回答法官问询时说:我永远不上诉。其实上诉是有法定期限的,不存在永远不上诉的说法。收到判决书次日起10日内没上诉,一般而言就永远失去了上诉的机会。当庭表示不上诉,但是在上诉期内又提交书面上诉状的,仍视为有效的上诉。

2. 上诉期限截止前上诉。有些案件,当事人内心其实早已经打定主意要提出上诉,但是却刻意保持低调。比如,有些案件一审判决已经争取到了一定的利益,取得了一定的辩护成果,但是还不是百分百实现诉讼目标,也不是百分百符合自己的期望值。在这种情况下,保持低调的最大原因就是避免过分刺激检察院,防止检察院同步抗诉。现在一些地方的检察院直接将抗诉跟当事人上诉挂钩,当事人不上诉则检察院不抗诉,当事人上诉则检察院同步抗诉。我曾代理的一起传销案件就遇到过这种情况。这种情况下,当事人最好要采取一种战术性的隐忍和低调。因为检察院的抗诉程序比当事人的上诉程序要复杂很多。检察院的抗诉需要经过内部审批,甚至需要向上一级检察院汇报和请示。如果能保持低调,隐藏上诉意图,赶在上诉期限最后一天提交上诉状,那么检察院想要同步抗诉却可能已经来不及操作。

为了隐藏上诉意图,当事人可以当庭表示不上诉。提交上诉状可以选择在最后一天邮寄,因为邮件在途时间是不计入上诉期限的。有时候还可以选择直接向上一级法院邮寄上诉状,因为上一级法院把上诉状交给一审法院是需要一定时间的。通过这样一番实务操作,可以避免检察机关第一时间知晓当事人的上诉意图。通过保持低调,有的时候可能会争取到一个更好的诉讼形势。

### (三)上诉的理由

**1. 程序**。可以指出侦查、审查逮捕、审查起诉和一审审理等整个过程中的程序违法。如果侦查阶段和审查起诉阶段的程序违法,在一审审理过程中没有得到矫正和救济,我们仍然可以将之作为上诉的理由。常见的程序理由包括:

(1)**非法取证**。如果审查起诉阶段检察院没有排除非法证据,一审法院没有排除非法证据甚至根本没有启动非法证据排除程序,那么我们当然可以将非法取证和非法证据排除作为上诉的重要理由。

(2)**管辖**。确立法院管辖权应该分两步走:第一步,先正向判断法院是否具有管辖权;第二步,反向判断法院是否有不适宜管辖的事由。并非只做第一步判断就认定法院的管辖权不存在问题。如果一审法院存在管辖问题,当然要将之作为上诉理由。

近年来,全国各地都出现过同事审同事的情况,法院往往以被告人已经离职或退休为由驳回律师的管辖权异议。我曾经代理过一起退休法官因发帖揭弊被刑事自诉的案件,该案二审法院正是当事人曾经供职的法院。我们坚决申请法院回避,但法院仍坚持审理并作出判决。其实,曾经是同事足以成为申请法院整体回避的正当理由。只不过现行法律对于管辖的规定过于笼统或模糊,导致司法办案人员经常作出违背常识的机械化理解。

有一种愈演愈烈的情况是违法分案。简单来说,就是把一个案件人为分成几个案件,将不同的当事人放在不同的诉讼程序中分开进行审理。这不仅会导致这些同案当事人失去了同庭发问、同庭对质和同庭辩论的机会,而且在很多案件中会造成"农村包围城市"、用一部分被告人去锁死另一部分被告人的严重实体问题。比如我代理的全国优秀公诉人为夫喊冤案就实行了人为分案处理,将民营企业老板和其他被告人作为一个案件先行审理和判决,导致我的当事人被指控的事实在其他案件中已经被法院先行判决和确认。我二审介入辩护,首先就提出了管辖权异议,申请法院整体回避。理由是同一个法院不可能就同一个事实作出两份相反的或有差异的判决。

我在江苏、黑龙江和云南代理的3起案件,检察机关都是将认罪认罚的被告人并成一个案件先行起诉和审判,将不认罪认罚的被告人择后起诉和审判。我介入后,都是在第一时间向法院申请并案审理或者同步判决,否则就申请法院整体回避。在这3起案件中,我的申请都发挥了作用,法院并没有将认罪认罚的案件先行判决,而是等待我代理的案件开庭完毕以后同步判决或者先行判决我代理的案件。

**(3) 一审合议庭组成违法。**《人民陪审员法》第16条明文规定,4种情形的案件应当由人民陪审员和法官组成7人合议庭进行审理:一是可能判处10年以上有期徒刑、无期徒刑、死刑,社会影响重大的刑事案件;二是根据民事诉讼法、行政诉讼法提起的公益诉讼案件;三是涉及征地拆迁、生态环境保护、食品药品安全,社会影响重大的案件;四是其他社会影响重大的案件。

如果一审判决不理想,我们可以援引这部法律要求二审法院发回重审。在一些特定的情况下,我们明明知道一审合议庭的组成是违反此法的,但我们会策略性地选择沉默,从而为二审埋下伏笔。

**(4) 公诉人没有出庭资格。**除了《人民陪审员法》,大家还需要注意最高人民检察院于 2023 年出台的《关于上级人民检察院统一调用辖区的检察人员办理案件若干问题的规定》。该规定明确："被调用检察人员以检察官身份代表办理案件的人民检察院履行出庭支持公诉等职责的,应当由办理案件的人民检察院检察长提请本级人民代表大会常务委员会按照法定程序任命为本院的检察员。案件办结或者上级人民检察院作出终止调用决定的,按照法定程序免去其前述检察员职务。"这意味着,检察官未经任命是不得跨区域跨单位出庭支持公诉的。以往在一些大案要案中跨区域调用检察官的现象,如果今后再度出现,律师应当作出法律回应。

（5）**回避**。法官检察官应当回避而没有回避,不仅可以作为上诉的理由,而且可以作为要求发回重审的理由。阐述回避事由应当充分结合法官检察官职业准则和法律司法解释的兜底条款。这里的回避事由可以是一审辩护律师已经提出过的,也可以是二审辩护律师新发现的。

（6）**剥夺辩护权**。包括剥夺或限制当事人自行聘请律师的权利、剥夺或限制当事人自我辩护的权利和剥夺或限制辩护律师质证、辩论的权利。

（7）**证据未质证**。证据没有出示或质证,一旦提出且被证明属实,法院一般都会发回重审,除非这个证据对案件定罪量刑没有什么影响。重要证据没有出示或质证,是非常刚性、非常明显的违法。辩方对于案件证据享有两审质证的权利,如果重要证据一审没有出示或质证,那么二审是很难进行补救的。证人、被害人和鉴定人员应当出庭而没有出庭,性质上跟证据未出示相似。贵州六盘水有一起故意杀人案被贵州省高级人民法院发回重审,主要理由便是重要的证人没有出庭,且鉴定人员经法院通知也没有出庭。我代理过一起虚假诉讼案,存在一份影响定罪量刑的书证,检察机关在一审中根本没有出示却被法院一审判决采信。据此上诉后,二审法院依法将案件发回了重审。

（8）**未进行释明**。如果法院认为检察院起诉的罪名存在错误,可能会变更罪名,那么法院应当主动进行释明并就拟变更的罪名听取控辩双方的意见。如果法院没有这样做,也可以作为上诉和要求发回重审的理由。

**2. 证据**。证据问题既包括不该采信的被法院采信,应该采信的没有被法院采信,又包括应当到案的证据没有到案等。

3.事实。事实认定错误包括客观错误和推理错误两大类。所谓客观错误,指的是法院认定的事实跟客观情况不符。比如法院认定佘某林杀害了他的妻子,但10年后他的妻子活着回到了村庄。所谓推理错误,是指法院在运用证据归纳案件事实时违反了法律的规定,比如没有将存疑利益分配给被告人,又如完全根据被告人的有罪供述认定事实等。

4.法律适用。法律适用主要是指罪名的认定和量刑情节的认定。罪名认定错误主要包括把无罪认定成有罪、把此罪认定成彼罪两种情况。量刑情节的认定错误主要是指法定量刑情节的错误。

5.量刑。事实认定错误和法律适用错误,一般情况下都会导致量刑错误。在事实认定和法律适用均没有错误的情况下,也有很多当事人单纯就量刑问题提出上诉。此外,量刑不仅要关注自由刑更加要关注财产刑。特别是追缴违法所得、罚金和没收财产等刑罚,往往是二审可以发力的领域。

## 五、二审如何促成开庭审理

### (一)申请开庭审理

申请开庭审理现在已经变成了刑事律师二审辩护要解决的第一道难题。如果不开庭,绝大多数情况下,案件结果都是不理想的。为了实现发回重审或者直接改判的目标,申请开庭审理是律师介入二审辩护后要做的第一件事。

1.及时撰写和提交开庭审理申请书。我的做法是在向二审承办法官递交委托手续的时候,同步递交一份开庭审理申请书。开庭审理申请书不能只讲以审判为中心、司法亲历性等空泛的大道理。

开庭审理申请书重点要就证据和事实部分存在的问题进行论述。不仅要有理有据地指出一审判决在证据采信和事实认定方面存在哪些错误,而且要指出正确的认定结论是什么以及一审判决中的证据和事实错误对案件的最终判决产生了怎样的影响。在此基础上，律师可以充分论述二审开庭审理的必要性以及书面审理无法解决哪些存在的问题。

邮寄完开庭审理申请书后，律师要记得主动和法官进行沟通。我有一个职业习惯，在向法官、检察官或者警官寄送材料后，一般会给他一段消化、思考或者汇报的时间。在估摸好时间后，我会打电话跟进沟通。询问对方有没有收到材料？对律师申请是什么态度？借此机会，还可以进一步口头强化我们的理由，促使办案人员同意我们的申请。即便办案人员不同意，我们也可以知道办案人员的想法，研究思考后续的应对举措。总之，不能寄送一份书面申请就算完事，一定要有后续的跟进沟通。

2. 如何应对法官催交辩护词。很多地方的法官在收到律师的二审请求后，都会催促律师递交书面辩护意见。有的法官甚至限定期限，要求律师在一定时间内递交辩护词，否则视为没有辩护意见或拒绝发表辩护意见。面对法官催交辩护词的要求，律师该怎么应对？

我一般会直接告诉法官，我不同意提交辩护词。因为我已经申请开庭审理，我的辩护意见应该在庭后提交，或者是当庭发表。现在还没有开庭，我还没到提交辩护词的时候。第一轮交锋一般就是这样。有些法官这时候会委婉地表示，是否开庭要等看过书面辩护意见后再由合议庭决定。这种情况下，我们可以进行第二轮交锋。我们可以告诉法官，开庭审理此刻就是律师最重要的辩护意见，合议庭应当先行讨论或回应律师的此一程序要求。此后，律师可以采取多种措施促使法院开庭审理。但如果法官态度非常坚决，律师还是应当提交一份书面辩护意见。少数律师主张，此时律师应当坚持拒绝提交书面辩护意见。这种主张是不可取的。原因在于，现行法律规定了书面审理这样一种审理方式。如果律师拒绝提交书面辩护意见，形同律师拒绝为当事人辩护，非但会白白浪费发表辩护意见的权利，而且可能会导致律师被法院或当事人投诉。

怎么办？我的做法是先向法院提交一份简要的庭前辩护意见。二审庭前辩护意见的第一部分是一审判决存在的问题或错误;第二部分是案件开庭审理的必要性,之前开庭审理申请书的内容在庭前辩护意见中可以再次有所体现;第三部分是向法院重申详细的辩护意见会当庭发表或开庭之后提交。庭前辩护意见务必要简明扼要、点到为止,只说观点不进行展开。当然,对于促成开庭非常重要的论点,也可以适当展开。总之,我们要让法官感受到我们出具的不是完整的辩护意见。出具庭前辩护意见后,我们应当继续争取开庭审理的机会。如果最后还是争取失败,那么律师应当寄送完整的书面辩护意见并要求当面跟法官沟通、当面表达辩护观点。

3. **辩护人和家属需要通力配合**。申请开庭审理不仅是辩护人的事情,还是当事人及其家属的事情。我始终有一个观点,在疑难复杂的重大案件中,刑事辩护实际上是控辩双方综合能力的较量。这有点像在战场打仗,不仅需要前线的火力,还需要强力的后勤保障,是综合实力的整体比拼。除了辩护人全力申请开庭,当事人自己包括家属也应当向法院申请。甚至辩方证人也可以提出申请要求出庭作证。在有些案件中,被害人也可以为申请开庭提供助力,比如向法院申请出庭说明情况。这里的"被害人"当然是加引号的,是检察院起诉认定的,但在辩方看来根本没有"被害"。

### (二)多措并举促成开庭审理

如果常规的沟通还不足以促使法院开庭审理,那么我们有时候就必须想一些其他方法、做一些其他工作。必要时,甚至要进行适度的庭外辩护。

1. **辩护人主动收集并提交新证据**。二审有新的证据出现,是促使法院开庭审理非常重要的理由。刑事案件中的"新证据"不同于民事案件,收集的时间并不是关键,有没有在一审法庭上举证质证才是关键。当然,新证据要对案件事实认定和法律适用有实质性影响,否则法院仍然可以不开庭。

2. **递交其他的书面申请**。我们并不仅是提交一份开庭审理申请书,常常还会附带地提交一系列其他申请。比如排除非法证据申请书、证人出庭作证申请书、鉴定人出庭作证申请书、侦查人员出庭说明情况申请书、重新鉴定申请书、重新审计申请书、排除非法证据申请书、调取证据申请书等。这些加码的申请，对开庭可能会起到促进作用。

**3. 有策略性地帮助减轻或者消除法官的担忧。** 刑事律师有时候需要学会换位思考。比如涉黑涉恶案件对法院资源挤占很厉害。特别是当律师进行激烈辩护时，开庭动辄一个月甚至几个月。有时候法警不够用，还需要向其他法院借调。有些案件开庭时，整个法院其他业务庭都要让步，所有后勤保障都围绕这一个案件。我曾经代理过两起涉黑案件，都是检察长担任公诉人，院长担任审判长。庭审历时数周，法院、检察院的很多工作都为此让路。我们可以想象，如果二审再重新来一遍，很多法院确实会存在各种顾虑。这些顾虑是有现实依据的。我个人始终信奉一个原则：为了公平正义，哪怕山崩地裂。为了追求司法公正，必要的代价或成本是值得的。但现实状态下，很多法官会有更加现实的考量。这时候，辩护人千万不要"一根筋"，而是要学着换位思考。

**（1）保证不会闹庭。** 我前面说过，职务犯罪案件二审开庭的比例是很低的，但是近几年我代理的职务犯罪案件，二审基本都实现了开庭审理。比如我在江苏代理的一起受贿案，一审庭审辩论非常激烈，一个受贿罪名开了两次庭总计历时5天。该起案件上诉时，二审法官很担心当事人开庭时会闹庭，也担心律师会对案件进行"炒作"。对此，我们和法官进行了坦诚沟通，承诺会做好当事人工作，确保控辩双方利用庭审机会摆事实讲道理，打消了法官的顾虑。后来法官同意开庭，庭审场面依旧非常火爆激烈，审判长多次警告如果上诉人行为过激，法院会立即中止开庭审理并转为书面审理。但是最终，这起案件还是公开开庭审理完毕并且实现了二审改判。

**（2）同意部分上诉人出庭。** 有些案件有多个被告人，涉黑涉恶或涉众型案件甚至有几十、上百个被告人。可能只有部分被告人上诉，也可能只有部分上诉人要求开庭，或者只有部分上诉人的律师要求开庭审理。如果律师主动提出只要求部分上诉人到庭，实行开庭审理和书面审理相结合，那么就会大大降低二审法院的开庭难度。

（3）仅针对有争议的事实进行庭审调查。一些传统意义上的"大案"，如果要求法官二审时把所有的罪名、事实全部进行法庭调查、法庭辩论，法官可能会畏难。如果律师主动提出，仅开庭调查某些罪名或某些事实，那么法官的后顾之忧会减轻很多。

（4）替法官分析利弊。刚才3种情况都是替法官分忧，必要的时候我们还需要向法官施压，向其陈清利弊得失。开庭可能会有一些麻烦，可是不开庭同样会有各种麻烦甚至麻烦会更大。陈清利弊，让法官两害相权取其轻。

4. 要求告知合议庭组成并申请回避。书面审理仍然是合议庭审理，而不是某一个法官独任审理。我们不能只和承办法官沟通，每位合议庭的组成成员都是我们的沟通对象。我们可以采取"农村包围城市"的战略，向每位合议庭成员都递交开庭申请并都进行沟通。如果承办法官不同意开庭，我们一定要申请他告知合议庭成员和书记员信息，因为我们有申请其回避的权利。如果不告知合议庭组成，相当于剥夺了辩方申请回避的权利。

5. 充分利用阅核制和"四类案件"监督管理机制改革，向庭长和院领导反映。阅核制是新近才有的说法，但却是有相关文件支持的。"四类案件"监督管理机制几年前就出台了，这些案件院庭长是有权干预和监督的。既然院庭长有权干预和监督，那么我们在争取开庭这个问题上为什么不向他们反映呢？

简单说一下"四类案件"。第一类是重大、疑难、复杂、敏感的案件。这个定义相对比较宽泛，涉黑涉恶案件一般就属于这一类。第二类是涉及群体性纠纷或者引发社会广泛关注，可能影响社会稳定的案件。第三类是与本院或者上级人民法院的类案裁判可能发生冲突的案件。这类案件通过充分的案例检索就可以识别和应对。第四类是有关单位或者个人反映法官有违法审判行为的案件。这个条款为我们提供了强有力的武器：只要法官在审理过程中存在违法行为，当事人、家属和律师都可以向法院反映，都可以请求院领导进行监督。

6. 跟承办检察官或检察院领导反映。有时候法官不同意开庭，给出的理由是检察官认为没必要开庭。因此,我们非常有必要跟检察官沟通,向检察院争取。作为刑辩律师,所有我们能想到的办法都不能轻易放弃。我个人有这方面的成功案例。比如2021年在山东有起案件,经过反复沟通,法官依然不同意开庭审理。我们转而去和检察院沟通,最后检察院也建议该案开庭审理。控辩双方都要求开庭审理,法院最终进行了开庭审理。

7. **申请鉴定机构、审计机构或测绘机构撤回鉴定意见、审计报告或测绘报告**。这是一种"曲线救国"的策略。有些案件在一审判决中采信了鉴定意见、审计报告或测绘报告。二审期间,我们可以尝试制造证据变化。例如,如果我们能找到鉴定意见中存在的问题,就可以申请鉴定机构撤回其出具的鉴定报告。即便鉴定机构不同意撤回,如果他们书面承认鉴定过程中存在违法或问题,那么我们也可以将鉴定机构的答复作为新证据提交给二审法院,促使法院开庭审理。

8. **申请鉴定机构、审计机构或测绘机构的主管部门履行监管职责**。申请前述机构自己撤回报告,他们可能不会同意。这时我们可以申请这些机构的主管机关对其出具报告过程中存在的违法行为进行调查处理,并督促其撤回。向行政主管部门提交履行法定职责申请书,如果主管部门不作为、搪塞敷衍,我们是可以提起行政诉讼的。我个人有好几起案件都是这么操作的。提起行政诉讼的最大问题是时间上很可能来不及。有可能诉讼尚未提起,或者虽然提起但还没开始审理,刑事案件的上诉已经被驳回了。解决的办法之一是,提起行政诉讼时同步申请刑事案件中止审理。

9. **申请政府信息公开**。我曾经代理过一起被控环境污染罪案,环境损害评估机构在测定水污染指标的时候,涉及案涉地块的水功能划分。案涉地块的地下水是生活用水、工业用水还是农业用水,决定了评估机构需要参照的指标。在那起案件中,案涉地块的水功能划分直接决定了当事人的罪与非罪。我们当时向辖区的农业农村局、水利局、生态环境局都申请了政府信息公开,要求公开案涉地块的地下水功能划分。又如在一些涉黑案件中,案件还没判决,涉案企业就被相关政府部门接管。此时,我们可以申请接管单位公开相关的接管手续和具体接管依据。如果没有合法的手续和具体的依据,接管行为就是违法的。

**10. 去政法委、纪检监察、警务督察等部门投诉或反映**。这就是有些律师同行所称的庭外辩护。坦率地说,庭外辩护相较于庭内辩护存在一定的风险。所以要不要去做这件事,取决于律师的风险判断和家属期望。我个人认为,一名优秀的律师通过正常途径向有关部门反映案件的真实情况和办案机关存在的问题,和平地进行庭外辩护是完全合理合法的。我自己在很多案件中通过庭外辩护取得了不错的效果。

## 六、二审如何进行有效辩护

### (一)二审辩护目标的设定

刑事辩护一定要有目标感,不能漫无目的地乱辩、瞎辩。举个不恰当的例子,不能像在一间屋子里面拉黑了灯,然后没有方向地乱撞,撞到哪儿算哪儿。刑事律师一定要对案件进行综合评估,制订切实可行的目标,然后朝着这个目标去努力和辩护。

二审的辩护目标肯定是改变一审的判决,实现方式就两个:要么发回重审,要么直接改判。现在我们做无罪辩护的案件,很少有二审法院会直接改判无罪,一般都是发回重审。发回重审的理由主要包括两个方面:一是程序违法;二是事实不清或证据不足。仅针对法律适用或量刑进行辩护的案件,二审直接改判的可能还是存在的。

**1. 以程序违法为由要求发回重审**。需要二审发回重审进行补救的程序违法通常是比较严重的程序违法。比如管辖、回避、合议庭组成违法、检察官没有出庭资格、重要证据未出示、未依法进行释明、严重剥夺辩护权等。以违法剥夺当事人或律师的辩护权为例,肯定要严重到一定程度才会导致二审发回重审。不会因为律师在法庭上讲话被法官打断或者当事人发表质证意见被法官批评,就可以据此要求发回重审。只有当对辩护权的剥夺达到了影响案件实体或程序正义的时候，比如不允许当事人或家属委托律师、没有通知辩护律师到庭、没有提前3天通知庭审、被告人没有进行最后陈述等，二审法院才会发回重审。

**2. 以事实不清或证据不足为由要求发回重审。** 根据《刑事诉讼法》的规定，对于事实不清、证据不足的案件，二审可以查清后直接改判，也可以发回重审。但是现实中，二审法院如果认为一审事实不清、证据不足一般都会发回重审。我几乎每年都会收到几份发回重审的裁定书，理由基本都是事实不清、证据不足。那么，我们怎么样才能让二审法官认为一审判决事实不清、证据不足呢？我总结了3种情况。

（1）**对重要证据的合法性、真实性提出疑问。** 这种疑问可以是一审已经提出来的，也可以是二审才发现的。这种质疑应当具体，而不能是泛泛之论。

（2）**收集并提交可动摇或可证伪一审认定事实的新证据。** 比如我在山东代理的一起案件中，二审期间我们自行收集到了当地政府出具的证明材料，为促成二审发回重审发挥了重要作用。又如我在江苏代理的一起受贿案，二审介入后我们对部分行贿人制作了调查笔录，成功地促成了二审发回重审。

（3）**提出另一种事实真相的合理可能性。** 在一些案件中，谁是凶手扑朔迷离。辩护律师有时不仅要说服法官相信当事人不是凶手，还要帮助法官分析凶手可能是谁。比如我代理的一起投毒杀人案，我们查阅了很多资料，得出该案中数名被害人中毒身亡有可能是源于当地的鼠药泛滥导致的水流污染，而非有人故意投毒。有些故意杀人案尸体没找到或者尸体被处理过，没办法对死亡者的身份、死亡时间或者死亡原因进行法医鉴定，根据在案证据根本得不出唯一、确定的结论。此时，律师必须提出其他的合理可能性。照理，律师只负责辩护不负责侦查。但有时候，进攻是最好的防御，调查是最好的辩护。律师除了要论证犯罪行为不是我们的当事人实施，还要进一步论证确实存在其他人作案的可能。

**3. 要求法院直接改判。** 法律适用问题，比如对罪名认定或法定量刑情节的认定,二审法院都可以直接改判。如果对一审认定的事实或法律适用都没有异议,仅针对量刑提出上诉,二审也可以直接改判。如果追求直接改判,二审既可以做无罪辩护,又可以做罪轻辩护。

有些大学教授经常拿法院无罪判决率低来劝告律师不要轻易选择无罪辩护。这个观点我非常不认同。众所周知,当前法院无罪判决率低有各种各样的复杂原因,并不代表检察院起诉的案件真的就罪行确凿。律师应当根据证据和法律去判断案件的罪与非罪,而不是一味地迁就法院的低无罪判决率。如果律师都消极适应,不去努力争取和改变,那么无罪判决率就不可能有提高的一天。我的观点跟这些大学教授的相反,只要是客观上无罪的案件或者有无罪希望的案件,律师都不应轻易放弃做无罪辩护。律师做无罪辩护,除了真正地追求无罪结果,有些案件还可以把无罪辩护作为量刑的博弈筹码。

罪轻辩护包括变更较轻的罪名、拿掉部分指控事实、增加有利的量刑情节、去掉不利的量刑情节等。量刑辩护,有时还需要充分检索类案,从全国或当地过往类案的量刑着手。如果当事人是主犯的,辩护律师可以从全案不同被告人的量刑均衡着手。如果当事人是从犯的,辩护律师可以从全案不同被告人的量刑落差着手。不挑战事实认定和法律适用,仅挑战一审量刑过重,有时也能取得意外的效果。

### (二)二审开庭审理的庭审应对

1. **可以当庭重申、修改、增补上诉理由**。法官在开庭时,一般都会询问当事人上诉理由是什么,有时候还会问辩护人有没有补充。如果上诉状写得比较全面,我们可以直接宣读上诉状。如果上诉状写得比较简单或者上诉理由已经发生变化,那么当庭可以重新或详细阐述上诉理由。刑事案件的上诉状就是为了引起二审程序,上诉理由是可以当庭重新组织或重新阐述的。这一点跟民事案件的上诉是不完全一样的。

2. **要求宣读一审判决书**。很多人认为,宣读一审判决书费时且没有必要。

原因是,所有诉讼参与人手上都有。我的观点相反。我认为当庭宣读一审判决书非常有必要,理由有以下几点。

(1) **主审法官看过不代表合议庭成员都看过**。二审的合议庭不是1个人,而是有3个人。主审法官看过一审判决书,另外两位法官庭前还真不一定看过。主审法官宣读一审判决书,有利于合议庭的另外两位法官了解案情,有利于提高庭审效果。合议庭成员如果连一审判决的内容都不清楚,坐在审判席上连控辩双方在讲什么都缺乏背景了解,很难想象如何通过庭审说服他们。

(2) **有利于上诉人梳理自己的争点**。通过听取法官宣读,上诉人和辩护人都可以趁机再次梳理自己对一审判决书中哪些内容不认同。宣读判决书可以为上诉人和辩护人提供预热的时间,有利于帮助辩方更好地进入庭审状态。

(3) **有利于旁听人员更好地旁听**。旁听人员如果对一审判决内容不了解,很难听懂整个庭审过程。反之,如果法官宣读了一审判决书,不仅可以帮助合议庭更好地归纳庭审争议焦点,而且可以帮助旁听人员更快弄清案件的来龙去脉。

3. **针对一审判决和上诉理由进行有针对性的发问**。二审的发问肯定和一审不一样,没必要从头到尾把每个细节全部过一遍。二审要重点围绕一审判决出错的部分和上诉理由进行有针对性的发问。一审判决没有认定的事实可以不必发问,一审判决中没有异议的部分也没必要发问。

4. **针对一审判决认定的事实和采信的证据发表异议**。法官询问对一审判决事实是否有异议时,律师一定要辅导当事人简明扼要、直截了当地给出回答。我一般会在临近开庭时会见当事人,跟其详细核对一审判决书中"经本院审理查明"的事实部分存在哪些问题。在判决书上标注清楚,用阿拉伯数字编好顺序,开庭时直接回答"我有几点异议:第一点,第二点,第三点"。对证据的异议也是一样,需要明确、清晰地告诉法官。对于一审已经出示过且双方没有争议的证据,二审法院原则上不会重新组织举证质证。

二审庭审中,律师不仅可以针对一审判决所采信的证据发表质证意见,而且可以对法院应当采信而没有采信的证据发表质证意见。我们都知道,一审判决书对证据肯定是会筛选的,不可能把每个证据或者每个证据的完整内容都写上,判决书列举的证据都是为最终判决结论服务的。那就意味着很多证据以及很多证据之间的矛盾,判决书是没有体现的。因此,一审判决列明的证据,如果内容存在裁剪、遗漏或者法官理解存在错误或者证据之间存在矛盾,都是律师二审应当当庭质证的重点。有些证据一审律师发表了质证意见,二审可以重申、完善、补强或者修正。总之,针对一审判决认定的事实和采信的证据发表异议时,不要追求面面俱到,而是要抓住重点,服务于我们的诉讼目标。

**5. 善于运用逻辑的力量**。驳斥一审判决中的错误,尤其需要运用逻辑的力量。

(1) **指出一审判决的逻辑及其谬误**。我们得先搞清楚一审判决的逻辑,搞清楚公诉人指控时是怎么推理的。这个逻辑没有搞懂、脉络没有打通,二审辩护很难抓住要害。我本人在二审辩护时,一般会先把一审判决的逻辑指出来,比如支持一审判决的逻辑是什么或者一审判决的逻辑线是怎样的,在此基础上再逐一分析一审判决逻辑在哪里出错了。

(2) **指出一审判决中的自相矛盾之处**。在司法实践中,有些逻辑上的矛盾是可以用法律规则来进行合理解释的,但有些逻辑矛盾是没办法进行合理解释的。比如著名的辛普森案,辛普森在刑事案件中是被判决无罪的,但是在民事案件中又被判决承担赔偿责任。前文提到的跨境开设赌场案,检察院二审抗诉出庭的检察员就指出一审判决中有自相矛盾的地方。检察员认为,一审判决认定主犯仅在某一个赌博站点,在某一个时间段内有非法获利。在这个时间段之前,没有认定非法获利。但是在判决员工的时候,该员工在前述时间段之前就有收入和工资。检察员所说的这种矛盾从形式逻辑上看,好像确实存在,但是从法律规则特别是证据规则的角度看,其实并不矛盾。因为法律事实是根据现有证据按照有利于被告人的原则进行认定的。律师要像那位检察员一样,要善于找到一审判决中的自相矛盾之处,以其之矛攻其之盾。

(3) **运用反证法和归谬法,透过现象看透本质**。思维是非常奇妙的东西。很多事情如果只看表象,往往觉得很有道理,但是如果能够透过现象看到本质,结论往往会有所不同。

(4)**充分比对公检法文书的异同**。起诉意见书、起诉书和一审判决书中的差异往往能给我们提供很好的辩护视角。比如我代理过一起虚假诉讼案,公检法的结论都是当事人故意隐瞒债务已经全部清偿的事实,再度提起诉讼要求对方还债。但是在债务是用什么方式清偿、在什么时间清偿以及如何全部清偿等关键问题上,公安、检察、原民事案件一审法院、原民事案件二审法院和虚假诉讼刑事案件一审法院的认定各不相同。这种巨大的差异,不仅导致债务是否全部清偿存在事实不清的情况,而且导致当事人主观上是否存在"明知而故意隐瞒"的情形同样事实不清。如果不同的司法机关认识都不统一,如何推定当事人主观上就一定明知?律师在辩护时应当充分强调这些差异和矛盾。

### (三)二审书面审理的辩护应对

如果未能争取到开庭审理,书面审理同样需要律师高度重视。书面审理并不等于不审理,律师仍然有其要做的工作。

1. **撰写高质量的书面辩护意见**。不开庭,那么辩护词必须写到位。书面审理直接减刑的案件,我也遇到过。我在贵州代理的涉黑案件和在安徽代理的恶势力犯罪集团案件,二审都没有开庭但都实现了减刑。回过头看,当时的辩护意见有约一半的篇幅都是围绕量刑过重和量刑失衡展开的。

2. **当事人向法官充分发表自辩意见**。根据《刑事诉讼法》的规定,如果采取书面审理,法官需要询问当事人,听取当事人意见。因此,律师要对当事人进行必要的辅导,使其充分利用好这次询问的机会,把自己的自辩意见充分地说给法官听,而且要督促法官将当事人的自辩意见记入笔录。

3. **律师要争取与法官检察官当面沟通**。虽然不开庭,但是律师可以到法官和检察官的面前,向他们当面发表辩护意见。以我的个人经验,大部分法官检察官是愿意当面听取律师辩护意见的。遇到少数不愿意见面的法官检察官,可以把提交书面辩护词和当面沟通捆绑起来,即法官同意当面沟通,才提交书面辩护词。如果遇到实在不负责任的法官,可以进行必要的投诉和反映。

### (四)二审辩护意见的撰写技巧

1. 二审辩护意见的黄金结构。我认为可以分成 4 部分:第一部分写一审中的程序违法;第二部分写一审判决中的证据和事实问题;第三部分写一审判决存在的法律适用错误;第四部分写二审应当依法改判的内容。按照这个结构撰写文书,基本上可以做到思路明确、条理清晰。如果涉及多个罪名,也可以将每个罪名单独分开撰写。

2. 二审辩护意见的核心指向。一审辩护词针对的是起诉书,二审辩护词针对的是一审判决书。起诉书大多非常简略,而判决书要翔实很多。针对一审判决书,我们要做到补漏、纠错、澄清。

(1) 补漏。该认定而没认定的事实,该采信而没采信的证据,该确认而没确认的情节,辩护词都要集中指出。比如于欢辱母案,一审之所以判决无期徒刑,是因为只考虑了于欢拿刀刺人并导致一人死亡的事实。于欢刺人之前,对方的辱母情节没有认定。二审之所以改判为 5 年有期徒刑,是因为增加认定了于欢刺人之前,对方的辱母情节。一审判决书漏掉的事实,辩护词就要帮它补上去。

(2) 纠错。同样以于欢案为例。一审认定为故意伤害致人死亡,二审改判成防卫过当。律师发现一审判决存在错误,要勇于在辩护词中纠错。

(3) 澄清。一审判决书中语焉不详或存在歧义的部分,在辩护词中要进行澄清、解释。有些案件存在法外因素或权力干预。二审辩护意见也应当予以指出并据此分析一审判决出错的原因。

3. 二审辩护意见的语言要求。法律语言一定要简洁,不重复。很多人关心辩护词的篇幅是越长越好还是越短越好。有法官出身的刑辩律师就公开说,辩护词写长了法官不愿意看。辩护词长短要看案情,不能一概而论,既非越长越好亦非越短越好。关键是要把问题说清把道理讲透。写长了法官不愿意看,那是法官的问题。辩护律师要确保的是,如果法官愿意看,一定要让他有内容可看。如果辩护词篇幅较长,一定要采取必要的技术手段,方便法官快速接收或提取辩护观点。

总之,二审辩护难度很大,但不代表律师就可以心安理得地无所作为。我在某地代理的一起拆迁补偿诈骗案中,一审法院以诈骗罪判处当事人10年有期徒刑。二审介入后,我通过书面申请、当面沟通等方式向法官申请开庭审理。法官没有同意,二审书面审理,裁定驳回上诉,维持原判。但是因为这起案件确实错得太过离谱,我决定免费为当事人代理申诉。历经数年的努力,案件在该省高院申诉成功,最终改判无罪。

最后,我想和大家分享一句话:最美丽的花朵往往开在最陡峭的悬崖之上,优秀的刑事律师要有偏向虎山行的勇气和韧性,不到最后一刻绝不能轻言放弃。刑事律师应加强对庭审程序的研究和对庭辩能力的锤炼,穷尽努力让法院审判发挥应有的作用。

# 第十四堂

# 如何提高写作能力

在这个系列课程中,我特意增加了写作的内容。虽然常言道,武无第二文无第一,但写作水平的高低还是肉眼可以分辨的。好的写作除了要有天分和灵性,后天的学习和训练也是必不可少的。作为法律人,要把提高写作能力作为自己一生的必修课。

## 一、写作水平决定了律师的职业上限

### (一)写作是律师的基本功

文字写作是律师的主要工作方式。文字写作不过关,律师工作几乎举步维艰。之所以这么说,我总结了5个方面的理由。

(1)司法是语言的艺术,离不开写作。不论是起诉状、上诉状、律师代理意见还是法院的裁判文书,都要以书面形式进行表达。离开了文字写作,司法程序很难推进。

(2)律师的本职是说服,离不开写作。律师的说服既包括口头说服又包括文字说服。司法实践中,文字说服比口头说服更加有效,文字表达比口头表达更加重要。

(3)规则的制定与适用,离不开写作。规则可以大到一个国家的立法,也可以小到一家单位的规章制度。比如企业起草公司章程、制定规章制度都离不开写作。

(4)契约的起草与履行,离不开写作。现代社会是契约社会,个人之间、企业之间都是通过缔结契约来进行经济交往。契约不仅是社会交往发生的重要依据,而且是社会纠纷化解的重要依据。合同、协议的起草水平,在很大程度上是由律师的写作能力决定的。

(5)人际的交往与沟通,离不开写作。人际交往既有口头交往,又有文来文往。特别是律师工作中的人际往来,需要大量的书面函件和书面沟通。

### (二)写作能力可助力律师职业发展

很多人认为律师职业最重要的是口才。口才当然很重要,但是写作比口才更重要。我认为良好的写作能力对律师职业有五大方面的助力。

(1)可以助你脱颖而出;超越同辈。青年律师执业初期,基本都在同一个起跑线上。但是三五年过后,赛道和差距就开始显现。谁能脱颖而出,跑在前面?文字写作是一个非常重要的方面。法律功底说到底还是要通过法律文书来体现,一份出色的法律文书可以让你迅速脱颖而出。律师助理可以从事很多工作,但只有文书写作是分量最重,也是难度最大的。一旦有了良好的文字写作能力,在团队中的价值就会倍增,在团队中的机会也将会多于别人。

(2)可以助你弯道超车;超越前辈。任何一个行业,都不是年龄越大成就越高。虽然律师行业需要经历漫长的积累过程,青年律师的成就一般而言要低于中老年律师,但是有志向、肯努力的青年律师完全可以弯道超车、超越前辈。有的人做了一辈子的衣服仍只是一个名不见经传的裁缝,有的人只做了几件衣服就成了时装设计师。同样是做衣服,差别在于创造性。做律师也是同一个道理,文字写作可以助力青年律师弯道超车。

(3)可以助你获得认同;赢得客户。法律文书是律师专业水平的集中反映。

如果一份法律意见书或一份合同错别字连篇、病句连连或者词不达意,很难获得客户认可。这样的文书出来后,客户对律师的信心有可能会动摇。反之,如果律师给客户呈现的是一份制作精美、格式清新、语言流畅、措辞严谨的文书,客户的信心和认同立即就会油然而生。特别是诉讼案件,律师不能决定结果,我们要通过法律文书让客户看到律师的付出,要通过法律文书赢得客户的认同和尊重。

(4)**可以助你提高影响:赢得尊重**。文字能传播多远,你的影响力就能延伸多远。不要看不起文字的力量。历史地看,文字的影响力远超越刀剑。哪怕是一座沾灰的图书馆,也能向世界深处散发它的力量。中国人讲立功、立言、立德,立言的层次比立功还要高。律师把案件办好可以视为立功,律师在办案之余的著书立说可以视为立言。一名律师要形成自己持久的影响力,要赢得社会的广泛尊重,仅靠办理几起热点案件、蹭几个微博热搜是远远不够的。观点输出和价值关怀,才是律师真正的影响力。

(5)**可以助你树立权威:赢得地位**。各行各业的从业者,靠什么树立权威?一名律师,凭什么认为自己是细分领域的权威?是靠律师在法庭上的辩论和表现,还是靠律师跟当事人、司法机关的沟通?我认为都不是。著作、论文、代表性的辩护词和代理意见,这些付诸文字的成果是最有分量的,也是最有说服力的。

## (三)文字写作无小事

疫情期间,某著名学府的一位中文系教授因为100多字的微博被找出了10余处语法错误登上了微博热搜。事情起因是我在微信朋友圈看到一位律师同行的修改图片,觉得有趣便转发到了微博上。不料引起了新闻媒体的关注,并且引起了网友的广泛讨论。网友批改的这10余处错误,我倒未必全部认同。但翻阅该名教授发布的多篇微博,确实发现存在非常普遍、严重的语法问题。微博不是论文、法律文书,当然可以随心随性,没必要字斟句酌。但微博是公共表达平台,实名认证为大学中文系教授在网络上进行公共表达总得顾及基本的门面。表达风格可以各异,但表达规范是有底线的。没有人会在发微博时故意写病句,如果一个人的微博几乎每篇都有病句,那么只能说这个人的日常写作水平和写作习惯有问题。

无独有偶,这个事件发生不久,深圳一家律师事务所因为错别字被当地证券监督管理局现场检查和责令整改。原因是,该律师事务所在为一家上市公司出具法律意见书时将"临时股东大会"写成了"临死股东大会"。经过整改后,该律师事务所出具的法律意见书仍然存在明显的标点符号错误。当地证券监督管理局对3名律师采取了出具警示函的监管措施,社会各界对该律所和该律师的专业水准也产生了强烈质疑。也许在部分人看来,这不过是一个错别字的事情,但对于这家律师事务所和这3名律师来说,这个错误犯得不可谓不严重。说到底,还是日常写作不够严谨,没有养成修改、校对的习惯。

教授微博事件引发讨论后,律师同行大致分成了两派。一派认为,即便是中文系教授,在微博上写作也无须较真,看得懂意思即可,较真者过于无聊;另一派认为,身为知名学府中文系教授和实名认证的微博大V,对文字表达应当有起码的敏感性。一句话是否通顺,在写出来的时候自己就有感觉。病句连连对社会并非好的示范。于我个人而言,即便是发微博也会自己默读和检查一遍。法律工作是非常严谨的,形成检查和校对的习惯是必要的。换位思考,假如我是客户,看到律师的微博到处都是病句,也会影响我对他的印象和评价。我会怀疑,这名律师工作时会严谨仔细吗?对于律师而言,写作无小事,马虎不得。

## 二、法律文书的功能价值和形式要求

### (一)法律文书的功能价值

**1. 用法律文书表达律师观点**。这是法律文书最基本的功能。我一直要求我的团队在写作法律文书时,要用通俗易懂的表达方式,能够让办案人员看得懂。一篇文书如果云里雾里,让人摸不清头绪,肯定不是好文书。

2. 用法律文书节省办案人员时间。律师的法律文书不是要浪费办案人员的时间,而是要节省办案人员的时间。怎么节省办案人员的时间呢?法官判案也要把案件当中的证据问题、事实问题和法律适用问题搞清楚。如果律师能把法官关注的点都有理有据地呈现出来,把法官关注的证据都摘录、梳理出来,把案情时间轴、人物关系图、资金流向图都用图表呈现出来,把可能需要适用的法条、判例都附在文书后面,把学术界权威学者的理论观点和学理解释都罗列出来,那么法官完全可以把律师的法律文书当成自己的办案工具。法官在阅卷和撰写判决书时,可以时不时地翻阅一下律师文书,甚至在写判决理由的时候可以直接援引律师文书中的观点。如果一份律师文书能对法官办案起到帮助和促进作用,那么这份文书就能帮助法官节省办案时间,就能对案件处理结果发挥积极的影响作用。

3. 用法律文书赢得他人的认可和尊重。很多人经常讲法律职业共同体,这并不是指大家都学过法律,都是法学院毕业,经常在一起吃吃喝喝。这不是法律职业共同体的精髓。法律职业共同体的精髓是彼此有共同的语言和共同的思维,在专业领域可以彼此理解、彼此认可、彼此尊重。专业能力、法律文书就是很重要的纽带。前段时间某地高院一名法官主动打电话告诉我,称赞我为当事人撰写的一份再审申请书质量很高,并且表示看得出律师非常认真负责并且法理水平很高。我做检察官的时候,曾经撰写过一篇抗诉书,中级人民法院的院领导看到后专门打电话给市检察院的院领导,问询这篇文书出自何人之手,直言这是这么多年他看到过的最好的文书。后来市检察院把我的这篇抗诉书作为范文供全市检察系统学习,并且这个案件的抗诉也获得了成功。高质量的法律文书不仅能赢得法官、检察官的尊重,而且可以赢得委托人、当事人的信任和认可。高质量的客户能从文书中看到律师的专业水平和敬业程度。

## (二)法律文书的共性特点

1. 公文性。如果从国家公权力的角度来讲,律师写的法律文书毫无疑问属于私文书。因为它不是公权力机关出具，不需要加盖公权力机关的公章，也不具有强制法律约束力。但是对于律师而言，要把法律文书当作公文来写。因为这不是私人之间的事情，不是一些无关轻重的生活琐事。律师是在适用法律，是在影响他人的生命、自由、财产、名誉和清白，所以一定要按照公文的标准来写作法律文书。

2. **法律性**。法律文书当然要有法律性，法律性的突出特征是法律概念、法律术语和法律推理。法律概念是最为严谨的，一个字都不能改动。比如正当防卫不能写成正当自卫，首要分子不能写成首号分子。法律推理的核心是法律解释，律师的法律文书往往要展现法律推理的过程。

3. **说理性**。法院的裁判文书可以不说理，但律师的法律文书必须说理。裁定书可以几乎不写理由，复述完一审判决之后直接裁定：驳回上诉，维持原判。如果非要加一句理由，往往是：经查，律师的辩护意见与事实不符，没有法律根据，不予采纳。律师没有公权力，不可以决定案件结果，只能试图影响那些能决定案件结果的人。律师的价值不在于说了算，而在于说得对。不说理或者说错了理，律师的作用就无从发挥。

4. **信息性**。为什么要强调法律文书的信息性？因为律师法律文书的目标是向法官、办案人员传递有效信息。信息性就要求律师必须把有效信息简单、直接、无歧义地传递出去，让司法人员能够容易接收、识别、理解。如果法律文书的观点不鲜明、重点不突出，有效信息就会被大量的无效信息淹没和覆盖。我们不能指望司法人员鸡蛋里面挑骨头，从几万字的辩护意见中自行总结出有效辩点，也不能指望司法人员事无巨细地不遗漏每个重要的辩点。信息性还要求措辞准确，不能给人模棱两可的不同理解。如果一篇辩护词让人读完后，还看不出律师是无罪辩护或是罪轻辩护，那么这篇辩护词在某种程度上就达不到应有的辩护效果。

### （三）法律文书的形式要求

1. **装订美观**。我的团队，对文书的装订有着非常明确和严格的要求。凡是超过 2 页的,都必须装订,不允许散放。订书机要在左上方和左下方分别钉一枚钉子,不允许只在左侧中间位置或者左上角位置钉一枚钉子。如果文书超过 10 页,必须单独制作封面。如果文书超过 30 页,还必须制作目录索引。关于页码标注,我的团队要求是:凡是超过 2 页的就必须标注页码。页码最好要标注在页面底端中间位置,这样既不容易被钉着,又不容易被磨损涂污。不要简单地标注第 1 页、第 2 页或第 3 页,而是既要显示当前页又要显示总页数。典型的页码标注方式是:1/2,显示总共 2 页,当前是第 1 页。如果中间少了一页,很容易就能发现。页眉也不要空着,比较规范的做法是:页眉处写上文书名称和律师事务所名称。比如可以写:李某被控受贿案一审辩护词、上海权典律师事务所。有的律师事务所有 logo,也可以把 logo 加上。

2. 标点规范。虽然标点符号是小学语文的教学内容,但令人遗憾的是,不少大学毕业生包括中文系、法学院的毕业生,都不大会正确使用标点符号。许多律师甚至一些比较知名的律师,在标点符号的使用上都不规范。比如有的只会使用逗号和句号这两个标点符号。有的一个自然段只有最后一个句号,中间插了六七个甚至更多个逗号。这就是常说的一逗到底。一般来说,一句话不要超过 3 个逗号。超过 3 个逗号,这句话就显得太长。什么时候用句号?很简单,一句话讲完,意思表达完了就可以用句号。法律人要多用简单句,少用复合句。一逗到底,会导致表达的层次性不够。一句话包含多个不同的信息,包含多层逻辑关系,不利于信息的有效、准确传递。

3. 字体统一。法律文书的标题最好用黑体,正文最好用宋体,最好不要用楷体或行体。标题可以用二号或小二,正文最好用小三。标题跟标题之间、正文的段落跟段落之间,字体要统一。不能这一行是宋体三号,到了另一行就变成宋体四号。当然,为了突出强调某个观点或者某个内容,可以把这部分内容加斜、加粗、加黑。在援引法条、证据、判例或学理解释的时候,援引的内容可以使用楷体等加以区别。这是故意为之,是为了突出重点。除此之外的正常行文,字体、行间距、段间距都要全部统一。字体不宜太小,否则让法官、检察官读起来很累。

行间距也不要太小,否则密密麻麻的会让人阅读起来不舒服。

**4. 分句分段**。分句,前面已经讲过。基本原则是一句话只讲一件事,只表达一层意思。超出了一层意思或者超出了一个逻辑关系,尽量从头开始另起一句。分好句子以后,就要思考如何分段。哪些句子可以结合在一起,构成一个自然段落?我的观点是,一个自然段要围绕一个中心思想,要有一个总括的段落大意。凡是超出了中心思想的囊括范围或段落大意的涵盖范围,那么就可以另起一段。一般而言,一个自然段不宜篇幅太长。有的辩护词,一个自然段能延续两三页,这无疑太长了。比较理想的篇幅是一页3段,或者一段不超过20行。分段的含义有两个:一是给读者一点休息喘气的时间;二是提示读者接下来会有新的观点或内容。对于法律文书而言,分段有时候很简单,一个小的观点就可以分成一个独立的自然段。如果分句、分段分得好,法律文书的层次就会非常分明。

**5. 杜绝病句和错别字**。病句和错别字是法律文书的大忌。它会直接拉低一份文书的质量,降低他人对律师的信赖。助理交给我一份法律文书,我会先看格式,再看内容。而内容,我又会特别注意有没有病句和错别字。怎样杜绝病句和错别字?办法无他,就是要进行检查核对。我的法律文书在最后定稿之前,一定要检查核对至少一遍。我的每个案件文件夹里,辩护词几乎都有初稿、修改稿、正式稿3个版本。我的团队绝对不允许写完初稿,不检查核对就直接保存、打印。除了自行检查核对,有时候我也会安排不同的助理进行相互检查、相互核对。换人检查核对更容易发现文书中的错误。

## (四)注重符号化、图表化表达

入门级别的语言要求是法言法语、简明扼要、观点鲜明、没有歧义。符合这四个条件,一份文书在语言方面就已经及格了。进阶级别的语言要求是条理清晰、语言流畅、说理充分、文采斐然,在入门级别的基础上增加了4个要求。文学语言很大程度上依赖灵性和天分,但是法律语言可以进行后天训练。特别是法律文书中的语言表达有其特殊性,此处重点强调符号化、图表化表达。

我的团队多年来一以贯之地推行符号化、图表化表达。我欣喜地看到,越来越多的律师在推崇和践行符号化、图表化表达。凡是有合适的场合,我都会向大家推荐这一点。因为单纯的文字表达有时候会过于抽象,不够形象具体,符号化、图表化表达能让人更加容易理解和接受。

1. 时间节点图。律师可以制作时间流程图,包括诉讼时间轴、案情经过时间轴等,这些线状图表可以让整个案情脉络一目了然。先说诉讼时间轴。什么时候传唤、什么时候刑拘、什么时候逮捕、什么时候移送审查起诉、什么时候提起公诉、什么时候一审判决、什么时候二审立案,这些诉讼节点用一个时间轴表达出来后,法官用不着再去翻阅诉讼文书,不用再去查找逮捕证。再说案情经过时间轴。围绕指控或者判决的事实,按照时间先后顺序把重要的案情节点或行为事实梳理、罗列好,从起因开始一直到结果出现。如果指控的罪名或事实较多,还可以将每个罪名或每笔事实单独制作一个案情经过时间轴。大家可以想象,一张这样的图表在手,无论是法官还是律师自己都能对案情做到一目了然。

2. 人物关系图。这一点在之前的课程中有过涉及。如果一个案件涉及的人员特别多,人物关系特别庞杂,那么弄懂这些人物关系就成为了解案情的关键。特别是涉黑涉恶类案件,动辄涉及成百上千人,如果人物关系搞不清楚,审查证据的时候很容易犯晕。律师如果能把案件中的人物关系用图表的形式理顺,就可以帮助法官节省时间。人物关系图有3种:一种是自然关系,比如夫妻、父子等;一种是社会关系,比如同学、同事等;一种是法律关系,比如上下线、同案犯、被害人、证人等。

3. 口供对比图。不同的人,如果口供之间有差异,可以把这些差异点通过图表的形式集中罗列出来。如果某个人的口供有变化,存在前后矛盾,可以制作口供变化图。把笔录的时间、地点、制作人员、卷宗中的页码和有差异的内容通过图表列明,律师可以借此研究口供的变化规律和变化趋势。

4. 资金流向图。涉及资金的案件,如合同诈骗、诈骗等,可以制作资金流向图。涉及发票类案件,也可以制作资金流向图辅助进行研判。我曾代理过一起案件,涉嫌非法收购珍贵濒危野生动物罪。我们根据口供,制作了熊掌流向图。结果发现,熊掌来源不明、去向不明,经手的每个人对熊掌的描述差异也很大。没有实物、照片、鉴定,我们对案件做了证据不足的无罪辩护。如果只是借助文字,当然也能够说得清楚,但未免繁复。借助一张熊掌流向图明显可以更加直观和形象。资金流向图或者重要物证的流向图,对厘清案件是非常关键的。

5. **组织架构图**。特别是涉及单位犯罪或集团犯罪的案件,组织架构图非常关键。一图在手,谁起主要作用、谁起次要作用、谁明知、谁在决策、谁在实施、谁在受益,都可以清晰呈现。

6. **决策流程图**。非吸集资类案件,决策流程图有助于区分主从犯。我代理过许多金融系统的商业贿赂案件和贷款诈骗案件,搞懂银行的放贷审批流程非常重要。哪些环节是哪些部门、哪些个人决策,哪些环节是集体讨论决策,集体讨论决策环节哪些是一致通过,哪些是多数通过。通过一张图表都可以简化审查,帮助法官节省时间。

7. **物理结构图**。有些特殊的犯罪,在确认事实时需要结合物理结构。比如我曾经代理过一起重大责任事故案,店招在一次台风中脱落致多人死亡。只有弄清店招脱落的物理原因,才能准确溯清各自的责任。由于该处店招经过了多次加装,且系整体脱落,因此搞清楚每一次加装的经过以及对店招的物理改变就成了案件辩护的关键。这个案件,我们针对店招制作了物理结构图,便利了庭审。我代理过一起强奸杀人冤案,其中一处案发现场是一间田间茅草屋。茅草屋的门柱上留有血迹,弄清楚这个茅草屋的物理结构特别是门柱的高度,对于查找真凶和血迹留下的原因至关重要。

8. **空间位置图**。我在某省代理过一起非正常死亡案。警方认定当事人在指认现场时,突然从教室后门冲入教室,然后从窗户处跳楼自杀。经过监控比对和现场勘验,我们发现,从教室后门到后墙窗户有十几米远,窗台下沿离教室地面高度大约120厘米。当事人双手戴着手铐,身高160厘米、体重70公斤,属于矮胖型身材。教室地面仅提取到两枚足印,其中离后墙窗户最近的足印大约有250

厘米。教室内没有监控,当事人怎样从窗户处坠落也没有监控视频。在一个封闭的空间内,只有当事人和两位执法人员,当事人已经死亡,两位执法人员称当事人是自己跳楼。这个时候,对空间位置的准确描述和把握是查明案件真相的关键。

9. 汇总比对图。律师不只是搬运工,有时候还要对证据材料进行深度加工。比如有些案件中,需要做一些统计工作,然后把统计数据用图表的形式进行呈现。比如在一起传销案中,我统计了当事人团队的营业额占整个公司营业额的比重,我统计了当事人的总收入占整个公司总收入的比重。又如在一起强奸案中,我统计了被害人3份口供的字数和句数,分别按照孤证、前后矛盾、已被证伪3种类型进行归类,最后统计出孤证的字数/句数占比、前后矛盾的字数/句数占比、已经证伪的字数/句数占比,非常形象直观地揭露了被害人陈述的不真实。再如在一起受贿案中,我统计了当事人口供的形成时间,发现,留置前16天总共形成了2份口供,留置第17天至第25天总共形成了63份口供。我又统计了行贿人的口供,发现几乎所有行贿人的口供在时间、地点、金额方面都发生过变化。这样的统计汇总表,比审查和质证单份证据更为有力。

10. 归纳分类图。法律人要善于从庞杂的案情事实中进行抽象、归纳和分类。比如在一起受贿案中,我把行贿人归纳为5种类型:超时空的行贿人,人在国外却能在国内行贿;不存在的行贿人,当事人提到收受了该人贿赂,但经调查根本没有此人;活雷锋式的行贿人,公司普通员工自己垫钱帮公司行贿,事后没有找公司报销;不合理的行贿人,刚对公司进行了严厉处罚,公司却在处罚完毕后过来行贿;无欲无求的行贿人,没有具体请托事项,仅因为当事人是辖区领导,每年过年过节都会准时过来行贿。又如在一起涉黑案件中,我对暴力进行了等级分类:语言暴力、自由限制、肢体冲突、暴力殴打,设计了十级的暴力指数,然后对当事人所有行为的暴力程度进行数值化测量和指数标注。上述两个案件,我都是用文字加图表的方式进行表达,非常形象生动。

## 三、法律文书的逻辑结构和叙事结构

### （一）法律文书的逻辑结构

法律文书的逻辑结构总体上有三种：第一种是并列式，第二种是递进式，第三种是转折式。并列式是指不同的段落、不同的章节之间没有包含关系，分别针对不同的主题。比如一段讲正当防卫，一段讲自首，这两部分就是并列式。递进式是指后面的内容以前面的内容为基础并往前更进一步。比如单位犯罪中的共同犯罪，必须先论述构成单位犯罪，然后论述相关人员属于单位中直接负责的主管人员或其他直接责任人员，最后再论述前述人员之间的地位和作用。转折式是两部分的观点存在差异，一般先论述前一部分观点不成立，然后论述即便前一部分观点成立，会产生什么后果。比如我在为一起销售伪劣产品案辩护时，先论述案涉产品客观上不是伪劣产品，然后论述即便案涉产品是伪劣产品，当事人主观上也不明知，不知道案涉产品是伪劣产品。这种转折式的逻辑结构，能让人很容易看懂律师的辩护观点。

律师在法律文书中可以穿插、反复使用不同的逻辑结构。比如一篇辩护词分三大部分，第一部分和第二部分可以是并列结构，第三部分和第二部分可以是转折结构。在第一部分里面，又可以综合使用并列结构和递进结构。为了更好地凸显这样的结构，分段和标题就显得非常重要了。

可以再举一个例子进行说明。我代理过一起虚假诉讼案，检方指控当事人隐瞒债务已经全部清偿的事实，再度起诉对方主张债权。我的辩护逻辑是：第一部分，客观上对方债务没有全部清偿；第二部分，即便债务已经全部清偿，当事人对此也不明知。这两部分之间属于转折式。第一部分的理由包括：（1）我方当事人有支付借款的客观证据；（2）对方主张的抵偿未获我方同意；（3）即便按照对方所主张的抵偿，债务也没有全部清偿；（4）双方之间存在长期、持续、频繁的大额资金往来,并且从未进行系统性结算;(5)涉及的民事案件,中院一审判决当事人胜诉,高院二审改判当事人败诉理由不成立;(6)高院判决当事人二审败诉,但并未认定当事人涉嫌虚假诉讼,亦未向公安机关移交涉嫌虚假诉讼线索;(7)有关部门对当事人持续数年进行调查,并且在无人报案、无人移交线索的情况下自行对虚假诉讼立案,存在种种反常现象;(8)高院二审判决后,当事人起诉对方偿债的其他民事案件在最高人民法院胜诉,佐证此案认定虚假诉讼的错误。我们可以看到,第一大部分中的8个小部分之间,有并列、有递进、有转折。标题起好了,逻辑理顺了,甚至只看标题就可以让法官抓住律师的核心观点。

### (二)怎样理顺文书的逻辑结构

1. **先确定结构和提纲,再写正文内容**。写文书不要上来就开始从第一行写到最后一行。在思路还没想清楚、结构还没理清楚的情况下,开写就是乱写。一定要先把结构设计好,把文书标题想好。可以把标题划分成3个层级:大标题、中标题和小标题。大标题之间可以是并列、递进、转折关系,但大标题和中标题之间一定是包含关系。一个大标题下面可能会有几个中标题,所有中标题都必须围绕大标题,不能超出大标题的含义范围。中标题和小标题的关系,道理相同。如果下级标题超出了上级标题的含义范围,那就要考虑进行段落和结构调整,比如修改上级标题或者把下级标题改放到其他的段落结构之中。

2. **一个段落只讨论一件事**。一件事情一个段落,一个小标题不要超过3个自然段。比如讨论证据的合法性、真实性和关联性,最好的方式就是合法性一段、真实性一段、关联性一段。当然如果每个方面的内容太多,可以把每个方面单独设置成一个小标题、中标题甚至大标题。比如我在代理涉黑案和受贿案的时候,一般会将证据合法性作为一个大标题进行专题论述。在合法性的大标题之下,每份证据的合法性可以单独成段。

3. **标题就是段落大意和中心思想**。标题一定要反映律师的核心观点,一定要概括段落大意和中心思想。我看到有些法律文书,标题不包含任何观点或任何有效信息。比如，关于本案是否成立自首、关于当事人双方之间的债务是否结清、关于当事人主观上是否明知、关于本案是否符合黑社会性质组织的四大特征等。在我看来，这些标题都是可以进一步修改的。我认为比较好的标题是：本案涉及刑讯逼供等严重程序违法，相关证据不应作为定罪根据；对方当事人对我方的债务并未结清，仍欠我方 500 万元；当事人主观不明知，没有犯罪故意；本案值得关注的 5 个程序违法问题；本案不符合黑社会性质组织的四大特征等。比如销售伪劣产品案，大标题可以是：案涉产品不属于伪劣产品；中标题可以是：检测报告的检测标准选用错误、检测报告的检材同一性无法保证、检测报告的检测结论不明确、案涉产品包装不符合要求不等于产品质量不合格、案涉产品未接到任何消费者投诉、案涉产品未收到任何不良反应反馈。

4. **一件事只讨论一次，不前后重复**。法律文书要追求简洁，就必须防止重复。同一件事、同一个观点，讨论一次就够了，不要反复讲、重复讲。有些人写文书，明明第一页讲过的话，到了第二页、第三页又重复出现。这就是重复啰唆。律师如果在法庭上重复，法官大多会打断："这个观点本庭已经注意到了，不必再重复了。"写法律文书也是一样，自己要给自己打断，自己要给自己提醒。解决的办法就是合并同类项，进行删减。

## （三）法律文书的叙事结构

逻辑结构是从逻辑上对法律文书的行文安排进行的总结。但法律文书的结构不仅有逻辑结构，还有叙事结构。叙事结构是指在行文叙事时需要进行的结构安排，主要解决先写哪部分后写哪部分的问题。两者在有些情况下，可能会有重叠。常见的叙事结构有 6 种。

1. **时间先后顺序**。案情一定是沿着时间线展开的，时间线有时候蕴藏着重要的案情信息。比如我代理的山西翼城紫藤巷凶杀案，被害人准确的死亡时间、当事人当晚的行踪和时间线对于案情真相至关重要。律师在撰写辩护意见时必须紧紧抓住时间线，按照时间先后顺序铺陈展开。

2. **先程序后实体**。有些程序违法会直接导致证据的不可采纳,有些程序违法能为理解案情真相提供关键密码。我在撰写法律文书时,总是会把程序问题放在前面,把实体问题放在后面。

3. **先证据后事实再法律**。证据是案件最基础的单元。全案证据的综合采信情况决定了案件的法律事实,而法律适用又是对法律事实的法律评价。因此先讲证据问题,再讲事实问题,最后讲法律问题是比较顺畅的。

4. **先主要问题后次要问题**。比如案件中有10个问题,这10个问题的逻辑结构是并列式。但叙事结构要求我们进一步对这10个问题进行顺序排列,把最重要的问题放在最前面,把最次要的问题放在最后面。这样即便法官只看一半或者只看一眼,也能确保法官看到的是最重要的。

5. **先客观后主观**。我国《刑法》实行主客观相一致的原则,律师在进行法律分析时也必然会涉及主观故意和客观行为。对辩护律师最有利的叙事结构是,先讨论客观行为后讨论主观故意。因为客观刑法的原则是无行为即无责任、无危害即无犯罪。

6. **先罪名后量刑**。刑事案件首要的问题是罪名问题。如果不构成犯罪,就不存在量刑。如果构成犯罪,一定要弄清涉嫌哪个罪名。如果指控的罪名不成立,那么是否成立其他的更轻的罪名。只有先确定罪名,才有讨论量刑的前提和基础。在讨论量刑情节的时候,先讨论法定量刑情节后讨论酌定量刑情节,先讨论重要的量刑情节后讨论次要的量刑情节。至于哪些量刑情节更重要,需要结合最高人民法院量刑指导意见的规定去判断。

## 四、如何撰写高质量的辩护词

### (一)辩护词的一般撰写要求

1. **紧扣辩护目标**。辩护词偏离辩护目标,形同作文偏离主题。内容再华丽的跑题作文仍然是零分,辩护词一旦偏离了目标就没有任何价值。

(1)与目标无关的内容不写。如果是罪轻辩护,无罪理由就可以不写。同样地,如果要做无罪辩护,那么减轻或从轻情节的内容可以不写。当然现在有的案件,律师在做无罪辩护的时候还留有一手。阐述完无罪理由后,加一段如果不能判决无罪,也要考虑哪些量刑情节给予减轻或从轻处罚。

(2)没有争议的内容不详写。比如张扣扣案,检察院的起诉书上写得清清楚楚,认定张扣扣构成自首。那么律师在撰写辩护词时不必再就自首问题着墨过多。再举一个例子,一个人起诉另外一个人主张10万元债务。如果对方承认自己确实欠了10万元,那么律师在撰写代理意见时还需要花费大量笔墨去论证债权的存在吗?用不着。如果对方的主要抗辩理由是过了诉讼时效,那么律师的论述重点应当是时效问题而非债权金额问题。

(3)一般的法律概念不展开。比如在论述自首的时候,直接论述到案经过属于自动投案、首次供述承认了主要行为事实即可。我经常在法庭上听到有些同行援引刑法条文,再根据司法解释的规定,不厌其烦地阐述何谓自首。又如在论述盗窃罪的时候,有必要把盗窃罪的法条全部抄写一遍吗?完全没有必要。法官检察官都是专业人士,基础性的法律概念直接使用即可。除非涉及对法律概念的准确理解,否则完全没必要进行展开。

(4)显而易见的内容不深入。司法办案中,经常会遇到一些显而易见的问题,对这些问题点到即可。比如退赃可以酌定从轻处罚,比如正当防卫不负刑事责任等,从事刑事司法实务的人都知道,用不着再去援引相关的法条,更用不着再去深入分析。

2.突出辩护重点。突出辩护重点的重要性在于:其一,法官时间有限,一定要让法官在最短的时间里看到律师最希望法官看到的内容;其二,如果重点不突出,"眉毛胡子一把抓",会把有效信息淹没在茫茫的信息之海中。没有重点的长篇还不如重点突出的短篇就是这个道理。那么,在刑事案件中什么是重点呢?我总结了4个重点。

（1）法庭归纳的争议焦点。包括两个层面的含义：争议焦点即重点，非争议焦点即非重点。

（2）最有希望被法院采纳的内容。律师所有的辩护观点都希望被法院采纳，但往往不会全部被采纳。最有希望被法院采纳的观点一定是辩护重点。

（3）对定罪量刑影响最大的内容。律师提了10个辩护观点，有些直接关系到罪与非罪，有些仅是程序上的违法或者一般性的合理怀疑。关系到罪与非罪、罪重与罪轻的当然是重点。比如一起涉黑案，指控了70起事实，当事人只参与了其中的16起。但因为当事人被指控为黑社会性质组织的组织者、领导者，因此70起事实他都要概括承担法律责任。这种情况下，组织、领导黑社会性质组织罪当然是重点中的重点，自然也应当是辩护的重点。

（4）最有希望改变案件结果的内容。比如二审案件，发回改判率本来就很低。如果不挑战一审的事实认定和法律适用，仅仅盯住量刑问题、财产刑问题，有时反而能有好的结果。

**3. 有效传递信息。** 前面已经阐述过的内容，本处不重复赘述。本处仅重点强调几个问题：

（1）在封面中直接亮明结论性辩护意见，制作目录索引，标识页码，方便查阅。

（2）在前言中总结提炼核心观点。写论文要写论文摘要，写辩护词也可以写个摘要性的前言。因为我代理的案件大多比较复杂，辩护词很少有低于1万字的。我在天津代理的一起案件的辩护词长达4.8万字，在东北代理的一起案件的辩护词有近10万字。这样的篇幅必然要求有前言，有观点提炼。一份5万字的辩护词，可以在前言中用2000字提炼概括核心观点。一份10万字的辩护词，可以在前言中用3000字说明主要辩护观点。法官如果不想看全文，只需要看前言就够了。如果法官想就某一部分仔细阅看，对照目录直接按图索骥就可以了。

（3）附录核心证据、核心法条。有些简单的法条，比如什么是盗窃罪、什么是共同犯罪，是没必要附录的。但是有些关键性、相对冷僻的法条，非常有必要附录在辩护词里面。比如我代理的一起销售伪劣产品案,在辩护词中附录了审理本案必知的《标准化法》和《计量法》等。我代理的一起非法占用农用地案,因时间跨度较长,我在辩护词中附录了各个年份、各个版本的《土地管理法》,将该法历次修改的内容中和本案有关的部分都进行了对比式标注。

### (二)辩护词的黄金结构

辩护词的黄金结构是"总—分—总"的结构,具体包括三大部分。

**1. 确立控方体系**。所谓知己知彼,百战不殆。律师在辩护的时候得先搞清楚控方的逻辑,理解控方思路。控方指控的逻辑思路是什么?证据体系是什么?即便起诉书上没有写明,律师也要能发现并总结出来。我在撰写辩护词时,会先总结概括出控方的体系,比如,指控要想成立,必须同时满足以下几个条件;检方的指控思路是这样的;支持控方的证据包括……控方对当事人的行为是这样理解的。先确立控方体系相当于先给自己竖个靶子和攻击目标。

**2. 击穿控方体系**。竖靶子是为了打靶子。把控方体系确定好了以后,要找出其中的问题和漏洞。比如,检方指控体系存在三大逻辑漏洞、控方证据体系存在关键缺环、检方对当事人的行为进行了不正确的人为切割等。

**3. 重建体系**。靶子被击穿,指控不成立,那么这起案件应当怎么处理?指控的事实不能成立,那么根据现有证据应当认定的事实是什么?指控的罪名不能成立,那么是应当判决无罪,还是应当判决另外一个罪名?我代理的一起涉黑案,不仅在辩护词中指出检方指控存在的系统性方法错误,而且指出正确的方法是什么以及根据正确的方法所得出的事实是什么。

简单来说,辩护词可以采取这样的结构:(1)起诉指控的逻辑和依据是什么?或者一审判决的逻辑和依据是什么?(2)这些逻辑和依据存在哪些问题?(3)正确的逻辑和可采信的依据是什么?(4)根据前述逻辑和依据应当得出什么结论。

## （三）如何增强辩护词的说服力

说服力是辩护词的核心和生命。同样的观点,不同的表述,说服力可能大不相同。这就是修辞的魅力,也是表达的魅力。

1. 形式上赏心悦目,让法官愿意读。一份污损泛黄、装订凌乱的辩护词和一份整洁干净、装订精美的辩护词,哪一份更吸引人？第一印象很重要。形式上赏心悦目,对方就愿意读。

2. 措辞上优美雄辩,让法官开心读。法律人要懂得修辞的魅力。我曾经带过一名助理,法庭上觉得我雄辩滔滔、文采斐然,法官、检察官也都听得津津有味并且庭后都给予了高度评价。但是让助理根据庭审发言起草辩护词的时候,他却把我最有风格、最有文采的内容全部删去了,改成了平铺直叙的普通措辞。我大感不解,问其缘由,他回答说认为这些表述不够规范。用比喻的方式去说明道理不叫不规范,用归谬的方法去反驳谬误不叫不专业。法律术语说错了叫不专业,把道理讲得形象生动叫文采。

3. 逻辑上清晰分明,让法官轻松懂。逻辑是辩护词的生命,逻辑混乱很难让别人看懂。

4. 内容上重点突出,让法官不失焦。辩护词不以篇幅长短论英雄,以讲清观点、说透道理为原则,切忌重复啰唆、堆砌辞藻。

5. 分析上有理有据,让法官敢于信。律师的说理不能是歪理,不能是完全主观的东西,必须要有一定的根据。我把说理的根据总结为 6 条。第一,法律;第二,判例;第三,逻辑;第四,法理;第五,经验;第六,情理。这里的法律是广义的,包括立法、行政法规、司法解释、行政解释、地方性法规等。最高法明确要求法院判案要兼顾天理国法人情,那么律师辩护自然也要兼顾天理、法理、情理。

6. 表述上全面公允,让法官乐于信。律师辩护不能只讲对自己有利的,对自己不利的不能视而不见。比如一起聚众斗殴案,有 3 个证人证明某人拿刀了,有 4 个证人证明该人没拿刀。辩护律师肯定希望能证明其当事人没有拿刀。但律师的辩护词不能仅写:因为有 4 个人证明他没拿刀,所以他没拿刀。这种表述叫自说自话,因为不客观所以不会被法院重视。律师论述的重点不仅是有 4 个人证明当事人没拿刀,而且是 3 个人有关当事人拿刀的说法不可信、不真实。真正的辩护必须要直面对当事人不利的证据和事实。比如律师可以去质疑:这 3 名证人的立场是不是中立的?跟相对方是否有利害关系?这 3 名证人是直接目击还是道听途说又或者是自己主观猜测?这 3 名证人当时所处的方位,是否有目击的可能性?律师要通过这样的方式去推翻这 3 个人的证言。只有这样撰写辩护词,法官才敢于、乐于相信律师。

### (四)如何修改你的文书

**1. 修改的诱因**。面对一份法律文书,怎样才能产生修改的动力?怎样才能激发修改的兴趣?我总结了 3 种方法。

(1) **前后对照**。一篇辩护词写完以后,需要结合前后文进行对照检查。对照是为了排查矛盾。第一段的逻辑和最后一段的逻辑是否存在冲突?对照也是为了排查重复。一句话、一个观点、一个事实在全文当中出现了几次?如果出现两次以上,是否属于无意义的重复?通过前后对照,就可以发现并解决这些问题。

(2) **反复品读**。律师写法律文书的时候,要边写边读,反复朗读。除非文思泉涌一发不可收拾,否则最好不要闷着头一写到底。因为方向错了,要及时刹车;思路错了,要及时矫正。品读时可以不出声,但是必须要字斟句酌。很多人可能不知道,有好的阅读才会有好的写作。这不仅是指平时的阅读积累,而且是指在写作时要通过反复的品读去提高写作质量。一句话是否拗口?意思是否表达到位?有没有歧义?语气是否太重?能否更加简明扼要、直击要害?没有反复品读做基础,修改提高根本无从谈起。

(3) **征求意见**。我经常进行碎片化写作。常常有人问我:你那么忙,哪有时间写文章?其实,我在坐高铁的时候、在机场候机的时候,经常会在手机上写作。一篇一两千字的文章,正常情况下两三个小时就能在手机上写好。但也有不顺利的时候,几句话耗上 1 小时也无法令自己满意。我相信每个人在写作的时候,都可能会被鲠住,都可能会为怎样更好地表达而发愁。一个人困在那里纠结,很可能短时间内根本找不到破解的办法。这时候怎么办?我会找一个助理、一个同行甚至找一个身边人请教,我会把我写的读出来给他们听,让他们站在读者的角度听听表述有没有什么问题。当局者迷,旁观者清。自己不知道问题在哪儿,但是别人一听,有可能马上就能发现问题。我有时候会询问助理,如果你是法官,你看到这句话会作何理解?会是什么感受?法律文书征求他人意见很重要,不要认为只能请教比自己高明的人,我们要了解的恰恰是普通的其他人看完文书以后会是什么感受。

**2. 修改的时间**。律师写作法律文书,什么时候修改比较好?

**(1)边写边改**。我每篇文章几乎都是边写边改。写完第三段,可能会回过头去修改第一段。之所以边写边改,是因为写作时思路始终在线,大脑始终在运行。随着写作的深入、逻辑的展开,经常发现前面的内容存在需要修正和完善的地方。

**(2)间歇性修改**。先集中精力写一部分,休息间歇一段时间,等脑子放空后,再重新进行审视和修改。比如今天下午写完,休息一个晚上,等明天脑子清醒并把原来的思路清空以后,再进行修改。写作遇到阻碍或者思路打不开的时候,可以间歇性修改。

**(3)集中性修改**。先写完初稿,无论质量怎样,确保先形成一个基本样品。在此基础上,集中一段时间专门进行修改。比如这本书,我形成初稿后,先后修改了三遍。前两遍都是间歇性修改,最后一遍是集中性修改。

**3. 修改的内容**。法律文书需要修改哪些内容呢?我总结了 5 个主要的方面。

**(1)观点**。这是对法律文书最重要的修改。比如把罪轻修改为无罪,把 A 罪修改为 B 罪,比如修改法律适用条款等。观点的修改更多不是语言表达方面的,而是法律认识方面的。

（2）逻辑。逻辑修改是指对存在逻辑错误、逻辑漏洞、逻辑矛盾的内容加以修改完善，使文书内容都能符合逻辑规律。

（3）结构。结构修改主要是对谋篇布局、段落安排方面的调整。

（4）措辞。术语部分要规范严谨，说理部分可以诙谐生动。措辞修改可以使辩护词更加流畅、更富文采。

（5）语气。语气是该激烈还是该柔和？是该用陈述句、祈使句还是反问句？如何既展现律师的立场，又要让法官乐于接受？这都是律师要去研究的。有些辩护词要结合法官的态度，去决定语气和措辞。如果要给上级领导表达辩护观点，也要结合领导的身份去决定语气和措辞。比如给纪委领导写信和给法院领导写信，措辞和语气肯定要有所差别。

4. 修改的方式。

（1）修改一定要在 Word 上进行，且一定要显示修订标记。因为之前的修改内容，后期可能会撤回。而且显示修订标记，可以让必要的人士看到律师的工作。

（2）修改过程要逐稿保存。我的文件夹里边，一份辩护词会同时保存初稿、修正稿、正式稿或者第一稿、第二稿和第三稿或者助理草稿、本人修改稿和正式稿等。逐稿保存的好处是，日后回头看的时候会找到进步感。仅修改一篇文书几乎进步不了，但是坚持修改几年肯定会有进步。我在检察院给检察长做秘书的时候经常需要写公文，一篇公文从起草到定稿往往需要修改好几个来回。正是在那个时候，让我养成了不断修改、不断打磨的写作习惯。养成逐稿保存的习惯，既能让自己的付出一目了然，也能保存和见证自己的成长经历。

（3）定稿前必须校对。文书的思路、结构、内容都修改确定，不代表文书就可以定稿。正式定稿前必须要有一个检查校对的程序，可以自己进行也可以让助理进行。这个环节主要是针对错别字、病句和标点符号。

## 五、好的辩护词究竟长啥样

### （一）好文书都是打磨出来的

**1. 写的前提是读，输出的前提是积累。**好的文书不仅要有好的表达，还要有好的法理。可以打个比方，法理是树根，表达是树枝，根深才能叶茂。学习法律绝不仅是背诵法条，更重要的是要理解法条背后的法理。我常常跟人说，如果我重回校园，我最想学习的科目是法理学和法制史。法理学看似抽象无用，其实是最有力量的。因为好的法理形同一个支点，可以让律师站位更高，看得更远、更深。有好的法理做支撑，表达才能够切中要害，才能够一针见血。好的法理不是来自空想，而只能来自广泛而大量的阅读。不仅要阅读法学，而且要阅读哲学、政治学、经济学等社会科学。读书破万卷，下笔才能如有神。

**2. 不亲自动笔永远无法提高。**虽然这堂课讲的是如何提高写作能力，但是若要真正提高写作能力必须要经由自己的手。只听别人说，自己不动手写是提高不了的；只是阅读别人写好的，自己不去亲自写也是提高不了的；写完初稿不进行任何修改，直接定稿打印也是提高不了的。有的人写了10年，文书质量几乎没有提高，甚至还不如年轻的时候。因为年轻的时候，思路可能还灵活一些，越到年长甚至可能越是教条、枯燥、乏味。只有不断地写，不断地修改，才能不断地提高。

有的人写作基础确实很薄弱，这时如果有人肯帮你修改、帮你指点和提高，将是莫大的福气。我代理的案件，辩护词绝大多数都是我亲自撰写的，助理主要是起到核对证据、法律检索和检查校对的作用。在某些期间或某些案件，如果辩护词偶尔由助理撰写初稿，我也都会逐字逐句地进行修改。有时候，我会把助理叫到身边，告诉他这个地方为什么要修改，为什么要这样修改。另外我的团队，推行文书模板制度。助理新加入团队，我会把团队比较优秀的文书全部发给他们学习。我还会定期召开团队会议，学习一些优秀文书的写法。我工作中遇到优秀的法律文书，也会及时发到律所微信群供大家学习参考。有时，我会选几份辩护词，公开给大家演示修改的过程，激励大家多写多改。

**3. 让写作变成一种习惯。** 我这些年招聘助理，都会问他有没有自媒体账号，会不会写日记或微信公众号。写作本质上是一件很孤独、很痛苦的事情，需要一个人平心静气、耐得住寂寞，板凳愿坐十年冷。如果一个人厌恶写作，那么很难指望他勤动笔、勤修改。只有让写作变成一种习惯，培育出自发写作的渴望和冲动，笔下流淌出来的文章才会有神。自媒体时代，律师可以充分利用碎片化的时间去写作，可以充分利用社交媒体平台去表达。法律文书大多是议论文，经常点评时事可以培养自己的语感，对写作法律文书大有裨益。

## （二）辩护词结构示例

接下来给大家展示一些我们团队的辩护词。因为篇幅关系，只能展示一个大概目录。这份涉黑案件的辩护词总共写了 75 页、2.8 万字，有封面、目录、摘要、附录法条和辩方证据清单。总共写了五大部分。

第一部分，本案诉讼时间轴、案情经过时间轴和其他图表。第一部分全部都是图表化表达。这个案件的卷宗有 80 多本，涉及 400 多个自然人。我们团队共有 5 个人集体作战、分工负责，梳理出了 5 张图表，分别是诉讼时间轴、案情经过时间轴、人物关系图、罪名比对图、人员流动与案发时间对比图。本案涉及的事实很多，员工流动性很大，厘清每个员工的入职时间和离职时间非常重要。

第二部分，公诉机关在本案指控中存在的十大错误。包括指控认定事实逻辑不统一、指控违背证据采信规则、有选择性地剪切事实、严重混淆法律概念、指控违背常理、人为拔高案件定性等。这十大错误并不是空说、"戴帽子"，而是每一个错误背后都要有大量的例子证明、佐证。

为什么称检方指控事实逻辑不统一？因为类似的行为，控方进行了不同的指控；类似的情形，检方指控金额的计算方法不一致。为什么称检方有选择性地剪切事实？比如一起强迫交易案，检方只表述第一轮交易竞拍的时候，一名当事人要举牌竞价被我方当事人制止，认为我方当事人阻止他人自由竞拍的行为构成了强迫交易。但是完整的监控视频显示，在前述行为的后一轮竞拍中，该名当事人又进行了举牌竞价，而我方当事人并未再度阻止，这说明即便我方当事人曾经有过阻止他人举牌、限制他人竞价的行为，但是并没有起到实际作用。我方当事人即使构成强迫交易，也应当认定为未遂。控方只表述前面制止竞拍的事实，不表述后面重新竞拍的事实。为什么称检方人为拔高案件定性？我们从公司人数、人员层级、伤情后果、经济规模、违法行为次数、地域或行业影响等方面，综合论证本案根本够不上组织、领导黑社会性质组织罪。

第三部分，全案的事实与法律定性分析。这部分要突出重点内容，不追求面面俱到。具体包括五部分：(1)本案证据审查应当坚持的方法和准则。这是本篇辩护词高屋建瓴的地方，不仅要破还要立。证据跟证据之间的证明效力是不一样的。客观证据优于主观证据，直接证据优于间接证据，原始证据优于传闻证据。同样是口供，相对中立的第三方的口供优于任意一方当事人的口供，一方当事人对自己不利的口供优于其自我辩解的口供，利益对立方的不利口供证明力最低。根据上述规则，将全案证据从一个平面体系变成一个错落有致的立体体系。(2)综合本案证据，可以认定的基本事实。完全打破检方认定的案情事实，根据新的证据体系重新认定事实。贯彻彻底的无罪推定原则，将所有的存疑利益分配给被告人。很多检方认定的事实，在新的证据体系之下要么被否决，要么被改写。(3)对专项审计报告和咨询评估报告的分析和质证意见。这个案件最重要的客观证据就是6份专项审计报告和14份咨询评估报告。咨询评估报告是对涉案房产的价值的认定，专项审计报告是对被告公司和所有关联公司的财务审计。案件指控的金额全部来自这些报告，因此对这些报告要集中优势火力进行质证和反击。我不仅总结出了30余处程序违法和计算错误，而且自行收集了房产中介的市场交易数据，证明案涉房产价格认定虚高，对非法吸收公众存款的计算模型有重大缺陷，存在大量的重复计算和错误计算。(4)关于本案个罪的法律定性分析。针对有异议的罪名,逐一进行分析和反驳。对于其中可能刑期最重的3笔主要事实,单独拎出来分别开辟一个小节专门进行论述。论述的时候,先讲检方指控的证据和指控的逻辑,然后对有异议的证据逐一进行分析,对检方逻辑中的漏洞和错误逐一进行反驳,最后得出罪名不成立的结论。(5)本案存在的法定和酌定量刑情节。如果个罪成立或某些事实成立,则单独分析该个罪存在哪些有利的量刑情节。

第四部分,不存在刑法意义上的黑社会性质组织,当事人不构成组织、领导黑社会性质组织罪。先分别从组织特征、经济特征、行为特征和危害性特征四大特征论述案涉企业不属于黑社会性质组织。如果这样的组织不存在,那么组织、领导黑社会性质组织罪自然也无法成立。四大特征论述完毕以后,再增加两部分:法律评价不能背离常识、指控的罪名无法撑起涉黑犯罪的大伞。这两部分也是要对全案事实进行高度概括总结,指出检方指控中背离常识的内容。比如,反问作为国家一线城市,经济高度发达,为何会有如此贫瘠、弱小而普遍的黑社会?

关于行为特征,辩护词重点围绕有无暴力、威胁展开。卷宗中证明被告人没有使用暴力、威胁手段的证据有很多,我将这些证据进行了效力排序,从高到低依次是:(1)监控视频;(2)《公证书》和公安机关、人民法院工作人员见证下达成的《协议书》或《调解书》;(3)被害人自己承认没有暴力、威胁等行为的陈述;(4)公安民警等公职人员出具的书面证明或证言;(5)普通目击证人的证言;(6)被告人否认暴力、威胁的供述。当然,卷宗中也有证明被告人使用了暴力、威胁手段的证据,但最主要的是被害人的陈述。检方把被害人的陈述作为效力等级最高的证据,我将被害人陈述作为效力等级最低的证据。因为双方存在利益冲突,并且很多被害人早期陈述没有暴力,后期陈述使用了暴力。我将监控视频和第三方目击证人的证据效力摆在被害人陈述的前面。另外,即便按照被害人的陈述,当事人暴力程度也不够明显。我将暴力、威胁分成不同的种类,设定了不同的暴力指数,对每次行为进行暴力指数打分。数字计算的结果显示,本案的暴力指数很低。

第五部分,如果本案被错误定性为涉黑,将造成10个方面的社会危害。表达对中央扫黑除恶决策的拥护和支持,但强调要警惕有些地方人为拔高定性,搞凑数办案、指标化办案。在此基础上论述,如果类似本案行为被认定为涉黑,将会产生哪10个方面的危害。

这份辩护词逻辑清晰、结构分明、重点突出、说理充分。我们制作了封面,并且在封面上用3句话罗列了3条最重要的辩护意见。法官拿到辩护词,看到封面就知道律师的核心辩点是什么。

## (三)最好的辩护词是说服人心

前文讲了很多条条框框,但最后需要打破条条框框。有的辩护词可以拒绝任何束缚,随心所欲而从不逾矩。它可以是雄辩滔滔的檄文,也可以是细语喃喃的散文,它可以是一篇意识流小说,也可以是一首朦胧诗。案件有多特殊,辩护词就可以有多特别。有些辩护词除了要面对法庭,更重要的是要面对历史。有些辩护词已经打破法学和哲学、法学和文学的藩篱,自成一体,自己赋予自己生命。

为生命和自由辩护,有时需要突破语言的极限。因为正义既在语言之中,又在语言之外。前文所述的条条框框对常规的辩护词意味着专业,但对于有些辩护词却意味着局限。正义如诗,有些辩护从来不是靠循规蹈矩来实现。在正义的峭壁,在理性的尽头,常规的文字和惯常的套路已经无法奏效,正义只能等待天分和灵性去打捞和拯救。

历朝历代都有宫廷画师,专门给皇室画画。但是历史上最伟大的画家很少是宫廷画师。因为宫廷画师讲的是规矩,讲的是套路。而伟大的画家之所以只能在江湖,是因为他要打破套路、打破规矩,要去创造前人没有的东西。前文讲的怎么撰写优秀的法律文书,内容都是针对常规案件的,是供刚开始执业的律师学习上路的。但是对于特殊的案件和特殊的辩护词,我们不必画地为牢、自我设限。

总之,优秀是可以通过后天习得的。每个法律人都应当立志写出结构清晰、逻辑严谨、重点突出、说理充分、语言流畅的优秀法律文书。写作是一种修行,法律人要善于通过语言去挖掘真相、匡扶人心、伸张正义。

## 第十五堂

# 如何有效开拓案源

对于律师而言,案源是生存的基础。我一直坚持一个观点,律师只有把法律功底扎牢了、把执业技能掌握了,才有资格和能力去开拓案源。法律服务不是纯粹的生意,我们办的不是案件,而是别人的人生。特别是刑事律师,必须要有足够的积累和能力,才能去为别人的生命、自由和清白负责。所以尽管如何有效开拓案源的话题非常重要,我还是把本堂课放在整个系列课程中比较靠后的位置。必须先进行必要的积累,讨论这个话题才有基础。

## 一、案源从哪里来

律师的案源从哪里来?这个问题值得每个律师认真思考和研究。因为这个问题不解决,开拓案源可能会找不着北。

### (一)他人介绍

1. 律师同行介绍。律师同行的介绍在他人介绍当中的占比是最高的,这得益于律师群体日益精细的专业分工和日益密切的行业交流。以我本人为例,60%左右的案源都是律师同行介绍的。同行介绍的理由有很多:有的律师自己不做刑事案件,遇到刑事案件就介绍给我;有的律师自己就是刑事律师,遇到一些比较疑难、复杂的案件,需要增强辩护力量的时候也会找到我;还有一些多被告人的共同犯罪案件,律师同行给其中的一名被告人辩护,把我介绍给其他被告人家属,从而达到整体辩护实力的增强。与此同时,我也会经常向外输出案源,给其他律师同行介绍案件。比如普通的民事案件或者简单的刑事案件,我一般都会介绍给别人。

2. 亲戚朋友介绍。非诉业务,亲戚朋友介绍会非常重要。特别是跟资本市场和金融市场相关的业务,人脉和平台必不可少。这也是红圈所长期垄断高端资本业务的原因所在。民商事案件,亲戚朋友介绍也会占有相当比例。唯独刑事案件,亲戚朋友介绍的比例不高。因为刑事案件具有偶发性,只有在案发以后才需要找律师,而且亲戚朋友碰到刑事案件的机会并不多。

3. 老客户介绍。市场营销领域有个重要的理念,留住老客户的成本远低于开拓新客户。所以,律师不仅要努力开拓新客户,而且要努力维护好、挖掘好老客户。从事非诉业务和民商事业务的律师,大多懂得这个道理。但是刑事律师往往认为承接的业务是"一锤子买卖",客户案件办理完以后不会再有新的业务。因为很少碰到一个人会有二次犯罪的机会,即便有也不一定会找同一个律师。我认为这种观点是错误的。刑事律师也要挖掘好老的客户资源,有的刑事案件办理好了可以把企业培养成顾问单位。以客户为中心也有一个很大的圈子,客户的亲戚朋友如果遇到刑案也有可能会引荐或介绍给你。我几乎每年都会遇到老客户推荐介绍的新案件。

### (二)媒体引流

1. 主流媒体。曾几何时,能经常在各大电视台抛头露面的律师不是大律师就是名律师。一个律师如果能登上央视《今日说法》栏目,往往会挂在嘴边念叨很多年。地方电视台的都市频道或者法治频道,常年都会有一些律师出镜接受采访。报纸杂志也是律师活动的舞台。我刚从检察院辞职的时候,除了经常给《新京报》等媒体撰写评论,还给《法治周末》写了一段时间的专栏。这些文章后来被结集出版,书名是《精英的浮沉——中国企业家犯罪报告》。那时,我还在最高人民检察院《方圆》杂志开设专栏,定期为其撰写法治随笔。时至今日,我仍然经常接受主流媒体采访,对热点法治事件进行专业解读。

2. 社交媒体。现在是社交媒体的时代,电视、报纸、杂志开始式微。微博、知乎、今日头条、抖音、B站等自媒体平台变成媒体的主流。我在各种场合都大力呼吁青年律师要注重使用社交媒体,我甚至断言社交媒体是青年律师"弯道超车"的一大利器,对于打造个人IP并实现引流获客都非常有用。只要注册一个账号,就可以给自己打造一个发声的平台,就可以去影响社会,这样的事情青年律师千万不要错过。

3. 商业广告。几年前在互联网还没有现在这么普及的时候,很多地方的城市商报或者城市晚报经常会有律所或律师投放的商业广告。比如某某律师擅长交通事故、婚姻纠纷、遗产继承、刑事辩护、劳动争议、合同纠纷,并且会把律师电话写在报纸的一角。这些年,我经常开车走沪宁高速,高速公路边上就有好几个律所广告牌。写着某某律师事务所擅长什么业务,联系电话多少。互联网上面的商业广告也很多,出现了很多所谓的"网推所"。只是载体和形式不同罢了,究其性质都是类似的。

4. 搜索引擎。搜索引擎跟广告的区别在哪儿?它本质上也是一种广告,但是表现形式不一样。商业广告非常直白,但搜索引擎有一定的隐蔽性和伪装性。在百度上搜索跟法律相关的关键词,排序在前的页面几乎都是广告或软广告。比如搜索某个罪名,首先展现的往往不是百度百科,而是律师对罪名的解读。很显然,这些解读具有很强的引流性质和引流目的。比如搜索上海刑事律师,首先展现的不是上海最有实力或者最知名的刑事律师,而是投钱最多、出价最高的刑事律师。百度的搜索排名,是可以竞价购买的。我遇到过一些刑事律师,业务来源主要是靠百度搜索引擎。

5. 专业平台。有很多专门从事法律业务引流的平台网站,他们负责去招揽客户,然后跟律师进行分成合作。甚至在一些律师事务所内部,也有专门开拓市场的部门，通过网络、电话、传单等方式揽客，他们承揽到业务以后分配给律师去代理。

## （三）自己上门

自己上门意味着客户是被吸引过来的。律师人在家中坐，客户自动找上门。这也许是每个律师都在追求的境界，但这样的境界委实不容易达到。什么情况下，客户会自动找上门呢？

1. **社会知名度**。当一名律师具有很高的社会知名度的时候，客户才会通过各种途径主动找上门来。以我的切身经验，客户直接找上门的案件，大部分是成案率不高的死案。比如信访案件、申诉案件、拆迁案件或者报警不予立案的案件。类似案件，律师能发挥的作用有限，而且程序往往都走到了尽头。真正由客户直接找上门的优质案源并不多。

2. **亲戚朋友**。亲戚朋友或者亲戚朋友的亲戚朋友，他们自己遇到法律案件，大概率会找他们熟悉的律师。这时自然是主动上门，但在刑事辩护领域，这种情况发生的概率不高。

3. **代表案例**。代表案例包括 3 种：一是热点案例；二是成功案例；三是前沿案例。越来越多的当事人在选择律师时，会研究他过往办过的案例。

## （四）案源开拓公式

案源短缺是律师行业的普遍现象。绝大多数律师都面临案源短缺和案源焦渴，只有极少数名律师、大律师和头部律师案源过剩并且有资格挑选案件和客户。我遇到过不少律师把案源短缺归咎为自己不够知名，因此他们把开拓案源等同于提高自己的知名度，一门心思想通过代理几个热点案件让自己成为名律师、大律师。这种想法是急功近利的，也是肤浅的，对绝大多数律师是行不通的。名律师、大律师毕竟是极少数，而且他们的成名、成功有着各种特殊的机缘巧合甚至是时代的特殊机遇，他们的成长路径不是别人能够轻易复制的。现在自媒体时代,热点案件一个接着一个,热度持续时间都很短,又有几个律师因为代理了热点案件而一案成名？对于绝大多数律师而言,一定要找到适合自己的、务实可行的案源开拓方式。

我本人总结了一条案源开拓公式,具体就是三步法:第一步,让客户了解你;第二步,让客户信任你;第三步,让客户委托你。案源开拓就是从第一步一直走到第三步。三步全部走完,案源自然就开拓成功了。律师开拓案源 3 个步骤必须都要发力。

(1)了解你是前提。别人都不知道你、不了解你,又谈何委托你。

(2)信任你是基础。别人了解你之后但并不信任你,同样是不会委托你的。

(3)委托你是关键。了解你、信任你仍不代表就一定会委托你。在信任你和委托你之间还隔着很长的距离,中间还有很多的不确定因素。有时候,客户不委托你未必是你的原因,未必是你的过错。比如,客户价格敏感,支付能力有限,无法就委托价格达成共识;客户嫌外地律师路途太过遥远,沟通起来不方便,更倾向于委托本地律师;客户对法律将信将疑,更相信关系和勾兑,最终委托了勾兑律师或本地律师;等等。还有些情况是,客户坚持要委托,但律师不愿意接受委托。总之,从信任你到委托你是一个关键的质变和升华。

## 二、如何让客户了解你

养在深闺人未识,没人知道自己的存在,没人知道自己的能力,这是大部分律师的最大困境。让更多的人了解自己,是律师开拓案源的头号工程。

### (一)四种自我推广模式

1.线下社交。这是大多数律师的首选。同学会、校友会、商会、老乡会、汽车之友会,能加入的圈子都一股脑地往里面钻。一些兴趣爱好类的团体,比如高尔夫俱乐部、吉他俱乐部、篮球俱乐部、读书会和书画俱乐部等，能加入的也是尽量加入。此外还可以加入志愿者协会，到社区去做法律志愿者或者去一些机构做公益普法讲座等。律师这个职业是解决人的问题的，要开拓案源就必须要社交，必须要跟各种各样的人打交道，必须要出现在人多的场合，必须要让他人知道你的律师身份。线下社交是最简单、最原始、最直接的自我推广方式。

我刚入行的时候也走过这条路。刚从苏州辞职来到上海，我是一张白纸，一穷二白、一无所有。两手空空，只能从零开始。我把我的微信、QQ和微博昵称全部改成"邓学平律师"，我还给其中的每个人都发了一条信息，告诉他们我已经从检察院辞职并改行做律师了，告诉他们有任何法律问题都可以找我。我加入了一些校友会、读书会和商会，积极参加他们举办的各类活动。参加活动时兜里会提前揣好名片，见谁都点头微笑，见谁都双手恭谨地递上名片。晚上如果有饭局，还要端着酒杯到处敬酒。像一句歌词说的那样，总是把自己放在卑微的后头。因为自己在社交的时候带着目的、怀着心思，想借机开拓案源，有求于人时腰板很难直得起来。现在回过头来看，这些活动并没有给我带来多少真实的案源，但在刚刚执业的初期它的确给我带来了充实感和安慰感。因为这些活动让我自己清楚地意识到：我正在努力，我的未来可能会变得更好。

2.**商业广告**。几年前我发过一篇微博，阅读量非常大，引发了许多律师同行的热烈讨论。上海有一个年轻律师穿着T恤衫，上面印着他的名字和联系电话，顶着烈日在看守所门口来回走动，把自己作为一个人体广告。我发微博当然有感叹律师展业辛苦的用意，但更主要的还是给这位律师点赞和鼓劲。虽然他的方式很低效，有很大的局限性，但至少他没有游手好闲、坐以待毙，至少他在用自己的行动和汗水为自己争取将来。比这位律师更高明、更高端的做法是，有些律师事务所干脆把自己的办公室选在看守所或法院门口，在店招或门框上写着取保候审、刑事辩护、法律咨询等业务，通过地理位置进行就近引流。

商业广告的模式简便易行，但效果往往并不如预期。这是因为单纯的商业广告渗透率和抵达率很低。人的本能是不愿意记住陌生人的名字和陌生的数字号码。因此无论是在高速公路边竖一个大大的广告牌,还是在报纸、杂志的一角刊上律师的名字、电话,都会面临熟视无睹的悲惨遭遇。如果不是刚好契合,没人愿意记住这些陌生的内容。如果刚好契合了他人的需求,他人也会想:这个律师不怎么成功吧?他都没有案子做,还需要通过付费广告的形式来招揽案源,我的案子能够放心交给他办吗?商业广告的转化率和成功率都是很低的,甚至远远不如线下社交。

3. **新闻媒体**。接受媒体采访,解读热点事件,增加自己的曝光度。撰写专业文章,录制短视频,通过自媒体普法进行引流。深耕自媒体是我一直提倡和鼓励的,对于打造个人IP进而吸引客户至关重要。这里,我还想分析一下通过百度引擎竞价排名进行自我推广的劣势和局限:(1)准入门槛很低。任何人只要给钱,都可以投。根据经济学规律,律师利润一定会越摊越薄。(2)为了吸引客户关注和咨询,无底线地夸大自己的业务能力,无底线地承诺或暗示胜诉结果。这样的推广模式其实是饮鸩止渴,损害整个行业的声誉和健康发展。

4. **办理案件**。我始终认为,案例是律师最好的名片。就像将军不能只靠吹拉弹唱,必须得有过硬的战功。一个律师不论他吹嘘得多么厉害,也不论他有多少唬人的头衔,最终还是要看他有没有拿得出手的案例。对于刑事律师,无罪案例和重大改判案例最有说服力。我从执业到现在,已经积累了10余起无罪案例和数量众多的重大改判案例。我说的无罪案例是指批准逮捕以后或者进入审查起诉阶段以后,最终以撤销案件、不起诉、撤回起诉或者判决无罪等形式结案的案例。直接在公安侦查阶段取保候审并且撤案的,我都没有计算在内。因为类似的情形体现不出律师的辩护作用,无罪的含金量较低,统计进来反而显得数据有水分。

如果一名律师不能靠办案吸引客户、推广自己,那么这名律师肯定算不得成功。因为他永远在原地踏步,永远要去开拓新的客户,永远要去吸引没有跟他合作过的人。而跟他合作过的人,委托过他的人,都会弃他而去。这种情况下,他的职业永远不会有积累和成长。要相信,律师行业有一个无形的江湖。只要你办理过案件,这个江湖就会有你的传说。通过办案展现自己的专业度和责任心是律师最低调、最扎实的自我推广模式。

5.著书立说。著书立说者主观上可能不是为了自我推广,但客观上著书立说自带推广效应。这是最高端但也是最艰难的自我推广模式,因为没有足够的积累和思考无法系统性地对外输出。

## (二)什么是有效的社交推广

吃吃喝喝、跑龙套、递香烟、恭维递名片式的线下社交,有着非常明显的局限。首先,时间成本太高。应付各种各样的场面都必须要有时间投入,而且很多都要牺牲下班后的时间。其次,见效太慢。浅尝辄止的交流,说的都是官话、套话,最多只能混个脸熟。特别是刑事业务,具有极大的偶然性,靠这样的社交去开拓案源几乎是不可能的。最后,这样的行为没有职业尊严。律师是一个专业工作者,但不是一个乞食者,不能到处卑躬屈膝、看人脸色。

那么出路是什么？什么才是有效的社交推广？我总结了律师社交的五大定律：

(1)**能力让自己变得有价值,专业让自己变得有尊严**。执业初期可以把一部分时间投在社交上,但绝对不是全部。律师不能老是想着跟在有钱人屁股后面,而是要努力让自己变得值钱。有钱不代表他不珍惜自己的钱,不代表他会乱花钱。当你不值钱的时候,即便天天跟有钱人待在一起,你也是一无所有。那么,律师如何才能让自己变得值钱呢？毫无疑问是提高自己的专业能力。当律师可以帮助企业家规避风险、减少损失、赢得财富甚至可以为企业家的生命、自由保驾护航的时候,你就是值钱的。到那时,你跟企业家之间的社交才是有意义的。所以,律师不要沉溺于那些低端、肤浅的社交,不要忽略了自己的能力提升和专业培养。

(2)**用专业和思想填平社会地位和财富的鸿沟,获取平等对话的机会**。不平等的社交是没有意义的。做不到地位平等,无法进行平等对话,很难赚到对方的钱。当你毕恭毕敬地递上自己的名片，别人可能转身就会扔到垃圾桶里面。越是把自己放在卑微的后头，越是把自己的位置放得很低，就越是反衬出对方的高高在上。的确，仅从社会地位和财富数量看，刚执业的律师和成功的企业老总根本没办法相提并论。但律师是专业人士，他完全可以发挥专业优势，用专业和思想去填平双方因为社会地位和财富差距所形成的鸿沟，从而实现双方的平等对话。在专业和思想面前，财富和权势有时候也必须保持谦卑。

（3）案件不是求来的，而是吸引来的。执业初期，曾经有个朋友将我推荐给一家企业。这家企业具有了一定的规模，员工数百人，年产值逾亿元。因为对之前的法律顾问不太满意，所以一位公司高管跟我联系，想跟我进行接触。第一次约见面，我从上海驾车两个多小时，准时出现在公司门口。我跟高管联系时，对方告知忘了今天的约见，老总和他都不在公司。第二次约见面，我再次从上海驾车两个多小时，准时出现在公司门口。这次高管接待了我，但表示老总今天又有事临时外出，具体合作需要等下一次跟老总面聊。第三次约见面，终于见到了老总，但他表示需要先帮助他分析一起案件。这是一起标的数百万元的案件，分析完毕，老总告诉我如果愿意免费代理这起案件并且最终胜诉，他可以考虑聘请我担任公司的常年法律顾问。听完，我立即拒绝并转身离开。大约一年后在一场企业家沙龙中，我跟这位老总又碰面了。我是沙龙邀请的主讲嘉宾，他是受邀听众。沙龙结束后，他主动走过来跟我握手，提及公司法律顾问的事情，还没等他说完我就转身离开了。经过持续的努力，我当时已经有能力筛选优质的客户，剔除低端、不良的客户。这个经历告诉我，案件是靠律师自身的实力吸引过来的，而不是靠低声下气或者热情谄媚求来的。

（4）能给人留下鲜明标签和良好印象才是成功的社交。给人留下鲜明的标签，可以加深别人对你的印象，可以让你更加容易进入别人的大脑存储区域。给人留下良好的印象，会让对方保持跟你继续联络的兴趣。如果没有标签，就无法让他人记住；如果不能给人留下良好印象，就算被记住了也没有意义。

（5）靠谱是最低成本的社交，做律师先做人。刻意花很多时间去做额外的社交,还不如在平时的工作和生活中给人留下靠谱的印象。严格来说,一个人的行为习惯,甚至不经意间的举手投足都是在社交,都是在向外界展示自我。比如跟朋友约会,能否做到准点守时?承诺给别人的事情,能否尽全力做到?看到别人遇到困难,能否在力所能及的范围内伸出援助之手?给他人发送手机号码、身份证号或者银行卡号,在发送之前能否先检查一遍确保没有出错?哪怕是发表一篇微博,能否不要出现明显的错别字或病句?生活中有些小事情小细节,自己可能只是下意识为之,但却可能会被别人铭记很久。我做检察官的时候,一次早晨上班看到一位同事一手扶着电动车,一手拎着早餐。我立即上前帮他拿着早餐,使他能够迅速方便地停好电动车。这原本是一件不足挂齿的小事,没想到却被这位同事反复提起。无论是求学阶段,还是工作阶段,我给身边人留下的最大印象就是靠谱。我常常跟青年律师朋友说,律师的竞争并不是从拿律师证那一刻才开始的,日常的言行举止和行为表现已经在拉开竞争差距了。

**(6)注重在律师同行中的社交。**不同于其他社交圈子,我是非常赞同和支持律师同行之间的社交的。无论是微信朋友圈中的互动、微信群中的讨论,还是在沙龙讲座、专业分享中的互动交流,又或者是线下的聚会、聊天,律师同行之间的交流多多益善。律师同行交流不仅可以促进对行业的整体了解,而且可以产生很多业务合作的机会。就我个人而言,现在的普通社交很少,几乎所有的社交都是在律师同行之间进行的,而且主要是思想和专业方面的交流探讨。

我给大家举两个我自己的真实例子,供大家参考。

案例一:转行初期,我参加了一次高中毕业15周年同学会。高中毕业以后,大家天各一方,平时很少联系。聚会时,大家难免会谈及各自的职业和现状。当知道我已经从检察院辞职转行做律师时,一位同学马上跟我谈起他家亲戚刚好有一个案件,需要委托律师。我告诉他,我刚从检察院辞职不久,暂时还没有律师证,并且有两年禁业期,短期内不能代理诉讼案件。没想到这位同学主动告诉我,他信任我,可以另外找个律师出庭,由我来负责统筹指导和幕后指挥。进一步交流,这位同学明确告诉我:高中的时候就觉得我是一个爱钻研、很靠谱的人,把案子交给我他绝对放心。

案例二：执业初期，政府系统里的一个朋友突然打电话告诉我，他家一个亲戚出事了，需要我帮忙。这位朋友跟我同一年考取公务员，曾经一起培训，平时也有一些交流。我马上告诉他，我现在还没过禁业期，不能代理刑事案件。我同时反问他，你不是跟 A 律师很熟悉吗？为什么不找他代理？他给我的回复，我至今难忘："你看他那个样子，松松垮垮，找他我能放心吗？"这句话对我触动非常大，经常在一起看球、吃饭、喝酒，不代表家里真正有事的时候会委托他。当涉及家人的人身自由或者重大利益的时候，客户一定还是会去找一个专业靠谱的人，而不是去找一个经常跟自己一起玩的人。

### （三）什么是有效的案例推广

对于学者，案例是最好的理论宝藏；对于国家，案例是最好的法治写照；对于律师，案例是最好的名片。这是因为成功的案例能为自己带来自信，类似的案例能赢得客户的信赖，前沿的案例能抢占细分市场，著名的案例能提升行业知名度，经典的案例能带来一生的成就感。那么律师该如何进行案例推广呢？

1. **以案滚案，通过客户口口相传**。律师接了一个案件，一定要对人家负责。即便当事人本人可能不会再有案件委托，但是他也有社交圈，也有亲戚朋友。我们要把每个案件都当作一个种子，每办好一个案件就相当于播下了一颗种子。遇到合适的土壤，这颗种子可能就会发芽。

我在办理案件时，经常会出现"案滚案"的情况。几年前，曾经一个案件滚出了 3 个案件。我在给一个台资银行高管辩护时，当事人因为对我的表现非常满意，就将我推荐给了他同监室的一个室友。这位室友的案情不算严重，但对律师非常挑剔，换了好几拨都不满意。这位同监室室友通过他的律师把我的电话告诉他家属，家属找到我后进行了初步洽谈，决定委托我先会见一次，会见后由其本人决定是否委托。这位同监室室友在会见过程中，当场决定委托我为他辩护，并在看守所签署了委托合同。让人意外的是，没过多久室友家属的妻子也出事了，最后同样也委托了我。就这样，一个案件滚出了3个案件。几年前，我在某地给一位企业家做辩护。这位企业家刑满释放后专程来到上海，决定聘请我担任他的企业法律顾问。还有一次在某地开庭，一位旁听人员在休庭时主动找到我，表示看到我的庭审表现后希望委托我给他家属辩护。类似这样的以案滚案，是很好的案例推广模式。

2. **通过办案在律师同行中建立专业声誉**。律师同行介绍是最大的案源来源渠道，而办案实力和办案成果在律师同行内部是最有说服力的。遇到重大或典型案件，可以将开庭信息公开发布出来，吸引当地同行前来旁听。给同行讲课，写专业文章都有好处，但是办案成果还是最重要的。

3. **重大成功案例会自动吸引客户**。我认识一个律师，就是因为一起成功的无罪案例让他声名鹊起，成为当地颇有名气的刑事律师。我说的成功案例，不仅仅是指无罪案例或重大改判案例，还包括重大影响力案例、辩护工作获得社会高度认可的案例。

4. **前沿案例会在类案检索中占据有利位置**。我国《刑法》中有数百个罪名，有些罪名的判例极少。有些罪名虽然比较常见，但有时会遇到全新的犯罪模式和犯罪形态。比如出售假币罪针对的是纸质货币，但现在出现了虚假的虚拟货币。又如商业模式各异的微商，有的涉嫌传销，有的涉嫌非吸。随着大数据的普及，办理类似这样的前沿案例，日后很有可能被当作类案进行检索。有些当事人可能还会找到之前案件的代理律师。

5. **影响力案件中的工作和贡献会被人铭记**。有些律师认为，只要介入代理热点案件就可以出名。大家可以想一想，中国每年有多少案件上热搜，有多少案件引起全民关注，但是这些案件的代理律师又有几个是被人记住的？时过境迁，大家可能在数年内都还记得这个案件，但很少有人能记住这个案件的代理律师是谁。原因很简单，公众关注的是热点案件本身。代理律师当然会跟着提高一定的曝光度和关注度，但如果律师没有在案件中作出特别的贡献，没有对案件发展起到实质性的推动作用，不能将自己和案件本身深度绑定甚至让自己成为案件本身的一部分，那么到后来案件和代理律师一定会发生记忆分离。案件是案件，律师是律师。

举个例子，几年前的昆山反杀案可谓举国关注，从案发到公安机关撤案放人，代理律师都没有发出任何声音，公众也没有看到律师的任何作为。但是公安机关通报撤案不久，有律师在微信朋友圈和微博上发声称其是这起案件的代理律师。这位律师原本是想借助这起案件做一下自我推广，只要他说的是事实原本也无可厚非。但这些信息见网后，引起了律师圈内外的一片群嘲。为什么？因为公众觉得律师在这起案件中没有发挥任何实质性作用，最终的处理结果跟律师没有任何关系。仅仅是代理了这起案件，并不足以获得公众的认同。所以不论是热点案件还是普通案件，最关键的还是要扎扎实实代理案件、切实发挥律师作用。

6. **公益性案例会帮助切入细分市场**。律师刚执业没案源怎么办？可以考虑做一些公益案件，做一些公益诉讼。所谓公益案件，就是不收费，提供免费法律援助。既包括司法局指派的法律援助案件，又包括一些经济困难的弱势群体的案件。公益诉讼是指律师自己代理或者干脆直接以自己的名义提起的，旨在维护公共利益、优化社会治理的案件。比如有律师就火车票涨价事宜起诉铁道部，有律师因为高铁站未设置专门的吸烟室而提起诉讼，有律师就优酷的超级会员提前点播起诉优酷。这些公益诉讼于公于私都有好处，既促进了社会公正、优化了社会治理，又为自己积累了诉讼经验甚至进行了自我推广。

时至今日，我每年仍会抽出时间和精力办理数起免费的公益援助案件。我现在仍然是中国禁烟协会法律公益委员会的理事。就中国联航不合理克扣机票退票费事件，我在执业早期专门起诉了中国联航并多次在网上发文批评航空公司的不合理做法。后来这起案件引起了众多媒体的关注，促成国家民航总局专门下发了整改通知和监管新政。所以律师实在没有案件的时候，可以选择公益诉讼。

## （四）如何打破无经验、无案源的死循环

因为没有案源，所以没有经验；因为没有经验，所以没有案源。这是一个逻辑闭环，也是一个死循环。青年律师要跳出这个循环，必须找到破解之道。

**1. 跟有经验的律师合作。** 自己没经验，不妨跟有经验的人合作。有的人不舍得合作，原因在于跟别人合作需要给别人分配律师费。只顾着眼前的这点小利，往往会失去更大的利益。没有经验，案件未必能谈的下来。即便谈下来了，未必能做到让客户满意，保不准中途会被客户换掉。跟更有经验的律师一起谈案一起办案，不仅案源转化率更高，可能收取的费用也更高。分配一些律师费给更有经验的律师，把这部分钱当作学习经验的费用是非常值得的。律师之间介绍案源都是相互的，建立合作关系本身就是有价值的。今天你跟他合作办案，明天他有自己忙不过来的案件也会想到你。慢慢地，双方之间的合作就会越来越多。

曾经有个律师是公务员辞职转行的，主打政府法律事务和行政诉讼。刚执业时，做行政案件是有经验的，但做其他案件不一定有经验。一天遇到一个客户咨询刑事案件，他提前查阅法条做足功课，把相关罪名的入罪门槛和量刑情节都搞得比较清楚。前期谈案过程也还算顺利，但当客户问他委托协议是签三个阶段还是签一个阶段时，他却顿时语塞，不知道怎么回答。因为他根本不知道什么叫签三个阶段，什么叫签一个阶段，很显然他的窘迫被客户看在眼里，这个客户最终也没有了下文。其实但凡做过刑事案件的律师都知道三阶段和一阶段的区分，如果他当初跟一个相对资深的刑事律师一起接待客户，结果很可能不一样。虽然会分出一部分律师费，但毕竟能承接到案件，自己能赚取律师费不说，还能积累办案经验。

我自己也有过类似经历。刚辞职的时候，不能代理诉讼案件，空闲时就跟着律所的部分律师学习新三板等非诉业务。一次偶然的机会得知某商会有一家企业打算上新三板挂牌，我很快联系到这家企业。做好必要的准备功课后，也是口

若悬河地介绍上新三板挂牌的条件和好处。谈到最后,客户问我:到新三板挂牌,一年需要向股转公司缴纳多少费用?我也是同样立即语塞。很多实务知识必须要亲身做过案例才能知晓,不是靠临时补课或查阅资料就能掌握的。

2. **放弃独立单干,重新加入团队**。绝大部分律师刚开始都是在团队担任助理,积累到一定程度才选择出来独立执业。在前面的课程中,我提到独立执业必须具备两个条件:独立的办案能力和独立的案源开拓能力。如果第一年开拓案源不够顺利,那么第二年可以继续努力、继续尝试。如果第二年还不够理想,那么第三年可以继续努力、继续尝试。如果3年过去了,案源还是不足以保证自己的生存,那么就可以考虑放弃独立单干,重新加入一个团队,担任团队内的授薪律师或提成律师。

3. **暂时放弃经济利益考虑,提供免费法律援助或免费参与别人的案件**。几乎每年都有青年律师找到我,希望能跟我一起办案。他们还特别强调,他们不在乎费用,可以不分钱,只是希望能有学习办案的机会。这样的青年律师是有前途的,因为他已经找到了打破循环的办法。长期以来,让别人免费工作不符合我的做事规矩,所以我都会婉拒。特别诚恳的青年律师,我会留意给他介绍一些案源。对于大部分青年律师来说,如果你暂时不把费用放在首要位置,那么总还是可以找到一些案源的。

## (五)什么是有效的媒体推广

1. **关注并评论热点法律事件**。不要担心别人指责律师蹭热点。热点之所以是热点,是因为有很多人的共同关注。而很多人之所以共同关注,是因为事件触动了很多人的观念或利益。律师作为社会的一员,活动在权利义务和观念冲突的第一线,当然有权利有资格就热点事件发表评论。社会热点事件多少都跟法律有些关系,公众客观上对热点事件存在法律上的需求,希望听到法律专业人士的解读。我观察过一些律师的自媒体账号,有些文章质量很高但阅读量不高,而有些文章质量并不高但因为跟热点事件相关,反而阅读量很高。所以,站在法律角度关注并评论热点事件是一个比较好的推广方法。

我在执业初期给媒体写过几年的法律评论。一位媒体评论编辑对我提出的要求,我至今难忘:要让北京60多岁的退休大爷看得懂。他们让我想象一个场景:退休大爷一手摇着蒲扇,一手拿着报纸。看到喜闻乐见的评论时,面带微笑地喝一口二锅头。因为能用通俗易懂的语言去解说、评析各类事件,并且法律性质方面踩得很准、极少出错,所以很多媒体编辑都非常喜欢我的评论文章。一些法学教授往往写得太专业、太晦涩、太深奥,不太会用生活化的语言给老百姓讲故事。我撰写的法律评论已经结集出版了五六十万字,电脑上还有近百万字没有出版。

律师撰写评论文章,底线是法律不能出错。如果把法律规定或者法律关系搞错了,这样的文章一旦传播开来,对自身的专业形象将是毁灭性的打击。律师撰写评论文章要有规则的视角、权利的视角和公平正义的视角,不能无底线地迎合部分人,更不能违反公序良俗。撰写热点评论文章不要板着面孔,最好要用生动、诙谐、活泼的语言,甚至可以大量使用网络和生活化语言。

2. 撰写专业法律文章。专业法律文章和法律评论不一样。法律评论是杂文,里边有法律因素和法律思维,但并非严谨的法律论证。法律专业文章,要求有更强的知识性和严谨性。比如艺人张庭夫妇因为传销被行政处罚,评论文章可以略加介绍传销的定义及其可能面临的法律责任,且多数限于对法条规定和司法实务做法等实然层面的介绍。而法律专业文章则可能需要从法学理论层面深入分析如何界定传销、传销的社会危害和法律责任,可能需要介绍学术界的不同观点和实务中的不同判例,甚至可能需要提出完善立法司法的理论建议。专业文章受众主要是律师同行或者法律共同体,一般发表在各类报纸、杂志或自媒体公号上。

3. 就重要立法撰写评论分析。国家每年都会有大量新的立法和大量新的司法解释、指导案例。比如最近最高人民法院出台了有关珍贵濒危野生动物的司法解释,对原来涉及珍贵濒危野生动物的法律适用作出了重大修正。比如前些年最高人民检察院、公安部联合制定了《关于公安机关管辖的刑事案件立案追诉标准的规定(二)》,对许多罪名的入罪门槛作出了重要修改。涉税犯罪、外汇犯罪等最近也出台了新的司法解释。新的立法和司法解释出台,客观上需要有人来进行解读。除了高层的解读和学术界的解读,实务界特别是律师界也需要进行解读。站在律师的视角,结合律师的职业进行立法解读,是其他人员无法替代的。这种立法评析类文章,除了要对法律条文进行解读,更重要的是要有行业针对性和行业指导意义,最后落脚点一定要回到律师执业活动中。

**4. 就成功案例撰写办案手记**。我看到很多律师在这方面做得非常好。如果案件获得了胜诉或者获得了理想结果,撰写一篇文章记录自己的办案经过、诉讼策略和案件意义。这既是一种对外宣传,又是一种自我总结和提高。张扣扣案一审宣判后,我就撰写了一篇办案手记回应外界争议。有些案件哪怕结果不是非常理想,也可以将自己办案中的所思所悟进行总结记录。一是锻炼了自己的写作能力;二是只有不断总结才会进步;三是记录了自己的职场经历,四是让同行和客户见识自己的专业实力。办案手记可以写得生动一点,表达自己的真实经历和感受,切忌盲目夸大和虚构,变成变相的自我炫耀或吹嘘。

## (六)关于媒体推广的4条个人感悟

**1. 思想比知识更有价值**。有人说文章无高下,我是不同意这种观点的。一篇文章,可以从思想和表达两个层面去进行评价。有思想的文章才是真正的优质文章。但互联网时代并不要求所有的文章都传递深邃的思想。绝大多数文章属于纯粹的知识普及,不输出思想和观念,只输出知识和解决方案。比如看到某某明星离婚,可以趁机撰写文章解析离婚如何分割财产。比如看到某头部主播直播偷税被查处,可以马上撰写文章解析什么叫偷税。偷税什么时候面临行政处罚,什么时候涉嫌刑事犯罪。比如看到唐山打人事件,可以撰写文章分析打人者可能涉嫌哪些罪名以及各个罪名的可能刑期。这样的知识普及文章,专业门槛不是太高,并且没有预测不到的风险,很受律师的欢迎。我个人非常鼓励律师撰写这样的文章,入笔快、成文快、传播快,非常适合移动互联的时代。但是我们必须认识到,真正能够通过时间过滤并最终沉淀下来的只能是那些表达独特思想和原创思想的文章。

  2. 文字能传播多远,影响力就能传播多远。线下的社交受限于物理空间,影响力永远是有局限的。文字一旦借助互联网媒介传播开来,影响力会波及天涯海角。我代理的陕西渭南继母虐童案,即常说的鹏鹏案,影响力遍及欧美。我接到过北欧华人的问询电话,希望给鹏鹏捐款;我收到过加拿大华人医生的短信问候,他表示想自费把鹏鹏带到加拿大治疗。我代理的张扣扣案,同样也是如此。几年前我去哈佛大学演讲的时候,听众席上就有一名法学院在校生告诉我他阅读过我撰写的辩护词。另一名老家在北京的麻省理工学院化学系教授告诉我,她从我代理雷洋案的时候就已经开始关注我了。这就是文字传播的能量。

  3. 不要急功近利,而要贵在坚持。有的人写了一篇文章,就想要立竿见影带来一个案源。连续写了 3 篇文章,就开始感慨怎么还没有案源转化,怎么还没有接到咨询或委托电话。咬牙撰写了 10 篇文章,早已望眼欲穿,却还是没有看到实际效果,有的人就开始逐渐放弃了。在文章和案源之间计算转化率,这个想法从一开始就错了。我可以告诉大家,文章和案源之间没有任何直接的转化关系。那为什么还要强调撰写文章呢?特别是撰写文章如此痛苦,很少有人能从中找到乐趣。原因在于,虽然单篇的文章很可能无济于事,但如果能长期坚持,积累三五年一定会有不一样的价值。

  长年坚持撰写文章,可以加深自己对行业的认识,逐渐培养自己的专业品牌。比如围绕一个大的专业领域,一周坚持撰写一篇原创文章,坚持 5 年就能积累 200 多篇文章。200 多篇文章积聚在一起的能量和影响力是 5 篇文章、10 篇文章根本难以比拟的。文章转化案源具有极大的偶然性,几百篇文章通过各种途径传播会使案源转化的可能性呈几何级增长。你根本不知道什么人在什么情况下会看到你的文章,并产生咨询和委托你的冲动。所以写文章就跟量子理论一样,轨迹是不可琢磨的、不可测量的。不要急于计算转化率,只管埋头写作,你一定会在某个不知道的时点迎来质变和突破。

4.注册并运用实名社交媒体账号。社交媒体账号名称有两种错误的极端：一种是从事律师职业很多年,微信名和微博名仍然使用的是普通昵称,一般人根本不知道他是律师。朋友圈和微博发的全是美食、运动、购物和旅游的照片,很少有法律和专业的内容。说到底,没有把这些自媒体账号当作自我推广的工具。另外一种与此相对,微信名和微博名不仅注明自己是律师,而且把手机号码附上,有的甚至在自己的姓名前面加上字母A。微博和微信简介不仅写上欢迎大家咨询,还特意注明付费标准。营销痕迹太浓,反而不好。当一个律师在自己的姓名前加A的时候,他给外界的印象一定是低端的、廉价的。

律师自我推广要有一定的层次和一定的水准。社交账号名称姓名加律师就行,比如我微信名称和微博名称都是"邓学平律师"。我们的微信朋友圈和微博要尽量发那些跟专业领域、跟我们的执业有关的内容,包括热点事件和热点事件评论。从朋友圈分享的内容,也可以看出一个人的品位和价值观。哪怕是微信朋友圈,如果持续输出有价值、有思想的优质内容,也会吸引到别人。律师一定要善用社交媒体凸显自己的专业优势和思想魅力,从而实现跟自己的身份绑定。

## 三、如何让人信任你并委托你

如果一个人通过各种方式了解到你,并且打来电话甚至找上门上来,你如何能在不坑蒙拐骗的前提下,让对方很快地信任你呢？

### (一)平时的为人和积累

日常交往中能做到诚信守诺、专业负责,自然就容易赢得他人的信任。有时候,从了解你到信任你这个距离无限近;有时候,从了解你到信任你这个距离无限远。行为比语言更有说服力,更能获得他人信任。

## （二）自信者才能让人信任

自己都不自信，怎么让别人信任你？我总结了律师的三个自信：一是专业自信；二是品格自信；三是价格自信。

1. **专业自信**。专业自信不是表演出来的，而是自然流露出来的。专业自信不需要西装革履和豪车名表加以衬托，不需要黄金地段的写字楼和奢华的办公室装修进行加持。专业自信表现为能迅速听懂客户的陈述，能迅速抓住案件的要害，能迅速厘清复杂的法律关系，能迅速给出可能的诉讼策略。对于客户提出的疑惑和问题，都能条分缕析、娓娓道来。专业自信是源于知识和经验的积累，是一种强大的专业气场，是一种看似散漫但却从不偏题的从容不迫。专业自信不是脸上刻意堆积的微笑。

2. **品格自信**。法律服务市场诱惑很多。为了承揽案件，有些律师故意明示或暗示自己跟司法机关之间存在特殊关系。还有些时候，客户会主动问询有没有司法资源、跟办案人员熟悉不熟悉。如果经不住诱惑，可能就会顺势上钩。每每遇到这种情况，我都会清晰地表明：我只会在法律框架内从事代理工作，绝对不会做违法违规的事情。同时，我会劝说当事人不要听信那些所谓的关系，无论如何都不要轻视或放弃法律上的攻防。律师要有品格自信，要敢于坚持原则，不要无原则地迎合当事人。律师表现出了原则性，非但不会得罪客户，相反会赢得客户的尊重和信任。

3. **价格自信**。每个律师都应当根据前一年的平均个案收费，制定一个自己的大致收费区间。谈案报价的时候，不要随意性太强，不要轻易滑出这个价格区间。我在谈案的时候，不仅会报价，而且会解释报价的原因。我会明确告知客户：每个律师的时间成本不一样，每个案件的复杂程度不一样，所以给出的价格也不一样。我会明确告知客户：我的收费要高于市场平均水平，客户可以用少得多的价格请到律师。这样的价格自信往往能赢得客户信任，降低客户的砍价预期。

## （三）谈案时怎样才能更加专业

1. **事先做好思想和知识准备**。客户到律所进行洽谈之前，先在电话中弄清案件类型，包括涉嫌的罪名、现在的诉讼阶段、具体的办案单位和采取的强制措施等。了解这些信息后，要提前做好法条和案例检索，对可能出现的法律问题做到心中有数。特别是入罪门槛和量刑情节，即便是资深的刑事律师也不可能了如指掌。提前准备能确保谈案不会遇到法律盲区，不会知识出错。

2. **迅速概括归纳有意义的法律事实**。当事人的陈述往往是杂乱无章、东拉西扯的。这时候考验的是律师的功力，能否敏锐地捕捉到有效的信息并对客户进行必要的引导。不夸张地说，最多只需要半小时，我就能听出客户思路是否清楚，能否自主地将案情陈述清楚。如果客户不掌握陈述案情的技巧，我会引导客户陈述我希望了解的情节，或者干脆由我来发问由客户来进行回答。有时候客户自己都觉得自己一团乱麻，我却能快刀斩乱麻，抽丝剥茧地把包含的法律关系给剥离出来，然后逐一进行分析。

3. **对客户的法律疑惑给出详尽的答复**。有些人谈案时会刻意有所保留，担心客户听到律师观点后不再委托自己。我的看法恰恰相反。一定要用通俗易懂的语言回应和解释客户的疑惑，只有让客户认同你的观点，只有让客户看到你的专业和能力，信任才可能会战胜疑惑。我的绝大多数案件，都是陌生人委托，取得信任的最大法宝就是案情分析。但凡听过我接待案件的人，都会觉得我谈案时大巧若拙，完全就是靠通透、专业的法律解答。不要担心客户明白辩护思路后会弃你而去，要担心的是你还没有深深地吸引住客户那颗焦躁不安的心。

曾经有一位大型国企的高管找我面谈，因为我已经买好了当天最后一班出差的高铁，我的接待时间只有不到30分钟。没想到就是这30分钟，让客户对我产生了浓厚的兴趣。他毫不隐瞒地表示，他之前找过很多位沪上知名的刑辩律师，但只有我一针见血地给出了不一样的见解。随后他表示，他愿意开车送我去高铁站以便在路上继续进行洽谈。我登上高铁不久就收到了客户的短信，让我到酒店后把委托合同发给他。

## (四)如何让人委托你

假设信任这一关过了,接下来就面临着是否委托的问题。从信任到委托看似水到渠成,实则仍隔着千山万水,中间仍有很多不确定因素。

1. 明晰诉求。为什么明晰诉求是建立委托第一位的条件呢?试想,如果连客户的诉求是什么都不知道,这个案件律师敢接吗?即便接下来,律师知道该怎么去办理吗?再换位思考,如果客户自己都不知道自己的诉求是什么,他又怎么会付费给委托律师?他又怎么知道眼前的这位律师正是他要找的人?所以,如果诉求不明确,委托根本无从谈起。

(1)有的客户根本不知道自己的诉求,找律师只是觉得自己遇到了麻烦,隐约觉得这个麻烦跟法律有关。我曾经接待过一起离婚案咨询,洽谈约半小时后,她告诉我她心理很乱,不知道该不该提出离婚。类似这种情况,洽谈应当快速终止。

(2)有的客户诉求明显无法实现,没有任何法律依据。比如一起证据确凿的贪污案件,客户偏要律师根据他自己的错误理解为其做无罪辩护。

(3)有的客户诉求不合理,明显超出了法律的规定。比如根据法律规定,可能的赔偿金额不超过 10 万元,客户偏偏希望主张 100 万元。

(4)有的客户诉求对自己反而不利。毕竟客户不懂法,有些诉求只是情绪或者一厢情愿的产物。不仅没有计算过诉求背后的风险代价,而且没有考虑过诉求可能产生的一系列负面后果。

(5)有的客户在多个诉求中间摇摆。不同的诉求对应着不同的价值取向或利益分配,也对应着不同的诉讼风险。客户犹豫不定,下不了决心。这时能否帮助客户进行利弊分析,从而帮助客户作出选择或决定就成了谈案成败的关键。

2. 引导思路。客户是更相信法律还是更相信关系?客户对自己的案件是否还有信心?刑事案件中经常会遇到一个问题,那便是当事人对法律没有信心,对案件结果没有信心。客户经常提出的问题是:案件都批准逮捕了,是否一定会被判刑?案件都到法院了,请律师还有用吗?一审都判决有罪了,二审还有机会吗?很多当事人只有焦虑的情绪,并没有独立自主的判断能力。这时,律师必须要给予一定的心理建设和思路引导。比如我经常会这样回复:除了努力辩护、努力争取,你还有别的选择吗?批准逮捕和判决有罪之间是概率论,不是因果论。不是因为检察院批准逮捕了,法院一定会判决有罪;而是从概率上统计,检察院批准逮捕的案件大部分会被法院判决有罪。具体到你这个案件,不能因为被批准逮捕就推定法院一定会判决有罪。

3. 合理报价。经过了前两步,如果双方皆认为存在委托的必要和可能,那么就进入了最关键也是最后一步:报价议价。很多时候,价格是委托能否实现的最终决定因素。

## (五)如何做到合理报价

律师收费现在实行的是政府指导价加市场自主定价。刑事案件的收费目前已经放开,由律师事务所自主制定收费标准并在律协备案。备案制不等于彻底放开,违反了备案的收费标准同样属于违规收费。2021年国家发改委、司法部和国家市场监督管理总局等部门联合印发《关于进一步规范律师服务收费的意见》,提出了"人民律师"和"普惠性法律服务"的概念,强调要加大对律师收费的抽查和监管。可以预见,律师业将会逐步告别高收费时代,法律服务将逐渐走向普惠化和平民化。讨论律师报价的话题,必须要考虑整个时代的监管环境。

1. 基于时间成本设定自己的收费区间。我遇到有些律师报价看心情,预估对方支付能力强一点就多报,预估对方支付能力弱一点就少报。案件谈下来了,后悔当初价格报低了;案件没有谈下来,后悔当初价格报高了。其实,律师完全可以根据前一年或者前两年的收费情况,计算出平均每个案件的收费数值。然后根据这个数值,结合一定的上下浮动比率计算出自己接案的价格区间。谈案的时候,不论对方贫富,一般不要轻易滑出这个价格区间。如此一来,无论谈案是否成功,自己都不会后悔。

经常听到有些律师声称自己低于某个价格不做,也经常有律师问我收费底值是多少。收费底值自然是因人而异,但有一点是相通的:律师的收费底值是市场决定的,而不是自己决定的。如果一个律师案源短缺,连维持生计都很困难,却自视甚高,坚持低于某个价格不做,这不是自欺欺人吗?推而广之,如果一个律师的案源远未饱和,很多时间都在为案源焦虑,那么把收费底值设置得过高同样属于打肿脸充胖子。一个律师,只有当他的案源多到一定程度,才会产生机会成本和时间成本的概念,也只有这个时候设置收费底值才有意义。收费底值一旦设定,除非遇到特殊情况,否则一般不要轻易突破。

**2. 报价要综合考量案件的特殊情况。**包括案件的复杂程度、指控的罪名和事实多少、距离的远近和交通的便利化程度、案件所处的诉讼阶段、承办律师的工作量大小、客户对案件的期望值、客户的个人素质高低、客户的支付能力等因素,报价时都需要给予综合考量。只有综合考虑上述因素之后的报价,才是一个合理的报价。比如仅指控一起盗窃案件或者一起酒驾案件和指控为黑社会性质组织首要分子的案件,报价能一样吗?又如当事人强烈要求律师做无罪辩护的案件和当事人希望律师能争取从低量刑、从轻处罚的案件,报价能一样吗?再如一个上海本地的案件和一个远在甘肃某县城的案件,报价能一样吗?跟时间成本挂钩,是律师报价最大的诚信。

**3. 明确告知客户报价的理由。**客户或许存在信息不对称,或许对律师行业的报价不甚明了,但律师不要利用这种信息优势去侵害客户利益。因为一旦案件结果不好或者客户通过其他渠道了解到其他律师的收费,会转过头来对律师收费产生不满。为了消除误会,我在谈案时会明确告知客户:类似案件我一般怎么报价,这个案件为什么会报这样的价格。市场上一般律师的价格是多少,我的收费为什么会高于市场平均价。在上述告知的基础上,我会提醒客户:委托我要支付一笔不菲的律师费,如果最终结果不好或者达不到预期,那么将会损失一笔律师费。我有时候还会提醒客户:既要照顾到看守所里面的人，又要照顾到看守所外面的人，可以回去好好商量一下，不要急着做决定。把报价理由讲清楚以后，给出的报价就能获得客户更多的理解，也能避免可能的纠纷。

4. 首次报价后不要主动降价。有些律师报完价以后，看到客户有些犹豫就开始主动降价。这就属于价格不自信。律师越是显得价格不自信，客户就越是觉得律师的报价水分太大。律师给出报价后，如果客户还价，那么律师可以把球抛给客户，问客户能接受的价格是多少。我一般会这么回答：那你说说你能接受的价格。如果我能做就做，如果我不能做也没关系。你可以去找别的律师，我也可以给你推荐比我便宜的律师。

5. 议价不要超过三轮，不要轻易跌破首报价的50%。喜欢频繁议价的客户不是优质客户，但从来不议价的客户也很少见。我执业至今，遇到过几位客户不但不压价，还主动加价。我们不能指望所有的客户都如此慷慨，客户砍价压价乃是律师谈案的常态。律师给出初次报价后，双方议价最好不要超过3轮，否则律师要及时喊停。无止境地议价磨价，非但无助于信任关系的建立，而且会让客户步步为营。律师一退再退，看似体现了诚意、迁就了客户，但更大概率的结果是案件根本不会成交。特别当律师给出初次报价后，一般不要跌破初次报价的50%。比如初次报价50万元，别想着最后能20万元成交。无论客户如何砍价，都不能跌破25万元的底线。如果初次报价50万元，最后却同意20万元委托，那么客户会想能不能继续砍到10万元。一旦客户觉得律师的报价随意性太强、水分太大，对律师的信任就会荡然无存。

6. 灵活应对客户的降价请求。律师谈案要原则性和灵活性并重，对客户不能态度生硬地粗暴拒绝。面对客户的降价请求，律师可以采取分期付款、分担调查取证责任、限制会见次数等方式进行灵活应对。比如初次报价50万元，客户要求便宜，律师可以坚持价格不变但将一次性付费改成分期付费，支付首笔费用开始工作，到了某个程序节点再支付第二笔费用。律师也可以同意降价，但同时要求减少律师的会见次数或者安排助理代替律师履行部分会见义务。为了应对客户议价,还可以赠送或打包其他法律服务。比如一审报价50万元,如果客户要求降价,律师可以提出二审继续代理的优惠报价。

7. **合理设置分期付款条件。**大部分客户都不愿意一次性支付律师费,这是因为客户对律师毕竟不够熟悉,而且一次性将费用付清会失去对律师的监督和制约。对于律师而言,最大的担心是客户届时违约,后期费用不再支付。为了解决这个问题,必须要合理设置分期付款条件。因为刑事案件不允许风险代理,所以分期付款不能跟案件结果挂钩,只能跟程序节点挂钩。比如案件起诉到法院后3天内支付第二期律师费,比如收到一审法院开庭通知后3天内支付第二期律师费。我的做法是,首期付费不能低于总律师费的50%,分期付款的期数不能超过三期,并且每期付费都要设置明确的程序节点和最后期限。

8. **合理约定风险代理比例。**国家发改委、司法部和国家市场监督管理总局的《关于进一步规范律师服务收费的意见》重新对律师风险代理进行了严格限制。禁止刑事诉讼案件、行政诉讼案件、国家赔偿案件、群体性诉讼案件、婚姻继承案件,以及请求给予社会保险待遇、最低生活保障待遇、赡养费、抚养费、扶养费、抚恤金、救济金、工伤赔偿、劳动报酬的案件实行或者变相实行风险代理。《关于进一步规范律师服务收费的意见》还对民商事案件的风险代理比例进行了限定。也就是说,只有非诉案件和部分民商事诉讼案件可以约定风险代理,刑事案件绝对禁止约定风险代理。民商事诉讼律师应当在遵守《关于进一步规范律师服务收费的意见》的前提下,约定好风险代理的条件和比例。

## 四、律师谈案和接案原则

### (一)律师谈案的10条箴言

律师谈案是一门学问,具有很多技巧。但归根结底,大道至简。律师接自己该接的案件,做自己想做的案件,不过分看重一人一案之得失,就能做到坦然面对。我刚执业的时候,案源比较少,缺乏谈案经验,每当接待完客户却没能建立委托关系时就会非常自责。我为了总结其中的原因,会把我和客户的对话重复给家人或者其他律师,让局外人帮助分析我哪里出了问题,从而在后面的谈案中不断进步。我相信青年律师都会经历这样一个过程,随着执业经验的积累和执业能力的提升,每个人最终都会形成一套属于自己的谈案风格。下面的 10 条箴言完全是我个人的经验总结。

(1)电话咨询不能报价,价格要面议。我的很多客户都是通过互联网找到我的电话,先通过电话进行咨询。当客户在电话咨询时问问律师费报价的时候,我一般都回复我的收费比一般律师要高,但具体价格需要来律所面议。一方面是因为在电话中对案件的了解非常有限,不能确定自己一定愿意承接这个案件;另一方面是因为电话咨询的动机各异,客户愿意到律所面谈才能证明其有真正委托的诚意。表明自己价格比一般律师高,是为了提前给客户一个心理预期,也是为了避免客户不知道行情跑空趟。有时候当我坚持要来律所面谈,对方便会以自己行动不便、距离太过遥远等理由进行推辞。每当此时,非但不要进行任何报价,而且要及时终止电话咨询。这样的客户不是真正的客户,大多数只是"白嫖"蹭咨询的。

(2)陌生的专业领域可以跟专业律师合作。对于自己不熟悉的专业领域,要么推荐给其他律师,要么找一个专业律师进行合作。切莫自己一个人单独接待和面对客户。

(3)谈案不要高傲但也不要过分殷勤。任何谈判都是一个心理博弈的过程,谈案也是如此。律师在谈案时要保持一定的姿态,既不要太过高傲、拒人于千里之外,也不要唯唯诺诺、过分殷勤。最好的态度是热情而不谄媚、淡然而不疏离。不要让客户觉得律师对这个案件完全无所谓,也不要让客户觉得律师非常急于接下这个案件。

(4)主导整个谈案进程,不被客户"牵着鼻子走"。尊重客户的表达,但不要任由客户东拉西扯。律师在谈案时既要充分了解案情事实又要让整个过程紧凑高效。必要时，可以引导客户进行陈述。

（5）对于"胜诉把握"等常见问题要给予技巧性的回答。"胜诉把握""有没有关系""律师有没有用""法官会不会听律师的"，都是客户经常会提出的问题。针对这些问题，律师日常就应该思考如何在不违规的前提下给出技巧性的回答。因为这些问题会在不同的客户那里反复出现，都需要给出坦诚而富有说服力的回答。

（6）先分析案情，提出解决思路，获得认可后再谈委托价格。有些律师谈案时非常焦虑，案情分析囫囵吞枣，总是急不可耐地主动提出报价。成熟的律师从来不主动报价，在客户表达明确的委托意愿之前主动报价多数会适得其反。律师谈案一定要先了解案情，先分析案情。当律师把案件分析好了，当客户认可了律师的思路，自然会主动询问如果委托需要多少费用。如果客户始终没有表达委托的意愿，也没有主动询问委托费用，那么就说明客户根本没有委托的意愿。这时律师可以及时终止面谈，千万不要主动提及费用报价。

（7）尽可能地收集支付能力等客户信息。谈案时可以侧面了解客户的工作、家庭情况，询问之前有没有聘请律师以及聘请的是什么律师。这些信息都可以辅助判断客户的支付能力，辅助判断客户对于律师费用的可能预算。如果信息太少，不足以判断，那么律师还可以主动询问客户的费用预算，或者告知自己的价格区间。

（8）不要去客户处谈案。刑事律师跟民商事律师、非诉律师不一样的地方在于，刑事律师虽然是乙方，但相对比较强势。刑事律师一定要保持一定的姿态，不要轻易去客户公司或者客户所在的城市谈案。因为一旦那样做了，自己的姿态就会很低，案件最终很难谈成，不过是帮别人进行了一次免费上门服务而已。当然，如果客户确系特殊原因不便出行，那么在客户提前支付费用的情况下也可以考虑客户的特殊情况。

（9）安排合适人选陪同谈案。我很少一个人单独去接待客户。如果客户系朋友、律师同行介绍，那么可以让这位朋友或律师同行陪同谈案。如果没有其他人介绍，那么律师也至少可以带一个同事或助理陪同谈案。两个人一起谈案，有时可以互相补充。

（10）客户犹豫期不要主动去电问询。我前面说过，没有一个案件是求来的。有的客户在接待完后会主动表示他还需要再考虑考虑，等作出决定了会主动通知律师。在等待客户通知的过程中，有些律师会按捺不住自己的焦虑情绪，忍不住主动给客户打电话或发短信，甚至主动表示价格还可以再商量。但凡有这种举动的，客户基本都不会委托。因为真正焦虑的不应该是律师，而应该是客户。对于律师而言，只是一笔费用问题，对于客户而言则是家人的生命、自由问题。所以，律师一定要能保持耐心和定力。

## （二）律师谈案的五大禁忌

所谓禁忌者，被禁止或忌讳的言行也。之所以是禁忌，要么是因为这样的言行会触犯法律法规，要么是因为这样的言行会严重损害律师行业的整体形象，要么是因为这样的言行会给律师自身带来不可预测的风险。

1. 浮夸，拍胸脯乱保证。这样的律师多如牛毛。随便到百度去搜索一下，那些名不见经传的律师都自称是大牌律师，一些刑事律师甚至公然声称自己的无罪判决率能达到60%。这样无底线的吹嘘和保证，损害的是整个律师职业的形象和利益。

2. 懵懂，对案情没有分析见解。有些律师业务水平不过关，听完客户陈述的案情，自己抓不住重点。对整个案件缺乏认识，提不出自己的独立见解。这样的谈案实际上永远抓不住客户。

3. 浮躁，急于谈论委托条件。有些律师不是站在客户和帮助他人解决问题的角度，而是站在律师创收的角度看待问题。客户咨询之后，急于问询客户要不要委托，或者急于给出自己的代理费用。

4. 轻浮，无端贬低其他同行。律师界存在一种不良风气，一些律师喜欢通过贬损其他律师来抬高自己。可以说，攻击律师最疯狂的恰恰也是律师。同行相轻，可能在每个行业都有，但是像法律行业这样过分的可能不多。

客户找到我的时候,案件往往已经进展到一定阶段。对于之前的律师工作,我轻易不会给出否定评价。有的客户会直言不讳地告诉我,他们对之前的律师不满意,并且抱怨之前律师的工作。除非有明确的事证能够证明之前的律师存在重大过错,否则我会尽量避免贬损其他律师同行。贬低同行能抬高自己吗?贬低别人其实也是在贬低自己,聪明的客户很容易就能听出话外音。如果有客户问及其他律师,我要么给予正面评价,要么不予置评。

**5. 犯禁,明示暗示关系资源**。这种摆平型、资源型律师俗称勾兑律师。严格来说,他们只是"司法黄牛"而并非真正的律师。勾兑律师是最看不起专业律师的,因为他们几乎从来不钻研业务。他们的心思和精力都放在怎么跟司法人员搞好关系上。我刚从检察院辞职时,遇到过一家律所主任,谈案时几乎都在吹嘘他跟法院院长关系如何之深。我认识一位法学教授,置自己的专业身份于不顾,靠明示暗示自己跟司法人员的特殊关系揽案。勾兑律师对司法和社会的危害不言而喻,我一直对这个群体的言行进行公开批评。

几年前,我代理过一起涉嫌行贿、滥用职权的案件。起初,当事人找到一位在当地颇有声望的律师,家属告诉我,该律师进看守所会见,可以当着当事人的面打开手机免提给领导打电话。然而时间一天天过去,那位律师"人很快就能出来"的承诺却始终未能兑现。家属无奈之下找到了我。在看守所的首次会面并不顺利,当事人一见到我便要求借手机给他女儿打电话,但我的手机在看守所门口就被收下了,根本带不进去。当事人马上就对我失去了兴趣,我说既然已经见面了不妨聊聊案情。没想到,两小时的会见,当事人重新燃起了对我的兴趣。因为我问的案情细节,之前的律师从未问过他;我的分析观点,之前的律师从未提过。当事人第一次知道,定罪还需要满足法定的条件。

这个案件,我在深入调查后向法院提交了 11 组证据。检察院收到证据后不久,就将行贿罪变更起诉为单位行贿罪。在此基础上,我对全案做无罪辩护。当地的那位律师得知我要做无罪辩护的时候,公开在家属面前报以轻蔑和嘲讽。但最终,法院判决滥用职权罪不成立,仅以单位行贿罪判处当事人有期徒刑 6 个月,刑期与羁押时长基本相当,判决后不到 1 个月人就刑满释放了。

现在很多客户都有录音的习惯,律师在谈案时暗示自己有关系很可能会被客户录音。一旦案件结果不理想或者跟客户沟通产生矛盾,对方就有可能把录音拿出来。我听到过好几个这样的事例。律师谈案要假设客户在录音,如此才能光明磊落、问心无愧。

### (三)有些案件应当果断放弃

这堂课的主题是如何开拓案源,但这绝不意味着什么案件律师都要承接。有些案件和有些案件当事人,律师是一定要慎接甚至拒接的。

1. **明知必然败诉或者毫无辩护空间的案件慎重承接**。我一直主张,分析案情时一定要实事求是。必然败诉的民事案件和毫无辩护空间的刑事案件,一定要把真实情况告诉客户,避免客户抱有不切实际的幻想。这类案件是要慎重承接而不是绝对不接,因为当事人最终仍然可能需要律师,至少一些程序性的事项包括会见、开庭等仍需要律师帮助完成。因此只要跟当事人讲清楚最终的结果,当事人愿意委托的仍然可以接受委托。这类案件只能死马当活马医,收费不能太高,基本上只能收取一个人工费。

2. **不尊重律师,喜欢颐指气使的当事人不要承接**。有些当事人认为自己是甲方,是付费的一方,因此对律师颐指气使。既不尊重律师的人格,也不尊重律师的劳动。这样的当事人建议不要承接。

3. **不相信法律,迷信关系的当事人慎重承接**。这样的当事人不适合找律师,只适合找权力掮客或"司法黄牛"。这个群体也是遭遇诈骗最多的,因为他们的诉求正规律师满足不了,只有骗子能投其所好。不相信法律,处处贬损律师的往往也是这个群体。

4. **只看结果不看过程的当事人慎重承接**。有些当事人自认为精明,直言只看结果。但问题是,没有过程哪来结果?结果不是律师所能保证的,律师的职责是做好过程,尽最大努力争取最好的结果。一些当事人声称自己不差钱,愿意出 1000 万元或 2000 万元,前提是能把人辩成无罪。这种当事人需要的也不是律师,他们抱着这种观念不可能找到真正优秀的律师。这种人如果能做通思想工作,促其转变观念或许可以继续接触,如果固执己见那就不要再在他身上浪费时间和精力。

**5. 喜欢对律师提出违法违规要求的当事人不要承接**。会见的时候,总是让律师帮助带个小纸条,或者非要律师传递香烟。律师调查取证,总是要求律师先跟证人沟通好,教证人怎么回答问题。律师正常跟法官沟通,总是要求律师约法官出来吃饭。类似这种当事人,如果律师表明立场并说明理由后还是我行我素,应当果断解除合同,终止代理关系。

**6. 坚持不合理诉求且又固执己见的当事人慎重承接**。有些当事人非常喜欢指挥律师工作,事无巨细地指挥律师怎么调查取证、怎么阅卷、怎么辩护。这样的客户看似聪明,实则愚蠢。因为他过于自以为是,没有意识到他之所以要花钱请律师,是因为律师才是那个更专业的人。这样的当事人自以为是、非常固执,日常沟通会非常困难。这种案件要慎重承接。我曾经听到过两位律师同行的真实故事,这里也不妨说给大家听听。

案例一:一位上海律师在西部省份代理一起案件,法官通知当事人去法院做笔录。当事人坚持要求律师从上海飞过去,陪同他一起去法院做笔录。这位律师把询问笔录的所有要点不厌其烦地讲给当事人,并告诉他的当事人法官做笔录时律师不能在场,所谓的陪同只能是一起走到法院门口。无奈当事人的工作怎么都做不通,这位律师只能临时购买机票赶过去,陪同当事人走到法院门口并在法院门口等待。

案例二:一位江苏律师收到两家法院的开庭通知,开庭时间在同一天但哪家法院都不肯改期,两个案件的家属都不肯通融让步。这位律师告诉我:一个案件是第一次开庭;另一个案件是第二次开庭且仅是针对庭后检方补充的一份书证进行补充质证,主要辩护观点在第一次庭审中已经发表完毕。这位律师提出把书面质证意见提前写好,让助理代其完成第二次开庭,奈何家属无论如何都不同意,坚持由这位律师本人亲自出庭。沟通未果,这位律师只能协商解除第二个案件的委托合同。

总之，案源是律师独立执业的前提。所有案件都是靠实力吸引过来的，而不是靠卑躬屈膝去乞求来的。案件的报价主要不取决于对方有多少钱，而取决于自己值多少钱。很多人都能想到参加高尔夫俱乐部、去商学院读MBA，通过圈子文化去结交名流。但比这些更重要的是，努力提高自己的专业能力和思想境界，让自己变得值钱。

开拓案源是律师一生的必修课。但并不是所有案件律师都应当承接。我们不仅要善于承接案件，而且要善于拒绝案件。把案件承接下来只是起点，把案件扎扎实实地做好、让当事人的利益得到最大限度的维护才是终点。律师是一生的职业，切不可为了一个案件、一个当事人铤而走险，去做违法违规的事情。任何时候都应当守住我们的原则、底线和尊严，这是我们执业和为人的根本，比任何的案源都更加珍贵。

## 第十六堂
# 如何不断超越自我

各行各业,都有优秀之人,也都有平庸之人。律师行业也是如此。有的人庸碌一生,有的人不断超越自我。相同的职业,不同的思想境界和行为表现。优秀的人都是相似的,不靠谱的人各有各的不靠谱。

我刚从检察院辞职不久,接到一个工伤案件咨询。因为不能代理,我就找到一位从法院辞职的律师合作。这位律师之前做过10年的法官,辞职后从事律师职业也有好几年了。我跟他讲述完案情以后,他表示这个案件很难胜诉。他还跟我提到他的一个执业经历:一起劳动争议案件,收取了5000元的律师费,官司打了好几年最终败诉。客户要求他退费,他不同意,客户最后买了一把锁链把他们办公室大门锁住。这个工伤案件他不愿意代理,我一个人经过多方沟通,最终帮助当事人以协商谈判的方式拿到了赔偿。我当时不能独立执业,但帮助客户解决了问题,一个资深的律师却因为畏难情绪拒绝了这笔业务。

这件事情给了我很大的触动。他让我思考:律师如何才能不断超越平庸,走出一条不为生计所困、能够实现自我梦想的职业发展道路。有一点是确定的:一个人只有不断追求优秀,他才可能真正变得优秀。

## 一、优秀首先是指道德品格

不论哪个职业,优秀首先指向的是道德和品格。古人云:诚外无物。强调人的品行高于一切。没有优秀的职业操守和道德品格作为前提和基础,一名律师哪怕知名度再高、哪怕业务创收再高,都算不得一名优秀的律师。

## (一)优秀律师应当具备的六大品格

**1. 诚实**。诚实包括对客户诚实、对自己诚实和对法律诚实。对客户诚实,就不能以坑蒙拐骗为生,就不能利用专业优势欺骗客户。对自己诚实就是要做到慎独,有人在场和没人在场要表现如一。有些人出口成谎,到最后甚至把自己都给骗了。自己撒的谎,自己都信以为真。人一生对自己保持诚实是非常难能可贵的。对法律诚实,指的是律师工作必须在法律框架之内,律师不能运用法律知识故意去做违法的事。

**2. 勇敢**。绝大多数刑事案件,律师只要正常代理、依法依规履职是不存在风险的。但是也有一些特别的案件,律师代理的风险极大,稍有不慎轻则吊证,重则可能被抓。遇到这样的案件,律师要么不介入,一旦介入就必须积极稳妥地办理,展现出必要的勇敢和担当。举两个我自己代理的案件进行说明,很多重要的办案经历和案情细节哪怕是今天都还不能进行公开披露。

案例一:雷洋案。雷洋非正常死亡案举国关注,我们作为雷洋家属委托的代理律师,核心工作是对涉事人员进行刑事控告。当时的舆论形势和控告对象的特殊身份,都使这起案件非常敏感。介入这样的案件,没有高度的勇敢是难以想象的。时至今日,我仍然清晰记得我带着一名助理去进行调查取证和模拟实验的场景。虽然有关方面对律师采取了一些特殊的技术措施,但我们介入该案以后秉持"不惹事、不怕事"的精神,依法依规履职,成功推动了检方的立案侦查,最终使案情真相大白于天下。

案例二:汤兰兰案。这起案件也是舆情喧嚣,并且出现了巨大的舆论撕裂。我在监狱会见当事人的时候,有关人员扛着两台摄像机,一台摄像机对着我,另一台摄像机对着当事人,我俩会见时说的每一句话都被拍摄下来。遇到这阵势,可能有的律师会被吓到,甚至选择就此退出这起案件。但我没有退缩,我认为全程摄像对我反而是一种保护,它有力地证明了我是在依法依规、实事求是地办理案件。案件开庭时,法院周边的道路实行了交通管制,门口都被划定了警戒线,律师进入法庭的安检程序比登机更加严格。手机被提前收走,先后安检三道,帽子、外套和鞋子全部都要脱掉,正式开庭前身边还有工作人员陪同。开庭结束后因为在法院门口跟家属交谈了几句,差点被误当作前来声援的社会人士被便衣警察带走,在出示律师证并跟主审法官求助后才得以离开。无论是法院系统的严阵以待,还是来势汹汹的网络暴力,我们认真履职、尽职辩护的决心没有改变。我们前往3个省份,收集调取了10余组证据,向法院递交了数份申请,撰写了数万字的辩护意见,梳理了逾百个证据问题和案件疑点。可以毫不夸张地说,我在这起案件中的表现无愧于自己的良心和律师的职业。

3. 敬业。敬业不仅是一种自律性要求,它还是律师协会对律师的一种职业要求。客户可以以不敬业为由投诉律师,律协调查属实的可以给予纪律处分。

(1)刑事辩护不只是一单生意,我们办的不是案件,而是别人的人生。这是一句至理名言,不要把这话当作鸡汤,也不要仅把这句话挂在嘴边。刑事辩护看似门槛很低,一本律师证就够了,但实际上对人的综合素质要求非常高。我对刑辩领域中流行的"形式辩""套路辩"痛心疾首,这不仅会严重损害律师的职业形象,而且不利于国家的法治建设。每起刑事案件都关乎一个人的生命、自由和声誉,没有高度的责任心和敬业态度,没有不畏艰难的勇气和毅力,千万不要草率介入,以免贻误别人的人生和家庭。只要坐上辩护席,就应当做到庭前认真准备,庭审扎实辩护,庭后努力沟通。为维护当事人的生命、自由和清白,尽到自己最大的努力。

(2)很多案件的成败,取决于那些容易被人忽略的细节。举一个我代理的商业楼宇租赁纠纷案进行说明。一栋商业楼宇包含很多层,每层又包含很多间,统一对外招租招商。招租招商的时候,开发商做了很多的口头承诺,描绘了很好的未来愿景。商户承租后,需要自己进行装修,并且租赁期限不短于3年。楼宇运营了半年以后,租户发现人丁冷落、生意萧条、难以为继,开发商描绘的人流、客流根本没有兑现,于是想集体解除租赁合同。

  这起案件初看起来,胜诉概率很低。对于开发商的口头承诺,租户没办法提供证据证明。并且人流、客流本来就是主观预测和个人分析,书面租赁合同对此并未作出任何承诺。因此,租户解约实际上就是租户违约,非但装修投入和押金拿不回来,甚至还要承担其他违约金。因为租户很多,便推荐了几个代表跟我洽谈。一个租户不经意的一句话,让我找到了逆转案情的突破口。原来这栋楼宇消防验收没有通过,正在被消防部门责令整改。我迅速代理租户向消防部门申请信息公开,拿到正式书面证明后,我们以租赁合同违反国家禁止性规定为由主张合同无效。因为开发商是过错方,我们不仅主张退回押金和租金,还主张开发商赔偿我们的装修投入。试想,消防不过关,存在重大安全隐患,谁敢为这样的租赁合同背书?通过一个不经意的细节,把一个看似无望的案件完全逆转,为客户争取到了他们自己都没有想过的利益。

  4. 坚韧。每个刑事案件都是虎口夺食,都是在与公权力进行激烈的较量,都是绝境求生,从不可能中寻找可能。因此,在绝望中寻找希望,在现实张力中不放弃一丝逆转的契机,是优秀刑辩律师的必备品格。无罪案件没有一个是简单得来的,都要经历反复的拉锯和漫长的煎熬,只要有一个时刻坚持不住,案件就会以有罪结束。只有坚持到底,才可能获得想要的结果。

  我代理过一起诈骗案,有关人员告知当事人只要认罪认罚即可判处缓刑。但我的当事人坚持不肯认罪,坚持要求我为她做无罪辩护。一审庭前,有关人员告诉她,找谁辩护都没用,结果都定好了,庭审就是走个过场。一审开庭,我为她做了扎实的无罪辩护,庭后我提交了一份1万余字的辩护词。结果检察院起诉指控的金额,法院仅支持了不到一半,但仍以诈骗罪判处3年有期徒刑。提起无罪上诉,交上诉状的时候,又有人告知,上诉没有用,一审判决前就请示过二审法院了。二审阶段,经过多次耐心、细致的沟通,二审法院裁定将案件发回重审。有时候,刑事律师只管踏实做好自己该做的事、勇敢说出自己该说的话,至于其他事情大可不必太过理会或在意。

5.**豁达**。成大事者不计小利。(1)遇到非专业领域的案件,要乐于跟该领域的资深律师合作。(2)自己忙不过来的案件,要舍得介绍或推荐给其他律师。当然,介绍或推荐是以自身的信用做担保的,因此一定要物色诚实靠谱的人选。(3)律师之间进行案源合作,一定要遵守市场规则和行业惯例,否则跟同行的合作机会会越来越少。(4)任何时候都要抵挡住客户或经济利益的诱惑,不要案外收费。我的团队有一个刚性的要求,合同之外不得收取客户任何费用,所有收取的费用都必须直接打到律所账户。

6.**有责任感**。对责任感有一个通俗的理解,就是认为什么事情都跟自己有关系,都需要自己站出来负责。与之相对,认为凡事都跟我无关,凡事都置身事外就属于没有责任感。有5种责任感,依次递进包括:一是家庭责任感,二是单位责任感,三是职业责任感,四是社会责任感,五是历史责任感。律师是一个特殊的职业,是人类社会的工程师,没有责任感是万万不行的。我经常听到有些当事人家属抱怨,聘请的律师不负责任,收完律师费以后几乎不主动做事。这是要不得的。一个优秀的律师应当把每个案件都当作一份沉甸甸的责任,都要穷尽自己的努力。

## (二)律师特殊的职业伦理

律师是一个非常特殊的职业,有着非常特殊的职业伦理。律师的职业伦理跟其他职业的职业伦理存在相同的部分,也存在不一样的内容。在一些特殊个案中,律师有时候甚至要站在公共利益和公共道德的对立面。不理解或者不接受这种特殊的职业伦理,有时候很难理解律师这个特殊的职业。

1.**对当事人的忠诚义务**。这是律师最重要、最基本的职业伦理。具体包括三个方面。

**(1)法律上,做当事人合法利益的忠实维护者**。绝对不能掉过头来指控自己的当事人,绝对不能和其他人勾结起来坑害自己的当事人,绝对不能坐在辩护席上帮助对立面开展工作。几年前的鸿茅药酒案举国关注,有些律师在其中扮演了极不光彩的角色。当事人因为在网上发帖称鸿茅药酒是毒酒,在家中被跨省抓捕。不明就里的家属,委托了有关部门推荐的一名本地律师。这名律师会见的主题就是让当事人抓紧认罪,不要做无畏的挣扎。类似这种律师,似乎根本不是在为当事人服务。不客气地说,这种律师严重违反了律师职业伦理,玷污了律师这个职业。

(2)**舆论上,做当事人合法利益的忠实代言人**。律师在舆论场可以不提及自己的当事人,但如果提及一定不能损害当事人的利益。这包括积极和消极两个层面。积极层面,在公开场合和舆论场帮助当事人澄清误会,维护当事人的名誉和清白;消极层面,在公开场合和舆论场不能讲当事人的坏话,不能曝光当事人的丑闻。

(3)**行动上,把当事人的合法利益置于律师执业的首要位置**。律师执业可能会遇到当事人的利益和自己的利益发生冲突的时候,这时一定要把当事人利益置于首位。比如有些热点案件,律师介入是要维护当事人利益还是要消费当事人?比如真正的辩护有时候需要付出额外的努力,甚至可能需要冒一定的风险,律师是恪尽职守还是消极应付?忠诚义务最终还是要体现在行动上。

**2.对当事人的保密义务**。对当事人的保密义务是指替当事人保守秘密的义务。这里的保守秘密,可以分为三层:第一层,不将秘密透露给当事人不希望知晓的人;第二层,不将秘密透露给无关的人或者普通社会大众;第三层,不将秘密透露给司法机关。

(1)**个人隐私和商业秘密保密**。这项保密义务是法律规定,违规泄露个人隐私和商业秘密,不是违反职业伦理而是违法。

(2)**不利事项**。在代理案件过程中知悉的,对当事人不利且与案件未必有关的事项也要保密。比如在代理案件过程中,知道当事人有出轨等不道德行为或者嫖娼等违法行为,虽然与代理的案件案情没有关系,但仍需要为当事人保密。

(3)**不得检举、揭发自己的当事人**。我国《刑事诉讼法》第46条明文规定,辩护律师对在执业活动中知悉的委托人的有关情况和信息,有权予以保密。但是,辩护律师在执业活动中知悉委托人或者其他人,准备或者正在实施危害国家安全、公共安全以及严重危害他人人身安全的犯罪的,应当及时告知司法机关。由此可见,除非遇到法律规定的情形,否则即便知悉了当事人的违法犯罪活动,也不得向司法机关告发。作为律师,可以私下劝阻,劝阻无效的可以辞去代理。这是律师极为特殊的职业伦理。

**3. 对案件真相的忠诚义务**。法律事实不一定等同于客观事实,律师既要忠于法律事实,又要忠于客观事实。前者代表的是专业,后者代表的是良知。

**(1)律师要做独立的事实判断**。众口铄金不代表是真,齐声称赞不代表是善,人皆向往不代表是美。

**(2)先做事实判断,后做价值判断**。律师不能越过事实直接去做价值判断。比如有些性侵案,一些妇联组织站出来发声。但是有些发声仅仅是因为立场,而不是因为案件事实。律师得先看事实,而事实必须独立于个人立场和价值倾向。有了事实,再在事实基础上作出价值判断。价值判断首先要讲是非对错,不讲是非对错只讲立场会导致这个社会失去是非。没有是非,就只剩下丛林法则,这跟法律人的理想信念是格格不入的。

**(3)事实必须是能为证据所证明的事实**。私底下可以讨论个人内心确信的事实,但公共舆论场真正有意义的只能是有证据证明的事实。

律师对当事人的保密和忠诚义务,既是对当事人的一种价值关怀,更是在维系一个社会最基础、最底线的诚信伦理。这看起来似乎是一种二律背反,但却是经过历史检验的。好比一个正常的社会,一般不会鼓励"大义灭亲",而会接纳"亲亲得相首匿"。很简单,如果家庭亲情没有了,如果委托变得不可相信,如果最基础的伦理单元沦陷了,那么整个社会的公共伦理大厦根本建立不起来。要求律师背叛自己的当事人,检举自己的当事人,会导致整个社会礼崩乐坏,正义的口号最终将变成流氓的狂欢。

如果觉得某些行为自己接受不了,那么律师可以拒绝代理。一旦接受委托,必须全力以赴。律师介入刑事案件后,不能对当事人搞有罪推定,必须把当事人设想成中立的 X。哪怕全世界都背离当事人而去，律师也要和他的当事人站在一起。如果律师不愿意这么做或不愿意承受相应的后果，那么唯一该做的就是从中抽身离去，辞去代理，从而免受内心的痛苦煎熬。哪怕是十恶不赦的人也有权利聘请律师，律师为其辩护都是受到法律保护的。经常看到有律师同行因为替某个当事人辩护而遭受网暴甚至遭到律师同行的嘲讽或攻击，这是反法治的，也是应该予以谴责的。

### （三）一案例中的律师职业伦理问题

张扣扣案是一起轰动全国的大案，社会各界看待此案的视角不尽相同。作为张扣扣的辩护律师，应当在法律允许的范围内尽一切努力为张扣扣争取一线免死的机会。这起案件不能做无罪辩护，唯一的辩点是建议法院判处死刑缓期两年执行。

1. 就算是被控故意杀人，律师也应当为其努力辩护。曾经有位法学教授写了一篇文章，抨击律师的辩护词，核心观点其实就一个：张扣扣死有余辜，律师为其做免死辩护就是不公道，就是在蹭热点、吃"人血馒头"，就是在消费张扣扣。这样的观点除了诛心论，并无半点法律常识。就算全世界都主张应该判处张扣扣死刑，他的律师也不能这么说。律师坐上辩护席就必须要全力以赴，为张扣扣争取一线免死的机会。这起案件事实清楚，证据确实充分，法律定性没有争议，传统的辩护手段发挥不了任何作用。这时，辩护律师应当穷尽一切合法的方法，利用一切可以辩护的角度，尽全力为当事人辩护。

2. 应张扣扣要求在网络上公开发声，帮助其澄清事实。我在会见张扣扣时，他多次委托我帮其公开澄清：他不是因为价值观扭曲和拜金主义才产生杀人动机，他纯粹是为母复仇。于是，我在网络上将张扣扣的声音表达了出来，呼吁社会不要对其污名化。我的这个做法引起了部分律师的批评，认为这是在炒作案件。我完全不能认同这样的批评。我发声的次数极其有限，内容客观、公允、理性，不能把公开发声等同于炒作。在舆论场上为自己的当事人适度发声，是律师职业伦理的一部分。如果当事人提出了这样的要求,那么律师在力所能及的范围内发声是无可厚非的。

### (四)律师为什么要为坏人辩护

律师为什么要为坏人辩护?这个问题,每个刑事律师都无法回避。大部分律师的真实动机很可能只是为了赚钱,但如果对这个问题的回答仅止于此,那显然是不够的。如果刑事律师存在的价值,仅仅是通过帮助"坏人"辩护赚钱,那么是很难获得公众的理解和支持的。任何一个职业,如果不具备道德合理性,都很难获得持久而稳健的发展。应当思考的是,国家为什么要设立辩护制度,为什么要保证"坏人"在受到惩罚前能得到专业律师的辩护。真正优秀的刑事律师不应该做金钱的奴隶,不应该只是个赚钱的工具。

关于这个问题,网络上有很多回答,但是我并没有看到特别理想的答案。比如有人说,律师不是为"坏"辩护,而只是为"人"辩护。我觉得这个说法有点绕,而且很牵强。刑事律师的工作是围绕当事人的行为进行辩护,而非简单、抽象地为当事人的人品或尊严辩护。而且法律惩罚的不是"人",而是"人"的"坏"。因此,对于这个问题有必要给出更有说服力的答案。我结合我的经验和感悟给出10点理由,供大家参考。

1. 好坏是道德判断,具有主观性,而司法是法律判断,具有相对客观性。道德更多评价的是人的主观动机,而法律更多评价的是人的客观行为。两者并不相同,不能简单地互相取代。在自然犯时代,犯罪行为大多具有强烈的负面道德后果。但在法定犯时代,很多涉罪行为并没有明显的道德属性。比如给涉嫌非法经营罪的当事人辩护,一般并不涉及道德好坏的评价问题。

2. "坏"不应该是事先预设好的结论,而应该是通过严谨的司法程序去进行查证和证明的待证事实。"律师为坏人辩护"的命题,实际上已经提前给行为人进行了定性。律师通过参与司法程序,可以帮助司法机关更准确地认定行为人是否真"坏"以及究竟有多"坏"。一个优秀的刑辩律师应当秉持彻底的无罪推定思维,不带任何偏见地把自己的当事人预设成为一个中性的 X,而不是一开始就把自己的当事人预设成一个坏人。法律人应当一分证据说一分话,根据证据去推导结论,而不是大搞有罪推定。

3. 即便一个人真"坏",也不代表他所有的行为都是错误的,更不代表他所有的行为都是违法犯罪的。具体行为仍然需要具体分析,不能直线思维,将有过劣迹或做过错事的人直接"一竿子打死"。即便是面对一个"坏人",司法也不能变成脱缰的野马,仍然要根据证据和法律,对其具体实施的行为进行实事求是的评价。

4. 公检法认定的"坏"未必真坏,有可能是冤假错案。公检法有时也会出错,必须要有一定的纠错机制。律师的视角不同,更倾向于寻找案件中的漏洞和疑点,更有利于发现案件中的错误。

5. 公众认定的"坏"未必真坏,有可能是舆论误导。公众接触不到完整、全面的案件材料,容易走极端和人云亦云。网络上有很多造谣和带节奏的人,缺乏独立思考能力的人容易产生从众心理,容易想当然地进行泛化的道德指控。律师的辩护能够发挥一定的制衡和矫正作用,有助于将案件重新拉回法律轨道。

6. "坏"也有程度之分,罪责刑要合理匹配。是恶就不能升级为黑,三分恶就不应说成七分恶。轻微的刑事案件不能判处死刑,法定最高刑 3 年就不应当判处 10 年。小恶大惩、滥施刑罚同样违背正义。在确定构成犯罪的前提下,律师的辩护也有助于罪责刑相适应,帮助促进罚当其罪。

7. 司法不仅应追求实体正义,还应追求程序正义。在祛魅后的世俗世界,只有程序正义才能保证普遍的实体正义。离开了程序正义,可能在个别案件中可以实现实体正义,但在更大范围内的更多案件中却有可能损害实体正义。所有人在受到不利对待之前,都有权要求听取自己的陈述和申辩。律师的工作就是运用专业法律知识帮助当事人更好地行使陈述和申辩的权利。保障律师的辩护权就是保障所有人的程序正义。

8. "惩治坏人"有可能成为某些人使坏的借口。法律是由人进行解释的,司法是由人进行操作的。人都有性恶的一面,都有作恶的可能。特别是掌握司法权的人,可以以正义之名行罪恶之实,可以在正义的旗帜下更隐蔽地作恶。如果权力失衡、人心败坏,那么司法不仅不会成为善良和公正的艺术,相反,它会成为系统作弊、合法作恶的精巧工具。因此,在强大的国家机器面前,应当允许公民行使最低限度的防卫权利。辩护权不具有进攻性,辩护就是讲道理,这是一种最低限度的防卫,也是一种最理性的防卫。如果连这种纯粹语言性的防卫都不允许,那么司法就变成了彻底的权力意志,就变成了跟文明无关的以暴制暴,就达不到伸张正义或预防犯罪的效果。

9. **正义是多向度的,不应是单一向度的绝对碾压**。哲学家以赛亚·伯林曾专门论述过善和善之间的矛盾。正义是立体的,而不是平面的;是多向度的,不是单向度的。这意味着正义没有绝对的标准,任何一方都无法完全等同于正义本身。如果只有控方和原告方的视角,没有被告方或辩护方的视角很可能无法呈现完整的正义图景。单一向度的正义碾压,背后同样包含着压制和暴力,结果是其余向度正义的呻吟。单一向度的正义同样会导致正义的残缺和整体的非正义。

10. **律师辩护必须依法而行**。辩护不是靠胡言乱语、无理取闹,更不是靠诡辩狡辩,不是单纯地看谁的音量大、谁的口才好。只有根据证据、法律和天理进行有理有据的辩护,律师的观点才可能被法院采信。只要是依法依规的辩护,律师的胜利就是法治的胜利。法律是律师唯一的武器和依靠,保障律师为"坏人"辩护的权利,其实就是在保障法律自身的权威和效力。

## 二、优秀主要是指业务能力

职业伦理是前提和基础,但不是全部。我们在讨论一个律师是否优秀时,不能仅止于职业伦理,还包括业务能力。

### （一）优秀律师应当具备的五大能力

1. **法律功底**。我总结了 3 种刑事辩护模式：狙击战、迂回战和空袭战。狙击战又称遭遇战，是指控辩双方正面交锋、直接硬刚。公诉人认为够罪，律师认为不够罪；公诉人认为证据是真实的，律师认为不真实；公诉人认为不构成自首，律师认为构成自首。迂回战是有技巧地进行外围包抄，善于使用声东击西、围魏救赵等出其不意的方式进行偷袭。迂回战讲究的是灵活多变的策略，战无常法。空袭战是指跳开平面攻防，不满足于单个具体观点的反驳，提升高度后直接扔原子弹进行降维打击。核心方法是透过现象看本质，把指控逻辑和指控体系准确地归纳总结出来，然后直接摧毁。举个例子，一起非法占用农用地案，多位村民的口供均称自己的农用地被矿企非法占用，并且给出了占用面积。狙击战，主要是通过比对来质疑这些口供的真实性、合法性。迂回战，可以通过收集证据或者申请证人出庭的方式，通过巧妙的发问暴露这些口供的不真实。比如可以问村民其农用地的准确划界、有无进行实地测量等。空袭战，直接援引《土地管理法》及《土地管理法实施条例》，得出土地归属要根据法定的权属证明进行认定，单方面的口供不能作为认定土地权属的依据。3 种模式对法律功底的要求逐渐升高，阻击战只要掌握基本的法律知识就可以了，空袭战需要极强的法理知识和哲学思维能力。

2. **逻辑思辨**。主要包括 4 个方面：(1) 概括出有意义的法律事实；(2) 厘清有意义的法律关系；(3) 找出案件的关键命门；(4) 给出合理的诉讼策略。

3. **口头表达**。跟司法人员和客户的日常沟通，绝大部分律师都没有太大问题。但庭审中的表达，特别考验律师随机应变的能力。

4. **文字写作**。前面有一堂课专门论述，在此不再赘述。

5. **社会洞察**。法律是一种社会现象，植根于社会生活。律师代理案件只有法律知识是不够的，还要能够结合社会现实，巧妙地利用法律作为博弈的筹码和解决问题的钥匙。比如遇到一起经济纠纷，纯粹走民事诉讼费时费力，并且因为证据稀缺未必能够胜诉。这时候,如果对方涉嫌刑事犯罪,那么律师完全可以通过刑事控告的方式解决问题,或者至少把刑事控告作为一种谈判、博弈的筹码,最终通过协商谈判的方式争取经济利益。又如一起案件,判决无罪可能给当地带来极大的维稳压力,这时律师除了要在法律上阐述清楚无罪的理由,还要尽量减轻当地的维稳压力,免除当地的后顾之忧。

洞察社会的前提是了解和关心社会。一个优秀的律师和一个不优秀的律师,很大的区别就在这里。优秀的律师关心苍生、心系天下、关注社会。不关心社会,很难洞察这个社会,对法律的理解就会很肤浅。关注社会可以通过各种各样的资讯媒介,但更重要的是自己的独立思考和独立判断。

我一直强调,把法条搞得很熟只是对法律工作者的入门要求。如同识字写字对于作家也只是最基本的要求一样。如何综合性地运用法律,如何结合案件的特殊情况为当事人制定最佳的维权策略,才是对一个律师业务能力的最大考验。

### (二)优秀必然要求有一定的创收

市场属性是律师职业的重要特征。我们要坚决反对把业务创收作为衡量律师是否优秀的唯一指标或者最主要指标,但是我们也要坚决反对把业务创收剔除出律师的评价体系。律师这个职业不可能大富大贵,定位为社会的中产阶级是比较合理的。但是如果一个律师无法在市场中立足甚至连生存问题都解决不好,那么很难说这是一位优秀的律师。怎么看待和使用金钱是一回事,能不能合法合规地挣钱是另外一回事。

1. 律师行业是个完全市场化、高度竞争化的行业。通过公平竞争的方式击败竞争对手赢得服务订单,本身就是优秀的证明。

2. 根据亚当·斯密的经济学理论,如果是诚实执业、诚实收费,那么创收越高说明律师的工作价值越大、被他人需要的程度越高、对社会的贡献也越大。

3. 价格是稀缺性的证明。市场具有价格发现功能,供需关系可以直接影响价格波动。在消除信息不对称的情况下,高于市场平均价是自身实力受认可的证明。

4. 合法合规地挣钱是一件非常光荣的事情，也是律师职业带给我们成就感、满足感的源泉之一。每一元创收，都是基于为别人提供的服务。只要依法依规执业，不偷不抢不骗，每一元钱都是自己劳动和付出的证明。致富没有原罪。

5. 大学毕业求职难和执业律师无案源的共同本质是还未得到被社会认可或需要。这个问题在我研究生毕业求职的时候就想明白了。有的人 offer 等身，有充足的工作机会和挑选余地，也有的人投完简历石沉大海，面试屡屡碰壁，为寻找一份工作愁眉不展，这确实是一件令人沮丧的事情。执业律师也是一样，如果长期为案源发愁，在某种程度上也是因为不为社会所认可、不为社会所需要。这就需要好好反思自己。

### （三）律师只是拿人钱财替人消灾吗

社会上经常听到这样的声音："你们律师不就是拿人钱财替人消灾吗？只要给够了钱，黑的都能被你们说成白的。"坦率来说，不少律师在面对这样的说辞时显得不知所措。似乎有偿收费、忠于当事人利益对于律师是一种原罪，会让律师变成一个黑白不分、跟正义背道而驰的职业。但事实情况，真的如此吗？

其实，律师忠实于自己的当事人，不仅不是什么原罪，恰恰相反是律师制度的伦理基础。可以设想，如果 A 付费，却替 B 说话，那么律师这个职业还如何生存？抵制律师的立场性，就是抵制当事人的立场性，就是抵制社会的基础诚信，这是反常识、反人性的。至于有人担心，律师的这种立场倾向性会影响司法公正则纯属杞人忧天。因为司法公正依赖于一个完整的三角构造，不仅有立场对立的当事人，还有居中裁判的法官。如果法官立场不中立，偏袒某一方，那么正义的天平才会真正倾斜。

如果律师站在自己当事人的立场上讲话没有错，那么在此过程中收取一定的报酬，性质就改变了吗？答案是否定的。改革开放初期，律师曾经是体制内的一员，收入主要靠财政拨款。直到 20 世纪 90 年代，律师才开始逐渐自食其力。

律师服务走向市场化是一种历史进步，这种进步不仅是经济层面的，而且是法治层面的。在整个司法体系中，公检法都是公权机关，唯有律师是自食其力的民间法律从业者。如果将来有一天，律师重回体制，重新靠财政拨款为生，老百姓进行诉讼全部都由政府部门指派免费律师，情形会是怎样？如何确保这些指派律师会忠实于当事人自己的利益？请律师不用花钱，是否就一定对老百姓有利？

我有一个朋友，经常揶揄律师这个职业。直到有一天，他突然急匆匆地给我打来电话。他告诉我，他的内弟是一家大型化工企业某分公司的高管，因企业涉嫌污染环境罪已经被批准逮捕。公司总部出于对员工的爱护，第一时间为所有涉事员工统一聘请了律师。他认为他的内弟不负责技术工艺，也不负责生产运营，企业出事不应该怪罪到他内弟头上。他向我抱怨，因为是公司统一出钱请的律师，所以律师都是直接跟公司负责人汇报，很少跟家属沟通案情。紧接着，他又十分不安地向我询问：公司请的律师会不会帮公司做事，把责任都推到他内弟身上，进而让他内弟帮人顶锅？

面对这一连串的抱怨和质疑，我告诉他，有无刑事责任取决于他的工作岗位和他的行为跟污染环境的结果之间有无因果关系。该律师是公司花钱请的，有事优先跟公司沟通可以理解，但不跟家属沟通确实不应该。同时，该律师的行为表明他只想对公司负责，所以家属担心的事情确实无法排除。我告诉他，有时候，免费的才是最危险的，付费的反而才是可靠的。律师服务有偿化、市场化的制度含义在于，通过契约建立信任纽带，通过市场的力量制约公权。

这么说，并非要刻意拔高。站在个体角度，律师职业可能只是为了利己谋生，但站在法治全局却有着不一样的意义。当然，市场并非万能的。是故，国家还要建立法律援助制度，确保请不起律师的人也有能力寻求司法正义。此外，也许更重要的是，作为律师个人，不应当唯经济利益是图，而应当守住法律和职业伦理的底线，自觉担负起该有的社会责任。

## 三、优秀依赖于积极而有效的行动

### （一）好的行为方式可以事半功倍

行为方式是方向、是形象、是力量。好的行为方式可以事半功倍，不好的行为方式只能事倍功半。结合我的执业经历，我认为好的行为方式应当包含如下内容：

（1）公私分明。律师千万不要把公和私混为一谈，工作是工作，生活是生活。比如我跟客户会保持一种相对超脱的关系，一般不会把客户引入我的私人生活中来，我也不会介入客户的私人生活中去。我不会把委托关系发展成朋友关系，也不会在委托关系之外跟客户发生其他的经济联系。我不会因为和客户关系好、私交好，就帮他做一些打"擦边球"或者违法的事。此外，在代理案件的时候，也不要代入私人情感，要从理性出发设计和制定辩护策略。

（2）严谨有序。①案件材料规范保管。所有案件都要有两个档案：一个是电子档案；另一个是书面纸质档案。电子档案就是在电脑里面建一个文件夹，文件夹的名称是地名＋当事人姓名＋案由。所有书面材料集中装入书面纸质档案袋，所有电子文档全部存放在电子文件夹之下。有些重要的纸质材料，比如委托合同和会见笔录，及时扫描进行电子归档。这种做法能确保所有案件材料集中存放，不会出现混淆和遗失。②文件和文书科学命名。每份文件都以证据名称或者材料名称进行命名。此外，对文书进行编码排序。比如《张三取保候审申请书（一）》《张三取保候审申请书（二）》，既显示了申请的次数又表达了申请的决心，同时还记录了律师的工作。比如辩护词，我们分为庭前辩护意见、辩护意见、补充辩护意见等。③及时归档结案。也许因为在检察机关工作过 7 年，我养成了案结及时归档的习惯。我看到有些刚入行的青年律师，把案件材料很散漫、很随意地堆放在办公场所。我看到有些律师几年都不归档，一旦更换执业机构，很长时间都无法实现案件的清理和交接。更重要的问题是,案件长期不归档容易导致案情泄密和材料遗失。

(3) **主动沟通**。律师是以解决问题为导向的,遇到困难需要自己想办法去克服和解决。跟公检法沟通的时候不能把自己当大爷,重要的程序节点不要等待别人通知,要自己主动去查询。给公检法寄送材料,不能寄出就了事,要跟踪签收,跟办案人员进行沟通确认。我不止一次遇到材料寄出很久,但办案人员根本没有收到的情况。材料一般由门卫签收,而门卫工作可能存在疏漏。律师不能总把工作寄望于别人的认真、靠谱上,要通过自己主动、低姿态的沟通去防范或弥补他人可能的疏漏或过失。

(4) **成熟稳重**。成熟稳重先从外形上做起。一个律师身上全是文身,把头发搞成爆炸头肯定不合适。律师在法庭上戴墨镜、穿超短裙、穿拖鞋肯定也不合适。在客户面前抽烟、嬉戏也不合适。举个例子,曾经有一个助理跟了我不到3个月,我就把他开除了。原因是有一个案件历经千辛万苦,终于帮助当事人取保候审成功。当事人出来以后百感交集,当天晚上在酒店请我们吃饭。在中国有饭局就有酒局,更何况当事人重获自由,酒兴自然更浓。这位助理不能做好必要的自我控制,竟然当晚喝醉了酒。普通喝醉也并非大事,关键是他喝醉了还乱讲话、发酒疯。酒后失态,一个律师的职业形象全没了。就因为这件事,让我觉得这个人不够成熟稳重,不适合继续待在我的团队。

(5) **及时总结**。孔子有云,吾日三省。不论什么职业,只有不断地反思和总结,才能不断地进步。

## (二)行动者有希望

优秀者,更善于行动。优秀者的行动包括3个部分:设立目标、督促落实和行稳致远。

### 1. 设立目标

(1) **目标的时间不宜太长或太短**。个人不像国家,制定30年的目标显得过于空泛、长远。设定每周目标和每月目标当然可以，但是时间太短容易流于琐碎。人不仅要埋头走路，还要抬头看路。设定目标的年限一般以 1 年、3 年或 5 年为宜。1 年是实习期或者团队适应期，3 年是最短的职业入门时间，也是一个相对完整的成长单元，5 年可以成长为一个独立自主且能独当一面的业务能手。5 年是个比较好的时长，既能保持一种宏观的视野，同时又不至于过于遥远。我们国家每年都有政府工作计划，同时还会编制五年发展规划，就很能说明问题。律师也可以以 5 年为期给自己制定职业发展规划。

（2）目标宜具体，不宜太粗。尽量设置比较具体的或者可以量化的目标，比如年创收达到多少，比如无罪案例达到多少，比如 5 年要发表多少篇文章或出版多少本书，比如每年要做多少公益援助案件等。

（3）目标不宜太高，踮起脚尖要有望碰触。对于王健林，1 年赚 1 个亿只是小目标。对于头部律师，年创收 500 万元只是一个小目标。对于普通律师而言，要结合自己的现实情况，制定一些超出现状同时经过努力有希望实现的目标。比如，刚刚开始执业的律师，可以制定一个 5 年创收过百万元的目标。不用努力就能实现不叫目标，最多叫任务。努力了大概率实现不了，那也不叫目标，那叫幻想。

（4）目标不宜朝令夕改。要咬住目标不放松，有步骤、有计划地朝目标迈进。除非目标确实不合理或者出现特殊情况，否则不要随意改弦易辙。有志者立长志，无志者常立志。

## 2. 督促落实

目标提供的是方向感和行为激励，制定好了目标不代表就一定能够实现。督促落实必不可少。

（1）养成精益求精的习惯。目标引领人的进步，但只有精益求精的习惯才真正使人进步。要善于找差距，而不是善于找借口；要善于发现自己的不足，而不是总是得过且过。

（2）立即开始，战胜拖延症。心理学统计显示，很多人都有拖延症，只不过是轻重程度不同。一份工作摆在面前，但是迟迟不肯开始动手。看看微博、刷刷抖音、看看电视、抽支烟、四处走动走动，就是不肯把电脑打开，不肯把文件打开。战胜拖延症没有别的办法，就是强迫自己现在就开始做，立即开始是战胜拖延症的唯一办法。

（3）可做可不做的事情先做。每周都有很多事要做。比如，法院通知周五下班之前必须提交辩护词，跟某授课平台约好在周四要录一节课程，跟一名客户约好在周二当面沟通案情，周一上午要撰写一篇法律实务文章。这些工作，强制程度不同，有的根本没有外部约束力。比如撰写实务文章，没有人强迫，不写也没有任何法律后果。提交辩护词是非常刚性的，推迟提交可能会招致法院批评，进而引发其他不利的后果。为了战胜自己的惰性，先在周一把文章写好，周二跟客户正常见面，周四正常录课，其余的时间就能够强迫自己写好辩护词。可做可不做的，先把它做掉，剩下必须要做的，因为没有妥协余地，反而可以放在最后做。

（4）对外公布，引入外部压力。一个很好的计划，需要足够的毅力和长期的坚持。如果自己意志不足怎么办？可以选择在微信朋友圈、律所微信群或者微博等社交媒体进行公布。可以不提及细节，但务必说明目标和大致计划。人都要面子，公开说出去却做不到就会没面子。通过主动外部加压，可以提升自己的行动能力。

（5）定期总结，定期"回头看"。在检察院工作时，单位每年都会要求检察官撰写年度办案总结。做律师后，律协每年也会要求律师撰写年度工作总结。其实这不应该是外部要求，而应该是每个人的自觉要求。一年过去了，办理了多少案件，撰写了多少文章，实现了多少创收，取得了多少工作成果，自己首先需要给自己一个交代。通过总结，能看到目标的完成进度以及跟目标之间尚存的距离。通过总结对照，可以增强动力，调整行动。

（6）瞄准一个竞争对手，比拼赶超。我读初中的时候，语文老师让班里每个人都要找一个竞争对手结成对子。每次考试成绩出来后，两个人都要比拼分数，分数低的一方要给分数高的一方送一个小礼物或者说一句赞美的话。律师也可以如此。找一个跟自己情况相仿、积极上进的同行作为竞争对手,每年都进行对照比拼,督促自己要不断争先,最起码不要掉队。但是要注意一点,必须保持良性竞争,不要羡慕嫉妒恨,更不要生出"红眼病"。

(7)经常向偶像看齐。每个人都有很多偶像,我们可以在律师界给自己找一个偶像。研究偶像的成长路径、为人处世的风格,沿着偶像的轨迹进行模仿和学习。经常有人说,那么优秀还那么勤奋。必须承认,每个人的天赋会有差异。如果天赋不如偶像,那么至少在努力程度和勤奋程度上要和偶像看齐。孔子云,三人行必有我师焉。见贤思齐,见不贤而内自省,是一种值得拥有的进取态度。

(8)定期给自己一段独处的时光。这个社会容易浮躁,个人容易随波逐流,个人独处的时间越来越少。每个人都需要定期给自己一段独处的时光,让自己静下心来真实面对自我、去除外界的尘垢,观照自己的内心,让自己享受努力奋斗的生命历程。

### 3. 行稳致远

(1)拥有自己的价值坐标和世界观。一个人如果没有自己的价值坐标和自己的世界观,很容易被带节奏,随波逐流。在大学和研究生期间,系统性的阅读让我拥有了稳定的方法论和价值坐标,对这个世界有了自己成体系的理解。不管社会风云如何变幻,只要我的价值底座是稳固的,就不会迷失自我。

(2)不惧不惑,坚持本心。不为利益所惑,不为风险所惧,坚持本心才能走远。比如新冠疫情对刑事业务短期影响很大,认罪认罚制度对刑事业务长期冲击很大。还要不要坚持刑辩?要不要趁早转行?又如案外收费可以提高自己的实际所得,并且客户明确表示只需要降价不需要发票,律师要不要签署阴阳合同进行私下收费?我的理解是,不忘初心,方得始终。

(3)养成写作的习惯。每个律师都应当成为一个优秀的演讲者和优秀的写作者。特别是写作,要善于利用碎片化的时间进行碎片化的写作。微博、头条等社交媒体提供了这样的平台和机会。我有很多身份,除了律师,我最看重的身份是专栏作者或者时事评论员。我有很多工作成果,除了无罪案例,我最看重的是我发表的论文和著作。我自己的体验是,养成写作的习惯对自己益处多多:既深化了自己的思考,又锻炼了自己的文字表达。当养成写作的习惯以后,提笔将不再有畏难情绪。坚持写作 5 年以上,再回头看就会发现自己的进步和成熟。

(4) 不极端、不偏激、温和而坚定、自由而悲悯。这个世界最不缺的就是极端的人。网络上,越是极端、偏激的声音越容易被人关注。但法律人是理性的、保守的、温和的,不应该是极端主义者。我是网络大 V,如果经常发表极端言论,很容易起到引流作用。但这与我的价值观是不吻合的,我宁愿做一个低调的理性主义者。

(5) 立功、立德、立言。立功就是把手头的案件做好;立德就是在职业操守方面做好表率;立言就是写书讲课,向世界传递正向、积极的价值观,让更多的人走上更积极的发展道路。

## 四、优秀的本质在于超越

各行各业都是一个金字塔结构,律师行业也不例外。每个律师刚执业的时候,无经验、无案源、无影响力,自动归入金字塔的最底层。最底层人数最多,最高层人数最少。所谓律师的职业发展,就是要从最底层不断地往最顶层靠近。怎样摆脱最底层实现阶层跳跃?只有比最底层的人更加优秀并与他们拉开距离,才有可能进入倒数第二层,只有比倒数第二层的人更加优秀并与他们拉开距离,才有可能进入倒数第三层。如果永远跟周围的人保持同一层次,那么就永远实现不了阶层跃升。而律师的优秀不仅体现为超越同行,还体现为超越自我、超越利益和超越平庸。

### (一) 超越同行

**1. 多和业界大咖互动,多向业界大咖学习。** 可以阅读业界大咖撰写的文章和著作,阅读完毕后可以撰写评论文章或读书笔记。可以关注业界大咖的案件,抱着学习的心态而不是挑刺的心态旁听他们的庭审。不向业界大咖学习,怎么能超越同行?因为大咖就是指那些某种程度上已经完成超越的人,从他们身上学习可以帮助你更好地超越。

2. 同行要互抬,不要互掐互贬。根据我的观察,喜欢贬低同行的人,没有一个是自己做得好的。各行各业,都不可能靠贬低别人让自己成功。越是金字塔最底层的律师越是喜欢贬低同行,因为贬低他人能让自己获得虚幻的成功感。A律师浪得虚名,比我差远了!这个案件如果让我去辩护,结果肯定比他好!A律师是啥玩意?只有老子天下第一!极少数律师一边无底线地吹嘘自己,一边无底线地贬损同行,把整个律师行业搞得乌烟瘴气。

3. 学会欣赏别人,承认别人的优点。心胸开放,才能跟世界同步。不要把身边的同事或同行视为竞争对手,彼此之间发生业务竞争的概率很小,要携手努力去更广阔的市场中竞争。羡慕嫉妒恨是一座牢笼,会将自己牢牢地锁住。

## (二)超越自我

1. 要有紧迫感。律师的黄金职业年龄只有不到30年,如果是中途转行可能不到20年。律师是一个终身学习的行业,一旦学习能力跟不上,思维就容易僵化、知识就容易陈旧。律师集市场营销和专业服务于一体,集脑力劳动和体力劳动于一体,到了一定年龄就很难胜任高强度的工作。所以留给律师自我超越的时间并不多,要有一定的紧迫感。

2. 要有方向感。有一个段子,拉磨的驴绕着石磨走的路程比白龙马还要多,但白龙马去西天取经返回后,驴仍然在原地踏步。为什么?因为方向不一样。律师职业也是一样的。有的人做了几十年律师,只是变成了老律师,却从未成为大律师。我认识一个律师,银发飘飘,但没有案源。从职业发展的角度看,他的职业很早以前就已经停滞了。为什么都在走路,有的人始终原地踏步,而有的人却能一往无前?律师职业怎样才能向前进、往前走?一定是通过办案、写作来实现的。办案让社会美誉度增长,写作让行业影响力扩张。如果每个案件都是应付,案件办完却毫无所获;如果每个客户都是敷衍,案件结束再也不会回头,那么律师职业就如同那头拉磨的驴,走了一辈子还待在原地。

3. 要有创造性。时装设计师和裁缝的差别在于创造,优秀律师和平庸律师的差别也在于创造。法律是一门应用性科学,律师是要解决问题的人,死扣法条机械照搬,很多时候根本满足不了客户需求。一个人有创造性,就不容易被替代。

### (三)超越利益

对未来的律师职业市场,我有以下几个判断:律师人数会大幅增加,市场规模会渐趋稳定甚至下滑,市场监管会日趋严格,律师竞争会越发激烈,律师收入会开始下降。司法部提出目标,未来三五年律师人数要增长1倍,以后还要继续维持增长。每年法科应届毕业生都在增多,司法考试的门槛在不断降低,未来几年律师人数的增幅可以预期。以上海市为例,每年执业律师人数都会增长好几千,几年就能翻倍。分子变小,分母变大,监管变严,律师业的寒冬已经来临。

以前中资企业赴美上市非常活跃,中资企业的跨国采购、跨国并购非常常见。我拜访过纽约、波士顿地区的一些华人律师和华人会计师,他们中的很多人都以服务中资企业为主。这些年因为地缘政治、疫情防控、经济形势等,这些活动大幅减少甚至停止。刑事案件也是一样。认罪认罚的普遍推行,法律援助的大力推进,辩护功能的不断式微,导致客户找优秀律师全力辩护的意愿在大幅下降。2022年,全国各地的刑事业务都出现了断崖式下滑。这当然跟疫情防控政策相关,但更主要的原因还不在疫情。至少未来数年,刑事业务和刑辩律师都将面临持续而严峻的市场挑战。

市场环境突变,律师群体该何去何从?作为刑事律师,社会上有很多门派。所谓的御用派、勾兑派、死磕派、技术派等,让人眼花缭乱,在新的市场环境下又该怎么选择?我的选择仍然是技术派,通过技术理性做自己能做的事。在公检法面前律师很弱势,但我们并不懦弱或卑微。有理有据、不卑不亢,赢得对手尊重远比羞辱对手更值得追求。极致的专业,极度的敬业,适度的勇气,是未来优秀刑辩律师的必要条件。

的确在很多场合,法律呈现出来的仅只是利益的争夺。但同样在很多场合,法律需要做清晰的价值判断,需要去勾勒正义的边界。因此,法律人不能没有肝肠,必须心怀怜悯和正义。法律是世俗的,却不卑俗。乱花渐欲迷人眼,浅草才能没马蹄。只有将律师作为一生的职业,只有将法治作为自己毕生的信仰,才能超越眼前利益和工具理性,达至内心的平和与坚韧。

### (四)超越平庸

作为一个整体,律师职业还远未发挥它应该发挥的作用,远未达到它应有的社会地位。在法治的征途中,律师注定是孤独而艰困的一群人。尽管如此,数十万名律师的生存境况还是存在较大差距的。平庸的律师,整天愁容满面,为案源发愁,为生计发愁。而优秀的律师大部分已经突破职业的瓶颈,负重前行却能张弛有度,步履维艰却能心向远方。

律师的职业归属感包括以下6个方面:(1)时间自由、思想自由和财务自由;(2)为他人所信任、所认可和所需要;(3)用专业知识维护当事人合法权利;(4)用专业知识维护社会的公平正义;(5)用专业知识推动社会的法治进步;(6)向社会输出积极正向的价值观。如果单纯从经济利益的角度出发,我可能早已经舍弃刑辩转行其他更轻松的法律专业。但是刑辩之于我,绝不仅仅是经济收入的问题。虽然刑辩律师非常辛苦,但如果能逆势而行、逆势而为,还是具有非常迷人的力量的。有一种回甘,比单纯的甜更令人回味。

一个人的力量是有限的,但是行动的力量和希望的力量是无限的。媒体习惯于只关注热点案件,但正义不只在喧嚣处,我们更需要关注那些沉默的大多数。名律师加好律师才是大律师,没有过硬的品格和博大的胸怀,没有处处维护当事人合法权利的职业操守,是成不了大律师的。每个时代都需要有坚守本心的人,法律人必须要有对法治的敬畏。

总之,他山之石,可以攻玉。成功没有捷径,但可以少走弯路;优秀没有秘籍,但有方法。找到那些成功者共性的特质,找到他们做人、做事、做案子的风格,一定对我们有所裨益。每个人都有梦想,都有实现梦想的机会。只是不要急功近利、急于求成,而要厚积薄发、水到渠成。只要方向正确、方法得当、方寸不改,每个律师都可以超越自我、战胜平庸、成就梦想!

# 邓学平：法律人必须要有对法治的敬畏[*]

## 邓建华

简洁、宽敞、明亮，墙上"勇者无惧"四个毛笔字遒劲且格外醒目，淡淡的油墨香和书香弥漫整个办公区……在距离虹桥机场 10 分钟车程的一栋大楼里，于 2021 年年底成立的上海权典律师事务所焕发出的文化氛围显得与众不同。

或许，这与它的创始人邓学平有关。身兼中国法学会案例法学研究会理事、上海市法学会消费者权益保护法研究会理事、中国控制吸烟协会公益法律专业委员会委员、华东师范大学法律教育与法律职业研究院研究员及上海财经大学、上海政法学院兼职研究生导师等数职的邓学平，怀揣"勇者无惧"的情怀奔波在全国各地，先后代理了雷洋非正常死亡案、陕西张扣扣故意杀人案、陕西渭南鹏鹏案、连云港药神案、山西翼城紫藤巷凶杀案等众多引起社会高度关注的案件。如今，在刑事辩护领域颇有知名度的他开始运营律所，实现了人生的又一次转型升级。

### 刑事辩护考验法律人的智慧和良知

记者注意到，过去的一年中，邓学平有不少辩护成功的案例。"刑事辩护工

---

[*] 本文为记者邓建华对邓学平律师的专访，首发于《开屏新闻》2022 年 3 月 17 日"人物深度"版，发表时有删改。

作原本就是在绝望中寻找希望,在不可能中寻找可能,因此优秀的刑事律师必须有坚毅的品格和不轻言放弃的执着。"他说。

邓学平向记者介绍了他2021年代理的中部某省的一起被控强奸案。

该案的主要证据是女方的陈述和几个转引女方说法的证人证言,另有一些证据证明男方进入了女方卧室。男方坚称双方是情人关系,当晚是双方事先约好,只是到了现场后女方反悔,双方并未发生关系。男方一路被批捕、起诉。案件起诉至法院后,男方家属委托邓学平介入辩护。他阅卷并会见了当事人后,迅速制定了调查取证思路,克服重重困难自行收集到了多份证据,还申请法院恢复了当事双方的手机数据。这些证据有力地证明了双方系情人关系,此前多次发生关系并伴随经济往来的事实。庭审中,邓学平申请女方和相关证人出庭作证,通过庭前精心设计的问题,步步为营,让女方当庭方寸大乱,陈述前后矛盾,彻底动摇了法官的心证和确信。庭后,邓学平向法院提交了一万余字的辩护词。经过激烈的庭审和反复的沟通,最终检方撤回了起诉。

"性侵类案件取证难,辩护更难。往往是女方一控告,男方就会被抓被判。所以,在缺乏直接客观证据的情况下如何鉴别口供真伪,做到客观还原真相,极考验法律人的智慧和良知。"他说。

在他看来,刑事辩护看似门槛很低,只要有律师证就可以做,但其实对个人的综合素质要求极高。他对辩护领域中流行的"形式辩""套路辩"痛心疾首,认为这不仅会严重损害律师的职业形象,而且不利于国家的法治建设。"刑事辩护不是简单的做生意,每个刑事案件都关乎一个人的生命、自由和声誉,没有高度的责任心,没有扎实的法律功底,没有不畏艰难的勇气和毅力,千万不要草率介入,以免贻误别人的人生和家庭。只要坐上辩护席,就应当做到守土有责。庭前认真准备,庭审扎实辩护,庭后努力沟通。切不可收完费就开始懈怠,一定要为当事人尽到自己最大的努力!"说着说着,邓学平律师有点慷慨激昂了起来。

邓学平把自己从业以来的重要案件的辩护词都装订成册,一本动辄数万字,里面有专门的目录,有的还穿插着大量的时间轴、人物关系图、资金流向图和交易流程图等。"从全国各地跑来找我代理的案件,没有一个是简单的。基本都是些"难啃的骨头",甚至是前期辩护效果不理想后才找到我的。要把这样的案件理清楚、说明白,绝对不是三言两语所能做到的。"邓学平坦言。

在他看来,辩护是一个说服的工作,决定辩护成败的往往在于那些容易被人忽视的细节。这就要求辩护词做到重点突出、观点鲜明,要能够直抵病灶、抓住关键,跟定罪量刑无关的内容尽量不要涉及。

"写这么多,法官有时间看吗?会不会起反效果?"记者不解的问。

"辩护词不以篇幅论英雄,更不应该刻意追求篇幅。但一个复杂的案件,几页辩护词交差肯定不行。在简明扼要的前提下,辩护词一定要追求说理充分。判决书不说理是因为人家有权,律师没有权力所以辩护词必须说理。当然,我们也要考虑法官的时间问题。为此,我们做了很多探索,比如标题必须传递辩护观点,如图表化符号化表达、重点内容加粗加色、制作目录索引、在前言中提炼核心观点等。"邓学平说,"我的团队把每一个案件都当作课题来研究。说服别人的前提是首先说服自己。如果一份辩护词连自己都说服不了,怎么指望去说服检察官、法官呢?说服也是有技巧的。我们团队的目标是,努力将辩护词变成法官的工具书,努力为法官节省时间。"

言谈之间,邓学平翻出了很多律师同行,甚至法官、检察官发给他的私信,里面不乏对他庭审应变能力和法理分析能力的褒奖之词。"闹庭不是正道,也毫无意义。律师法庭辩护应当有理有据、不卑不亢。赢得对手的尊重,远比羞辱对手更有价值。开完庭,很多法官、检察官都跟我成了朋友。"

邓学平给我举了两个例子:"曾经有一个检察官,开完庭主动要求加我微信。后来他的一个同事出事,他还把我推荐给同事家属。另一个案件开庭完毕,人民陪审员主动加我微信,并且给我推荐了3个案件。法律共同体不是虚的,虽然立场不同、职责角色不同,但在专业层面完全可以达到互相尊重和认可。这就是专业的魅力所在。"

据统计,邓学平执业至今已经积累了十余起无罪案例和数量众多的重大改判案例。"我在统计无罪案例时是有一定的门槛的,只有被检察机关批准逮捕或者移送检察机关审查起诉的才计算在内。绝大多数无罪案件都不是轻易得来的,需要律师和家属的通力配合和不懈争取。山西紫藤巷凶杀案,案发二十余年后才申诉成功。当事人被羁押的时候还一脸青涩,申诉成功的时候已经满脸沧桑。在某地代理的一起因征地补偿引发的诈骗案,一审判决十年有期徒刑,二审维持,申诉多年才最终通过再审改判无罪。代理的一起因信访引发的寻衅滋事案,历经三次发回重审和八年拉锯,检方才最终撤回起诉。"邓学平律师谈起这些案件,总是如数家珍,同时又神色复杂。

邓律师转身打开他的办公室文件柜,给记者抱出了一摞装订精美的文书集。记者发现这些文书集大多囊括了起诉意见书、起诉书、判决书和辩护意见,并且都用塑胶进行了封装。"这些是我代理的无罪案件的文书,它们都是活历史。"邓律师指着这些文书集对记者说。

"现在流行神秘力量的说法。对此你怎么看?"记者问道。

"很多家属都迷信神秘力量,其中不少人被骗得很惨。作为律师,我只能专注于专业的力量。努力过和没有努力过有时候结果真的是不一样的。有些家属只要结果,不管过程,但没有过程哪里来的结果?"邓律师提醒记者,职务犯罪案件和上级批示督办的案件往往是最难辩护的,但用心辩护后有时依然会有意想不到的收获。记者翻阅这些文书集,对于邓律师所说的"难啃的骨头"有了更真切的体会:某大型国企总经理近亲属利用影响力受贿案获检察院不起诉;某银行分行副行长受贿案,二审发回重审后检察院变更起诉,法院判决当庭释放;某民营企业家行贿、滥用职权案,法院判决滥用职权罪不成立,行贿罪改判为单位行贿罪,指控法定刑为10年以上有期徒刑,最终判决6个月有期徒刑;某民营企业家虚假诉讼、敲诈勒索案,敲诈勒索罪指控的法定刑为十年以上,法院判决罪名不成立;央视《今日说法》报道的350亿元跨境开设赌场案,指控赌资350亿元、非法获利11亿元,法院最终判决赌资180亿元、非法获利4.99亿元,当事人保住巨额财产且仅被判处7年有期徒刑……

这些年积累起来的行业声誉,也让全国各地慕名找过来的人越来越多。邓学平曾经在微博上发帖称"时间精力和颈椎腰椎已经成了最大的约束条件"。当记者问其如何解决时,邓学平表示,他始终坚持质量优先的原则,近些年一直在严格控制接案数量。"时间精力有限,我们对承接的案件会进行仔细遴选。因为一旦接受委托,必须要确保全力以赴。"

### 离开舒适区,重新出发

记者了解到,经营一家走专业技术化道路、富有人文精神的律师事务所一直都是邓学平的梦想。特别是到了一定的职业阶段和人生阶段以后,社会价值、文化氛围和职业归属感在人生目标中的位置越来越高。

"聚拢一群志同道合的人在一起做事,在一起创业,会让人重新焕发青春和热情。"邓学平说,"这跟在一家大所单纯地做个合伙人感觉完全不一样。在舒适区呆习惯了,人的惰性就会成长。人生需要不断地挑战自我,不断地主动离开舒适区,不断地重新出发。"

谈及他的律所定位,邓学平分析说,未来法律服务市场的竞争会越来越激烈,对律师专业素质的要求也会越来越高。在未来的法律服务市场,综合性大所和特色鲜明的小型精品所都可以很好地生存,但其他规模不够、特色不够的律所将举步维艰。邓学平律师坦言,上海权典律师事务所的发展定位是以刑事业务为主打、以诉讼业务为主导的小型精品所。

记者注意到,近几年国内涌现出了越来越多的小型专业所。这些律所的规模不大,人数不多,但是都具有鲜明的标签。比如有的律所专做刑事业务,有的律所专做家事业务,有的律所专做劳动业务,有的律所专做商标业务。对此,邓学平介绍说:"我们以刑事业务作为主打产品和拳头产品,这是我们的特色和标签。此外,我们的刑事业务涵盖刑事辩护、刑事控告、刑民交叉、刑行交叉、刑事合规等五大门类,不同于一些律所单纯的刑事辩护业务。"

他进一步解释称,我们跟只做刑事业务的律所也有所区别,我们也可以承接民商事诉讼和行政诉讼业务。"有些律师只会做刑事案件,这从知识结构上来说是有缺陷的。一些刑民交叉的案件或者比较疑难复杂的经济犯罪案件,如果没有必要的民商法知识和民商事诉讼经验,是根本做不好的。"他坦言,"民商事案件毕竟占绝大多数,年轻律师如果将这部分业务白白放弃会非常可惜,对他的职业积累和职业成长也会非常不利。"

邓学平是律师专业化的积极倡导者,近年来在各种场合都极力呼吁要把专业化作为律师立命的本钱。记者对此提出了质疑:青年律师本来就案源不足,眼下律师行业内卷加剧,此时大谈专业化是否合适?邓学平对此似乎早已有所思考,只见他摆摆手,从容不迫地说道:"专业化对律师来说永不过时,也永不超前。律师的价值不在于说了算,而在于说得对。如果说得不对,那么律师将毫无价值。青年律师迈向专业化的路程会很长,不可能一蹴而就,在不同的阶段策略也不尽相同。职业起步阶段要多尝试,开口要宽,不要轻易拒绝某种业务类型。但成长过程一定要有方向和目标,要把自己的精力有意识地投注到某个领域,自觉地给自己贴上某个领域的标签。积累到一定程度,案源短缺问题自然就会迎刃而解。不管律师行业如何内卷,最终胜出的一定是具有专业优势的。"

谈及律所刑事业务的发展前景,邓学平同样侃侃而谈。笔者注意到,不久前,邓学平还为部分律师同行做了题为《认罪认罚形势下的刑事辩护策略选择》的讲座。邓学平分析说,认罪认罚制度的普及,确实给刑事辩护业务的拓展提出了挑战。但真正优秀的律师,依然会有自己的舞台。他告诉笔者,只要人们对公平正义的渴求不变,刑事辩护就会有自己的空间。同时,刑民交叉、刑事控告、刑事非诉等业务方兴未艾,未来会大有可为。"刑法是最后的法律,刑事律师是最后的律师。即便有艰难挑战,但依然需要有人坚守。从长远看,我对刑事业务依然充满乐观期待。我希望上海权典律师事务所能发展成为专业刑事法律人的精神家园。"

### 法律人必须要有社会责任和担当

司法部联合相关部委在最近出台了《关于进一步规范律师服务收费的意

见》，其中明确规定"鼓励律师事务所和律师积极参与公益法律服务"。

对此，邓学平认为，作为市场经济的一部分，律师收费市场化是必然趋势。在改革开放初期，律师曾经是体制内的一员，收入主要靠财政拨款。直到20世纪90年代，律师才开始逐渐自食其力。律师收费市场化是一种进步，这种进步不仅是经济层面的，更是法治层面的。"律师收费市场化的制度含义在于，通过契约建立信任纽带，通过市场的力量来制约公权。很多人可能没有想过，免费的有时候才是最昂贵的。如果刑事案件、行政案件甚至民商事案件，一律都改为由相关部门指派法援律师，结果会是怎样？"邓学平说。

"那么，请不起律师的群体如何享受司法红利？"记者问道。

"的确可能存在这样的问题，所以国家层面已经建立了法律援助这样一项兜底制度，让经济困难的人士也能享受到法律服务。但是这只能是兜底，而不能是常态。法律援助律师更不能挤占或剥夺当事人及其家属自行委托律师的权利。当然了，作为律师也不能唯经济利益是图，而是要自觉承担起法律人该有的社会责任。"邓学平说，"我自己每年代理的案件不会超过20个，但每年都会代理几起免费的公益案件。"

记者了解到，邓学平执业至今，免费代理了数十起的公益案件，有的案件获得了无罪判决，有的案件大幅减刑。"一个人的力量是有限的，但是行动的力量和希望的力量是无限的。这些年持续代理公益案件，也让我收获和成长了很多。恰恰是这些案件，让我更真切地感受到了法律职业的厚重感和价值感。"他深有感触地说。

前不久，备受关注的陕西渭南被虐男童鹏鹏不幸去世。邓学平在他的微博上写下了四个字："心痛如绞"。笔者注意到，邓学平多年前免费介入代理这个案件，长期为这个被继母虐打成植物人的可怜男孩奔波维权，并且在网络上撰写大量文章呼吁全社会加强对儿童的保护。邓学平告诉笔者，他提供法律援助的绝大部分都是不知名的案件，针对的都是确有冤情而又经济贫困的当事人。比如，他曾收到一封监狱来信，为信件中描述的冤情所震动，便自掏腰包去监狱会见这名当事人,并免费为这位当事人代理申诉。再如,一名农民工涉嫌故意毁坏财物,当事人怀着试一试的心态联系了邓学平,邓学平阅看材料后发现案件确实存在较大问题,已经免费为其申诉多年并即将取得重大进展。邓学平提醒笔者,媒体习惯于只关注他提供援助的那几个知名案件。"正义不只在喧嚣处,我们更需要关注那些沉默的大多数。"邓学平说道。

据笔者观察,律师界中有一些律师试图借助一些热点案件来扩大自己的影响力和知名度。"热点案件很特殊,对律师确实有吸引力。但在这个过程中,律师个人的功利心不能太强,不能太过浮躁。任何时候,律师都应当把当事人的利益置于首位,不能靠消费当事人去营销自己。至于极个别律师遇到热点案件,主动找当事人承揽甚至在社媒平台上公开宣称自己愿意免费代理,这些行为不应被鼓励。"邓学平说,"我确实代理过一些热点案件,但我拒绝了更多的热点案件,而且这些热点案件要么是当事人主动找到我的,要么是律师同行主动引荐给我的。是否热点并非我代理与否的主要考量因素。热点案件,更考验律师的专业能力和综合素养。如果对案件没有实质性贡献,只是单纯靠蹭热点是不会成功的。"

在他看来,律师渴望有更大的知名度是很正常的。但这件事急不得、等不来,说到底还是要靠扎扎实实地做案子,靠日积月累的不断历练,靠"板凳愿坐十年冷"的努力和付出。否则只能是徒有虚名,即便来了热点案件或重大案件也根本搞不定。"没有扎实的专业和过硬的品格,没有处处维护当事人合法权利的职业操守,是成不了大律师的。"邓学平说。

"法律人必须要有对法治的敬畏。每个时代都需要有坚守本心的人,愿每个人的梦想都不被辜负。"新的一年即将开启,邓学平对新的一年的期待如是。